PIRKÉ AVOT

Steinsaltz Center

KOREN

MATANEL
FOUNDATION
GRANTED TO GIVE

Le Rav Adin Éven-Israël (Steinsaltz) aurait été fier de ce nouvel ouvrage. Il a toujours pensé qu'il recelait la sagesse du monde et était à la portée de tous. De son vivant, il envisageait de le traduire en arabe et de le présenter au roi du Maroc. Il disait : « Ce serait le livre autour duquel l'on pourrait s'entendre. » C'est une anthologie de maximes dans la bouche des premiers Sages du Talmud. Elles restituent sa trame intellectuelle et morale. Deux mille ans plus tard, elles émaillent les conversations de tous les jours, les discours politiques, les considérations religieuses. Elles apportent un sens sans cesse nouveau, selon les circonstances, les individus, les phases de la vie. C'est un précis de morale, alliant l'élégance de vivre à la sobriété religieuse. Le livre de la bonne voie, de la conduite correcte, du « bon cœur ». D'une certaine manière, le livre de Hillel, parmi les maîtres les plus doux et bienveillants. Il disait (chapitre 2, *michna* 7) :

« L'abondance de chair entraîne l'abondance de vermine ; l'abondance de biens entraîne l'abondance de soucis ; l'abondance d'épouses entraîne l'abondance de sorcellerie ; l'abondance de servantes entraîne l'abondance de débauche ; l'abondance de serviteurs entraîne l'abondance de larcins ; davantage de Torah, c'est davantage de vie ; davantage d'étude, c'est davantage de sagesse ; davantage de concertation, c'est davantage d'intelligence ; davantage de *tsédaka* [de dons caritatifs], c'est davantage de paix. Celui qui s'est acquis un bon renom, l'a acquis pour lui-même ; celui qui a acquis la connaissance de la Torah s'est acquis la vie dans le Monde futur. »

C'était toute la modération du Rav Adin qui présentait assurément l'humilité et la douceur de Hillel, sa sagesse à sa correction. C'est enchantement que toute cette bibliothèque que l'on abat d'année en année. La *paracha* et la *haftara* de semaine en semaine, les beaux morceaux liturgiques de solennité en solennité, l'Ecclésiaste à l'occasion de Soukkot, le Rouleau d'Esther à l'occasion de Pourim, la Hagaddah de Pessah conclue par le Cantique des Cantiques pour accueillir le printemps. La lecture des *Pirké Avot* pendant les sept semaines qui séparent *Pessa'h* de *Chavou'ot* participe de cette lecture liturgique qui brode l'âme juive sur le canevas de textes immuables. On doit se préparer à recevoir la Torah à *Chavou'ot* et rien ne nous prépare mieux que la lecture des *Pirké Avot* pendant la période qui sépare la sortie d'Egypte, commémorée par *Pessa'h*, et le Don de la Torah, commémoré par la *Chavou'ot*.

Avec le soutien de la fondation Matanel

PIRKÉ AVOT

MAXIMES DES PÈRES

AVEC LES COMMENTAIRES
DU RAV ADIN ÉVEN-ISRAËL
STEINSALTZ

KOREN

Steinsaltz Center

La Michna de Steinsaltz
Pirké Avot

Première édition française, 2025

Le droit d'Adin Steinsaltz d'être identifié comme
l'auteur de cette œuvre a été revendiqué par lui
conformément à la loi anglaise de 1988 sur le droit
d'auteur, les dessins et modèles et les brevets.
Le Centre Steinsaltz est l'organisation mère des institutions
fondées par le Rav Adin Even-Israël Steinsaltz.
BP 45187, Jérusalem 91450, Israël
Téléphone : +972 2 646 9090, Fax +972 2 624 9454
www.steinsaltz-center.org

Illustration de couverture : Eliyahu Misgav

ISBN 978-965-7845-06-6, couverture rigide

Imprimé et relié en Turquie

SOMMAIRE

Steinsaltz Center

Directeur exécutif, Le Centre Steinsaltz
Rav Méni Éven-Israël

Rédacteurs de l'édition hébraïque
Commentaire intégral de la Michna (2022) :
Rav Yéhonatan Éliav, rédacteur en chef
Rav Amé'hayé Éven-Israël, rédacteur en chef adjoint

Commentaire de Pirké Avot paru à part (2020) :
Rav Shaoul Yonathan Weingort, rédacteur en chef

Traducteur
Michel Allouche

Relectrice
Célia Simonnet

Correcteur pour l'hébreu
Avichai Gamdani

Personnel technique
Adena Frazer
Reut Hart
Shmuel Hart

KOREN

Conception et mise-en-page
Avishai Magence, *rédacteur en chef*
Lübba Wintzer, *responsable de production*
Tomi Mager, *typographe*

Avant-propos du traducteur

Le commentaire des Pirké *Avot* présenté dans cet ouvrage s'inspire des cours donnés en son temps par le Rav Adin Éven-Israël (Steinsaltz) de mémoire bénie. La première version en hébreu a été publiée séparément en 2020 alors que la deuxième version faisant partie du commentaire intégral des six ordres de la Michna le fut en 2022. Ces versions ont été toutes les deux publiées aux Éditions Koren.

Notre traduction repose essentiellement sur la deuxième version tout en prenant en compte la première, parfois plus détaillée.

L'on y trouve pour chaque *michna* le texte en hébreu, sa traduction, puis un commentaire entre crochets l'accompagnant et en facilitant la lecture. Une première rubrique, « Éclairages », apporte ensuite quelques approfondissements à la *michna* ; elle se trouve suivie de deux autres, accompagnées d'illustrations : l'une (« Contexte ») décrit le contexte linguistique, géographique ou historique et l'autre (« Personnages ») fournit un bref aperçu biographique des Sages qui y sont cités.

Je demeure animé d'un sentiment de reconnaissance envers Dieu pour le privilège d'avoir été un fervent disciple de « Rav Adin » ainsi que pour celui d'avoir traduit en français un certain nombre de ses livres depuis près d'une quarantaine d'années. Mais il y a davantage cette fois : tandis que le choix de mes précédentes traductions aura été, au départ, le fruit de ma propre initiative toujours suivie de l'accord de Rav Adin, celle-ci fait suite à une demande explicite de l'auteur. Je me souviens en effet avec beaucoup d'émotion qu'un jeudi soir à Jérusalem, tout de suite après le cours hebdomadaire de *'hassidout*, Rav Adin s'était approché de moi avec son sourire légendaire, presqu'un peu timidement, et me dit en ces termes : « Je n'ai pas l'habitude de t'imposer quoi que ce soit, mais j'ai pensé qu'il serait bien que tu entames la traduction du commentaire des *Pirké Avot* ».

Puis-je remercier le Rav Méni Éven Israël qui m'a encouragé dans cette modeste entreprise, Jean-Luc Allouche qui, toujours fidèle au poste, a accepté de diligemment relire ma traduction ainsi que mon épouse Katy, aide permanente à mes côtés, pour sa relecture et ses critiques toujours pertinentes.

Formulons l'espoir et la prière que ce commentaire, comme tous les autres textes que « Rav Adin » nous a légués, ceux qui ont déjà été traduits et diffusés et ceux qui, avec l'aide de Dieu, le seront à l'avenir, continueront d'entretenir ce feu permanent qui brûlait en lui dans un but sacré : mettre à la disposition du plus grand nombre les trésors de connaissance offerts par le judaïsme et animer la soif de savoir et la flamme qui se cache en chacun de nous.

Michel Allouche, Jérusalem

Introduction au traité *Avot*

Le traité *Avot* se présente comme un recueil de paroles de sagesse et de morale énoncées par les *Avot*, littéralement : les « Pères », appelés ailleurs[1] « les Pères du monde » ; ce traité est aussi intitulé *Pirké Avot*, souvent traduit par « L'Éthique des Pères ». La période des « Sages de la Torah » s'étend depuis l'époque du Deuxième Temple de Jérusalem jusqu'aux derniers Sages de la Michna. Tel un livre de morale, on y trouve des conseils et des instructions afin d'atteindre la perfection humaine dans tous les domaines : le rapport entre la Torah et la vie, l'étude et l'action, la vie personnelle d'un individu et son intégration dans la société.

Le traité *Avot* comporte une différence essentielle par rapport aux autres traités du Talmud. Tous ces derniers recouvrent des sujets de *halakha*, apportent des lois bien définies et des normes concernant chacun des membres de la collectivité d'Israël : quelles sont ses obligations, quelles sont les prohibitions touchant au mariage, au droit civil et pénal, au service dans le Temple de Jérusalem ou encore aux états de pureté et d'impureté rituelles. En revanche, le traité *Avot* s'intéresse aux « pères », qu'il faut comprendre comme des principes généraux de comportement : de fait, il ne s'agit pas de lois bien arrêtées, mais plutôt de directives générales, de rapport aux choses, donnant un poids à certaines valeurs et mettant en exergue des paroles de sagesse qui cherchent à provoquer le réveil de l'âme.

Michnat 'hassidim

Le traité *Avot* n'est donc pas un ouvrage de *halakha* à proprement dit et possède, à ce titre, un caractère particulier. Partant, les Sages l'ont plutôt considéré comme un recueil ayant trait à la piété (d'où son « surnom » de *Michnat 'hassidim*), donnant des conseils allant au-delà de la stricte loi :

1. Traité *Édouyot*, chapitre 1, *michna* 4.

quels efforts doit-on entreprendre afin de ne pas simplement s'en tenir à nos seules obligations et afin d'agir comme il conviendrait et comme il serait souhaitable, voire au-delà.

Michnat 'hassidim, quelle que soit la manière dont on la définit, s'adresse à ceux qui sont prêts à dépasser la lettre de la loi, à aller plus loin que la voie médiane de tout un chacun et à aboutir à la voie suprême de la *'hassidout,* de la piété extrême. Nos Sages n'affirment-ils pas à ce propos que « celui qui souhaite devenir *'hassid* n'a qu'à observer les recommandations du traité *Avot* »[2] ?

Par ailleurs, Maïmonide remarque que le traité *Avot* a été placé dans le *séder*[3] *Nézikine,* à côté du traité *Sanhédrin* : en effet, ce dernier traité aborde le rôle primordial des juges et des maîtres de la loi en Israël, celui de *Avot,* à sa suite, a pour but de fixer le cadre moral et les directives de comportement devant être leur lot.

Le traité *Avot* à côté du Livre des Proverbes

Les enseignements de la Torah orale[4] représentent en fait un prolongement de ceux consignés dans la Torah écrite. Bien qu'en particulier, le style de langage soit différent, la continuité entre les deux, fût-elle cachée, transparaît au sein même du texte de la Torah orale. Ainsi, presque chaque traité constitue une autre formulation accompagnée de moult détails d'une loi mentionnée dans le Pentateuque.

Le traité *Avot* lui aussi s'appuie non seulement sur la Torah[5] mais ressemble,

---

2. Traité *Bava Kama* 30a.
3. Le Talmud compte en tout six sections ou *sédarim* (pluriel de *séder*) : *Zeraïm* (« Semences »), qui traite principalement des lois agricoles, mais aussi des lois des bénédictions et des prières, *Mo'ed* (« Fête ») qui traite des lois du Chabbat et des fêtes, *Nachim* (« Femmes ») qui traite du mariage et du divorce, *Nézikine* (« Dommages ») qui traite essentiellement du droit civil et pénal, *Kodachim* (« Choses saintes ») qui traite des lois sur les sacrifices, le Temple de Jérusalem et les lois alimentaires, *Tharot* (« Choses pures ») qui traite des lois de pureté rituelle.
4. En gros, le Talmud et le Midrach par opposition à la Torah écrite – le Pentateuque et, par extension, tout le canon biblique. La Torah orale est désignée ainsi car sa transmission s'accomplit d'abord de bouche à oreille avant d'être transcrite.
5. L'on peut notamment noter une similitude avec le livre du Deutéronome dans lequel le long discours de Moïse ne s'arrête pas seulement sur le rappel de lois religieuses ou sociales mais contient aussi des directives de comportement plus générales à l'attention du peuple d'Israël.

◂

d'une certaine façon, au livre des Proverbes[6], un peu comme s'il en constituait la continuation.

Les similarités entre le traité *Avot* et le livre des Proverbes sont en effet frappantes. Aucun des deux ne traite de règles *halakhiques*. Le livre des Proverbes est lui aussi rempli de conseils de morale avec une certaine orientation, parfois en direction de Sages ou de personnes ayant atteint l'âge mûr, ailleurs en direction de jeunes en cours d'éducation ou en quête d'un guide. En outre, les instructions du livre des Proverbes sont davantage que de simples enseignements : elles appellent, dans une certaine mesure, à des obligations, même si elles ne sont pas rédigées sous forme de lois. Il en va de même des conseils que le traité *Avot* prodigue : tous constituent des recommandations vers l'amélioration de notre conduite morale, non pas tant sur un plan pratique mais plutôt au niveau de notre pensée, de notre comportement et de notre rapport vis-à-vis de notre prochain.

De plus, les derniers chapitres des Proverbes en particulier font écho au dernier chapitre du traité *Avot* ; à côté de conseils moraux et concrets, figurent des paroles de sagesse élargissant notre connaissance, nous permettant de mieux saisir notre monde, les rapports entre les différents éléments qui le composent et même les « mystères de la Création ». Il est intéressant de constater que, dans les deux cas, le texte énumère différentes notions en précisant leur nombre à chaque fois[7]. En conclusion, le Livre des Proverbes tout comme le traité *Avot* s'efforcent de dresser le portrait d'un être humain dont le comportement serait idéal.

---

6. L'on pourrait noter en particulier la similitude suivante qui n'est probablement pas une coïncidence : le livre des Proverbes est constitué en grande partie de conseils d'un père à son enfant (« Écoute mon fils la morale de ton père » 1, 8). Et ce n'est sans doute pas un hasard si notre traité porte le nom de « Pères ».
7. Ainsi *Avot* (5, 10) : Il existe quatre lignes de conduite chez les individus. Celui qui dit : « Ce qui est à moi est à moi et ce qui est à toi est à toi » : c'est l'attitude de l'individu moyen ; certains affirment que cette dernière l'attitude était celle des gens de Sodome. Celui qui dit : « Ce qui est à moi est à toi et ce qui est à toi est à moi » : c'est l'attitude du *'am haarets*. Celui qui dit : « Ce qui est à moi est à toi et ce qui est à toi est à toi » : c'est l'attitude de l'individu pieux. Celui qui dit : « Ce qui est à toi est à moi et ce qui est à moi est à moi » : c'est l'attitude de l'impie. Et par ailleurs, le Livre des Proverbes (21, 23) : « Il est trois spectacles qui font frémir la terre et quatre qu'elle ne peut tolérer : le spectacle de l'esclave qui devient roi, le spectacle du scélérat qui vit dans l'abondance ; le spectacle d'une femme digne d'aversion qui trouve un épouseur, et le spectacle de la servante qui supplante sa maîtresse. »

La récitation et l'étude du traité *Avot*

Un usage très ancien (remontant sans doute à l'époque des *Guéonim*, c'est-à-dire environ entre les années 600 et 1000 de l'ère commune) et en cours dans presque toutes les communautés d'Israël appelle à étudier, ou pour le moins réciter chaque Chabbat un chapitre de *Avot* entre la fête de *Pessa'h* et celle de *Chavou'ot*. De nombreuses explications ont été données à cet usage. L'une d'entre elles souligne le fait suivant : tandis que la fête de *Pessa'h* voit se forger le caractère national du peuple juif, celle de *Chavou'ot*, elle, marque le Don de la Torah ; l'on devrait donc se préparer à recevoir la Torah. Ne dit-on pas en plusieurs endroits que le *dérekh érets* (les « bonnes manières ») a précédé la Torah ? En d'autres termes, l'étude du traité *Avot* a pour but de favoriser une telle préparation, car, pour recevoir la Torah, il faut avoir parfait ses qualités personnelles, autant que possible.

C'est ainsi que ce traité, ayant donné lieu à des commentaires nombreux et variés, a finalement été intégré dans la liturgie et se trouve inclus dans la plupart des livres de prières sous le nom de Pirké Avot.

La structure du traité *Avot*

Les Pirké Avot contiennent six chapitres, dont nous indiquons, à défaut de titre, les premiers mots :

Le premier chapitre, « Moïse[8] reçut », procède selon un ordre chronologique depuis le Don de la Torah au Sinaï jusqu'à la destruction du Deuxième Temple de Jérusalem. On y retrouve la chaîne de la transmission, depuis Moïse jusqu'aux duos de *Tannaïm* (les Sages de la Michna) au temps du Deuxième Temple, puis à la fin du chapitre, depuis la dynastie des *Nessiim*, soit les présidents du Sanhédrin, jusqu'à la maison de Hillel, concluant par des paroles de Rabbane Chim'one ben Gamliel, le père de Rabbi Yéhouda *hanassi*, rédacteur de la Michna.

Le deuxième chapitre, « Rabbi dit », débute en citant Rabbi Yéhouda *hanassi* – connu aussi sous le seul nom de Rabbi – et son fils ce qui clôture la dynastie des *Nessiim* initiée par la maison de Hillel. Puis il revient précisément à cette même maison de Hillel et sa suite, notamment Rabbi Yo'hanane Ben Zakkaï et ses disciples.

Le troisième chapitre, « Akavia ben Ma'halalel », paraît moins bien défini, tant du point de vue de son époque que de son contenu, bien que, semble-t-il, les Sages y traversent la période de la fin du Deuxième Temple jusqu'à celle de la maison d'études de *Kérem dé-Yavné* fondée par Rabbi Yo'hanane Ben

8. Également désigné comme « Moché » (son nom en hébreu).

Zakkaï. Trois sujets principaux s'y trouvent : l'étude de la Torah, individuelle ou collective, le rapport existant entre la sagesse, la crainte de Dieu et l'action et enfin, les relations sociales tel qu'il convient de les établir.

Le quatrième chapitre, « Ben Zoma », cite au départ des recommandations provenant de Sages de *Kérem dé-Yavné* bien qu'ils ne fissent pas partie du tribunal rabbinique. Puis vient le tour des Sages de la génération suivante, celle des élèves de Rabbi Akiva, après la révolte de Bar Kokhba, parfois même d'autres Sages d'une époque ultérieure. Le chapitre se conclut par des conseils moraux de Rabbi Eléazar Hakappar, appartenant à la période de transition entre les *Tannaïm* (les Sages de la Michna) et les *Amoraïm* (les Sages de la Guemara).

Le cinquième chapitre, « Par Dix Paroles », s'appuie essentiellement sur un ensemble de paroles dont les auteurs ne sont pas cités et recueille des conseils de sagesse en les comptant soigneusement depuis le chiffre dix en descendant jusqu'à celui de deux. L'introduction du chapitre est consacrée à la Création et à la Providence divine en faveur d'Israël. Puis il passe à des conseils de comportement dirigés vers des groupes de personnes, soit en tant qu'individus, soit en tant que membres d'une collectivité, avant de revenir à l'étude de la Torah et à la nécessité de s'y atteler.

Le sixième chapitre, « Les Sages ont enseigné », n'appartient pas à proprement dit à la Michna mais comprend des *baraïtot*,[9] qui s'y apparentent sans pour autant faire partie des six sections (*sédarim*) la composant. Relativement ancien, l'ensemble de ces *baraïtot* est désigné sous le nom de *Kyniane Hatorah*, « l'acquisition de la Torah ». Ce chapitre qui contient des sentences détaillées s'apparentant plutôt à des *midrachim* (commentaires homélitiques) se concentre sur un sujet central : les vertus de la Torah, son importance et la manière d'en acquérir la connaissance.

9. Le pluriel du terme *baraïta*, désignant un enseignement « extérieur » de la tradition orale, le plus souvent attribué aux Sages de la Michna mais qui n'en fait cependant pas formellement partie.

Avant la lecture des *Pirké Avot*

כָּל יִשְׂרָאֵל יֵשׁ לָהֶם חֵלֶק לָעוֹלָם הַבָּא, שֶׁנֶּאֱמַר "וְעַמֵּךְ כֻּלָּם צַדִּיקִים,לְעוֹלָם יִירְשׁוּ אָרֶץ, נֵצֶר מַטָּעַי, מַעֲשֵׂה יָדַי לְהִתְפָּאֵר".

Tout Israël a part au Monde futur, ainsi qu'il est dit (Isaïe 60, 21) : « Et ton peuple ne sera composé que de justes, qui posséderont à jamais cette terre, eux, pousse que J'ai plantée, œuvre de Mes mains, dont Je me fais honneur. »

Cette michna *ne fait pas partie du traité* Avot, *elle est en fait la première* michna *du chapitre 10 du traité* Sanhédrin. *Elle est lue à titre d'introduction de chaque chapitre, car elle constitue un encouragement et un renforcement spirituels en raison de la promesse qu'elle contient pour tout Israël.*

Tout Israël a part au Monde futur [ainsi, chaque Juif détient la promesse divine qu'une place et une récompense sont réservées à son âme dans le Monde futur, même lorsque ses actions ont été fautives. Non pas que les non-Juifs des nations du monde n'y aient pas droit, mais cette place dans le Monde futur n'est pas promise à chacun d'entre eux], **ainsi qu'il est dit (Isaïe 60, 21) : « Et ton peuple ne sera composé que de justes** [tous sont dotés d'une part essentielle de bien au tréfonds de leur être, fût-ce grâce à une profonde intention ou à d'autres raisons comme leur éducation et leur hérédité. Bien qu'ils ne répondent pas tous à la définition du *tsaddik*, du juste parfait, ils sont néanmoins considérés comme tels] **qui posséderont à jamais cette terre** [ce terme de terre, *Érets* en hébreu, n'est pas associé à un lieu d'habitation particulier ou à un endroit historique lors d'une quelconque période, mais évoque plutôt ce que la littérature ésotérique désigne comme *érets ha'haïm*, « une terre de la vie », riche d'une dimension d'éternité], **eux, pousse que J'ai plantée** [le peuple d'Israël est comparé ici à une plante que Dieu Lui-même a ensemencée, une image que l'on retrouve dans d'autres versets bibliques, par exemple dans les Psaumes (92, 13) : « Le juste fleurit comme le palmier ; comme le cèdre du Liban, il est élancé »], **œuvre de Mes mains, dont Je me fais honneur** [l'on peut comprendre ce dernier passage, soit comme la suite immédiate du texte, à savoir que le peuple d'Israël est l'honneur de Dieu, soit comme se rapportant à cette « terre » parfaite du début de la *michna*, l'œuvre des mains de Dieu dont Il se glorifie]. »

Chapitre 1

Ce premier chapitre du traité Avot *cite dans un ordre chronologique les paroles essentielles des principaux Sages et dirigeants d'Israël de chaque génération depuis la fin de la période du Deuxième Temple jusqu'à Rabbane Chim'one ben Gamliel (le deuxième), le père de Rabbi Yéhouda* hanassi, *rédacteur de la* Michna. *Cette dernière période vit aussi la fin de l'époque des prophètes et la composition finale du canon biblique.*

MICHNA 1

מֹשֶׁה קִבֵּל תּוֹרָה מִסִּינַי, וּמְסָרָהּ לִיהוֹשֻׁעַ, וִיהוֹשֻׁעַ לִזְקֵנִים, וּזְקֵנִים לִנְבִיאִים, וּנְבִיאִים מְסָרוּהָ לְאַנְשֵׁי כְנֶסֶת הַגְּדוֹלָה. הֵם אָמְרוּ שְׁלֹשָׁה דְבָרִים, הֱווּ מְתוּנִים בַּדִּין, וְהַעֲמִידוּ תַלְמִידִים הַרְבֵּה, וַעֲשׂוּ סְיָג לַתּוֹרָה.

1. Moïse reçut la Torah au Sinaï et la transmit à Josué ; Josué aux Anciens, les Anciens aux Prophètes et les Prophètes la transmirent aux Hommes de la Grande Assemblée. Ceux-ci énoncèrent trois principes : soyez circonspects dans le jugement, formez de nombreux disciples et établissez une clôture autour de la Torah.

Cette michna *ouvre l'ensemble du traité* Avot *et présente en détail la chaîne de transmission de la Torah depuis qu'elle a été donnée par Dieu à Moïse sur le mont Sinaï jusqu'aux différents Sages d'Israël. Elle met ainsi en relief la relation complexe entre la tradition et le renouveau : d'un côté, la Torah qui, dans son entier, provient de cette chaîne de la tradition et de l'autre, les apports des Sages de chaque génération dévoilant de nouveaux enseignements de la Torah.*

Moïse reçut la Torah au Sinaï[E] [littéralement « du Sinaï[E] », de la « bouche » de Dieu pendant son séjour de quarante jours et quarante nuits au sommet du mont Sinaï (Exode 24, 18). C'est là que toute la Torah, écrite et orale, lui

ÉCLAIRAGES

[E] Moïse reçut la Torah

Cette *michna* constitue, dans son sens le plus simple, une introduction qui s'emploie à détailler la chaîne de transmission de la Torah telle qu'elle se présente dans ce chapitre, tout en mentionnant les Sages apparaissant dans le reste du traité. On y distingue les différentes étapes historiques, depuis Moïse jusqu'aux générations des Sages du Talmud.

La chaîne au travers de laquelle la Torah a été transmise de génération en génération nous est indiquée dès le début du traité pour nous apprendre, en particulier, un point important : bien que, contrairement à l'usage, les différents conseils et dictons nous soient rapportés sans préciser leur source dans les Écritures, l'on ne doit pas pour autant les prendre à la légère, car ils s'appuient sur la tradition ancestrale (Meïri). D'autres commentateurs ont avancé une autre raison : ce traité qui, principalement, énonce des règles de *dérekh érets*, soit de savoir-vivre, vient souligner qu'il n'est point de Torah sans *dérekh érets* et réciproquement (*Tiféret Israël, Mélékhet Chlomo*).

Cette introduction vient aussi souligner que les règles énoncées ne sont pas seulement le fruit de la sagesse ou de l'entendement de ceux qui les ont formulées mais qu'elles sont directement inspirées de la tradition d'Israël et de la Torah, telle qu'elle a été transmise et reçue par Moïse sur le mont Sinaï. C'est dans le rapport entre ces deux aspects que réside, de manière générale, le secret de la Torah : d'un côté, la Torah, dans son intégralité, puise sa source dans cette transmission remontant jusqu'au Sinaï et, d'un autre côté, dans chaque génération, sont apparus des Sages qui, tout en étant les récipiendaires de la tradition, furent capables de dévoiler et d'innover des enseignements de la Torah selon leur propre méthode.

[E] Moïse reçut la Torah *du* Sinaï

Cette expression « *du* Sinaï » (en hébreu *mi-Sinaï*) en rappelle une autre utilisée par les Sages dans différentes sources : *Halakha lé-Moché mi-Sinaï*, soit une loi rapportée à Moïse *du* Sinaï (voir par exemple le traité *Péa*, chapitre 2, *michna* 6). Bien que le terme *mi-Sinaï* soit habituellement traduit par « au Sinaï », il ne s'agit pourtant pas de décrire le lieu où Moïse a reçu la Torah (si c'était le cas, l'hébreu aurait dû énoncer *bé-Sinaï*). En vérité, l'intention est bien de préciser qui a donné la Torah à Moïse, soit Dieu lui-même qui s'est révélé au mont Sinaï (Ovadia de Bertinora dit le Barténora). L'expression utilisée constitue une tournure respectueuse envers Dieu, tout comme le Saint béni soit-Il est parfois désigné comme le Ciel, voire *Hamakom*, « le Lieu » (*Midrach Chmouel, Notser 'Hessed*).

Selon Rabbi Moché Alcheikh, le texte est là pour nous rappeler que Moïse a reçu la Torah en demeurant au mont Sinaï pendant une période de quarante jours et de quarante nuits, accédant à un degré d'élévation jamais atteint par aucun autre individu. D'autres nombreux commentaires existent encore, dans un sens soit immédiat et obvie, soit allégorique, par exemple : Moïse a eu le mérite de recevoir la Torah grâce à son extrême modestie tout comme le mont Sinaï, le plus bas parmi les autres montagnes, a été choisi comme lieu du Don de la Torah (*Tiféret Israël*).

Djébel Moussa, l'un des sites présumés du Mont Sinaï

Les Dix Paroles sur un parchemin retrouvé à Qumrân

a été remise], **et la transmit à Josué** [son disciple le plus proche (Exode 33, 11) qui fut choisi comme son successeur conduit à poursuivre la voie de son maître (Nombres 27, 18)] ; **Josué aux Anciens** [les dirigeants du peuple au sein de sa génération qui ont eux-mêmes continué la tradition], **les Anciens aux Prophètes**[E], [qui, au départ, furent les disciples de Moïse notre maître, suivis par ceux qui détinrent la Torah et l'enseignèrent. Les prophètes se sont ensuite transmis la Torah les uns aux autres, de génération en génération, et ce jusqu'aux derniers d'entre eux:, 'Haggaï, Zacharie et Malachie, lors des premières années du Second Temple] ; **et les Prophètes la transmirent aux Hommes de la Grande Assemblée**[E C] [la Grande Assemblée, composée des

ÉCLAIRAGES

[E]Josué la transmit aux Anciens, et les Anciens aux Prophètes

Un verset du livre de Josué (24, 31) fait allusion à ces Anciens : « Israël resta attaché à Dieu tant que vécut Josué, et tout le temps que continuèrent à vivre, après lui, les Anciens, témoins de tout ce que Dieu avait fait pour Israël. » Les commentateurs sont divisés sur la question de savoir si la période liée à ces Anciens recouvre celle des Juges (Rachbats, Meïri) ou celle des Prophètes (*Ma'hzor* de Vitry, Gaon de Vilna). Quant à la période des Prophètes, certains pensent qu'elle débuterait avec Samuel et qu'elle se prolongerait jusqu'à l'époque du Premier Temple de Jérusalem avec Jérémie et Ézéchiel qui fut exilé en Babylonie, puis avec les derniers prophètes revenus à Sion : 'Haggaï, Zacharie, Malachie.

La *michna* inclut les prophètes dans la chaîne de transmission car, bien qu'ils eussent entendus directement la parole de Dieu, leur prophétie ne leur donne cependant pas droit à apporter de nouveautés dans la Torah que Moïse a reçue.

[E]Et les Prophètes la transmirent aux Hommes de la Grande Assemblée

Le terme « transmettre » apparaît deux fois dans la *michna* (de Moïse à Josué, puis des Prophètes aux Hommes de la Grande Assemblée). La première fois, il s'agit de Moïse, le plus grand prophète de tous les temps, initiant la transmission de la Torah écrite et de la Torah orale aux Sages d'Israël jusqu'à la destruction du Premier Temple de Jérusalem. La deuxième fois correspond à la transmission des prophètes aux Hommes de la Grande Assemblée au début du Deuxième Temple de Jérusalem. Dès lors, l'on passe d'une époque où la Torah était divulguée aux dirigeants choisis de la génération à une nouvelle période où la Torah et son étude parviennent au plus grand nombre ; en d'autres termes, la Torah (jusqu'alors essentiellement une Torah venue du Ciel), s'élargit et se développe en tant que Torah orale grâce à la force de l'intellect humain et à sa créativité (*Beth Shaul*, Nathanson).

CONTEXTE

[C]Les Hommes de la Grande Assemblée

Les Hommes de la Grande Assemblée correspondent aux dirigeants du peuple en Terre d'Israël depuis l'époque d'Ezra jusqu'à la conquête d'Alexandre le Grand et par la suite. On ne possède néanmoins pas une connaissance extrêmement précise quant à la nature et à la composition de cette assemblée.

Malgré tout, il semble bien que ces hommes, en tout cas ceux qui se trouvaient en tête de l'assemblée, étaient les signataires du pacte de Néhémie (voir chapitres 8-10). Ce pacte (qui constitue probablement la première constitution écrite au monde) débute par une introduction qui passe en revue l'histoire du peuple d'Israël puis, se tourne vers son avenir, en rappelant les commandements de la Torah et de nouveaux décrets par l'État juif d'alors. Ce groupe de dirigeants spirituels – que le texte biblique (Néhémie 9, 32) désigne en particulier comme « nos princes, nos prêtres, nos prophètes » – se tint à la tête de la nation et comprenait donc aussi, selon les Sages, des prophètes. Il se peut fort bien que l'inscription « Union des Juifs » retrouvée sur des pièces de l'époque des Hasmonéens constitue la suite officielle des Hommes de la Grande Assemblée.

Une importance insigne est attribuée à cette

Anciens d'Israël, fut fondée après l'érection du Second Temple de Jérusalem à l'époque d'Ezra et de Néhémie. Depuis Josué, la Torah était transmise dans une grande mesure à certains hommes en particulier, eux-mêmes élus de la génération. À présent, il s'agit au contraire d'une assemblée entière (en hébreu « Knesset haguédola ») qui transmet la Torah à l'ensemble du peuple d'Israël (Néhémie 8-10). À partir d'ici, le traité s'emploie à citer des conseils de sagesse et de morale énoncés par ceux qui ont transmis la tradition et par le reste des Sages d'Israël]. **Ceux-ci énoncèrent trois principes**[E] [soit des enseignements fondamentaux sur lesquels ils insistaient et qu'ils répétaient à maintes reprises] : **soyez circonspects dans le jugement**[E] [ce conseil est donné aux juges afin qu'ils exercent la plus grande prudence

ÉCLAIRAGES

[E]Trois principes

Les premiers chapitres du traité *Avot* mentionnent en général des recommandations autour de trois principes, que ces trois principes soient liés entre eux ou qu'au contraire chacun doive être saisi indépendamment des autres. De manière générale, le chiffre trois revêt de nombreuses significations : par exemple, en ce qui concerne les dispositions concernant un jugement, l'on conseille de « ne jamais donner plus que trois réponses » (*Tossefta Sanhédrin* 7, 6), ou ailleurs encore l'on note que ce chiffre trois symboliserait, d'une certaine façon, la plénitude (traité *Chabbat* 88a).

D'autre part, ce même chiffre trois rappelle un triangle, la forme la plus simple d'une construction. Les Sages ont aussi remarqué que le développement d'un raisonnement possède en général trois composantes : la thèse, l'antithèse et la synthèse.

[E]Soyez circonspects dans le jugement (*dine*)

Le terme de *dine* en hébreu (traduit ici par « jugement ») se rapporte également aux décisions en matière de *halakha* (la loi juive), notamment en ce qui concerne les lois ayant trait aux affaires d'argent.

D'autres commentateurs l'ont aussi interprété comme une méthode d'étude fondée sur le raisonnement et la logique permettant de tisser des conclusions à partir du texte de la Torah (ainsi, trouve-t-on dans le *Midrach Halakha* des expressions comme « *Mine Hadine* » (à partir d'une inférence logique) ou « *Halo dine hou ?* » (cela ne devrait-il pas être déduit d'une inférence logique ?).

Les Hommes de la Grande Assemblée ont ainsi entamé un travail leur permettant d'ordonner et d'établir un système complet de lois. C'est la raison pour laquelle ils préconisèrent la plus grande prudence : bien qu'il faille tirer un enseignement des paroles de la Torah et qu'il soit souhaitable de les élargir, il demeure important d'agir avec la plus grande circonspection, faute de quoi l'on risquerait d'aboutir à des résultats contraires à la vérité.

CONTEXTE

Grande Assemblée. Selon les sources, c'est elle qui a déterminé la composition du canon biblique (ses 24 livres) et qui, entre autres, a formulé les textes des principales prières, des bénédictions ou du *Kiddouch* (voir traité *Bérakhot* 33a). Ces Hommes ont ainsi établi les formes d'accomplissement des commandements de la Torah, en quelque sorte une prolongation des dix décrets d'Ezra, permettant de fixer la conduite quotidienne ayant trait à l'observance de la Torah (notamment les temps où la Torah doit être lue publiquement, voir traité *Bava Kama* 82b). Si bien que tous les aspects fondamentaux de la vie juive nous ramènent, d'une manière ou d'une autre, aux Hommes de la Grande Assemblée qui ont bâti « la Maison d'Israël » pour l'ensemble des générations.

◄

et se montrent scrupuleux dans chaque cas qui leur est présenté, quand bien même les conclusions à tirer leur paraîtraient de prime abord évidentes], **formez de nombreux disciples**[E] [cette dernière recommandation institue une valeur qui, au cours des générations, aura été sujette à débat entre les Sages : faut-il créer une élite restreinte d'étudiants parmi les plus compétents et les plus sérieux ou mieux vaut élargir le cercle de l'enseignement afin d'aboutir à un nombre important de disciples alors que, doit-on espérer, de la quantité naîtra aussi une plus grande qualité] **et établissez une clôture autour de la Torah**[E] [en édictant des décrets permettant d'éloigner les individus et la société de tout risque de transgresser les commandements de la Torah].

ÉCLAIRAGES

[E]Formez de nombreux disciples

Entre les deux options, créer une élite peu nombreuse ou élargir au possible le cercle de l'enseignement, les Hommes de la Grande Assemblée semblent donc avoir choisi la deuxième option. Ce dernier choix comporte un autre aspect : créer un ensemble d'érudits et leur accorder le statut qui leur revient. Quoique, jusqu'alors, l'on pouvait compter un nombre important de Sages et de disciples, il ne semble pas qu'ils eussent formé un groupe homogène, ce qui aurait probablement eu un impact négatif sur la tradition et l'enseignement de la Torah. Par conséquent, si l'on voulait bâtir un ensemble de personnes dédiées à la Torah et leur donner une assise, il n'y avait point d'autre choix que d'en multiplier le nombre, ce qui permettrait d'affermir et d'organiser l'enseignement de la Torah. Une telle approche était tout autant nécessaire à l'agencement de la société.

Selon une tout autre explication, cette expression sous-entend un conseil prodigué aux enseignants, à savoir de garder leurs élèves auprès d'eux pendant longtemps afin de profiter au maximum de la sentence talmudique : « J'ai beaucoup appris de mes maîtres et davantage de mes collègues, mais le plus que j'ai appris, c'est de mes élèves. » (Traité *Ta'anit* 7a, Meïri, *Ma'hzor* de Vitry).

[E]Et établissez une clôture autour de la Torah

En plus de l'établissement d'un système ordonné de principes d'étude de la Torah, les Hommes de la Grande Assemblée ont aussi érigé « une clôture autour de la Torah », soit un ensemble de barrières et de précautions supplémentaires autour des commandements de la Torah. Tout au long des générations, à commencer notamment par la période du Deuxième Temple, de nouvelles prohibitions ont été ainsi introduites à propos de sujets qui, *stricto sensu*, ne font pas l'objet d'interdictions dans la Torah. Leur but consiste à aménager des marges de sécurité afin d'éloigner la personne du risque de transgresser les *mitsvot*, par exemple par force de l'habitude. C'est que la différence entre le permis et l'interdit est parfois très ténue. Même s'il demeure important de respecter ces différentes barrières, il faut néanmoins savoir qu'elles se situent à un degré différent des commandements de la Torah proprement dits et l'on doit être capable d'en établir la distinction.

Une tout autre interprétation voudrait que cette recommandation d'établir une clôture autour de la Torah soit la suite logique de la précédente (« Formez de nombreux disciples ») : enseigner la Loi orale à de nombreux étudiants permet en effet de préserver la Torah en établissant « une clôture » autour d'elle (*Notser 'Hessed*).

MICHNA 2

שִׁמְעוֹן הַצַּדִּיק הָיָה מִשְּׁיָרֵי כְנֶסֶת הַגְּדוֹלָה. הוּא הָיָה אוֹמֵר: עַל שְׁלֹשָׁה דְבָרִים הָעוֹלָם עוֹמֵד, עַל הַתּוֹרָה, וְעַל הָעֲבוֹדָה, וְעַל גְּמִילוּת חֲסָדִים.	**2. Chim'one *hatsaddik* (le juste) fut parmi les derniers des Hommes de la Grande Assemblée. Il disait : « Le monde repose sur trois piliers : la Torah, le service (de Dieu) et les actes de bienveillance. »**

Cette michna *poursuit la chaîne de transmission jusqu'à l'un des derniers Hommes de la Grande Assemblée.*

Chim'one *hatsaddik*[P] (le juste) fut parmi les derniers des Hommes de la Grande Assemblée [Chim'one *hatsaddik* compte en effet parmi les derniers Sages appartenant à la Grande Assemblée et c'est lui qui assura la continuité de la transmission]. **Il disait :. « Le monde repose sur trois piliers[E]** [ces

ÉCLAIRAGES

[E]Les trois piliers

Ces trois piliers du monde expriment trois types de relations entre l'être humain et Dieu (ou, comme le rapportent les commentaires s'appuyant sur la Kabbale, les trois premiers attributs de manifestation divine qui caractérisent aussi l'âme humaine soit les premières séfirot, *'Hessed*, la bonté, *Guévoura*, la rigueur, *Tiféret*, l'harmonie ou la miséricorde - voir *La Rose aux Treize pétales* du même auteur). La Torah en constitue l'élément intellectuel, le service de Dieu a trait à l'expérience religieuse et à l'émotion. Ces deux premières composantes possèdent donc un caractère de lien « vertical », de dialogue direct entre l'individu et Dieu. La *guémilout h'assadim* symbolise, quant à elle, les rapports entre Dieu et l'homme, mais cette fois tels qu'ils se manifestent de manière indirecte et « horizontale », par le biais d'actes de bienfaisance entre les êtres humains.

Certains commentateurs ont établi la corrélation suivante en ce qui concerne ces trois piliers : la Torah correspondrait aux facultés intellectuelles, le service à la foi et les actes de bienveillance aux vertus (Meïri, Rambam). D'autres y ont perçu une allusion aux « vêtements » de l'âme humaine : la parole serait ainsi associée à l'étude de la Torah (voir le traité *Sanhédrin* 99b), la pensée (et l'intention du cœur) au service de Dieu (traité *Ména'hot*, chapitre 13, *michna* 11) et l'action aux actes de bienveillance (*'Hessed lé-Avraham*)

PERSONNAGES

[P]Chim'one le juste (ou Chim'one *hatsaddik*)

Comme la *michna* le précise, Chim'one *hatsaddik* faisait donc partie des derniers membres de la Grande Assemblée. Sa place dans la chaîne de transmission revêt une importance insigne car il est le premier Sage de l'époque du Deuxième Temple dont le nom nous est connu et dont les paroles sont rapportées nominativement. Dans les différentes sources de nos Sages ainsi que dans d'autres sources extérieures, l'on peut trouver de nombreux récits qui nous permettent d'obtenir des détails biographiques importants. Les chercheurs ont néanmoins exprimé quelques doutes quant à l'exactitude de ces informations : en effet, une partie

trois piliers justifient la création du monde qui, pour maintenir la structure de l'édifice, doit s'appuyer sur trois colonnes. Il s'agit bien sûr non pas d'une explication physique mais de principes spirituels dont l'observation permet à l'essence même du monde d'être préservée] : **la Torah**[E] [soit l'étude et la

ÉCLAIRAGES

[E]La Torah

La Torah est en général saisie (et son importance appréciée) au travers des commandements divins qu'elle exige d'observer, car ces derniers et les lois qui leur sont associées en sont directement issues.

Cependant, cette *michna* qui fait apparaître la Torah comme l'un des trois piliers sur lequel le monde repose, se réfère à une dimension dépassant le caractère des *mitsvot*. Dans ce cadre-là, l'étude de la Torah n'entre pas dans le contexte d'une nécessité concrète au sein de la société mais possède une valeur intrinsèque.

Se plonger dans la Torah et l'approfondir constituent en effet un univers entier de pensée et de réflexion qui représente un but en soi. La Torah est ici abordée dans son caractère absolu et fondamental, au centre de la vie juive. L'étude de la Torah revêt ainsi une obligation en tant que telle et une forme de service divin : de ce point de vue essentiel, elle constitue un acte rituel.

PERSONNAGES

des événements à propos de Chim'one *hatsaddik* sont précisés tantôt en son nom, tantôt au nom de son grand-père qui, semble-t-il, portait le même nom, tous deux ayant en outre rempli la fonction de Grand prêtre et de dirigeant.

Chim'one *hatsaddik* (qui vécut au quatrième siècle avant l'ère commune), grâce à sa personnalité, joua un rôle primordial en faveur de la collectivité juive autonome qui vivait alors en Terre d'Israël. Il parvint à assurer une transition des plus paisibles entre la puissance perse et la puissance grecque qui lui succéda. La *Méguilla Ta'anit*, ainsi que le Talmud (traité *Yoma* 69b), rapportent sa rencontre avec Alexandre le Grand au moment de sa conquête de la Terre d'Israël et alors qu'il s'apprêtait à entrer en Égypte. Notons que dans son livre « Histoire des Juifs », Flavius Josèphe évoque, quant à lui, la rencontre entre Alexandre le Grand et un Grand-prêtre, vraisemblablement le grand-père de Chim'one *hatsaddik*. Lors de cette rencontre, Alexandre le Grand sut accorder l'honneur dû à un Grand-prêtre et, contre toute attente, il ne modifia en rien l'état des relations qui existait auparavant entre les Juifs et le pouvoir. En particulier, les Juifs purent continuer à observer les lois de la Torah et le Grand-prêtre, qui, *de facto*, se trouvait à la tête de l'État, garda son statut, ce qui revêtit une grande signification historique.

Le personnage de Chim'one *hatsaddik* a été un objet d'admiration tout au long des générations. Selon la tradition, il aurait occupé le poste de Grand-prêtre pendant quarante ans, alors que son degré de sainteté dépassait celui de tous les autres. Le Talmud (traité *Yoma* 39a) précise que, jusqu'à la fin de ses jours, le Temple et toute la sainteté s'y rapportant demeurèrent au niveau requis. Après sa disparition, ce niveau commença à subir des fluctuations. Ben Sira, qui semble l'avoir connu dans son jeune âge, abonde en louanges à son propos et a consacré un chapitre entier de son livre pour décrire sa personnalité ; c'est d'ailleurs à partir de cette description qu'a été créé le poème liturgique *Maréh hacohen*, « l'apparence du Cohen », du Grand-prêtre sortant du Saint des Saints, chanté à Kippour dans certaines communautés. Après la mort de Chim'one *hatsaddik*, une crise dramatique éclata à propos de la grande-prêtrise, alors que ses deux fils se disputaient sa succession. Finalement, l'un d'entre eux, 'Honio, fuit en Égypte et y construit un Temple reproduisant celui de Jérusalem (traité *Ména'hot* 109b).

La tombe de Chim'one *hatsaddik* à Jérusalem, à côté de laquelle sont inscrites les paroles de la *michna* en son nom.

connaissance de la Torah], **le service (de Dieu)**[E] [il s'agit ici du service des offrandes dans le Temple de Jérusalem, qui, allié à l'ensemble des actes rituels qui s'y produisent, s'identifie au deuxième pilier du monde] **et les actes de bienveillance**[E] [la bienfaisance envers le prochain est donc aussi considérée comme l'un des principes fondamentaux ayant valeur en soi et permettant au monde de se maintenir. De nombreuses *mitsvot* se trouvent incluses dans ces actes de bienfaisance, en hébreu *guémilout 'hassadim,* et toutes consistent à faire le bien entre individus].

ÉCLAIRAGES

[E]Le service (de Dieu)

Ce service, au départ directement associé aux offrandes apportées au Temple de Jérusalem, s'avère l'élément le plus spécifique et le plus accentué parmi les différentes formes de rite et possède, lui aussi, sa propre valeur : ce n'est pas sans raison que ces offrandes recouvrent toutes les couches de la Création, le minéral, le végétal et l'animal, qui sont élevées jusqu'à Dieu par l'intermédiaire de l'être humain.

Bien que les offrandes aient essentiellement pour but l'expiation ou la purification des personnes qui les apportent, le service de Dieu constitue en lui-même une composante de base au sein de l'existence juive. La destruction du Temple aura donc représenté un coup sévère pour la texture du monde, et c'est pourquoi sont nées toutes les prières et supplications venues à titre de substitut du service au Temple de Jérusalem. Ainsi, la *téfilla* (désignée comme « le service du cœur ») prend, dans une certaine mesure, la valeur de ce service ; bien qu'elle soit composée de prières et de demandes personnelles proprement dites, la *téfilla* pour autant représente aussi une forme de service, de rite, tourné directement vers le Saint béni soit-Il afin de créer un lien entre l'être humain et Dieu (Rabbénou Yona, Rachbats).

La foule de fidèles venus prier au Mur Occidental de Jérusalem la veille de Kippour (2010)

D'autres commentateurs considèrent que le service de Dieu se réfère aussi à l'accomplissement des *mitsvot*, dans leur ensemble, entre l'homme et Dieu (*Tiféret Israël*).

Offrandes quotidiennes au Temple de Jérusalem

[E]Les actes de bienveillance

Le terme de *guémilout 'hassadim*, traduit par les actes de bienveillance, se réfère aussi à de nombreux autres actes qui n'entrent pas forcément dans le cadre d'une définition *halakhique* bien précise. Y sont par exemple inclus (voir Talmud de Jérusalem *Péa* 1, 1) : la restauration de la paix entre l'homme et son prochain autant qu'entre les époux, le soutien à la fiancée en vue de son mariage, l'accompagnement du défunt à sa dernière demeure, et la consolation des endeuillés. Les Sages (*Tossefta Péa* 4, 19) en soulignent sa valeur par rapport à la *tsédaka*, qui, *stricto sensu*, consiste en des actes de charité et de justice : « La *guémilout 'hassadim* équivaut à l'ensemble des *mitsvot*, elle se pratique avec les vivants comme avec les morts, tandis que la *tsédaka* se limite aux seuls vivants, la *tsédaka* concerne les pauvres alors que la *guémilout 'hassadim* bénéficie tant aux pauvres qu'aux riches, la *tsédaka* s'accomplit avec l'argent du donateur alors que la *guémilout 'hassadim* engage tant l'argent que le corps de la personne qui la pratique. »

MICHNA 3

אַנְטִיגְנוֹס אִישׁ סוֹכוֹ קִבֵּל מִשִּׁמְעוֹן הַצַּדִּיק. הוּא הָיָה אוֹמֵר: אַל תִּהְיוּ כַּעֲבָדִים הַמְשַׁמְּשִׁין אֶת הָרַב עַל מְנָת לְקַבֵּל פְּרָס, אֶלָּא הֱווּ כַּעֲבָדִים הַמְשַׁמְּשִׁין אֶת הָרַב שֶׁלֹּא עַל מְנָת לְקַבֵּל פְּרָס, וִיהִי מוֹרָא שָׁמַיִם עֲלֵיכֶם.

3. Antigone (Antiguénos) de Sokho reçut (la Loi orale) de Chim'one *hatsaddik*. Il disait : « Ne soyez pas comme des serviteurs qui servent leur maître en vue de recevoir une récompense, mais soyez comme des serviteurs qui servent leur maître sans chercher à recevoir une récompense ; et que la crainte des Cieux soit sur vous. »

Après Chim'one hatsaddik *qui traitait des trois piliers sur lesquels le monde repose, apparaît son successeur, Antiguénos de Sokho, qui, lui, s'intéresse à la nature essentielle et profonde du service de Dieu, lot de chaque individu.*

Antigone (Antiguénos) de Sokho[P] **reçut (la Loi orale) de Chim'one *hatsaddik*. Il disait** [il avait l'habitude d'énoncer des recommandations empreintes d'une grande signification à propos de l'observance des *mitsvot* et du service

PERSONNAGES

[P]Antigone (Antiguénos) de Sokho
Nous ne connaissons que très peu de choses à propos de ce Sage. Il vécut à l'époque des successeurs d'Alexandre le Grand pendant la première partie du troisième siècle avant l'ère commune. Il fut, semble-t-il, un habitant de la ville de Sokho située dans le territoire de la tribu de Juda (Josué 5, 35). Cependant, sachant qu'il enseigna la Torah au grand nombre et qu'il se trouva à la tête des Sages, il dut séjourner, en toute logique, à Jérusalem.

Le nom Antiguénos tire son origine du grec (Αντιγονος) et s'avère avoir été assez répandu en ce temps-là. L'on peut en déduire que l'influence de la culture hellénistе se faisait déjà ressentir alors. En toute vraisemblance, il portait le nom d'Antiguénos Monóphthalmos (« le Borgne »), à l'instar de nombreux Juifs qui avaient nommé leur fils « Alexandre » en l'honneur du roi de leur époque. Vaillant général d'Alexandre le Grand, Antiguénos Monóphthalmos fut l'un de ses héritiers principaux pendant une certaine période.

Le traité *Avot dé-Rabbi Nathan* (1, 8) rapporte que deux des élèves d'Antigone avaient mal interprété sa recommandation : en effet, ils en avaient déduit qu'aucune récompense ne pouvait exister ni dans ce monde d'ici-bas ni dans le Monde futur. Ils en vinrent alors à ne plus croire en l'existence du Monde futur, à renier le caractère éternel de l'âme et finirent pas rejeter en bloc toute la Torah orale. Par la suite, ces deux élèves (du nom de Tsaddok et Boéthus) fondèrent deux sectes, les Sadducéens et les Boéthusiens, qui s'écartèrent de la tradition juive jusqu'à en devenir ses adversaires (voir en particulier les traités de *Makkot*, chapitre 1 *michna* 6 ; *Ména'hot*, chapitre 10, *michna* 3 ; *Yadayim*, chapitre 4, *michna* 6-7-8). Suite à leur refus de croire en l'éternité de l'âme, ces sectes optèrent pour une vie empreinte de permissivité et de jouissance. Les conseils prodigués plus loin

◀

de Dieu] : « **Ne soyez pas comme des serviteurs**[E] **qui servent leur maître en vue de recevoir une récompense**[E] [précisément parce que la Torah évoque souvent les récompenses accordées à ceux qui observent les commandements, Antigone jugeait utile de souligner que, en tout état de cause, le service de Dieu ne doit pas être accompli dans le but de recevoir de telles récompenses, mais qu'il devrait être entièrement dirigé vers l'observance des *mitsvot* de manière désintéressée], **mais soyez comme des serviteurs qui servent leur maître sans chercher à recevoir une récompense**[E] [cette deuxième recommandation,

ÉCLAIRAGES

[E]Ne soyez pas comme des serviteurs…
Certains ont perçu cette recommandation d'Antiguénos comme la suite des paroles de Chim'one *hatsaddik* dans la *michna* précédente, à savoir que le service de Dieu représente l'un des trois piliers sur lesquels le monde repose. Antiguénos prodiguerait donc ici un conseil quant à la manière de servir Dieu (Rachbats).

Observer les commandements divins avec l'intention d'obtenir une récompense, même si le mérite de l'accomplissement n'est pas perdu pour autant, cela en diminue la valeur car, dans ce cas, l'essentiel de la démarche vise à être gratifié d'un quelconque prix et non plus à accomplir la *mitsva per se*.

[E]… qui servent leur maître en vue de recevoir une récompense (*pérass*)…
De nombreux commentateurs ont interprété le terme *pérass* comme « cadeau », soit effectivement une récompense, différente d'un salaire fixe (Rachi, Rambam, Barténora). D'autres ont préféré expliquer qu'il s'agirait d'un repas, équivalent en lui-même à un salaire fixe (Meïri par exemple). *Pérass* peut être aussi compris comme une moitié (voir traité *Békhorot* 58a) : selon certaines explications en effet, ce mot évoquerait un travail inachevé, indiquant l'attitude d'un serviteur qui ne verrait que la moitié de la récompense dans le monde d'ici-bas et non l'autre moitié à venir encore dans le Monde futur (Rabbénou Yossef-'Haïm).

[E]… mais soyez comme des serviteurs qui servent leur maître sans chercher à recevoir une récompense…
Il existe d'autres versions encore plus aiguës de ce texte : « Soyez comme des serviteurs ayant pour but de ne pas recevoir de récompense. » Certains commentateurs en ont déduit que cette dernière formulation convient mieux à des êtres de vertu tandis que le texte habituel, lui, sied à tout un chacun (*Notser 'Hessed*). A contrario, d'aucuns pensent que ce conseil s'adresse à des personnes de peu de foi qui, si elles ne recevaient aucune récompense, risqueraient de regretter d'avoir accompli une *mitsva* (Rachbats). En tout état de cause, l'intention n'est pas ici de signifier que l'observance des

PERSONNAGES

dans le traité selon lesquels les Sages se doivent d'être extrêmement prudents dans le choix de leurs disciples et dans la clarté des enseignements qu'ils leur transmettent, sont vraisemblablement une conséquence de l'attitude néfaste de certains élèves d'Antiguénos.

La vallée des Térébinthes (Éla en hébreu) vue du sommet de la colline de Sokho

formulée cette fois de manière positive, contrairement à la première rejetant une attitude intéressée, vient définir un autre aspect : dans le service de Dieu, il y a lieu de se considérer en permanence comme un véritable serviteur, au dévouement total, et non pas comme un bénévole intermittent. Et tout cela sans attendre la moindre récompense à la fin] ; **et que la crainte des Cieux soit sur vous**[E] [cette dernière exigence complète en quelque sorte le début de la *michna* : si nous servons Dieu comme un serviteur qui ne cherche pas à recevoir une récompense, cela provient a priori de notre seule volonté, ce qui pourrait nous faire oublier son caractère obligatoire].

MICHNA 4

4. Yossé ben Yoézer de Tséréda et Yossé ben Yo'hanane de Jérusalem reçurent (la Loi orale) des précédents. Yossé ben Yoézer de Tséréda dit : « Que ta maison soit un lieu de réunion pour les Sages ; attache-toi à la poussière de leurs pieds et bois leurs paroles avec avidité. »

יוֹסֵי בֶן יוֹעֶזֶר אִישׁ צְרֵדָה וְיוֹסֵי בֶן יוֹחָנָן אִישׁ יְרוּשָׁלַיִם קִבְּלוּ מֵהֶם. יוֹסֵי בֶן יוֹעֶזֶר אִישׁ צְרֵדָה אוֹמֵר: יְהִי בֵיתְךָ בֵית וַעַד לַחֲכָמִים, וֶהֱוֵי מִתְאַבֵּק בַּעֲפַר רַגְלֵיהֶם, וֶהֱוֵי שׁוֹתֶה בַצָּמָא אֶת דִּבְרֵיהֶם.

Après Chim'one hatsaddik *et son disciple Antiguénos de Sokho qui étaient apparus individuellement, la transmission de la Torah s'effectue*

ÉCLAIRAGES

commandements divins n'est en rien gratifiée mais plutôt que notre motivation à respecter les *mitsvot* doit être purement par amour envers Dieu (*Ma'hzor* de Vitry) et à titre d'identification totale avec le but du service de Dieu (Yaavets).

[E]...et que la crainte des Cieux soit sur vous.
Il ne s'agit pas ici d'une crainte qui proviendrait de la peur du châtiment divin au cas où l'on ne respecterait pas les *mitsvot* : une telle attitude ressemblerait en effet à celle qui consisterait à observer les commandements en vue de la récompense. La crainte des Cieux dont il est question ici fait plutôt appel à un sentiment d'exaltation devant la grandeur de Dieu (Yaavets).

De plus, servir Dieu sans chercher à recevoir une récompense pourrait signifier que nous éprouvons le besoin (voire le devoir) d'exprimer notre amour envers Dieu. Le problème est que l'amour ne peut à lui seul fixer toutes les barrières, car le caractère d'obligation absolue s'y trouve absent : c'est alors l'intensité de cet amour, tantôt élevée, tantôt plus faible, qui détermine notre attitude et, par voie de conséquence, notre volonté d'agir. C'est pourquoi Antiguénos de Sokho ajoute qu'il faut aussi craindre Dieu : même si le service de Dieu dont il est question ici a trait à une relation d'amour, il demeure néanmoins important de conserver la crainte des Cieux car elle permet de mieux prendre conscience de nos obligations religieuses en tant que telles et de ne pas les prendre à la légère.

◂

au travers de duos de Sages pendant cinq générations ; cette michna *cite ainsi le premier duo de Sages*[C] *en question.*

Yossé ben Yoézer de Tséréda[P] **et Yossé ben Yo'hanane de Jérusalem reçurent (la Loi orale) des précédents** [à savoir d'Antiguénos de Sokho et des autres Sages de son entourage, peut-être même aussi de Chim'one *hatsaddik* (Rabbénou Yona)]. **Yossé ben Yoézer de Tséréda dit : « Que ta maison soit un lieu de réunion pour les Sages**[E] [les discussions tenues par les invités que l'on

ÉCLAIRAGES

[E]Un lieu de réunion pour les Sages

Le terme *Beth Vaad la'hakhamim* (traduit par « lieu de réunion pour les Sages ») désigne selon Rachi un endroit où les Sages siègent et étudient et, selon Maïmonide et Meïri, un lieu connu pour être celui où les Sages se rencontrent afin de traiter notamment des problèmes de la collectivité.

En tout état de cause, la *michna* vient nous enseigner qu'il ne suffit pas d'écouter les paroles des Sages, nous avons aussi le devoir de les honorer à l'extrême (Yaavets), voire d'avoir un comportement assez vertueux pour que ces Sages acceptent de se réunir chez nous.

CONTEXTE

[C]Les duos de Sages

Depuis l'époque de Yossé ben Yoézer jusqu'à celle de Hillel et Chammaï, les Sages sont mentionnés par deux, le premier occupant les fonctions de président du Sanhédrin, le deuxième, son second, celles de chef du Tribunal rabbinique (traité *'Haguiga*, chapitre 2, *michna* 2). Les dates en question permettent de penser que la période des duos de Sages correspond à celle de la domination hellénique. Le pouvoir est alors passé aux successeurs d'Alexandre le Grand en Terre d'Israël pendant le règne des Hasmonéens jusqu'à l'époque d'Hérode.

Le fait que les Sages aient été nommés par duo indique vraisemblablement l'existence de deux écoles d'études ; chacune de ces deux écoles dut ainsi nommer un représentant afin de guider le peuple d'Israël. Après un certain temps, les divergences d'opinions se multiplièrent si bien que deux groupes bien distincts virent le jour connus plus tard sous le nom de *Beth Hillel* et *Beth Chammaï*, littéralement

PERSONNAGES

[P]Yossé ben Yoézer de Tséréda

Yossé ben Yoézer était lui-même *cohen* (de la famille des prêtres), président du Sanhédrin et le premier parmi les duos de Sages. Il résidait dans le village de Tséréda, dans la partie occidentale de la Samarie, de nos jours près de Pédouel, à l'ouest d'Ariel (certains ont relié Tséréda au village de Sourda, dans la région du territoire de Benjamin, à l'ouest de Beth El). En raison de son attitude scrupuleuse concernant les lois de pureté rituelle, on l'a surnommé « le *'hassid*, le pieux dans la prêtrise » (traité *'Haguiga*, chapitre 2, *michna* 7). C'est d'ailleurs lui qui, avec son collègue Yossé ben Yo'hanane, décréta qu'un séjour dans « la terre des peuples », soit tout territoire en dehors de la Terre d'Israël, provoquait un état d'impureté rituelle ; il considérait aussi que les récipients en verre étaient aussi vecteurs d'impureté (traité *Chabbat* 14*b*). Cependant, il prit des positions modérées quant aux lois de purification, à tel point qu'on le désigna comme « Yossé *charya* », soit Yossé l'indulgent, littéralement : « qui permet » (traité *'Édouyot*, chapitre 8, *michna* 4). Un certain nombre d'autres faits et récits le concernant sont mentionnés dans différentes sources (par exemple, traité *Bava Batra* 133b).

Le Midrach (*Béréchit Rabba* 65, 22) rapporte que Yossé ben Éliézer fut condamné à mort et exécuté à l'époque où les hellénisants dominaient le peuple et cherchaient par tous les moyens à réprimer leurs opposants. L'on raconte que son neveu, le fils de sa sœur, devint le chef des hellénisants ; certains pensent qu'il

◄

reçoit chez soi exercent une influence sur l'ambiance qui règne à la maison. Lorsqu'une personne veille à ce que sa maison soit un lieu de réunion pour les Sages, même si le maître de maison ne compte pas parmi eux, l'impact de tels hôtes et des paroles de Torah qu'ils prononcent finit par inspirer l'ensemble de

CONTEXTE

les « maisons » de Hillel et Chammaï (voir *Tossefot Yom Tov*, traité *'Haguiga*, chapitre 2, *michna* 3 et 4 ainsi que le Talmud de Jérusalem correspondant).

Il est intéressant de noter que, jusqu'à la fin de l'époque des duos de Sages, ces derniers n'étaient désignés sous aucun titre honorifique, tel que « Rabbane » ou « Rabbi ». Maïmonide, dans son introduction au commentaire de la *michna*, en donne l'explication suivante : « Tout Sage considéré alors comme un grand et riche en vertus était simplement appelé par son nom… Leur grandeur était telle qu'aucun titre apposé à la mention de leur nom n'aurait pu correctement décrire leurs sublimes qualités. On retrouve la même idée à propos des prophètes, mentionnés dans la Bible par leur seul nom. »

PERSONNAGES

s'agit d'Alcime – Alkimos, désigné dans le Midrach sous le nom de Yakoum Ich Tsrérorot. Après avoir occupé les fonctions de *Cohen Gadol* (Grand prêtre), ce même Yakoum Ich Tsrérorot finit par devenir le gouverneur d'Israël, selon les instructions du pouvoir grec dominant. Regrettant ses actes cruels envers ses frères, afin de réparer ses fautes, il se suicida à peu près au moment où son oncle fut exécuté.

Le Talmud (traité *Sota*, chapitre 9, *michna* 9 et Guemara 47b) affirme que la mort de Yossé ben Yoézer et Yossé ben Yo'hanane conduit à la disparition des « êtres doués de tous les talents », capables d'assimiler à eux seuls toutes les voies de la Torah et des commandements divins (Traité *Sota* 47b). Le Talmud précise que jusqu'à ces deux Sages, aucune controverse n'existait en Israël et dans la mesure où des divergences se présentaient, elles se concluaient toujours en faveur de l'une ou de l'autre (traité *Témoura* 15b).

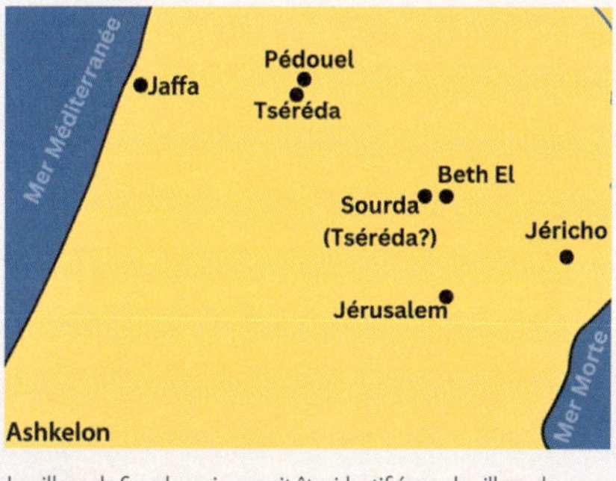

Le village de Sourda, qui pourrait être identifié avec le village de Tséréda

La courbe de Wadi Chilo autour des ruines de Balata, qui pourrait être identifiée à Tséréda, à l'époque du Deuxième Temple

la maisonnée] ; **attache-toi à la poussière de leurs pieds**[E] [cette expression au départ peut s'interpréter de manière littérale. Les Sages avaient en effet l'habitude de s'asseoir sur des chaises ou sur des coussins alors que les élèves étaient assis par terre à leurs pieds] **et bois leurs paroles avec avidité**[E] [cette dernière parole apparaît aussi comme la suite des précédentes et comme leur complément. Ces Sages deviennent en quelque sorte des habitués de la maison ; non seulement le maître de maison les reçoit-il à titre d'invités et leur réserve-t-il une place chez lui, mais doit-il aussi s'enrichir de leur enseignement] ».

MICHNA 5

יוֹסֵי בֶּן יוֹחָנָן אִישׁ יְרוּשָׁלַיִם אוֹמֵר: יְהִי בֵיתְךָ פָּתוּחַ לִרְוָחָה, וְיִהְיוּ עֲנִיִּים בְּנֵי בֵיתֶךָ, וְאַל תַּרְבֶּה שִׂיחָה עִם הָאִשָּׁה. בְּאִשְׁתּוֹ אָמְרוּ, קַל וָחֹמֶר בְּאֵשֶׁת חֲבֵרוֹ. מִכָּאן אָמְרוּ חֲכָמִים, כָּל זְמַן שֶׁאָדָם מַרְבֶּה שִׂיחָה עִם הָאִשָּׁה, גּוֹרֵם רָעָה לְעַצְמוֹ, וּבוֹטֵל מִדִּבְרֵי תוֹרָה, וְסוֹפוֹ יוֹרֵשׁ גֵּיהִנֹּם.

5. Yossé ben Yo'hanane de Jérusalem dit : « Que ta maison soit largement ouverte ; et que les indigents fassent partie de ta maison ; et ne converse pas trop avec la femme. » On voulait dire (avec) sa propre femme ; à plus forte raison avec la femme d'un autre. De là, les Sages ont affirmé : « Celui qui converse trop avec une femme, cause du mal à lui-même, il néglige l'étude de la Torah et il est appelé à hériter du Guéhinom (purgatoire). »

ÉCLAIRAGES

[E]Attache-toi à la poussière de leurs pieds
Au-delà de l'interprétation littérale évoquée plus haut, il existe aussi un sens plus profond : s'asseoir aux pieds des Sages signifie accepter leur autorité et tirer un enseignement de leurs paroles. Ce conseil s'applique non seulement de manière générale mais fait suite, dans une grande mesure, à la sentence précédente et s'adresse aussi au maître de maison. Sachant que ce dernier est celui qui reçoit les Sages en tant qu'invités, il devrait a priori avoir au moins le même statut. Malgré cela, il lui faut pourtant s'incliner et accepter l'autorité des Sages, fût-ce au prix d'une certaine humiliation personnelle (*Ma'hzor* de Vitry, Barténora).

Selon un tout autre commentaire (*Roua'h 'Haïm*), le terme *mitabek* traduit par « attache-toi à la poussière » rappellerait le terme *méavek* qui signifie « combattre » : ainsi, malgré le devoir de s'incliner devant ses maîtres, il n'en demeure pas moins permis d'exprimer une opinion personnelle qui serait contraire à la leur.

[E]Et bois leurs paroles avec avidité
Le maître de maison est certes conduit à s'enrichir de la présence des Sages dans sa maison et de leurs enseignements. Il se peut néanmoins qu'après un certain temps, il n'attache plus l'importance qui se doit à leurs paroles. C'est que, à force d'entendre

Suite au conseil de Yossé ben Yoézer qui soulignait l'importance d'ouvrir sa maison aux Sages et d'avoir soif de leurs paroles, Yossé ben Yo'hanane recommande quant à lui d'ouvrir également sa porte et son cœur aux autres.

Yossé ben Yo'hanane[P] **de Jérusalem dit : « Que ta maison soit largement ouverte**[E] [afin de pouvoir accueillir tous les êtres dans le besoin] **et que les indigents fassent partie de ta maison**[E] [il est bon que les pauvres se trouvent chez toi, non pas comme de simples mendiants de passage ; accueille-les avec affabilité et comporte toi avec eux de telle sorte qu'ils se sentent comme faisant

ÉCLAIRAGES

leurs discours aussi souvent, son attention finit par s'émousser jusqu'à ce qu'il soit gagné par une certaine indifférence ; il doit néanmoins demeurer avide de leurs conseils de sagesse, en d'autres termes, à lui d'y prêter attention avec la plus grande ardeur et de boire leurs paroles tel un être assoiffé (Rachi, Rabbénou Yona, voir aussi Meïri).

[E]Que ta maison soit largement ouverte
Cela signifie que la maison doit être ouverte aux quatre points cardinaux ou en tout cas du côté de la route ou de la rue qui y mène, à l'instar de la tente d'Abraham, célèbre pour son hospitalité envers les passants (en particulier : Rambam, Rabbénou Yona). D'autres expliquent qu'il s'agit de construire sa maison dans un endroit suffisamment spacieux et facile d'accès afin que les pauvres ne croient pas que l'habitation est trop étroite au point d'avoir honte d'y entrer (*Ma'hzor* de Vitry). Autre interprétation : la formulation de la *michna* serait volontairement exagérée afin que le maître de maison reçoive ses invités de la manière la plus généreuse comme s'il était en mesure de les accueillir en nombre illimité et sans aucune autre espèce de restrictions (Meïri, Yaavets).

[E]Et que les indigents fassent partie de ta maison
Beaucoup de commentateurs se sont appuyés sur le Talmud (traité *Bava Métsi'a* 60b) qui recommande de ne pas multiplier le nombre de serviteurs. Mieux vaut accueillir des indigents qui, tout en séjournant

PERSONNAGES

[P]Yossé ben Yo'hanane
Nous ne connaissons pratiquement rien à propos de ce Sage, en dehors du fait qu'il était président du Tribunal rabbinique aux côtés de Yossé ben Éliézer, président du Sanhédrin et en dehors des décrets qu'ils prononcèrent ensemble. Avec Yossé Éliézer (voir *michna* précédente), il est considéré comme l'un des derniers « êtres regorgeant de talents », capables d'assimiler à eux seuls toutes les voies de la Torah et des commandements divins.

Les paroles de la *michna* citées en son nom et encourageant à ouvrir largement sa maison s'accordent bien avec le fait qu'il résidait à Jérusalem, « la grande ville », où, contrairement aux petits villages éloignés, il est naturel que de nombreux étrangers s'y rendent en visite et aient besoin d'hospitalité.

Maquette de Jérusalem à l'époque du Deuxième Temple (Musée d'Israël)

partie de ta famille]; **et ne converse pas trop avec la femme**[E] [ce dernier avertissement n'a pas seulement pour but d'éviter un trop grand rapprochement avec d'autres femmes que la sienne mais s'applique aussi au contenu de la discussion. Il est en effet difficile de prétendre qu'une conversation frivole entre un homme et une femme soit toujours exempte d'arrière-pensées, conscientes ou non]. » **On voulait dire (avec) sa propre femme**[E] **; à plus forte raison avec la femme d'un autre** [il convient donc d'éviter au maximum ce type de conversation, fût-ce même avec sa propre épouse. Il semble que cette dernière recommandation fasse suite au début de la *michna*. Dès lors qu'on ouvre largement sa maison aux pauvres, conseil est donné au maître de maison de ne pas nouer des relations par trop familières avec les femmes comptant parmi ses invités et de minimiser les discussions de nature intime et personnelle qui risqueraient de dégénérer vers une relation prohibée par la Torah]. **De là, les Sages ont affirmé** [cette dernière parole de la *michna* a suscité l'attention accrue des Sages des générations suivantes qui ressentirent le besoin de la souligner plus particulièrement] : « **Celui qui converse trop avec une femme, cause du mal à lui-même**[E] [que la discussion entraîne une trop grande proximité ou qu'au contraire elle provoque un antagonisme risquant

ÉCLAIRAGES

à la maison, pourront un tant soit peu aider dans les affaires de la maison, en échange des faveurs qui leur sont accordées (Rachi, Rambam, Meïri). Dans un autre sens, il ne faut jamais prétexter qu'il n'y a pas assez de nourriture à la maison, au contraire on doit agir avec les invités comme s'ils étaient des membres de la famille pour qui l'on fait en sorte que rien ne leur manque jamais ('Hafetz 'Haïm).

[E]Et ne converse pas trop avec la femme
Cette recommandation qui, comme nous l'avons noté précédemment, fait suite à celle d'ouvrir largement sa maison et concerne en particulier les femmes qui s'y trouvent invitées. Mais elle peut aussi constituer un avertissement à l'encontre des indigents eux-mêmes à qui il est demandé de s'abstenir d'entretiens trop longs et trop intimes avec la maîtresse de maison (*Tossefot 'hadachim*).

[E]On voulait dire (*avec*) *sa* propre *femme*
Certains commentateurs (comme Barténora) précisent que cette phrase aurait été ajoutée plus tard par l'auteur de la Michna, Rabbi Yéhouda *hanassi*. D'autres considèrent néanmoins que ce sont bien là les paroles de Rabbi Yossé qui se réfère aux Sages qui l'ont précédé (*Tossefot Yom Tov*). Et de remarquer que la *michna* utilise le terme bien défini de « la » femme, ce qui désigne précisément l'épouse par excellence. Comment peut-on cependant expliquer un tel avertissement qui paraît si difficile à accepter : une épouse n'est-elle point « la compagne et la femme unie par un pacte » (Malachie 2, 14) à son mari ? Une réponse de fond fournie à cette question souligne qu'il s'agit ici de conversations futiles et inutiles (*Ma'hzor* de Vitry, Meïri), voire de conversations touchant de près ou de loin aux rapports conjugaux, surtout lorsque la femme se trouve dans sa période de menstruations et donc d'impureté rituelle, ce qui pourrait conduire les époux à enfreindre le commandement d'abstinence sexuelle durant cette période (Rachi, Rabbénou Yona).

[E]… cause du mal à lui-même
Selon Maïmonide, cela signifie qu'il se voit ainsi sombrer dans la luxure. De même, Rabbi Yona y voit un raffermissement du mauvais penchant. D'après

◄

d'aboutir à une dispute plus ou moins grave, « celui qui converse trop avec une femme » se trouve finalement entraîné dans une mauvaise situation. Et par voie de conséquence :] **il néglige l'étude de la Torah** [ces conversations, qui ne comportent aucun cadre clairement défini, ni dans son contenu ni dans sa durée, sont par nature à même de se prolonger des heures durant. C'est ainsi que le temps qui aurait pu être consacré à l'étude de la Torah se trouve gaspillé], **et il est appelé à hériter du *Guéhinom*** [il est évident qu'aucune récompense divine, dans ce monde d'ici-bas ou dans le Monde futur, n'est accordée à un homme qui gaspille son temps dans des conversations aussi légères ; il mérite au contraire un châtiment pour avoir négligé l'étude de la Torah, mais, pis encore, pour avoir été probablement entraîné à commettre de graves transgressions.]

MICHNA 6

יְהוֹשֻׁעַ בֶּן פְּרַחְיָה וְנִתַּאי הָאַרְבֵּלִי קִבְּלוּ מֵהֶם. יְהוֹשֻׁעַ בֶּן פְּרַחְיָה אוֹמֵר: עֲשֵׂה לְךָ רַב, וּקְנֵה לְךָ חָבֵר, וֶהֱוֵי דָן אֶת כָּל הָאָדָם לְכַף זְכוּת.

6. Yéhochoua ben Péra'hia et Nittaï d'Arbel reçurent (la Loi orale) des précédents. Yéhochoua ben Péra'hia dit : « Fais-toi un maître, acquiers-toi un ami, et juge chaque individu avec mansuétude. »

Cette michna *rapporte à présent les paroles du deuxième duo de Sages ayant succédé à celui de Yossé ben Yoézer de Tséréda et Yossé ben Yo'hanane dans la chaîne de transmission de la Torah.*

Yéhochoua ben Péra'hia[P] **et Nittaï d'Arbel reçurent** [la Loi orale] **des précédents** [soit de Yossé ben Yoézer et Yossé ben Yo'hanane]. **Yéhochoua ben Péra'hia dit : « Fais-toi un maître**[E] [ce conseil concerne chaque individu et

PERSONNAGES

[P]**Yéhochoua ben Péra'hia**
Yéhochoua ben Péra'hia apparemment était apparemment un *cohen*, peut-être même fut-il *Cohen Gadol*, un Grand Prêtre. Il vécut à l'époque des Hasmonéens, en particulier sous le règne de Yo'hanane Hyrkanus (135-104 avant l'ère commune). L'empereur Alexandre était alors entré en conflit avec les Sages d'Israël et penchait du côté des Sadducéens ; une telle prise de position provoqua une grande amertume et engendra diverses formes de révoltes. Les tensions furent si grandes que Yéhochoua ben Péra'hia se vit contraint de prendre

l'invite à décider de choisir un être érudit dont il acceptera l'autorité et en fera son maître à titre permanent], **acquiers-toi un ami**[E] [il ne s'agit pas d'une simple connaissance de passage mais bien d'un ami avec qui l'on entretient une relation proche et empreinte de réciprocité] **et juge chaque individu avec mansuétude**[E] [l'on se trouve souvent en face d'attitudes individuelles

ÉCLAIRAGES

certains autres commentateurs, un mari ne devrait pas trop converser avec son épouse à propos de sujets et de controverses qui le tourmentent. Dans certains cas en effet, cette dernière risquerait d'aggraver ses disputes, comme par exemple, dans la Bible (Nombres 16-18) l'épouse de Koré (Kora'h) qui, selon le Talmud (traité *Sanhédrin* 109b-110a) l'incita à se révolter contre Moïse ; notons cependant que dans ce dernier épisode biblique, une autre épouse, celle d'On ben Péleth (qui, au départ, s'était joint à Kora'h), réussit, elle, à dissuader son mari d'entrer dans un conflit aussi grave. Ce qui illustre parfaitement la sentence des Proverbes (14, 1) : « La sagesse des femmes édifie la maison ; leur folie la renverse de ses propres mains ».

[E]Fais-toi un maître

Au sens le plus simple, cela signifie qu'il faut privilégier un enseignement oral de la bouche d'un maître, ce qui ne peut être comparé au cas où l'on étudie tout seul (Rachi, Rambam). Selon le commentaire de *Avot dé-Rabbi Nathan*, cette recommandation souligne l'importance d'apprendre la Torah d'un seul maître, afin d'assurer une cohérence d'ensemble entre les différents domaines d'études, de sorte que « la personne siègera à sa place et sera comblée de bien et de bénédictions ».

L'expression « Fais-toi un maître » souligne l'éventuelle difficulté à trouver un tel maître digne de ce nom ; cependant, nous devons déployer tous nos efforts pour en choisir un qui pourrait nous convenir (Meïri), même s'il ne répond pas à tous nos critères personnels (Yaavets, Rambam) : il serait en effet dangereux d'agir sans guide spirituel en s'en remettant à son seul jugement pour tout ce qui concerne la conduite à adopter au regard de la Torah.

[E]Acquiers-toi un ami

Les relations entre amis sont différentes de celles entre un disciple et son maître, voire de celles au sein d'une même famille. Trouver un ami signifie s'attacher à quelqu'un avec qui l'on peut créer un rapport intime et personnel et avec qui l'on pourra étudier la Torah ; il devra savoir nous encourager vers le bien et nous prêter conseil (Rambam).

Le terme « acquiers » sous-entend de gros efforts

PERSONNAGES

la fuite et de se réfugier à Alexandrie. Lorsque la situation se fut calmée, son élève Chim'one ben Chéta'h l'encouragea à revenir à Jérusalem par le biais de cette missive (traité *Sanhédrin* 107b) : « De ma part, Jérusalem, la Ville Sainte à toi, Alexandrie en Égypte : ma sœur, mon mari se trouve en ton sein et je demeure, quant à moi, esseulée (en d'autres termes, celui qui est à la tête des Sages d'Israël est exilé à l'étranger alors que Jérusalem a besoin de lui) ». Yéhochoua ben Péra'hia comprit le message et retourna donc à Jérusalem.

Selon les sources talmudiques, l'un des disciples de Yéhochoua ben Péra'hia était un certain Jésus qu'il finit par bannir en raison de son mauvais comportement. Si l'on se fie cependant aux années en question, il ne semble pas qu'il s'agisse de celui qu'adorent les chrétiens.

Le nom de Yéhochoua ben Péra'hia est mentionné ailleurs à propos d'une autre de ses paroles (traité *Méha'hot* 109b) qui se rapporte à la tentation de la grandeur : « Autrefois, si quelqu'un m'avait proposé d'accéder à la fonction de *nassi*, de président du Sanhédrin, je l'aurais attaché et placé devant un lion (à cause de la colère qu'aurait provoquée en moi sa suggestion). Aujourd'hui (alors que j'ai gravi les échelons et occupe ce rôle), si quelqu'un devait me demander d'en descendre, je déverserais un récipient d'eau bouillante sur sa tête (à cause de la colère que provoquerait en moi sa suggestion). » Notons cependant que certains attribuent cette dernière parole à Yéhouda ben Tabbaï.

qui peuvent être différemment interprétées ; l'on doit alors consciemment s'efforcer de trouver dans chaque acte d'une personne un certain mérite et de faire pencher la balance du côté positif, quand bien même l'on pourrait tout autant l'infléchir du côté négatif]. »

MICHNA 7

נִתַּאי הָאַרְבֵּלִי אוֹמֵר: הַרְחֵק מִשָּׁכֵן רָע, וְאַל תִּתְחַבֵּר לָרָשָׁע, וְאַל תִּתְיָאֵשׁ מִן הַפֻּרְעָנוּת.

7. Nittaï d'Arbel dit : « Éloigne-toi d'un mauvais voisin ; ne te lie pas avec un impie ; et ne désespère pas du châtiment. »

Alors que Yéhochoua ben Péra'hia s'attardait dans la michna *précédente sur le type de relations qu'il convient d'entretenir avec différentes personnes, Nittaï d'Arbel cite les cas où il y a lieu de s'éloigner de certains individus.*

Nittaï d'Arbel[P] [du village d'Arbel en Basse Galilée] **dit : « Éloigne-toi d'un**

ÉCLAIRAGES

à mettre en œuvre et la nécessité d'investir de son temps et de ses forces afin d'aboutir à cette fin. Entretenir cette amitié n'exige pas moins d'efforts, que ce soit au niveau d'un engagement personnel ou de toute autre manière (Rachbats).

Rachi fournit également une interprétation surprenante, en raison de la connotation commerciale du mot « acquiers » : il s'agirait aussi d'acheter des livres d'étude de la Torah qui deviendraient alors nos « amis ».

[E]Et juge chaque individu avec mansuétude
En d'autres termes, considère que l'intention de ton prochain est toujours louable, quel que soit ce que tu entends à son propos : ainsi Dieu te jugera pareillement avec mansuétude (Rachi selon *Avot dé-Rabbi Nathan*). Nos Sages ont établi cette recommandation sur la base du verset (Lévitique 19, 15) : « Tu jugeras ton semblable avec justesse », que le Talmud (traité *Sanhédrin* 32b) explique ainsi : « Juge ton semblable en lui accordant un préjugé indulgent. »

Cela est d'autant plus vrai lorsque l'on a affaire à un *tsaddik*, un homme réputé juste ; en revanche, lorsqu'il s'agit d'un *rach'a*, impie parfait et connu en tant que tel, la recommandation ne s'applique plus (Meïri, Rabbénou Yona).

À certains égards, cette dernière recommandation a valeur en soi ; cependant, il est possible de la rattacher au début de la *michna* et de lui accorder une importance particulière lorsqu'il s'agit de son maître et de son ami.

Autre interprétation : le conseil énoncé par Yéhochoua ben Péra'hia de juger tout individu avec mansuétude s'appliquerait non seulement lorsqu'en apparence son attitude semble condamnable mais aussi lorsque ses côtés négatifs sont des faits avérés. Cette mansuétude doit concerner *tout* individu ; autrement dit, nous devons percevoir en chacun ses aspects positifs et même lorsque les actes ou le comportement d'une personne peuvent être interprétés favorablement ou non, nous devons toujours faire pencher la balance du côté méritant.

◂

mauvais voisin[E] [un mauvais voisin se définit comme une personne qui se comporte mal vis-à-vis des autres, cherchant à provoquer querelles et disputes autour de lui. Dans un tel cas, lorsqu'il s'avère impossible de corriger l'attitude d'un tel voisin, Nittaï d'Arbel recommande de s'en éloigner soit en déménageant ailleurs, soit en ménageant une distance vis-à-vis de lui en diminuant les contacts au possible et en minimisant les rapports avec lui] **; ne te lie pas avec un impie**[E] [ce conseil ressemble, dans son contenu, au précédent mais, cette fois, il peut s'agir d'une personne qui ne cause pas forcément de dommages à son voisinage, mais qui se trouve foncièrement mauvaise] **et ne désespère**

ÉCLAIRAGES

[E]Éloigne-toi d'un mauvais voisin

Ces paroles de Nittaï d'Arbel recommandant de s'éloigner de mauvaises gens viennent en quelque sorte compléter celles de Yéhochoua ben Péra'hia dans la *michna* précédente où, a contrario, il prônait de se rapprocher de bonnes personnes (Rachbats).

Notons que, selon *Avot dé-Rabbi Nathan*, le terme « voisin » dans ce cas peut s'appliquer non seulement à celui qui habite une maison attenante à la nôtre mais aussi au propriétaire d'un champ voisin, voire à un collègue de travail.

D'autre part, l'on pourrait rapprocher cette idée du dicton : « Malheur à l'impie, malheur à son voisin » et lorsqu'un impie subit un châtiment, son voisin risque bien d'en être également frappé (traité *Négaïm*, chapitre 12, *michna* 6).

D'après un commentaire (non littéral) de Rabbénou Yossef 'Haïm, l'expression « Éloigne-toi d'un mauvais voisin », en hébreu : « *Har'hek michakhen r'a* », pourvu qu'on déplace légèrement la ponctuation, pourrait se lire : « Éloigne le mal de ton voisin » : autrement dit, si tu constates chez lui une mauvaise conduite, efforce-toi de l'en dissuader.

[E]Ne te lie pas avec un impie

Le conseil ici est de s'abstenir de toute forme de relation, quelle qu'elle soit, avec un impie, en hébreu, un *rach'a* (Meïri). Quiconque s'allie à un *rach'a*, sur un plan professionnel, social ou personnel, subit indubitablement son influence néfaste même si les liens qu'ils tissent avec lui n'entrent pas dans un cadre explicite d'échanges mutuels. Selon *Avot dé-Rabbi Nathan*, une telle recommandation est déduite des paroles d'Eliézer, fils de Dodavahou, de Marêcha, qui adressa une prophétie (Chroniques II 20, 37) à Josaphat en ces termes : « Parce que tu t'es allié à A'hazia, le Seigneur a ruiné ton entreprise. »

PERSONNAGES

[P]Nittaï d'Arbel

Le nom de ce Sage n'apparaît que deux fois dans le Talmud : dans notre *michna* et dans une autre qui figure dans le traité de '*Haguiga* (chapitre 2, *michna* 2), lorsqu'il exprime son opinion selon laquelle l'on peut apposer ses mains sur un animal prêt à être sacrifié un jour de fête. En dehors du fait qu'il était le président du Tribunal rabbinique aux côtés de Yéhochoua ben Péra'hia, l'on ne sait pratiquement rien à son propos. Selon certaines versions manuscrites, il s'appellerait peut-être Mattaï et non pas Nittaï. Le fait que son nom soit associé au village d'Arbel, en Basse Galilée, témoigne de l'existence d'une région déjà bien peuplée à son époque.

Vestiges de l'ancienne synagogue de la ville d'Arbel, entre le IIe et IVe siècle de l'ère commune

◄

pas du châtiment[E] [au sens le plus simple, un tel désespoir peut nous envahir lorsque, constate-t-on, des gens qui font du mal semblent néanmoins réussir, l'on pourrait être conduit à penser qu'il n'y a « ni justice ni Juge » (voir *Midrach Vayikra Rabba* 28, 1) et que ces mauvaises gens ne peuvent en rien être dissuadées. Nittaï d'Arbel vient donc ici affirmer que, même si le châtiment n'arrive pas toujours à l'heure au moment où nous l'escomptons, il finira par advenir à un moment ou à un autre].

MICHNA 8

8. Yéhouda ben Tabbaï et Chim'one ben Chatta'h reçurent (la Loi orale) des précédents. Yéhouda ben Tabbaï dit : « Ne te fais pas avocat parmi les juges et lorsque les parties sont en ta présence, considère-les toutes deux comme condamnables ; et lorsqu'elles prennent congé de toi considère-les toutes deux comme innocentes, après qu'elles ont accepté le verdict. »

יְהוּדָה בֶּן טַבַּאי וְשִׁמְעוֹן בֶּן שָׁטָח
קִבְּלוּ מֵהֶם, יְהוּדָה בֶּן טַבַּאי אוֹמֵר:
אַל תַּעַשׂ עַצְמְךָ כְּעוֹרְכֵי הַדַּיָּנִין
וּכְשֶׁיִּהְיוּ בַּעֲלֵי דִינִין עוֹמְדִים לְפָנֶיךָ –
יִהְיוּ בְעֵינֶיךָ כִּרְשָׁעִים וּכְשֶׁנִּפְטָרִים
מִלְּפָנֶיךָ שֶׁיִּהְיוּ בְּעֵינֶיךָ שניהם
כְּזַכָּאִין, כְּשֶׁקִּבְּלוּ עֲלֵיהֶם אֶת הַדִּין.

Dans cette michna, *le troisième duo de Sages s'adresse surtout aux juges chargés d'établir la justice, bien que la morale qui transparaît de leurs paroles concerne chacun de nous, selon son rang et sa position.*

Yéhouda ben Tabbaï[P] **et Chim'one ben Chatta'h reçurent** [la Loi orale] **des**

ÉCLAIRAGES

[E]Et ne désespère pas du châtiment
Au-delà du sens simple évoqué précédemment, ce désespoir peut être saisi plus largement. Non seulement désespère-t-on de voir se produire un jour ce que l'on attend, mais davantage encore, cette attente finit par perdre tout son sens car il n'y a pas lieu d'espérer un événement qui n'entre même pas dans le cadre du possible. La *michna* s'inscrit en faux contre une telle assertion selon laquelle les actes, personnels ou envers autrui, bons ou mauvais, n'entraîneraient aucune conséquence, qu'elle soit une récompense ou un châtiment. Certaines personnes qui agissent mal, même si au début elles éprouvaient quelques craintes à propos d'une éventuelle sanction, s'aperçoivent que rien ne leur arrive et finissent par en déduire qu'il en sera ainsi *ad vitam æternam*. Partant, la *michna* affirme ici qu'aucune action humaine ne demeure sans conséquence et que le résultat se fera sentir tôt ou tard.

Ces paroles, selon Rachi, peuvent être entendues tout autrement : s'il nous arrivait de recevoir un châtiment, nous ne devrions pas pour autant nous décourager, car le salut demeure toujours très proche.

précédents [Yéhochoua ben Péra'hia et Nittaï d'Arbel]. **Yéhouda ben Tabbaï dit** [énonce quelques recommandations aux juges] : « **Ne te fais pas comme un avocat parmi les juges**[E] [la présence d'avocats faisait partie du système de justice en vigueur dans la culture gréco-romaine. Leur rôle, repris aujourd'hui dans le monde entier, consiste à agencer les arguments des parties en présence devant les juges. Le système de justice mis en place par le Talmud prévoit en revanche que les témoins ou le requérant et le défendeur transmettent leur version des faits aux juges qui doivent ensuite en débattre en tant que tels] **et lorsque les parties sont en ta présence, considère-les toutes deux comme condamnables** [la *michna* va jusqu'à utiliser le terme de *réch'aïm*, d'impies : par conséquent, n'émets aucune hypothèse quant à leur bonne foi et leur droiture. Cette recommandation signifie qu'il faut a priori soupçonner également les deux parties comme si elles avaient commis un méfait ou en tout cas étaient en mesure de le faire. Une telle attitude a bien sûr un impact sur la manière dont les juges doivent conduire leur investigation] **; et lorsqu'elles prennent congé**

ÉCLAIRAGES

[E]Ne te fais pas avocat parmi les juges

Cet avertissement lancé aux juges, « ne te fais pas avocat », leur demande de ne point agir comme s'ils représentaient et favorisaient l'une des deux parties ou l'un des témoignages : leur devoir est de trancher, autant que possible, du seul côté de la vérité. La Torah elle-même (Deutéronome 1, 17) exige une telle impartialité au travers du commandement : « Ne faites point, en justice, acception de personnes ; donnez audience au petit comme au grand, ne craignez qui que ce soit, car la justice appartient à Dieu ! »

De la même façon, tout conseil juridique donné aux parties en présence ou aux témoins risquerait de les conduire à modifier leur version des faits afin de les adapter au verdict escompté, ce qui serait bien entendu inacceptable. Cela doit donc être évité au maximum, même dans les cas où l'on pense que l'établissement de la justice s'en trouverait renforcé.

Sur un autre plan, certains (*Ma'hzor* de Vitry selon *Avot dé-Rabbi Nathan*) ont perçu dans cette recommandation un caractère général, applicable à tout un chacun : si nous ne nous sommes pas juges, gardons-nous de nous précipiter à prescrire la loi à leur instar.

PERSONNAGES

[P]Yéhouda ben Tabbaï

Comme c'est le cas de la plupart des Sages de la période des duos, le personnage de Yéhouda ben Tabbaï n'est que très peu connu. Il existe même des avis différents quant à savoir lequel des deux, lui-même ou son collègue Chim'one ben Chatta'h, était le président du Sanhédrin ou le chef du Tribunal rabbinique (Talmud de Jérusalem *'Haguiga* 2, 2 et Talmud de Babylone *'Haguiga* 16a). Il est possible qu'à un certain moment ils aient échangé leur rôle comme le prouve un récit tragique : le traité *Sanhédrin* (*Tossefta* 6, 6) rapporte en effet que Yéhouda ben Tabbaï condamna injustement à mort une certaine personne. Lorsque Chim'one ben Chatta'h lui montra son erreur, il décida de ne plus jamais prononcer une loi sans son avis. Ce n'est d'ailleurs sans doute pas par hasard si les deux émettent des recommandations de prudence à l'égard des juges. En tout cas, le Talmud (*'Haguiga* 16b) raconte que Yéhouda ben Tabbaï se rendait chaque jour devant la tombe de la personne qu'il avait fait mettre à mort et fondait en larmes. D'autres anecdotes sont mentionnées en son nom, bien qu'ailleurs elles se rapportent à Yéhochoua ben Péra'hia, de sorte qu'il est difficile de distinguer entre les deux.

◄

de toi considère-les toutes deux comme innocentes [cette fois, l'attitude conseillée prend le contre-pied de la précédente : bien qu'au moment du jugement, il faille envisager la possibilité que les parties en présence aient mal agi, une fois que le verdict a été prononcé, au juge de changer son approche envers les personnes qu'il vient de juger] **après qu'elles ont accepté le verdict**[E] [ce qui inclut la réparation des dommages sujets au jugement, que ce soit rembourser de l'argent, restituer un bien ou payer une taxe]. »

MICHNA 9

שִׁמְעוֹן בֶּן שָׁטָח אוֹמֵר: הֱוֵי מַרְבֶּה לַחְקֹר אֶת הָעֵדִים, וֶהֱוֵי זָהִיר בִּדְבָרֶיךָ, שֶׁמָּא מִתּוֹכָם יִלְמְדוּ לְשַׁקֵּר.

9. Chim'one ben Chatta'h dit : « Sonde abondamment les témoins ; et prends garde à tes paroles, car elles pourraient inspirer le mensonge. »

Après les recommandations de Yéhouda ben Tabbaï quant à la manière dont les juges doivent se comporter vis-à-vis des parties en présence, Chim'one ben Chatta'h fournit des conseils supplémentaires à l'égard des témoins.

Chim'one ben Chatta'h[P] **dit** [Chim'one ben Chatta'h, à l'instar de Yéhouda ben Tabbaï, énonce, lui aussi, des recommandations à l'égard des juges] : **« Sonde abondamment les témoins**[E] [certes la loi juive indique déjà la

ÉCLAIRAGES

[E]Après qu'elles [les parties en présence] ont accepté le verdict

Tout juge a l'obligation de trancher de manière concrète et de prononcer un juste verdict pour le bon ordre de la société. Pour autant, il ne doit pas considérer que la personne en face de lui est a priori mauvaise ou fourbe, même s'il lui faut demeurer attentif à toute éventualité tout au long du jugement. Mais une fois que les dommages ont été réparés, il doit se rapporter à eux comme d'honnêtes gens qui ont chacun essayé de présenter leur vérité ; n'est-ce pas là une obligation morale envers chaque

PERSONNAGES

[P]Chim'one ben Chatta'h

Chim'one ben Chatta'h, grand dirigeant et érudit, était le frère de Chlomtsion, épouse du roi hasmonéen Alexander Yannaï (qui régna entre les années 103 et 76 avant l'ère commune) avec qui il entretint des relations complexes. Il agit sur de nombreux fronts : le combat contre les Sadducéens, l'amélioration du statut des témoins au tribunal rabbinique, l'élimination de toute trace de sorcellerie, les lois concernant l'impureté des récipients en métal, le

◂

manière dont les juges doivent mener l'audition des témoins, par exemple à l'aide d'interrogations précises quant à l'endroit et le moment du méfait. Néanmoins, Chim'one ben Chatta'h conseille ici de ne pas se suffire de ce genre de questions fondamentales et de sonder les témoins dans tous les détails possibles] **; et prends garde à tes paroles, car elles pourraient inspirer le mensonge**[E] [lorsque le juge abonde en explications ou indique quelles pourraient être les conclusions à tirer d'un certain témoignage, cela risque de conduire les témoins à adapter leurs paroles à ce qu'ils croient être la ligne acceptable à ses yeux]**.** »

ÉCLAIRAGES

individu (Rachi, Rabbénou Tam) ? De plus, un juge doit garder en tête que l'ultime et complète vérité ne réside pas entre les mains de l'être humain.

[E]Sonde abondamment les témoins

Il s'agit d'aller plus loin qu'une simple investigation (en hébreu *'hakira*) mais aussi de pouvoir vérifier (en hébreu *bédika*) les paroles des témoins par le biais de nombreuses questions, fussent-elle en apparence anodines et accessoires. Cela est d'ailleurs en parfait accord avec le commandement biblique qui stipule (Deutéronome 13, 15) : « Tu feras une enquête, tu examineras, tu t'informeras avec soin. » Même si les témoins ont la possibilité d'affirmer qu'ils ne se souviennent pas de façon précise et ne peuvent pas répondre, cet examen détaillé augmente les chances pour le juge de percevoir dans leur témoignage un manque de clarté, ou quelque ajout de leur part pour compléter le tableau, voire un mensonge patent. C'est donc en multipliant les questions que le juge parviendra à établir la vérité (Meïri, traité *Sanhédrin*, chapitre 5, *michna* 1-2). Certains commentateurs ont suggéré que le juge doit poser ses nombreuses questions en allant au plus vite et sans s'interrompre afin que les témoins ne puissent pas adapter leurs dires au fur et à mesure (*Midrach Chmouel*). Toutes ces directives sont d'autant plus importantes que, dans le judaïsme, le système de justice ne repose pas sur des accusateurs et des avocats de défense et ce sont bien les juges qui ont la charge de mener l'ensemble du processus.

[E]Et prends garde à tes paroles, car elles pourraient inspirer le mensonge

L'on peut aussi comprendre la recommandation de Chim'one ben Chatta'h de la manière suivante : si le juge n'est pas assez prudent et honnête dans ses énoncés (qu'il s'adresse aux témoins, au public ou aux autres juges), cela risque de nuire à la poursuite du jugement : soit que ses paroles effraient les témoins et les mènent à penser que leur témoignage n'est pas pris au sérieux ou qu'elles les encouragent

PERSONNAGES

décret exigeant que les enfants étudient à l'école etc. ; et c'est, entre autres choses, lui qui conféra au contrat de mariage (la *kétouba*) un caractère formellement contraignant. Après la mort du roi, son épouse Chlomtsion lui succéda ; elle put ainsi accorder à son frère une large autorité dans de nombreux domaines. Cette période est considérée comme l'une des périodes les plus idéales dans l'histoire du peuple juif qui jouit alors d'une stabilité au plan économique autant que sécuritaire et pendant laquelle la vie religieuse et spirituelle fleurit.

De nombreux récits sont rapportés en son nom. L'un d'entre eux, notoire, souligne que, fort de son autorité, il fit mettre à mort un grand nombre de femmes qui pratiquaient la sorcellerie, en raison de « la nécessité de l'heure ». Selon la tradition, suite à cette attitude de Chim'one ben Chatta'h, les proches des femmes lancèrent une fausse accusation contre son fils au point qu'il fut lui aussi condamné à mort (Voir Rachi dans le traité *Sanhédrin* 44*b*). Cela pourrait fort bien faire écho aux recommandations qu'il formule dans la *michna* à propos de l'importance de sonder les témoins.

MICHNA 10

שְׁמַעְיָה וְאַבְטַלְיוֹן קִבְּלוּ מֵהֶם. שְׁמַעְיָה אוֹמֵר: אֱהֹב אֶת הַמְּלָאכָה, וּשְׂנָא אֶת הָרַבָּנוּת, וְאַל תִּתְוַדַּע לָרָשׁוּת

10. Chémaya et Avtalione reçurent (la Loi orale) des précédents. Chémaya dit : « Aime le travail ; abhorre le pouvoir et ne cherche pas à te faire connaître de l'autorité en place. »

Chémaya et Avtalione forment le quatrième duo de Sages poursuivant la tradition.

Chémaya et Avtalione[P] **reçurent (la Loi orale) des précédents** [Yéhouda ben Tabbaï et Chim'one ben Chatta'h]. **Chémaya dit : « Aime le travail ...**[E] **»** [Chémaya tient ici à louer le travail en général, essentiellement le travail manuel d'ordinaire évoqué par les Sages. À leurs yeux, il est en effet important qu'un

ÉCLAIRAGES

à discuter de choses qui ne sont pas vraiment l'essentiel du sujet. Certains ont expliqué que si le juge ne pose pas de questions pointues, les parties en présence pourraient penser qu'il est aisé de le tromper et risqueraient donc de présenter des arguments fallacieux (*Midrach Chmouel*). D'autres voient dans ce conseil une demande au juge de ne pas révéler son raisonnement car cela pourrait inciter ceux qui l'écoutent à mentir dans un autre cas (Yaavets).

[E]Aime le travail...

« Aimer le travail » revient aussi à exclure tout refus de travailler sous prétexte que l'on est un personnage important et qu'il vaut mieux dans ce cas vivre par le biais de la *tsédaka*, des dons des autres. Par ailleurs, il est dit que toute occupation ne peut que favoriser la longévité (Rachi).

Dans une autre perspective, quiconque possède un travail ne gaspille pas son temps en futilités. Étant de plus indépendant financièrement, il risque moins de succomber à la tentation du vol ou de la fourberie (Rachi, Rambam). De plus, l'oisiveté conduit à la folie, voire à transgresser des interdits (traité *Kétoubot*, chapitre 5, *michna* 5 ; traité *Avot*, chapitre 2, *michna* 2) et il n'est de repos véritable qu'après l'effort (Rabbénou Yona).

Cette recommandation de Chémaya se marie bien avec celle qui suit, dans laquelle il conseille vivement d'éviter tout rôle de domination, de préférer s'en tenir à une simple profession et de goûter à la satisfaction des accomplissements qu'elle apporte.

PERSONNAGES

[P]Chémaya et Avtalione

Selon la tradition, Chémaya et Avtalione étaient eux-mêmes des convertis ou fils de convertis (traité *Yoma* 71a). Il semble qu'ils ne parvenaient pas à prononcer certaines consonnes gutturales d'où l'on a pu déduire que leur langue maternelle n'était pas sémite (voir traité *'Édouyot*, chapitre 1, *michna* 3).

L'entrée dans la maison d'étude lorsqu'ils enseignaient était payante et un gardien avait été placé par leurs soins à cet effet.

Plus tard, Hillel (lui-même disciple de Chémaya et Avtalione) reprocha aux « *Bné Bétéra* » (une famille de Sages de cette même époque) de ne les avoir pas suffisamment fréquentés et de ne pas avoir suivi leurs enseignements.

Leurs positions en matière de *halakha* (la loi juive) ne sont pas rapportées dans les sources, en dehors de quelques témoignages ou lois mentionnés en leur nom.

homme puisse subvenir lui-même à ses besoins sans avoir à demander le soutien des autres (*Avot dé-Rabbi Nathan*)] ; **abhorre le pouvoir**[E] [le terme utilisé en hébreu, *rabbanout*, désigne en fait toute forme de pouvoir ou domination, qu'il s'agisse d'une fonction publique ou religieuse. Le mot « abhorre » ici est d'autant plus fort qu'il ne s'agit pas seulement d'une recommandation d'éviter ce genre de fonctions mais encore de les détester] **et ne cherche pas à te faire connaître de l'autorité en place**[E] [le pouvoir en question ici a trait aux autorités politiques. Chaque système de gouvernement cherche avant tout son propre intérêt avant toute autre considération. « Se faire connaître du pouvoir en place » signifie établir une relation qui profitera en premier lieu aux autorités et non pas à leurs sujets. C'est pourquoi Chémaya conseille de garder ses distances vis-à-vis d'elles] ».

ÉCLAIRAGES

[E]Abhorre le pouvoir

Le fait même d'occuper un tel poste, important ou non, peut provoquer un changement dans la manière de se comporter avec les autres êtres. Certes, profiter de sa position à des fins personnelles, voire tomber dans le piège de la corruption entrent dans le domaine du possible, mais, en vérité, le problème est inhérent au pouvoir en lui-même. L'un des rôles de celui qui détient une quelconque autorité incite parfois à rejeter les requêtes qui lui sont présentées, ce qui constitue une certaine forme de cruauté intrinsèque à la fonction.

Rabbénou Nathan, « père de la Yéchiva », interprète le terme en hébreu *rabbanout* (traduit par pouvoir) comme un sentiment d'orgueil et de condescendance. Les Sages ajoutent que l'accès au pouvoir diminue l'espérance de vie (traité *Bérakhot* 55a), car, selon Rambam, cela risque de conduire à la jalousie et aux querelles, à de nombreuses épreuves et, finalement, à une dégradation morale.

D'autres considèrent que cette recommandation est reliée à la première : « Aime le travail », à savoir qu'il convient de préférer une simple profession (Rabbénou Yona, *Ma'hzor* de Vitry) plutôt qu'un quelconque pouvoir. Et même si l'on parvient à occuper de hauts postes, il vaut mieux conserver aussi un certain travail (Meïri). Et, sous un angle légèrement différent : quiconque occupe une position élevée devrait aimer le travail qu'il y a dans la fonction tout en détestant les honneurs qui l'accompagnent (*Midrach Chmouel*).

[E]Et ne cherche pas à te faire connaître de l'autorité en place

Si l'on s'en tient à la chaîne des générations, Chémaya et Avtalione ont sans doute vécu au milieu du premier siècle avant l'ère commune, au moment des luttes de pouvoir entre les frères hasmonéens Hyrcan II et Aristobule II, avant qu'Hérode ne soit placé sur le trône de Jérusalem par les Romains.

En tout état de cause, le pouvoir en place à l'époque de Chémaya était certainement étranger et détaché de l'ensemble du peuple, cherchant avant tout son propre intérêt. La *michna* 3 du chapitre 2 en est d'ailleurs une parfaite illustration : « Soyez circonspects à l'égard du pouvoir en place, car il n'est favorable à l'individu que lorsque cela lui profite. Il paraît aimant lorsqu'il en tire avantage et ne secourt pas l'individu à l'heure de sa détresse. »

En dehors du sens littéral, à savoir éviter d'être une personne connue du pouvoir en place, le terme en hébreu « *léhitvad'a* » appelle aussi un lien de proximité. Ainsi, quiconque cherche non seulement à se faire connaître des autorités, mais à s'en rapprocher, finit par en être obsédé et ne plus s'occuper que de cela (Rambam), et se trouve conduit à négliger toute autre activité (Meïri). Par ailleurs, l'on risque alors de rejeter le joug de la Royauté divine.

Le commentaire de *Tiféret Israël* propose quant à lui une explication complètement différente en rattachant le terme *rachout* (traduit ici par pouvoir) à la notion de prêt. Et de recommander d'éviter toute forme d'emprunt (dans un sens ou dans un autre) dans ses affaires.

◄

MICHNA 11

אַבְטַלְיוֹן אוֹמֵר: חֲכָמִים, הִזָּהֲרוּ בְּדִבְרֵיכֶם! שֶׁמָּא תָחוּבוּ חוֹבַת גָּלוּת, וְתִגְלוּ לִמְקוֹם מַיִם הָרָעִים, וְיִשְׁתּוּ הַתַּלְמִידִים הַבָּאִים אַחֲרֵיכֶם וְיָמוּתוּ, וְנִמְצָא שֵׁם שָׁמַיִם מִתְחַלֵּל.

11. Avtalione dit : « Sages, prenez garde à vos paroles, car vous pourriez être passibles d'exil et être relégués en un endroit où les eaux sont malsaines ; les disciples qui vous suivent en boiraient et en périraient et le nom du Ciel s'en trouverait profané. »

Alors que Chémaya s'était tourné vers chaque individu, Avtalione, lui, s'adresse aux Sages.

Avtalione[P] **dit : « Sages** [vous qui enseignez au public ou à vos élèves]**, prenez garde à vos paroles**[E] [tant dans leur contenu que dans leur forme, surtout lorsqu'elles traitent de sujets pouvant être mal interprétés et conduire à des conclusions erronées] **car vous pourriez être passibles d'exil**[E] [au sens physique comme spirituel] **et être relégués en un endroit où les eaux sont malsaines**[E] [vous pourriez vous retrouver dans un endroit ou au sein d'une

ÉCLAIRAGES

[E]Sages, prenez garde à vos paroles
Une telle recommandation s'applique bien sûr à tout le monde, mais elle revêt encore plus d'importance lorsqu'il s'agit de Sages parce que leurs paroles sont encore plus écoutées (*Midrach Chmouel*). De plus, il arrive qu'un Sage éprouve de la fatigue ou soit préoccupé par un autre sujet, et c'est pourquoi il lui faut exercer une prudence redoublée afin qu'il ne se trompe point (*Notser 'Hessed*).

La prudence recommandée ici signifie que l'enseignement soit présenté de la manière la plus claire et que tout énoncé ambigu soit soigneusement évité (Meïri). Il en va de même lorsqu'il s'agit non seulement des propres paroles du maître mais aussi de citations de Sages appartenant aux générations précédentes (Rachi).

[E]Car vous pourriez être passibles d'exil
Selon *Avot dé-Rabbi Nathan*, un Sage qui prononce un enseignement contraire à la *halakha*, la loi juive, entraînant ainsi à la faute, est passible d'exil.

[E]Et être relégués en un endroit où les eaux sont malsaines
L'endroit de cet exil pourrait être parmi des non-juifs ou des ignorants dont le comportement est condamnable, allant même jusqu'à la débauche, ce qui pourrait exercer une mauvaise influence sur

PERSONNAGES

[P]Avtalione
Ce nom qui n'a pas de signification en hébreu, possède une consonnance grecque, bien qu'il n'ait pas été possible de trouver un tel nom dans la langue hélléniste. Certains pensent qu'il serait possible de le rattacher à un personnage évoqué par Joseph, fils de Mattathias le Prêtre (plus connu sous son nom latin Flavius Josephus) dans son livre *Antiquités judaïques*. Il s'agirait dès lors de Πτολλιων (Ptolyon) ou Πολλιων (Polyon) qui signifierait citoyen.

société aux influences négatives. Et même si vous, en tant que Sages a priori suffisamment mûrs, ne devriez pas en subir les effets, vos élèves, qui, eux, ne bénéficient pas de la même maturité, encourraient le danger ; et pour poursuivre le langage symbolique des eaux malsaines :] **les disciples qui vous suivent en boiraient et en périraient** [ceux-là subiront la mauvaise influence de tels endroits, incapables de s'en préserver ; tout cela à cause du manque de prudence de leur maître. En plus de ce sévère dommage causé aux élèves, il existe une autre conséquence :] **et le nom du Ciel s'en trouverait profané**[E] [car, bien que ces disciples se soient écartés de son enseignement de différentes manières, ils demeureront liés, d'une façon ou d'une autre, à leur maître]. »

MICHNA 12

12. Hillel et Chammaï reçurent (la Loi orale) des précédents. Hillel dit : « Figure parmi les disciples d'Aaron, en aimant la paix et en poursuivant la paix, en aimant les créatures et en les rapprochant de la Torah. »

הִלֵּל וְשַׁמַּאי קִבְּלוּ מֵהֶם. הִלֵּל אוֹמֵר: הֱוֵי מִתַּלְמִידָיו שֶׁל אַהֲרֹן, אוֹהֵב שָׁלוֹם, וְרוֹדֵף שָׁלוֹם, אוֹהֵב אֶת הַבְּרִיּוֹת, וּמְקָרְבָן לַתּוֹרָה.

Hillel et Chammaï constituent le dernier des cinq duos de Sages et dirigeants cités jusqu'à présent.

ÉCLAIRAGES

les élèves et sur leur comportement (*Ma'hzor* de Vitry).

Dans ce cas, le Sage doit veiller davantage à ce qu'il dit afin que son enseignement ne soit pas interprété comme légitimant un tel environnement. À défaut, le dommage causé pourrait perdurer même après sa mort, tout comme les paroles malheureuses qu'il aurait pu prononcer (Meïri). Plus encore, ses élèves, comptant sur leur compréhension erronée de l'enseignement de leur maître, risqueraient de le poursuivre encore plus loin, de sorte que le dommage initial ne ferait qu'empirer (Rabbénou Yona).

[E]Les disciples… en périraient et le nom du Ciel s'en trouverait profané

Le terme « périr » est interprété de deux façons. Certains déduisent que, si les disciples meurent avant l'heure, c'est à cause de leurs fautes, mais ils ne savent pas que ces élèves ont détourné les paroles de leur maître et que seules leurs mauvaises actions sont à l'origine de leur châtiment. Ils peuvent alors être conduits à généraliser une conclusion : la Torah que ces disciples ont apprise ne les a pas protégés (Rachi). C'est ainsi que le nom du Ciel s'en trouverait profané.

D'autres considèrent qu'il s'agit d'une mort spirituelle. Tout le monde continue en effet à considérer ces âmes perdues comme les élèves du Sage en question. Il en résulte une profanation du nom du Ciel, car les gens croient que leur comportement provient de l'enseignement de leur maître (*Pirké Moché*).

Hillel[P] **et Chammaï reçurent (la Loi orale) des précédents** [de Chémaya et Avtalione]. **Hillel dit : « Figure parmi les disciples d'Aaron**[E] [Aaron, le frère de Moïse, qui fut aussi le premier Grand-Prêtre, est dépeint par les Sages comme un dirigeant juste vivant au milieu de son peuple ; sa réussite ne découla pas de sa seule autorité mais aussi de son amour des créatures et de ses efforts permanents à les aider] **en aimant la paix** [l'amour de la paix entre les êtres humains, une qualité inscrite dans notre cœur, constitue en soi une valeur

ÉCLAIRAGES

[E]Figure parmi les disciples d'Aaron

Être un disciple d'Aaron, comme la *michna* le précise par la suite, c'est donc suivre la même voie qui consiste à faire régner la paix entre les gens, comme l'indique le verset biblique (Malachie 2, 6-7) : « Une doctrine de vérité s'est rencontrée dans sa bouche, aucune iniquité ne s'est trouvée sur ses lèvres ; il a cheminé devant moi en paix et en droiture, et beaucoup, grâce à lui, se sont repentis de leurs fautes. C'est que les lèvres du prêtre doivent conserver la science ; c'est de sa bouche qu'on réclame la doctrine, car il est un mandataire de l'Éternel-Tsévaot ».

Certains commentateurs ont perçu dans cette recommandation le message suivant : si Aaron, le Grand-Prêtre, n'a pas hésité à agir en personne afin d'établir la paix entre les gens, personne ne peut dès lors renoncer à ce même devoir, fût-il un personnage des plus importants, sous prétexte que cela ne sied pas à l'honneur qui lui est dû (Yaavets).

PERSONNAGES

[P]Hillel *hazaken* (l'ancien)

Le personnage de Hillel revêt une grande importance au plan historique, ce qui explique le nombre conséquent de faits rapportés en son nom.

Selon la tradition, Hillel a vécu jusqu'à l'âge de 120 ans (à l'instar de Moïse) de l'an 113 avant l'ère commune jusqu'à l'an 8 de cette même ère. Descendant d'une noble famille remontant jusqu'au roi David, il monta en Terre d'Israël depuis Babylone afin d'y étudier la Torah. Arrivé en Israël, il souffrit d'une grande indigence et exerça le métier de bûcheron pour tenter de subvenir à ses besoins minimaux. Il consacra alors la moitié de son faible salaire à payer son droit d'entrée à la maison d'études. C'est ainsi que Hillel est devenu un symbole, pour les générations à venir, d'un homme prêt à se sacrifier personnellement et à vivre dans la misère, dans le seul but d'étudier la Torah (traité *Yoma* 35b).

Après la disparition de Chémaya et Avtalione, débuta une grave période de persécutions des Sages, pendant laquelle Hérode élimina de nombreux Sages d'Israël. À la tête du Sanhédrin, apparemment sous l'intervention de Hérode, se trouvait la famille babylonienne des *Bné Bétéra*. Ces derniers demeurèrent néanmoins modestes et honnêtes. Ils s'avérèrent un jour incapables de répondre à une question intéressant la collectivité : est-il permis de procéder au sacrifice pascal lorsque la veille de Pessa'h tombe un Chabbat ? Après que Hillel eut été le seul à trouver la solution au problème (grâce à son interprétation originale du terme « en son temps », signifiant que cela incluait aussi le Chabbat), ils décidèrent de démissionner et de lui laisser leur place à la présidence du Sanhédrin (*Tossefta Pessa'him* 4, 14 et traité *Pessa'him* 66a).

La personnalité de Hillel était à la fois faite de l'amour des créatures, de tolérance, de modestie et d'une grande sagesse, ce qui lui valut de gagner une grande affection auprès de tous. Ses descendants demeurèrent à la tête des Sages d'Israël (avec le titre de « *nassi* ») pendant des centaines d'années après lui. La loi juive, la *halakha*, a été tranchée selon « la maison de Hillel » en accord avec l'école d'étude qu'il a lui-même fondée. Parmi ses accomplissements, figure les sept mesures dans la manière d'étudier la Torah (*Tossefta Sanhédrin* 7, 5). Comme c'est le cas dans notre *michna*, l'on attribue à Hillel de nombreux autres proverbes, non seulement à cause de la grandeur du personnage mais aussi en raison de son habitude à prodiguer de tels proverbes, fidèle qu'il était à son style populaire.

suprême] **et en poursuivant la paix**[E] [poursuivre la paix va encore plus loin et dépasse une simple attitude passive, cela signifie que l'on déploie tous ses efforts pour établir la paix], **en aimant les créatures**[E] [même lorsqu'on aime la paix, il se peut qu'une telle *mitsva* soit accomplie de manière distante. Cette exigence supplémentaire d'aimer les créatures signifie un amour gratuit envers tout être tel qu'il est : non seulement manifester de la patience et se montrer tolérant envers lui, mais aussi l'aimer véritablement dans son cœur et par le biais d'actions concrètes] **et en les rapprochant de la Torah**[E] [si l'amour des créatures représente un objectif en soi et comporte sa propre valeur, il n'en demeure pas moins que nous pouvons et devons faire quelque chose afin de les faire dépasser ce simple état de « créatures » ; en tâchant de les rapprocher de la Torah, nous les aiderons à s'améliorer et à être dignes d'appréciation]. »

MICHNA 13

הוּא הָיָה אוֹמֵר: נְגַד שְׁמָא – אֲבַד שְׁמֵיהּ. וּדְלָא מוֹסִיף – יָסֵיף. וּדְלָא יָלֵיף – קְטָלָא חַיָּב. וּדְיִשְׁתַּמֵּשׁ בְּתָגָא – חֲלָף.

13. Il avait coutume de dire : « Qui cherche le renom perd son nom ; qui n'avance pas recule ; celui qui n'étudie pas est passible de mort ; et qui fait usage de la couronne disparaîtra. »

ÉCLAIRAGES

[E]En aimant la paix et en poursuivant la paix
Au-delà de l'amour de la paix, c'est donc l'action qui compte : partout où naît une dispute, quelle qu'elle soit, l'on doit s'efforcer de rapprocher les gens entre eux de toutes les manières possibles, en tâchant de les réconcilier, de créer un pont entre eux et de les faire renoncer à toute forme de haine ancrée dans leur cœur. Le commentaire *Avot dé-Rabbi Nathan* précise que, pour cela, il ne faut pas hésiter à courir de place en place, de ville en ville, voire de pays en pays.

[E]En aimant les créatures
Le terme « créatures » utilisé ici revêt son importance et souligne qu'il s'agit autant de la communauté d'Israël que des êtres humains, car ils sont le fruit de la Création divine ; l'amour demandé ici doit être saisi de la manière la plus générale en refusant toute distinction entre grandes et petites gens, justes ou impies (*Tossefot Yom Tov, Tiféret Israël*). Certains y perçoivent une suite logique : quiconque aime la paix et la poursuit aime aussi les créatures et, lorsqu'il les réprimande, il s'exprime sereinement et avec amour (Meïri).

[E]Et en les rapprochant de la Torah
Certains commentateurs considèrent qu'à partir du moment où l'on établit une relation empreinte d'amour et de proximité avec des « créatures » qui ont fauté, elles finissent par avoir honte de leurs actions et par s'en repentir (*Avot dé-Rabbi Nathan*, Meïri). D'autres cependant expliquent qu'« aimer les créatures et les rapprocher de la Torah » constituent deux recommandations indépendantes l'une de l'autre. « Rapprocher ces créatures de la Torah » ne représenterait donc pas le but de notre amour envers elles – une *mitsva* en soi – mais une possibilité venant éventuellement s'y ajouter (*Tanya*).

◄

Dans cette michna, *Hillel présente des « conseils de vie » et décrit la manière dont il convient de se rapporter à l'étude de la Torah ainsi qu'à l'accomplissement des mitsvot et des bonnes actions. Il s'exprime ici dans la langue araméenne et non en hébreu comme l'ensemble de la Michna, peut-être parce que Hillel, originaire lui-même de Babylone, préférait utiliser la langue parlée de son époque et qu'il se sentait éventuellement plus à l'aise pour émettre certains conseils dans sa langue maternelle.*

Il avait coutume de dire [cette *michna* qui fait suite à la précédente rapporte d'autres paroles de Hillel *hazaken*] **: « Qui cherche le renom perd son nom**[E] [en d'autres termes : même si les gens pensent qu'il est possible d'accéder à la réputation et aux honneurs en essayant d'agrandir et d'embellir leur nom, il s'avère que leurs efforts n'aboutissent que pour un temps limité. Non seulement leur renom cesse alors de grandir mais il finit par s'amenuiser] **; qui n'avance pas recule**[E] [ce conseil n'est autre qu'un encouragement général à ne jamais stagner, à étudier et à accomplir toujours un peu plus. Si tel n'est pas le cas, la Torah qu'on a étudiée un jour sans jamais rien accroître de ses connaissances finit par être lentement oubliée ; et les actions que l'on répète en permanence sans aucun renouveau deviennent par trop routinières et perdent leur sens ;

ÉCLAIRAGES

[E]Qui cherche le renom perd son nom

Il ne s'agit cependant pas ici d'un châtiment : cela découle du fond du problème. Si quelqu'un souhaite que son bon nom demeure en tant que tel, quel que soit le domaine concerné, il doit être attaché à un contenu et à une réelle valeur venant l'appuyer. C'est le cas de quiconque accomplit des choses importantes. Une personne, occupée uniquement à faire grandir son nom et n'ayant d'autre motivation que la manière dont les autres se rapporteront à elle, finit par perdre sa faculté à accomplir ses propres projets. C'est qu'elle se trouve alors obsédée par sa volonté de devenir célèbre et, agissant seulement en surface et par le biais de faux semblants, elle ne traite plus vraiment de l'essentiel ; une telle attitude l'empêche dès lors de réaliser son programme d'actions.

Selon un tout autre commentaire (Rachi), la *michna* évoque ici une personne se servant du Nom divin ineffable (*Chem hameforach*) à des fins surnaturelles, à l'instar de certains exemples rapportés par nos Sages.

Le traité *Avot dé-Rabbi Nathan* voit à cela une allusion à la fin de la *michna* (« et qui fait usage de la couronne disparaîtra »). À ce propos le livre de Daniel (chapitre 5) rapporte la fin tragique du roi Balthasar qui s'était servi des vases d'or et d'argent du Temple de Jérusalem.

[E]Qui n'avance pas recule

Certains voient ici une suite de la recommandation précédente. D'aucuns cherchent en effet à faire grandir leur nom au moyen de la Torah qu'ils étudient. Lorsqu'ils n'y parviennent pas, ils finissent par alors abandonner leur étude et sont alors condamnés à la déperdition (*Tossefot Yom Tov*).

Ce conseil demeure vrai dans tout autre domaine. Lorsque l'on renonce à augmenter nos connaissances dans un certain domaine, non seulement ne les enrichit-on pas mais aussi les amenuise-t-on jusqu'à ce qu'elles s'envolent complètement. Pis encore : à terme, les traits de notre âme en sont affectés et dès lors, se meurt la relation que nous avions auparavant tissée avec ces derniers acquis, matériels ou spirituels, qui se sont tous progressivement dissipés.

◄

ainsi en est-il de tout le reste de nos activités qui s'évanouissent avec le temps] ; **celui qui n'étudie pas est passible de mort**[E] [E] [celui qui n'étudie pas avec constance risque, à cause de son ignorance, de commettre des transgressions passibles de la peine de mort. Cette recommandation fait suite à la précédente, selon laquelle l'entrée dans le monde de l'étude s'accompagne d'un engagement à continuer. Mais, à n'en pas douter, quelqu'un qui n'étudie pas se trouve dans une situation encore plus grave et adopte les traits d'une créature sans contenu] ; **et qui fait usage de la couronne disparaîtra** [l'exigence d'étudier de manière intensive et de multiplier les a bonnes ctions conduit une personne, dans une mesure plus ou moins grande, à recevoir la couronne de la Torah ou des bonnes actions. Un peu comme la couronne royale, elle est avant tout un emblème honorifique sans aucun but lucratif. Utiliser une telle couronne à des fins personnelles revient à profaner le Nom divin ; quiconque agit ainsi ne peut demeurer dans ce monde]. »

MICHNA 14

הוּא הָיָה אוֹמֵר: אִם אֵין אֲנִי לִי – מִי לִי. וּכְשֶׁאֲנִי לְעַצְמִי – מָה אֲנִי. וְאִם לֹא עַכְשָׁיו – אֵימָתַי?

14. Il avait coutume de dire : « Si je ne suis pas pour moi, qui sera pour moi ? Et si je ne suis que pour moi, que suis-je donc ? Et si ce n'est pas à présent, alors quand ? »

Cette michna *rapporte à nouveau un conseil de Hillel concernant l'obligation de chacun d'assumer sa responsabilité vis-à-vis de son avenir et de ses actes.*

ÉCLAIRAGES

[E]Celui qui n'étudie pas est passible de mort
Ces mots des plus sévères possèdent un sens particulier dans le judaïsme. Un Juif ne doit pas seulement croire et pratiquer, il s'y ajoute l'obligation d'étudier. Faillir à cette dernière obligation n'a rien à voir avec un état de sainte innocence, il s'agit d'une tare essentielle pour un être juif.

Certains interprètent le terme araméen *yalef* non dans le sens d'étudier mais dans celui d'enseigner (Rachi, *Tiféret Israël*), percevant dans le devoir de partager nos connaissances en Torah une exigence vitale.

[E]Passible de mort (*'halef*)
Au-delà du sens simple de la disparition physique, cela signifie que le salaire qui lui était réservé dans le Monde futur lui est retiré, car il l'a déjà gaspillé dans ce monde d'ici-bas (Rachi). D'un autre côté, le terme *'halef* rappelle celui de « *ha'hlafa* » d'échange comme si celui qui n'étudie pas avait remplacé l'accessoire par l'essentiel ainsi que la fin par les moyens (Yaavets).

◂

Il [Hillel *hazaken*] **avait coutume de dire : « Si je ne suis pas pour moi, qui sera pour moi ?**[E] [Si je ne prends pas soin de moi-même, qui le fera ? La formulation rhétorique de cette question porte néanmoins un message : il ne faut pas attendre que notre salut vienne des autres, voire du Ciel. Des actes qui ne sont pas le fruit de nos efforts ne sont pas complets]**? Et si je ne suis que pour moi, que suis-je donc ?**[E] [Néanmoins, si j'agis uniquement pour moi-même, que vaux-je dans ce cas ? C'est qu'un être humain ne peut tout accomplir tout seul. Pour que notre « moi » au sens physique, spirituel ou social puisse se préserver, nous dépendons forcément des autres. Nul ne peut demeurer enfermé au sein de sa propre personne et à n'en pas douter, aucune action dans la société n'aboutira si l'on agit strictement seul] **Et si ce n'est pas à présent, alors quand ?**[E] [Bien que les recommandations de Hillel soient claires et faciles à accepter, les gens ont en général l'habitude de repousser leurs actions au lendemain. L'idée ici est qu'il ne faut jamais attendre, que l'on doit

ÉCLAIRAGES

[E]Si je ne suis pas pour moi, qui sera pour moi ?

Certains commentateurs interprètent cette parole ainsi : « Si je n'accomplis pas moi-même les commandements divins, qui donc le fera à ma place ? » (Rachi, Yaavets) ou encore : « Si je ne me réveille pas pour faire le bien, qui d'autre me réveillera ? » (Rambam, Meïri).

À nous-mêmes d'entreprendre les efforts nécessaires pour y parvenir. Tout ce qu'un être peut acquérir, au plan matériel comme au plan spirituel, dépend de lui-même et de son propre engagement, personne ne peut le remplacer pour cela. Un acquis qui ne serait pas le résultat de notre propre travail n'a point de réelle valeur. Tout comme une personne n'est pas en mesure d'être nourrie par ce que son prochain mange, de même notre croissance spirituelle ne peut se produire par la voie de la prière ou de l'étude d'autrui.

[E]Et si je ne suis que pour moi, que suis-je donc ?

Si le premier conseil de Hillel souligne l'importance du « moi » humain et d'œuvrer grâce à son propre engagement, le deuxième complète le tableau en prenant le sens opposé… Un individu a beau accomplir de grandes choses dans sa vie, il doit pourtant se souvenir que son existence n'a de signification que si elle s'inscrit dans sa relation à son entourage, et, sur un plan plus élevé, au Créateur. Somme toute, le « moi », que ce soit celui d'un nourrisson ou d'un grand roi, ne peut subsister que par le lien (dont il dépend) avec la réalité environnante.

D'aucuns interprètent « je ne suis que pour moi » dans un sens purement physique : ainsi, celui dont toutes les occupations ne tourneraient qu'autour de son propre corps ne vaudrait guère mieux qu'un animal (Meïri).

[E]Et si ce n'est pas à présent, alors quand ?

Selon *Avot dé-Rabbi Nathan*, cet « à présent » signifie : tant que l'on est encore en vie. Une fois mort, l'homme ne peut plus rien réparer, ainsi qu'il est dit (Ecclésiaste 9, 4) : « Or, qui demeure dans la société des vivants peut avoir quelque espoir, car un chien vivant vaut mieux qu'un lion mort ». D'autres commentateurs, comme le Rambam, considèrent qu'il s'agit plutôt du temps où nous sommes encore jeunes, lorsque nous pouvons encore nous améliorer, chose plus difficile au troisième âge…

Enfin, lorsqu'on repousse sans cesse ses actions au lendemain, qui nous assure que viendra ce lendemain ? Et même s'il advient, le jour d'aujourd'hui aura été définitivement perdu (Rabbénou Yona) ; on retrouve la même idée dans la *michna* 4 du chapitre 2 : « Ne dis pas :"Lorsque j'en aurai le loisir, j'étudierai", peut-être n'en auras-tu pas le loisir ! ».

agir immédiatement car tout autre moment sera lui aussi « à présent » et par conséquent reporté ; ainsi, quiconque a l'habitude de refouler les choses « à plus tard » finit par ne plus rien faire du tout]. »

MICHNA 15

שַׁמַּאי אוֹמֵר: עֲשֵׂה תוֹרָתְךָ קֶבַע, אֱמֹר מְעַט וַעֲשֵׂה הַרְבֵּה, וֶהֱוֵי מְקַבֵּל אֶת כָּל הָאָדָם בְּסֵבֶר פָּנִים יָפוֹת

15. Chammaï dit : « Impose une régularité à ton étude de la Torah ; parle peu et agis beaucoup ; et accueille chaque individu avec un visage bienveillant. »

La michna *rapporte à présent les paroles de Chammaï, après celles de Hillel.*

Chammaï[P] dit[E] : « Impose une régularité à ton étude de la Torah[E] [confère un caractère régulier et essentiel à l'étude de la Torah ; ceci est vrai même pour

ÉCLAIRAGES

[E]Chammaï dit
L'on retrouve dans ces trois dernières recommandations de Chammaï d'une part la rigueur et l'exactitude qui caractérisaient sa personnalité mais d'autre part également, la faculté de surmonter ses tendances personnelles dès lorsqu'il s'agit du bien des autres afin de leur montrer un visage bienveillant.

[E]Impose une régularité à ton étude de la Torah
En aucun cas, l'étude de la Torah ne doit apparaître comme un simple passe-temps lorsque l'on n'a rien d'autre à faire mais bien comme un facteur des plus essentiels dans notre vie. Non seulement doit-on y consacrer des temps fixes, mais encore faut-il la soumettre à des exigences précises de résultats à atteindre, comme c'est le cas dans n'importe quel autre domaine de notre vie (voir *Avot dé-Rabbi Nathan*).

Selon une version du commentaire *Avot dé-Rabbi Nathan*, Chammaï recommande ici aux autorités *halakhiques* d'éviter d'être sévères envers les uns et indulgentes envers les autres, mais au contraire de trancher la loi de manière égale envers tout le monde.

Il est intéressant de noter que, bien que les Sages aient fixé des moments relativement précis

PERSONNAGES

[P]Chammaï
Chammaï fut président du Tribunal rabbinique aux côté de Hillel, qui était alors lui-même président du Sanhédrin. Sa vie ne nous est que très peu connue, hormis sa profession d'architecte ou de bâtisseur qu'évoque le Talmud (traité *Chabbat* 31a) en le mentionnant comme ayant « un mètre en main ». Peut-être aussi une façon de symboliser son caractère personnel, celui d'une grande rigueur et d'un souci énorme de précision, sans se rendre compte que son entourage pouvait avoir un comportement différent. Le fait que Chammaï ait acquis cette réputation d'être si méticuleux ne signifie pas pour autant qu'il eût été colérique mais qu'il cherchait à demeurer scrupuleusement à l'intérieur d'un cadre stable et de limites bien définies.

Ainsi, lorsqu'un étranger vint le consulter pour apprendre toute la Torah pendant qu'il se tenait sur

quelqu'un d'occupé toute sa vie à d'autres activités, notamment au plan de son métier] ; **parle peu et agis beaucoup**[E] [il ne s'agit pas ici des rapports entre parole et action mais de nos relations avec autrui : à nous d'accomplir nos promesses formelles et même de les dépasser] ; **et accueille chaque individu avec un visage bienveillant**[E] [notre devoir est d'accueillir chaque individu, qu'il soit important ou juste ou qu'il ne le soit guère, non seulement de manière polie mais aussi avec une telle expression de visage qu'il éprouve du plaisir à le regarder]. »

MICHNA 16

רַבָּן גַּמְלִיאֵל הָיָה אוֹמֵר: עֲשֵׂה לְךָ רַב, וְהִסְתַּלֵּק מִן הַסָּפֵק, וְאַל תַּרְבֶּה לְעַשֵּׂר אוּמָדוֹת.

16. Rabbane Gamliel disait : « Fais-toi un maître et défais-toi du doute ; et ne prélève pas souvent la dîme au jugé. »

ÉCLAIRAGES

pour la prière, la *téfilla*, ils ne recommandent pas moins une attitude contraire : le Talmud (traité *Bérakhot*, chapitre 4, *michna* 4) précise en effet que « Celui qui fait de sa prière une obligation fixe, sa prière n'est pas considérée comme une supplication ».

[E]Parle peu et agis beaucoup
Cela signifie aussi que nos actions devraient jusqu'à aller dépasser nos paroles, par exemple à l'instar de la voie des justes, donner à la *tsédaka* plus encore que ce nous avions initialement prévu (*Avot dé-Rabbi Nathan*) ou encore dans tout ce qui touche au service de Dieu : mieux vaut annoncer par la parole de modestes décisions et s'efforcer ensuite de faire beaucoup plus (*Tiféret Israël*).

[E]Et accueille chaque individu avec un visage bienveillant
Selon le *Ma'hzor* de Vitry, un tel visage bienveillant reflète une joie intérieure et une gaité de cœur. Cependant, un autre commentaire souligne que, même si une telle joie nous est déniée, nous devons nous efforcer, au moins de manière extérieure, d'afficher un visage avenant.

Et *Avot dé-Rabbi Nathan* va jusqu'à affirmer : « Lorsqu'un individu offre un cadeau à son prochain, fût-il le plus beau au monde, en baissant la tête comme en signe de regret, c'est comme s'il ne lui avait rien donné. En revanche, lorsque nous accueillons une personne avec un visage bienveillant, c'est comme si nous lui avions offert tous les cadeaux les plus beaux au monde ».

PERSONNAGES

un pied, Chammaï le renvoya précisément avec son mètre. Cette réaction n'était cependant en rien une manifestation de colère, elle exprimait plutôt une assertion, en l'occurrence tout à fait correcte : il est impossible de résumer la Torah.

Autour de Chammaï s'est créée « l'école de Chammaï » dont les membres partagèrent l'observance scrupuleuse de la loi et de la tradition selon l'interprétation la plus rigoriste. Certains d'entre eux manifestèrent un zèle extrême pour tout ce qui concernait l'indépendance, le caractère particulier du peuple et la nécessité d'être séparé des autres peuples et de leur culture (voir traité *Chabbat*, chapitre 1, *michna* 4).

◂

À partir de là, la michna *et les suivantes rapportent les dires des présidents du Sanhédrin, successeurs de Hillel* hazaken.

Rabbane Gamliel[P] **disait**[E] **: « Fais-toi un maître**[E] [il s'agit ici d'un maître à consulter et interroger en matière de *halakha*] **et défais-toi du doute**[E] [en se donnant un maître, l'on agit de manière sûre et précise en ne demeurant jamais

ÉCLAIRAGES

[E]Rabbane Gamliel disait

De nombreux commentateurs, s'appuyant sur le traité *Chabbat* 15a, ont identifié Rabbane Gamliel comme « Rabbane Gamliel *hazaken* (l'ancien) », lui-même le petit-fils de Hillel *hazaken* (le fils de son fils, Rabbi Chim'one). Ce saut de générations explique pourquoi l'expression « il reçut des précédents » n'apparaît point ici. Certains expliquent cependant que, dans ce cas, cette dernière expression aurait été superflue car il est bien évident que Rabbane Gamliel aura reçu son enseignement de son grand-père (*Markévet HaMichna*).

[E]Fais-toi un maître

Ce conseil semble avoir déjà été précédemment prodigué par Yéhochoua ben Péra'hia (voir la *michna* 6 de ce chapitre) ; cependant, il prend un sens légèrement différent dans le contexte de notre *michna*. Rabbane Gamliel insiste ici sur la nécessité de créer un système de lois clairement définies. « Fais-toi un maître » signifie décider de manière franche lequel maître consulter et interroger. Identifier un tel maître veut dire que nous avons choisi une certaine voie, une certaine école de pensée sans ambiguïté aucune (Rambam, Meïri). À défaut, refuser de s'attacher à un maître équivaut à établir comme bon nous semble toutes sortes de conclusions et à laisser la place à l'arbitraire et à l'incohérent.

[E]Et défais-toi du doute

En vérité, l'on peut percevoir ici non seulement une recommandation mais aussi le résultat du conseil précédent, à savoir de se faire un maître (*Ma'hzor* de Vitry).

Selon Barténora, cet appel à se défaire du doute en consultant un maître s'adresserait au juge lui-même afin qu'il associe d'autres personnes compétentes à sa décision et qu'il ne soit pas le seul à trancher la loi. D'autres commentateurs (comme *Notser 'Hessed*) rattachent ce conseil à la crainte de Dieu, à la piété et au fait que le maître en question ici doit être un *tsaddik*, un juste et un être saint ; grâce à son influence, tout doute et toute difficulté dans le domaine de la foi devraient pouvoir être écartés.

PERSONNAGES

[P]Rabbane Gamliel

Rabbane Gamliel vécut à l'époque du Deuxième Temple de Jérusalem (autour du premier siècle avant l'ère commune) et, en tant que président du Sanhédrin, siégeait dans l'une de ses sections qui était réservée à cette assemblée, *Lichkat Hagazit*. Il traita de nombreuses questions de *halakha*, touchant à la vie privée comme les lois du mariage et du divorce (notamment en promulguant des décrets ayant trait au *Tikkoun Ha'olam*, littéralement « la réparation du monde »), en évitant une application trop « aride » de la *halakha* afin de favoriser la justice sociale et de préserver la liberté individuelle ; mais il s'intéressa aussi à la vie publique, en traitant de la sanctification du mois ou de l'année embolismique, à propos desquels il envoya des missives en Israël et en Diaspora (voir traité *Sanhédrin* 11a).

Le Talmud (traité *Pessa'him* 88b) rapporte même qu'il fut consulté par le roi et la reine afin de trancher la loi à propos de cas bien précis les concernant. Il ressort de tous ces faits que Rabbane Gamliel fut bien plus que le président du Sanhédrin occupé à des problèmes de Torah mais un véritable guide de la collectivité d'Israël.

C'est d'ailleurs lui qui, la première fois, est mentionné avec le titre honorifique de *Rabbane*, au lieu de son simple nom, *Rabbane* signifiant, en araméen, « notre maître ».

À noter : bien que, comme nous l'avons précédemment souligné, Rabbane Gamliel ait été généralement identifié comme Rabbane Gamliel *hazaken*, le petit-fils de Hillel *hazaken*, certains considèrent qu'il s'agirait plutôt de Rabbane Gamliel de Yavné.

◄

dans la sphère de l'incertitude. Ce qui explique le conseil spécifique qui suit :] **et ne prélève pas souvent la dîme au jugé**[E] [la dîme constitue le dixième de la récolte agricole que l'on doit offrir aux *cohanim* et aux *léviïm* ; selon les années, il fallait aussi en donner une partie aux pauvres ou la consommer à Jérusalem. Ce prélèvement doit être d'une grande exactitude. Là encore, Rabbane Gamliel préconise d'éviter de telles approximations porteuses de doutes et de choisir la méthode la plus certaine] ».

MICHNA 17

שִׁמְעוֹן בְּנוֹ אוֹמֵר: כָּל יָמַי גָּדַלְתִּי בֵּין הַחֲכָמִים, וְלֹא מָצָאתִי לַגּוּף טוֹב אֶלָּא שְׁתִיקָה. וְלֹא הַמִּדְרָשׁ הוּא הָעִקָּר, אֶלָּא הַמַּעֲשֶׂה. וְכָל הַמַּרְבֶּה דְּבָרִים – מֵבִיא חֵטְא.

17. Chim'one son fils dit : « Toute ma vie, j'ai grandi parmi les Sages et je n'ai rien trouvé de plus bénéfique pour le corps que le silence ; l'essentiel n'est pas dans l'exégèse, mais dans les actes ; et celui qui abonde en paroles suscite la faute. »

À Rabbane Gamliel dont les paroles ont été mentionnées dans la michna *précédente, succède à son fils Chim'one cité ici.*

Chim'one son fils[P] [le fils de Rabbane Gamliel] **dit** [les trois recommandations suivantes de Rabbane Chim'one ben Gamliel évoluent autour d'une seule et même idée, tout en présentant différents aspects : le silence possède une valeur supérieure à celle de la parole] **: « Toute ma vie, j'ai grandi parmi les**

PERSONNAGES

[P]Chim'one son fils

Les commentateurs sont partagés quant à l'identité de ce Chim'one, car l'on trouve au moins deux figures notoires portant le même nom, « Rabbane Chim'one ben Gamliel ». L'hypothèse la plus simple est qu'il s'agit du premier Rabbane Chim'one ben Gamliel, président du Sanhédrin à l'époque de la destruction du Deuxième Temple de Jérusalem. Le Talmud (*Tossefta Soucca* 4, 4) rapporte qu'il jonglait avec des torches tout en dansant avec joie lors de la cérémonie du puisage des eaux pendant la fête de Souccot à Jérusalem. Flavius Josèphe l'évoque même dans ses écrits comme « un personnage sage et intelligent, capable d'apaiser des dissensions et de trouver une issue à des problèmes complexes » (*Autobiographie* de Flavius Josèphe, chapitre 38).

Chim'one ben Gamliel subit une fin tragique, bien qu'il comptât parmi ceux qui tentèrent d'éviter la révolte du peuple contre les Romains. Néanmoins, il fut condamné à mort par ces derniers, car il était considéré, formellement, comme le dirigeant d'Israël. Il figure parmi la liste des dix *harougué malkhout*, les dix Sages du Talmud exécutés en martyrs par le pouvoir romain et certaines sources le désignent comme « Rabbane Chim'one Gamliel l'exécuté » (*Avot dé-Rabbi Nathan*, chapitre 38).

◄

Sages et je n'ai rien trouvé de plus bénéfique pour le corps, que le silence[E] [même s'il est habituel pour les Sages de s'exprimer oralement pour rapporter des enseignements de sagesse, Chim'one ben Gamliel accorde la préférence au silence] **; l'essentiel n'est pas dans l'exégèse, mais dans les actes**[E] [il s'agit là d'une autre facette pour louer le silence : l'exégèse, la réflexion et les commentaires ainsi que les débats vétilleux doivent finalement s'incarner dans les actes. Ces derniers sont ceux qui, finalement, définissent la voie de l'être humain, ils représentent un véritable test pour lui-même et la société et non pas la formulation des idées et des principes, si sublimes soient-ils] **; et celui qui abonde en paroles suscite la faute**[E] [c'est qu'il n'est pas toujours possible

ÉCLAIRAGES

[E]Et ne prélève pas souvent la dîme au jugé

Les Sages ont débattu de la meilleure méthode à adopter pour aboutir à un prélèvement exact : en comptant, en mesurant ou en pesant (*Térouma*, chapitre 4, *michna* 6). Parfois, lorsque les gens ne disposaient pas d'instruments de mesure, ils s'en remettaient au simple jugé et c'est ainsi qu'ils procédaient à un prélèvement des plus imprécis. D'où la recommandation de Rabbane Gamliel de ne pas prélever la dîme au simple jugé.

[E]Toute ma vie, j'ai grandi parmi les Sages et je n'ai rien trouvé de plus bénéfique pour le corps que le silence

Rabbane Chim'one ben Gamliel rappelle ici qu'il a grandi parmi les Sages à titre d'introduction à ce qui suit dans la *michna*. C'est que les Sages communiquent entre eux par la parole ; quiconque grandit parmi eux entend tout naturellement de nombreuses paroles de sagesse, s'en imprègne et en prononce lui-même beaucoup. Malgré tout cela, il accorde la préférence au silence : d'une part chez celui qui écoute de nombreux enseignements de Torah (*Ma'hzor* de Vitry) mais peut-être aussi, par ailleurs, parce que c'est là l'une des qualités de certains des Sages qu'il a connus (Rabbénou Yona).

Rabbi Yossef 'Haïm prend quant à lui un parti opposé : s'il est bon de multiplier les paroles de Torah, ce n'est pas le cas pour tout ce qui concerne le physique et la matérialité liés au « corps » (*gouf* en hébreu qui est le terme utilisé dans la *michna* et qui ici prend le sens d'organisme).

Le commentaire *Avot dé-Rabbi Nathan* en déduit que, s'il est conseillé aux Sages de se taire, *a fortiori* est-ce vrai pour les sottes gens…

Certes les paroles des Sages peuvent avoir une valeur et une utilité au plan intellectuel, mais le fait que la *michna* utilise le terme *gouf* (le corps) pour désigner l'individu vient souligner la nécessité de prudence : les paroles risquent d'avoir un effet physique néfaste sur celui qui les prononce comme sur celui qui en est le destinataire, et cela est vrai tant au plan personnel que social (Barténora).

[E]L'essentiel n'est pas dans l'exégèse, mais dans les actes

Beaucoup de commentateurs ont expliqué que les actes en question ici sont l'accomplissement des *mitsvot*, des commandements divins qui possèdent une plus grande valeur qu'une simple étude théorique (Rachi, Rabbénou Yona). Selon Barténora, il y a là bien la preuve que le silence est préférable car l'étude n'aurait d'intérêt que si elle conduit à l'action. Certains ont d'ailleurs lié ce problème au débat entre les Sages du Talmud (traité *Kiddouchin* 40*b*) : « L'étude possède-t-elle ou non une plus grande valeur que l'action ? » et de trancher : « L'étude possède une plus grande valeur car elle conduit à l'action. »

D'autre part, cela peut aussi signifier qu'il vaut mieux tirer un enseignement des actes d'une personne plutôt que de ses paroles (*Ma'hzor* de Vitry).

[E]Et celui qui abonde en paroles suscite la faute

Rambam recommande ainsi d'abréger ses paroles, à l'instar de la sentence talmudique (traité *Pessa'him* 3b) : « L'on doit toujours prodiguer un enseignement à ses élèves de la manière la plus concise. » Rabbénou Yona, quant à lui, rattache ce conseil à un verset

◄

de préserver un caractère authentique et efficace à nos paroles. Elles risquent dès lors de conduire à la faute d'abord à propos de questions d'argent, puis dans les relations d'un homme envers son prochain] ».

MICHNA 18

רַבָּן שִׁמְעוֹן בֶּן גַּמְלִיאֵל אוֹמֵר: עַל שְׁלֹשָׁה דְבָרִים הָעוֹלָם עוֹמֵד, עַל הַדִּין וְעַל הָאֱמֶת וְעַל הַשָּׁלוֹם, שֶׁנֶּאֱמַר: "אֱמֶת וּמִשְׁפַּט שָׁלוֹם שִׁפְטוּ בְּשַׁעֲרֵיכֶם".

18. Rabbane Chim'one ben Gamliel dit : « Le monde subsiste par trois vertus : la justice, la vérité et la paix ; car il est dit : "Que la vérité et le jugement de paix soient administrés dans vos portes". »

Cette michna *s'inscrit encore dans la chaîne de transmission depuis Hillel.*

Rabbane Chim'one[P] ben Gamliel dit : « Le monde subsiste par trois vertus [Chim'one *hatsaddik,* dans son introduction de la deuxième *michna*

ÉCLAIRAGES

des Proverbes (10, 19) : « Qui parle beaucoup ne saurait éviter le péché ; mettre un frein à ses lèvres, c'est faire preuve d'intelligence. »

Celui qui abonde en paroles ouvre la voie aux obstacles, que ce soit envers ceux qui l'écoutent ou envers lui-même : on retrouve là une recommandation exprimée dans ce premier chapitre de *Pirké Avot* et dans les autres selon laquelle l'extrême prudence est nécessaire lorsque l'on s'adresse à autrui afin de lui éviter toute infortune ou toute déviation.

La faute de l'Arbre de la connaissance en constitue une parfaite illustration : ne fut-elle pas la conséquence d'une parole en trop, lorsqu'Ève ajouta à l'ordre divin limité à l'interdiction de ne pas manger du fruit, celui de ne pas le toucher ? (Barténora, traité *Sanhédrin* 29a).

PERSONNAGES

[P]Rabbane Chim'one ben Gamliel
Il semble bien qu'il s'agisse ici du deuxième Rabbane Chim'one ben Gamliel (celui de Yavné et non celui de la *michna* précédente, le père de Rabbi Yéhouda *hanassi*, rédacteur de la Michna). Il exerça ses fonctions pendant une époque particulièrement difficile pour Israël, soumis alors aux décrets d'extermination mis en place par le pouvoir romain après l'échec de la révolte de Bar Kokhba (autour de l'an 130 de l'ère commune). C'est dans de telles conditions que Rabbane Chim'one ben Gamliel dut restaurer la direction et l'autorité spirituelle au sein du peuple juif. Sa position en tant que dirigeant fut en butte à de graves difficultés car les Sages de sa génération, apparemment des disciples de Rabbi Akiva, possédaient une érudition plus large que la sienne en Torah et essayèrent même de mettre en place une autre direction.

Malgré ce contexte des moins simples, aussi bien à l'extérieur qu'à l'intérieur, Rabbane Chim'one ben Gamliel réussit à établir un *Beth Din*, un Tribunal rabbinique comptant en son sein diverses opinions représentées par différents Sages parmi ses contemporains. Il sut dès lors faire preuve tout à la fois d'autorité et d'humilité. C'est ainsi qu'il parvint à fixer des conclusions en matière de *halakha*, de

◄

de ce chapitre 1, utilise la même formulation en hébreu. Nous l'avions alors traduite un peu différemment (« Le monde *repose* sur trois piliers ») afin de souligner la différence : cette deuxième *michna* évoque en effet plutôt les assises spirituelles du monde et ce qui justifie son existence alors qu'ici notre *michna* décrit les voies grâce auxquelles la société et le monde en général peuvent assurer leur pérennité] **: la justice** [consistant à émettre des décisions fondées sur des informations existantes]**, la vérité** [la ligne conductrice qui ne se trouve point nécessairement associée à l'une des parties] **et la paix**[E] [qui constitue la tentative d'arriver à un compromis au-delà de la lettre de la loi] **car il est dit : "Que la vérité et le jugement de paix soient administrés dans vos portes**[E] [Chim'one ben Gamliel interprète ce verset de Zacharie (8, 16) en n'apposant pas le terme paix à celui de jugement, de sorte que l'on y retrouve séparément, les trois vertus évoquées dans la *michna* : la justice, la paix et la vérité]**". »**

ÉCLAIRAGES

[E]Rabbane Chim'one ben Gamliel dit : « Le monde subsiste par trois vertus : la justice, la vérité et la paix ».
Certains ont souligné ici le contexte historique : Rabbane Chim'one ben Gamliel aurait énoncé ces paroles après la destruction du Deuxième Temple de Jérusalem et transmis ainsi un message : même si le service des sacrifices au Temple n'est plus, le monde peut encore subsister grâce à ces trois vertus (Yaavets).

L'on peut y percevoir trois angles différents : d'un côté, la justice qui, de manière probante, permet de fixer un cadre en fonction des données existantes et de résoudre les disputes, personnelles ou théoriques. La paix, quant à elle, constitue une voie plus souple afin d'harmoniser les différends : bien qu'elle ne conduise pas à trancher clairement entre les parties opposées, elle permet de les réconcilier et de favoriser la coexistence entre des positions et des idées contraires. Enfin la vérité qui est bien plus complexe que les deux précédentes vertus, l'une étant liée à la détermination de la justice et l'autre à la possibilité de compromis. Bien souvent, la vérité n'appartient à aucun des deux côtés ; se présentant sous un jour difficile à appréhender, il n'est pas toujours aisé de la mettre en œuvre. Associer ces trois vertus, c'est donc en quelque sorte proposer une construction stable pour que notre monde, déchiré par les conflits et les disputes, puisse subsister.

Selon Rambam, cette *michna* décrit les trois facettes d'un comportement approprié pour l'être humain et le monde : l'action (« la justice »), l'intellect (« la vérité ») et les vertus (« la paix »).

Le Talmud de Jérusalem (traité *Ta'anit* 4, 2) perçoit quant à lui dans ces trois vertus un processus aboutissant, à son sommet, à la paix : « Lorsque l'on accomplit la justice, la vérité se trouve établie, et dès lors que la vérité ressort, la paix est restaurée ».

[E]Car il est dit : "Que la vérité et le jugement de paix soient administrés dans vos portes."
Contrairement à l'interprétation (mentionnée plus haut) de ce verset par Rabbane Chim'one Gamliel qui sépare les termes de justice (ou jugement) et de paix, Rabbi Yéhochoua ben Péra'hia (voir *Tossefta Sanhédrin* 1, 3) associe bien ces deux mots – comme dans notre traduction – afin de bien préciser que ce jugement s'accompagne de la paix, d'un compromis entre les parties opposées. Ne constate-t-on pas d'ordinaire que partout où un jugement de vérité est tranché, il n'y a point de paix et partout où règne la paix, il n'y a point de jugement de vérité ?

PERSONNAGES

loi juive, acceptées par tous. Peut-être est-ce là la raison pour laquelle, lorsque Rabbane Chim'one ben Gamliel exprime une opinion dans la Michna aux côtés d'autres rabbins, la *halakha* est finalement tranchée selon son avis (voir par exemple traité *Kétoubot* 77a).

Chapitre 2

Ce deuxième chapitre, dans sa première partie, poursuit la chaîne de transmission et rapporte les paroles des présidents du Sanhédrin qui se sont succédés depuis Hillel hazaken *jusqu'à la fin de l'époque des* Tannaïm *(Sages de la Michna). L'on y lit ensuite les recommandations de différents Sages ayant reçu les enseignements de la Torah transmis de maître à élève. Y figurent, parmi eux, Rabbane Yo'hanane ben Zaccaï, éminent disciple de Hillel* hazaken *ainsi que ses propres élèves, notamment Rabbi Éliézer, Rabbi Yéhochoua et Rabbi Tarfone.*

MICHNA 1

רַבִּי אוֹמֵר: אֵיזוֹהִי דֶּרֶךְ יְשָׁרָה שֶׁיָּבֹר לוֹ הָאָדָם? כֹּל שֶׁהִיא תִּפְאֶרֶת לְעוֹשֶׂיהָ, וְתִפְאֶרֶת לוֹ מִן הָאָדָם. וֶהֱוֵי זָהִיר בְּמִצְוָה קַלָּה כְּבַחֲמוּרָה, שֶׁאֵין אַתָּה יוֹדֵעַ מַתַּן שְׂכָרָן שֶׁל מִצְוֹת. וֶהֱוֵי מְחַשֵּׁב הֶפְסֵד מִצְוָה כְּנֶגֶד שְׂכָרָהּ, וּשְׂכַר עֲבֵרָה כְּנֶגֶד הֶפְסֵדָהּ. וְהִסְתַּכֵּל בִּשְׁלֹשָׁה דְבָרִים, וְאִי אַתָּה בָא לִידֵי עֲבֵירָה: דַּע מַה לְּמַעְלָה מִמְּךָ: עַיִן רוֹאָה וְאֹזֶן שׁוֹמַעַת, וְכָל מַעֲשֶׂיךָ בַּסֵּפֶר נִכְתָּבִין.

Rabbi dit : « Quelle est la voie de rectitude que l'homme doit adopter ? Toute voie qui est harmonieuse pour celui qui la met en pratique et qui est harmonieuse aux yeux d'autrui. Et sois méticuleux à propos d'une *mitsva* commode, comme à propos d'une *mitsva* exigeante, car tu ne connais pas la rétribution accordée pour les *mitsvot*. Et considère la perte d'une *mitsva* en regard de la rétribution et le gain occasionné par une faute en regard de la perte. Considère trois choses et tu n'en viendras pas à fauter : sache ce qui est au-dessus de toi : un œil qui voit, une oreille qui entend, et que tous tes actes sont consignés dans un Livre. »

La première michna *de ce chapitre 2 est introduite par des paroles de Rabbi Yéhouda* hanassi, *rédacteur de la Michna et fils de Rabbane Chim'one Gamliel qui concluait le chapitre précédent.*

Rabbi[P] **dit** [Rabbi Yéhouda *hanassi*. Ses paroles apparaissent ici afin de souligner la continuité de la chaîne de transmission, bien qu'elles introduisent un nouveau chapitre, en raison de l'honneur qui lui est dû] **: « Quelle est la voie de rectitude que l'homme doit adopter**[E] [dans sa vie ; la *michna* poursuit en fournissant deux critères pour une telle voie] **? Toute voie qui est harmonieuse pour celui qui la met en pratique** [l'objectif recherché, l'harmonie, a ceci de particulier qu'il conduit la personne à être en accord avec ses actions sans pourtant en tirer un quelconque profit ou une satisfaction personnelle] **et qui est**

ÉCLAIRAGES

[E]Quelle est la voie de rectitude que l'homme doit adopter ?

Le problème soulevé, d'ordre moral, ici a trait à la vie en général et se rapporte à des considérations pratiques. Il ne concerne pas nécessairement la Torah et les commandements divins ou toute possibilité de trancher entre le bien et le mal. La question que l'on cherche à résoudre est plutôt la suivante : quel doit être le fil conducteur de l'homme au sein de la société, dans sa manière de se comporter, dans ses différentes décisions comme choisir un métier ou des pôles d'intérêt. « La voie de rectitude », dans son sens élémentaire (et non pas « la bonne voie » ou « le chemin des Justes ») y apporte donc la réponse.

De nombreux commentateurs se sont appuyés sur les recommandations de Rambam dans son introduction au commentaire des *Pirké Avot* ainsi que dans son code de lois, le *Michné Torah* (*Hilkhot Déot* II) : la voie médiane demeure toujours la meilleure et l'on doit s'abstenir de s'égarer dans des comportements extrêmes (en dehors de la modestie). À titre d'exemple, il n'est pas bon de gaspiller son argent (une telle attitude n'est pas « harmonieuse à ses propres yeux »), mais d'un autre côté, être avare serait un comportement « non harmonieux aux yeux d'autrui » ; à ce sujet, la qualité exigée est la générosité à bon escient (voir Barténora). Certains ont relié ces paroles de Rabbi à ce qu'il conseille ailleurs (traité *Tamid* 28a) : « Quelle est la voie de rectitude que l'homme doit adopter ? Celle d'aimer les reproches ». En d'autres termes, il importe d'écouter l'avis même déplaisant à nos yeux de notre entourage et d'en tenir compte (voir Rachbats).

PERSONNAGES

[P]Rabbi

« Rabbi », soit Rabbi Yéhouda *hanassi*, exerça les fonctions de président du Sanhédrin. Contrairement à d'autres présidents du Sanhédrin désignés sous le titre de Rabbane, le titre de « Rabbi » (sans même ajouter son nom) lui fut décerné en raison de son importance encore supérieure, signifiant qu'il était en fait à la tête de l'ensemble du peuple d'Israël.

Il fut admiré tout au long de sa vie et on le compara même à Moïse, car il réunissait à lui tout seul grandeur et Torah (traité *Guittin* 59a). Ses relations avec le pouvoir romain étaient excellentes, comme l'attestent de nombreux récits contant ses rencontres avec l'empereur de son temps.

Rabbi décida de s'atteler à l'édition de la Michna – à bien des égards, le deuxième écrit en importance après le canon biblique – considérant que son époque était propice à un tel projet, sans compter qu'il en avait les capacités. Il mena à bien son œuvre de rédaction en intégrant des livrets précédents de *michnayot* recueillis par les Sages des époques précédentes et en consignant les différences d'opinions qu'il jugea utile de retenir.

C'est ainsi que Rabbi forgea la méthode d'étude de la Torah pour les générations à venir. Tout en même temps, il créa l'une des œuvres les plus importantes en matière de langue hébraïque (différente de la langue biblique) dans laquelle il excellait. On ne le

◄

harmonieuse aux yeux d'autrui[E] [tout en même temps, cette voie trouve grâce et grandeur aux yeux de la société]. **Et sois méticuleux à propos d'une *mitsva* commode** [facile à respecter], **comme à propos d'une *mitsva* exigeante**[E] [qui paraît plus difficile à observer], **car tu ne connais pas la rétribution**

ÉCLAIRAGES

[E]Et sois méticuleux à propos d'une *mitsva* commode, comme pour une *mitsva* exigeante
Certains ont parfois l'habitude d'établir une différence entre les *mitsvot* « faciles » et celles plus « difficiles » à accomplir. Parfois, le critère de distinction a trait à l'intensité de l'effort requis ; ailleurs, cela peut être la tradition ou la société qui définissent certaines *mitsvot* comme a priori importantes au détriment d'autres qui le seraient moins. Rabbi nous prévient ici de ne pas négliger ces *mitsvot* qui nous semblent a priori de peu d'importance.

[E]Toute voie qui est harmonieuse pour celui qui la met en pratique et qui est harmonieuse aux yeux d'autrui.
L'on retrouve ici deux critères, liés l'un à l'autre. Le premier, « Tout ce qui est harmonieux à ses propres yeux » : la personne choisit un mode de vie et des actions dans lesquels il distingue lui-même une certaine valeur. Mais cela ne suffit pas : dans la mesure où c'est l'individu lui-même qui perçoit et définit l'harmonie. Le deuxième critère « Tout ce qui est harmonieux aux yeux d'autrui » a, de toute évidence, un caractère extrinsèque : dès lors, ce sont les autres qui jugent de la nature et de la valeur de nos actes. Pris ensemble, ces deux critères présentent un double avantage : d'un côté, cela permet d'éviter que les individus se murent en eux-mêmes en ignorant que la société n'attache pas d'importance à ce qu'ils font ; d'un autre côté, ils ne se contenteront pas d'agir seulement pour plaire à leur entourage, lorsqu'ils considèrent que les actes des personnes autour d'eux sont défectueux et sans valeur.

D'autre part, le terme en hébreu, *tiféret léosséa*, que nous avons traduit ici par « harmonieux pour celui qui la met en pratique » (*tiféret*, peut en effet signifier l'harmonie) évoque aussi la splendeur ou la gloire : la voie à adopter serait alors celle dans laquelle l'individu peut s'honorer de ses propres actes. D'autres considèrent qu'une telle gloire doit avant tout se présenter aux yeux de Dieu (Rachbats). En fait, la voie en or est celle où l'on parvient à établir un équilibre, une harmonie entre, d'un côté, ce qu'un individu perçoit, au travers de ses sentiments personnels et de sa foi intérieure, comme le glorifiant et d'un autre côté, ses actes, pourvu qu'ils aient un sens et un apport bénéfique à l'égard de la société (voir Rambam).

PERSONNAGES

trouve que très peu cité dans la Michna, précisément peut-être parce qu'il est l'auteur à la fois de son contenu et de son style.

En tant que dirigeant d'Israël, il afficha une grande richesse dans sa maison et y mit en place des mœurs royales. Cependant, au niveau personnel, il mena une vie d'ascèse et d'abstinence, ce qui lui valut aussi le surnom de *Rabbénou hakaddoch* (notre maître le saint). Il affirma d'ailleurs à propos de lui-même qu'il n'avait jamais joui de ce monde ici-bas, pas même avec son petit doigt (traité *Kétoubot* 104b).

Ses descendants prirent sa succession tant que le Sanhédrin continua d'exister.

La grotte où se trouve la tombe de Rabbi Yéhouda *hanassi*, à Beth Chéarim

accordée pour les *mitsvot* [E] [notre perception n'a pas forcément de rapport avec la valeur et la récompense véritables associées aux *mitsvot* ; c'est que nous ne disposons pas des critères permettant de mener une telle évaluation]. **Et considère la perte** [occasionnée par l'accomplissement] **d'une *mitsva* en regard de la rétribution** [accordée pour son observance] **et le gain occasionné par une faute en regard de la perte** [certes, nous ne pouvons connaître ni la récompense accordée pour une *mitsva* accomplie ni le châtiment faisant suite à une transgression d'un commandement divin (hormis celui infligé par un tribunal rabbinique). Cependant, autant que nous puissions en juger, « la perte occasionnée par l'accomplissement d'une *mitsva* » qu'elle soit à cause du temps passé à l'accomplir ou de l'argent dépensé ne concerne forcément que le monde d'ici-bas, alors que le gain associé concerne l'éternité et l'Infini.

ÉCLAIRAGES

[E] Car tu ne connais pas la rétribution accordée pour les *mitsvot*

Les *mitsvot* que nous considérons comme mineures et que nous délaissons donc pourraient bien avoir une valeur supérieure à celles qui nous paraissent les plus importantes. En outre, l'essentiel dans une *mitsva* consiste en l'obéissance même à l'ordre divin et en la création d'un lien entre Dieu et l'être humain.

Les commentateurs se sont heurtés à une difficulté quant à ce passage de la *michna* : la Torah n'indique-t-elle pas elle-même quels sont les châtiments ou les récompenses à propos de nombreuses transgressions ou de l'accomplissement de certaines *mitsvot* (voir par exemple Deutéronome 11, 21) ? Selon Rambam, la *michna* ne concernerait pas les commandements négatifs mais plutôt les commandements positifs. Certains ont souligné que l'on ne peut comparer le châtiment faisant suite à une transgression à la récompense liée au fait de s'en abstenir et que l'on ne connaît pas. Enfin, d'autres ont ajouté qu'en dehors des récompenses ou des châtiments précisés dans la Torah, il en existe d'autres d'un genre différent mais qui n'y sont pas mentionnés (voir *Pirké Moché*).

En tout état de cause, notre propre perception de la rétribution des *mitsvot* n'est pas forcément en rapport avec leur valeur réelle et la véritable récompense divine qui découle de leur accomplissement. Les Sages, dans le Talmud de Jérusalem (*Péa* 1, 1) affirment : Dieu a occulté la raison qui se cache derrière la récompense attribuée aux personnes qui accomplissent des *mitsvot*, afin qu'elles les observent avec une foi aveugle … Pour preuve, une *mitsva* des plus « faciles » consiste à renvoyer la mère du nid de ses oisillons qu'elle couve, alors qu'une *mitsva* des plus « difficiles » est celle du respect dû à son père et sa mère » (voir aussi traité *'Houlin*, *michna* 5, chapitre 12). Or, à propos de ces deux dernières *mitsvot*, contrairement à toute attente, la Torah n'établit aucune différence et ajoute : « afin que tes jours se prolongent ». Et donc, nul n'est en mesure d'évaluer les propres mérites d'une *mitsva* ni de spéculer sur sa récompense...

(La traduction de ce passage du Talmud de Jérusalem se fie au commentaire de *Pné Moché*. D'autres expliquent le terme « *tiltel* » utilisé ici, comme signifiant « a repris ». En d'autres termes, Dieu a en quelque sorte « transféré » la récompense pour l'accomplissement des *mitsvot* vers le Monde futur. Et une telle récompense, lorsqu'Il l'attribuera, couvrira à la fois l'observance des *mitsvot* et la foi avec laquelle elles ont été accomplies sans savoir quelle serait leur rétribution (voir Talmud Steinsaltz, traité *Péa* 1, 1)).

Il en va de même à propos des châtiments relatifs aux transgressions. Bien qu'il existe une certaine hiérarchie des punitions infligées, il s'agit avant tout de considérations à prendre en compte par un tribunal rabbinique. Nul ne peut cependant en déduire la manière dont Dieu les juge ni la récompense qu'Il attribue à ceux qui s'abstiennent de de succomber à telle ou telle faute.

◄

Réciproquement, « le gain occasionné par une faute », nous accorde peut-être un quelconque bénéfice, temporel ou financier, voire celui d'un simple confort éphémère, limité à notre existence matérielle au présent, mais entraîne une perte ayant trait à la vie éternelle du Monde futur]. **Considère trois choses et tu n'en viendras pas à fauter** [il s'agit là d'une instruction générale d'avoir constamment à l'esprit ces trois pensées afin d'éviter toute transgression d'un quelconque commandement divin] : **sache ce qui est au-dessus de toi** [nous devons être conscients que le Saint béni soit-Il surveille tous nos actes], **un œil qui voit** [rien n'échappe à Son regard], **une oreille qui entend** [chaque parole que nous prononçons est entendue de Lui] **et tous tes actes sont consignés dans un Livre** [E] [ces actes ne sont jamais effacés. Lorsqu'un individu prend le temps de réfléchir à ces trois vérités, il ne peut que craindre la faute, car il sait que tout se trouve dévoilé devant Dieu et que l'oubli ne Lui appartient pas].

MICHNA 2

רַבָּן גַּמְלִיאֵל בְּנוֹ שֶׁל רַבִּי יְהוּדָה הַנָּשִׂיא אוֹמֵר: יָפֶה תַּלְמוּד תּוֹרָה עִם דֶּרֶךְ אֶרֶץ, שֶׁיְּגִיעַת שְׁנֵיהֶם מְשַׁכַּחַת עָוֹן. וְכָל תּוֹרָה שֶׁאֵין עִמָּהּ מְלָאכָה – סוֹפָהּ בְּטֵלָה וְגוֹרֶרֶת עָוֹן. וְכָל הָעֲמֵלִים עִם הַצִּבּוּר – יִהְיוּ עֲמֵלִים עִמָּהֶם לְשֵׁם שָׁמַיִם, שֶׁזְּכוּת אֲבוֹתָם מְסַיַּעְתָּן, וְצִדְקָתָם עוֹמֶדֶת לָעַד וְאַתֶּם, מַעֲלֶה אֲנִי עֲלֵיכֶם שָׂכָר הַרְבֵּה כְּאִלּוּ עֲשִׂיתֶם.

Rabbane Gamliel fils de Rabbi Yéhouda *hanassi* dit : « Il est bon de concilier l'étude de la Torah avec le gagne-pain, car les efforts entrepris dans les deux domaines détournent de la faute ; et toute étude de la Torah qui n'est pas accompagnée d'un travail est vouée à la perte et entraîne la faute. Et que tous ceux qui œuvrent pour la communauté, le fassent au nom du Ciel, car le mérite de leurs ancêtres les assiste et leur rectitude revêt une portée éternelle. Quant à vous, Je vous rétribuerai largement comme si vous l'aviez (vous-mêmes) accompli.

ÉCLAIRAGES

[E] Un œil qui voit, une oreille qui entend, et que tous tes actes sont consignés dans un Livre
Le commentaire de *Pirké Moché* note ici trois éléments fondamentaux chez l'être humain : « l'œil qui voit » correspond à la pensée, « l'oreille qui entend » à la parole, et les « actes consignés dans un Livre » à l'action.

Cette deuxième michna *cite le successeur de Rabbi Yéhouda* hanassi, *son fils Rabbane Gamliel.*

Rabbane Gamliel fils de Rabbi Yéhouda *hanassi*[P] dit : « Il est bon de concilier l'étude de la Torah avec le gagne-pain [tout en ayant le devoir d'étudier la Torah, il nous faut aussi exercer un métier afin de subvenir à nos besoins], **car les efforts entrepris dans les deux domaines détournent de la faute**[E] [quiconque se trouve occupé à la fois dans l'étude de la Torah et dans ses activités professionnelles n'a ni le temps ni le loisir de se distraire par toute autre chose y compris par la tentation de fauter] **; et toute étude de la Torah qui n'est pas accompagnée d'un travail est vouée à la perte et entraîne la faute** [ceux qui veulent se consacrer uniquement à l'étude de la Torah sans recourir à aucun travail découvrent qu'un jour ou l'autre, il leur faut laisser de

ÉCLAIRAGES

[E]Il est bon de concilier l'étude de la Torah avec le *gagne-pain*, car les efforts entrepris dans les deux domaines détournent de la faute

Le terme en hébreu utilisé dans la *michna* que nous avons traduit ici par « gagne-pain » ou occupation professionnelle, en accord avec la plupart des commentaires (Rachi, Rambam), est *dérekh érets.* Selon d'autres exégèses, ce dernier terme *dérekh érets* peut avoir, même ici, le sens de savoir-vivre, soit le fait d'afficher un comportement affable et honorable envers autrui. De ce point de vue, la *michna* fait écho à la précédente qui prône l'harmonie entre d'un côté, les valeurs personnelles et de l'autre, une attitude possédant un sens aux yeux d'autrui.

Paradoxalement, ceux qui s'adonnent exclusivement à l'étude de la Torah, lorsqu'ils se trouvent pris par des contraintes de gagne-pain, finissent souvent par devoir y renoncer. Pis encore : acculés à une situation économique des plus précaires et ne possédant point un métier leur permettant de subsister, ils sont parfois conduits, en raison de telles circonstances, au bord de la faute : soit en manquant de scrupules à l'égard de l'argent des autres, soit en commettant d'autres impairs parce qu'ils dépendent totalement d'autrui.

Cela dit, selon, en particulier, le commentaire *Mélékhet Chlomo*, il ne faudrait pas déduire de notre *michna* que notre gagne-pain a valeur essentielle et que l'étude de la Torah ne serait qu'accessoire : il est bien entendu que la Torah doit occuper une place primordiale dans notre vie.

PERSONNAGES

[P]Rabbane Gamliel fils de Rabbi Yéhouda *hanassi*

Rabbane Gamliel était le fils aîné de Rabbi Yéhouda *hanassi* et c'est lui qui l'a remplacé, bien qu'il n'eût point l'étoffe de son père en sagesse (il l'égalait cependant quant à la crainte de la faute) et bien que son jeune frère Chim'one le dépassât en Torah. Rabbi Yéhouda *hanassi* fixa lui-même les rôles de ses fils avant sa mort (traité *Kétoubot* 103b) : « Mon fils Chim'one est un Sage. Mon fils Gamliel prendra les fonctions de *Nassi.* Quant à 'Hanina bar 'Hama, il prendra la tête de la *yéchiva.* »

Sachant que Rabbi Yéhouda *hanassi* fut le rédacteur de la Michna, il est très rare et particulier de le voir citer des Sages qui lui furent postérieurs, ce qui est pourtant le cas dans notre *michna.*

Nous ne possédons que peu d'éléments sur sa vie, mais, au gré de ses paroles, nous pouvons percevoir son rôle de dirigeant public, à la fois au sein de la collectivité juive et en tant qu'interlocuteur du pouvoir romain en place à son époque.

Son fils Yéhouda, célèbre en son temps, portait donc le nom de son grand-père, lui succéda et fut surnommé Rabbi Yéhouda *Néssia*, lui-même célèbre dans sa génération.

côté leur étude pour passer à des occupations plus pénibles qui risquent de les conduire à la faute].

Après avoir évoqué l'importance d'associer la Torah à un travail, Rabbane Gamliel passe maintenant au registre des dirigeants communautaires, dont il a lui-même fait partie.

Et que tous ceux qui œuvrent pour la communauté, le fassent au nom du Ciel [quiconque possède une fonction publique ne doit pas considérer son activité comme une source de subsistance ou comme un statut au sein la société. Il lui faut s'y consacrer de manière désintéressée et sans aucun but personnel, ce que la *michna* désigne comme œuvrer « au nom du Ciel »], **car le mérite de leurs ancêtres** [ceux de la collectivité d'Israël] **les assiste** [dans leur tâche sacrée, même s'ils n'ont pas les meilleurs dons au plan de la politique et pour gérer les affaires de la communauté] **et leur rectitude revêt une portée éternelle**[E] [parce qu'ils œuvrent au nom du Ciel en l'absence de toute ambition politique personnelle, leur « rectitude revêt une portée éternelle » même si leurs actions semblent n'être que de nature éphémère].

Puis Rabbane Gamliel se tourne directement vers ces mêmes dirigeants communautaires et parle, en quelque sorte, au nom du Saint béni soit-Il.

Quant à vous, Je vous rétribuerai largement comme si vous l'aviez (vous-mêmes) accompli[E] [Ne soyez pas trop désolés de ne pouvoir trop étudier la

ÉCLAIRAGES

[E]**Et que tous ceux qui œuvrent pour la communauté, le fassent au nom du Ciel, car le mérite de leurs ancêtres les assiste et leur rectitude revêt une portée éternelle.**
Certains commentateurs expliquent qu'en vérité, cette sentence fait suite au début de la *michna*. Ceux qui œuvrent pour la communauté peuvent souvent ne plus avoir de temps pour l'étude de la Torah. Néanmoins, puisqu'ils agissent « au nom du Ciel », leur récompense sera énorme, et ils seront épargnés de la faute (*Tiféret Israël*).

De plus, grâce à leur attitude désintéressée, ils bénéficient du mérite des pères de la communauté à qui ils doivent avant tout leur réussite (Rachi, Barténora). Ce rappel du mérite des pères se veut donc un encouragement à leur endroit, surtout si l'on prend en considération qu'y est inclus celui des patriarches Abraham, Isaac et Jacob à qui Dieu a promis que leurs descendants et la nation qu'ils formeront durera à jamais (voir le Maharal de Prague).

[E]**Quant à vous, Je vous rétribuerai largement comme si vous l'aviez (vous-mêmes) accompli**
Certes, dans une grande mesure, les occupations des dirigeants de communauté ne consistent pas à agir directement mais plutôt à gérer les affaires, à stimuler les autres et à les inciter à l'action. Et pourtant, le Talmud (traité *Bava Batra* 9a) n'affirme-t-il pas que « Quiconque conduit les autres à agir est plus grand que celui qui agit lui-même? » Aussi bien, ceux qui, par exemple, sont responsables de collecter des fonds pour la *tsédaka* ont un mérite équivalent à ceux qui ont donné.

Certains ont attribué une telle importance au

Torah ou de ne pas être en mesure d'accomplir autant de bonnes actions que vous le souhaiteriez ! Car agir pour le bien de la collectivité équivaut à étudier la Torah ou à mener de bonnes actions].

MICHNA 3

הֱוּו זְהִירִין בָּרָשׁוּת, שֶׁאֵין מְקָרְבִין לוֹ לָאָדָם אֶלָּא לְצֹרֶךְ עַצְמָן; נִרְאִין כְּאוֹהֲבִין בִּשְׁעַת הֲנָאָתָן, וְאֵין עוֹמְדִין לוֹ לָאָדָם בִּשְׁעַת דָּחְקוֹ.

Soyez circonspects à l'égard du pouvoir en place, car il n'est favorable à l'individu que lorsque cela lui profite. Il paraît aimant lorsqu'il en tire avantage et ne secourt pas l'individu à l'heure de sa détresse.

Cette michna *rapporte également des paroles de sagesse émises par Rabbane Gamliel et qui s'adressent à ceux qui occupent une fonction publique. À n'en pas douter, ces recommandations de Rabbane Gamliel s'appuient sur l'expérience de ses relations avec le pouvoir romain en place à son époque, mais elles peuvent aussi bien s'appliquer à tout un chacun ayant affaire avec les autorités politiques.*

Soyez circonspects à l'égard du pouvoir en place[E] [bien que les personnes chargées d'une responsabilité collective aient à traiter avec les autorités (de surcroît étrangères à l'époque de Rabbane Gamliel), elles doivent éviter une trop grande connivence et elles doivent se garder d'en être dupes : les relations

ÉCLAIRAGES

travail effectué par ceux qui œuvrent pour la collectivité qu'ils l'ont comparé à celui de Dieu lui-même, justifiant ainsi la rétribution qui leur revient (Rabbi Mattityahou Hayitshari).

Selon Rachbats, même s'ils bénéficient du mérite de leurs pères, comme la *michna* précédente l'a précisé, l'on considère que le succès de leurs actions est dû à leur propre mérite. Cependant, le Rav Chlikhter (premier rabbin d'Acre, après la fondation de l'Etat d'Israël) propose une interprétation à l'opposé : puisque le mérite des pères aide leurs enfants, Dieu considère les actions de ces derniers comme si leurs propres pères les avaient accomplies.

[E]Soyez circonspects à l'égard du pouvoir en place

Ce conseil fait un peu écho à celui donné par Chémaya (chapitre 1, *michna* 10), bien auparavant : « Ne cherche pas à te faire connaître de l'autorité en place. » Si Chémaya recommande d'éviter tout contact qui ne serait pas nécessaire avec le pouvoir, Rabbane Gamliel s'adresse ici à ceux qui œuvrent pour la communauté et qui, eux, doivent être en relation avec les autorités, et s'efforce de les guider dans leur comportement à leur égard (Rachbats, Barténora).

Un tout autre commentaire, de nature

que le pouvoir entretient avec elles ne sont en rien véritablement proches], **car il n'est favorable à l'individu**[E] **que lorsque cela lui profite** [si les gens au pouvoir affichent de bons rapports avec un individu, c'est en raison du seul intérêt qu'ils en retirent dans l'exercice de leurs fonctions et non en raison d'une quelconque intimité]. **Il paraît aimant lorsqu'il en tire avantage et ne secourt pas l'individu à l'heure de sa détresse**[E] [l'attitude d'affection montrée par les autorités en place envers des dirigeants communautaires ne dure que tant qu'ils peuvent en profiter].

MICHNA 4

Il avait coutume de dire : « Accomplis Sa volonté comme si elle était la tienne, de sorte qu'Il accomplisse ta volonté

הוּא הָיָה אוֹמֵר: עֲשֵׂה רְצוֹנוֹ כִּרְצוֹנְךָ,
כְּדֵי שֶׁיַּעֲשֶׂה רְצוֹנְךָ כִּרְצוֹנוֹ. בַּטֵּל
רְצוֹנְךָ מִפְּנֵי רְצוֹנוֹ, כְּדֵי שֶׁיְּבַטֵּל רְצוֹן

ÉCLAIRAGES

homilétique cette fois, s'appuie sur le terme utilisé pour désigner le pouvoir (*rachout*) en l'assimilant au mot *réchout* désignant un domaine d'actions permises qui ne font pas formellement partie des commandements divins. À nous d'être prudent vis-à-vis des choses qui sont certes tolérées mais qui n'ont pas de valeur intrinsèque et ne présentent pas le caractère d'une *mitsva* (*Midrach Chmouel*, *Notser 'Hessed*).

Enfin, certains voient dans le terme *rachout* une allusion au *yétser har'a*, mauvais penchant, et à « l'autorité » qu'il détient pour nous soumettre à la tentation et nous détourner de la vérité et du Saint béni soit-Il (Rabbi Yossef Di Trani)

[E]Car il (le pouvoir) n'est favorable à l'individu…

Bien que cette sentence apparaisse comme une critique désobligeante à l'encontre du pouvoir en place, l'on peut aussi l'interpréter comme une certaine louange : les autorités procèdent à une justice équitable dans la mesure où elles tiennent compte de l'intérêt du public et ne se laissent pas flagorner par des individus ou ne les craignent pas. En tout état de cause, il y a lieu d'être conscient de cette démarche du pouvoir et d'agir en conséquence (Rabbénou Yona).

[E]Il paraît aimant lorsqu'il en tire avantage et ne secourt pas l'individu à l'heure de sa détresse

L'attitude des gens du pouvoir ne peut être assimilée à celle de véritables amis, car les règles de réciprocité y sont absentes et indépendantes du bien prodigué dans le passé. Il ne s'agit là que d'une attitude de façade et toujours d'une relation à sens unique. C'est pourquoi Rabbane Gamliel conseille d'être « prudent vis-à-vis du pouvoir » en gardant son quant-à-soi : ce genre de relations demeure avant tout de nature intéressée, et il est impossible de se reposer dessus aveuglément (*Pirké Moché*, Rachbats).

« Le pouvoir en place paraît aimant ». Pièce gravée en l'honneur de la venue en Judée de l'empereur romain Hadrien (IIe siècle avant l'ère commune). Les habitants de Judée finirent par essuyer une amère déception de cette visite « amicale »

comme si elle était la Sienne. Efface ta volonté devant la Sienne, de sorte qu'Il efface la volonté des autres devant la tienne. » Hillel dit : « Ne te sépare pas de la communauté ; ne te fie pas à toi-même, jusqu'au jour de ta mort ; ne juge pas ton prochain avant d'avoir été à sa place ; ne prononce pas de paroles dont tu penses qu'il est impossible qu'elles soient entendues, car elles finiront par être entendues ; et ne dis pas : "Lorsque j'en aurai le loisir, j'étudierai", peut-être n'en auras-tu pas le loisir. »

אֲחֵרִים מִפְּנֵי רְצוֹנֶךָ. הִלֵּל אוֹמֵר: אַל תִּפְרֹשׁ מִן הַצִּבּוּר, וְאַל תַּאֲמִין בְּעַצְמְךָ עַד יוֹם מוֹתְךָ, וְאַל תָּדִין אֶת חֲבֵרְךָ עַד שֶׁתַּגִּיעַ לִמְקוֹמוֹ, וְאַל תֹּאמַר דָּבָר שֶׁאִי אֶפְשָׁר לִשְׁמֹעַ, שֶׁסּוֹפוֹ לְהִשָּׁמַע. וְאַל תֹּאמַר: "לִכְשֶׁאֶפָּנֶה אֶשְׁנֶה", שֶׁמָּא לֹא תִפָּנֶה.

Cette michna *s'ouvre sur des paroles de Rabbane Gamliel, le fils de Rabbi Yéhouda* hanassi.

Il [Rabbane Gamliel] **avait coutume de dire : « Accomplis Sa volonté comme si elle était la tienne**[E] [fais en sorte que la volonté du Saint béni-soit-Il devienne ta propre volonté], **de sorte qu'Il accomplisse ta volonté comme si elle était la Sienne** [une personne qui s'efforce d'agir selon les injonctions de Dieu engendre une réciprocité et une adéquation entre sa volonté et celle de son Créateur. C'est pourquoi, dans ce cas, Dieu aide l'individu à réaliser ses désirs ; plus encore, dès lors que ce dernier a orienté sa volonté pour être en accord avec celle de Dieu, plus aucune différence ne subsistera entre les deux]. **Efface ta volonté devant la Sienne** [chaque fois que tu fais face à une situation où la demande de Dieu te conduit à agir contrairement à ce que serait

ÉCLAIRAGES

[E]Accomplis Sa volonté comme si elle était la tienne
La *michna* appelle ici à un effort pour se rapprocher de Dieu et exige un changement profond dans notre for intérieur affectant toute notre existence et tous nos désirs.

L'on se doit d'observer les commandements divins qui sont la volonté de Dieu avec la même ardeur que s'ils émanaient de notre propre volonté et en ignorant tous les obstacles qui pourraient nous en empêcher (Rabbénou Yona, Yaavets). Selon d'autres commentateurs, chacun de nos actes, fussent-ils pour nos besoins personnels, doit être orienté vers Dieu, à l'instar d'un verset des Proverbes : « Dans toutes tes voies, songe à Lui » (Rachi, *Midrach Chmouel*).

Un tout autre commentaire interprète « sa volonté » comme celle du pouvoir dont il était question dans la *michna* précédente ; un comportement droit et fidèle envers les autorités, même si leurs demandes servent avant tout leur propre intérêt, permet de garantir une certaine réciprocité de leur part à l'égard de nos doléances personnelles envers elles (*Mirkévet HaMichna*).

◂

la tienne], **de sorte qu'Il efface la volonté des autres devant la tienne**[E] [telle sera alors ta récompense. Cette dernière recommandation, contrairement à la précédente, ne demande pas de confondre sa volonté avec celle de Dieu et se révèle plus limitée : elle a plutôt à voir avec l'acceptation du joug céleste et l'annulation de ses propres désirs devant ceux du Saint béni soit-Il. Et lorsqu'un homme se montre ainsi capable de se plier à l'autorité divine, Dieu veillera à ce que les autres soient obligés de renoncer à lui causer du tort, quel qu'il soit].

Jusqu'ici ont été rapportées les paroles des descendants de Hillel hazaken, *ce qui nous conduit à la génération correspondant à la phase finale de la rédaction de la Michna du temps de Rabbane Gamliel, le fils de Rabbi Yéhouda* hanassi. *Dorénavant, la* michna *revient à la chaîne de transmission de maître à élève. Afin de reprendre là où elle s'était arrêtée, la* michna *cite à nouveau des recommandations de Hillel qui concernent les rapports d'un individu envers les autres et envers lui-même.*

Hillel dit : « Ne te sépare pas de la communauté[E] [chacun a l'obligation de se considérer comme partie intégrante de sa communauté en participant à ses joies et en partageant ses peines] **; ne te fie pas à toi-même**[E]**, jusqu'au jour de**

ÉCLAIRAGES

[E]De sorte qu'Il efface la volonté des autres devant la tienne
Selon Rachbats et d'autres commentateurs, le terme « autres » s'appliquerait aussi à Dieu lui-même (lorsque, par exemple, Il annule Ses mauvais décrets) ; mais en raison du respect qui Lui est dû, l'auteur de la *michna* a préféré contourner le langage et utiliser l'expression « autres ».

[E]Hillel dit : « Ne te sépare pas de la communauté ... »
Don Yits'hak Abravanel en donne la raison suivante : un être seul et séparé de la communauté aura bien plus de mal à résister à la tentation de fauter. Selon le *Midrach Chmouel*, le peuple d'Israël est considéré comme une seule et même âme : s'en écarter revient à se couper de la Source de vie.

D'autre part, quiconque sait s'associer aux malheurs de sa communauté aura le mérite de partager ses joies (Rachi, traité *Ta'anit* 11a). Des commentateurs ont néanmoins précisé que cette recommandation perd de sa validité lorsque l'on a affaire à une communauté impie. Dans ce cas, il n'est point d'autres choix que de s'en séparer (Rambam, *Hilkhot Déot* 6, 1). Cela dit, même si notre communauté n'est pas parfaite, notre devoir est de demeurer en son sein car le mérite d'une assemblée est toujours plus grand que celui d'un individu (Rachbats, *Midrach Chmouel*).

[E]Ne te fie pas à toi-même
Le Talmud (traité *Bérakhot* 29a) rapporte l'exemple de Yo'hanane ben Hourkenos qui, bien qu'il exerçât fidèlement les fonctions de Grand-Prêtre pendant quatre-vingts ans, finit par rejoindre les rangs des Sadducéens.

Une autre explication interprète cette recommandation ainsi : personne ne doit se considérer comme dispensé de certaines lois ou de certains décrets des Sages ayant pour but de l'éloigner de la faute, sous prétexte que lui n'a pas besoin de telles barrières. À l'instar du roi Salomon qui, pensait-il, pouvait se permettre de multiplier le nombre de ses femmes et d'augmenter sa fortune sans craindre de s'éloigner de Dieu, mais qui finit par fauter (traité *Sanhédrin* 21b).

Certains rattachent ce conseil à la sentence

ta mort [tant que nous sommes vivants, nous avons la faculté de changer ; et tout comme nous sommes en mesure de nous améliorer, nous pouvons aussi nous dégrader. Notre comportement a beau être droit et irréprochable, cela ne constitue en rien une garantie ; le risque de dévier et de chuter existe en permanence. Par conséquent, sachant que jusqu'à notre mort, rien n'est jamais sûr, nous devons déployer des efforts constants afin de demeurer sur la bonne voie où nous nous trouvons] **; ne juge pas ton prochain avant d'avoir été à sa place**[E] [le terme « place » peut certes s'interpréter dans son sens obvie, comme le statut de l'individu dans la société, mais aussi dans un sens plus large, comme le cours de sa vie, les circonstances extérieures et les expériences intimes qu'il traverse] **; ne prononce pas de paroles dont tu penses qu'il est impossible qu'elles soient entendues, car elles finiront par être entendues**[E] [il s'agit ici de paroles ambiguës ; même si l'on escompte a priori qu'elles ne seront pas comprises, néanmoins, elles seront saisies un jour ou l'autre] **; et ne dis pas : "Lorsque j'en aurai le loisir, j'étudierai", peut-être n'en auras-tu pas le loisir** [il ne faut jamais se dire que le moment ne convient pas à l'étude, que notre

ÉCLAIRAGES

précédente de la *michna* : celui qui se sépare de la communauté risque de penser qu'il peut croire en sa propre personne alors que le mérite de toute l'assemblée le protège et le soutient en cas de malheur.

[E]Ne juge pas ton prochain avant d'avoir été à sa place

L'explication la plus immédiate est qu'il n'y a pas lieu de juger un individu au vu de ses mauvaises actions sans que l'on ne connaisse auparavant sa situation : personne ne peut en effet prétendre qu'à sa place il serait capable de résister à l'épreuve. La *michna* ne nous a-t-elle pas d'ailleurs prévenus de ne jamais présumer de notre propre personne jusqu'au jour de notre mort ?

Nous risquons ainsi de juger notre prochain, parfois très négativement, au travers du prisme de notre propre position dans la société ou de notre propre intériorité qui se trouvent être totalement différentes. Partant, nous ne sommes pas à même de juger l'autre ni de l'apprécier à sa juste valeur ; lorsque nous parvenons à la même place, lorsque nous vivons les mêmes circonstances qu'il vit, nous pouvons le comprendre vraiment, voire nous identifier à lui et à son vécu et alors seulement est-il donné d'essayer de le juger.

A contrario, certains interprètent la *michna* ainsi : ne nous précipitons pas à considérer un individu comme un personnage grand et important en observant son seul comportement, avant de pouvoir vérifier son comportement dans l'endroit d'où il vient : peut-être ne serait-ce là qu'un faux-semblant de sa part en notre présence (Meïri) ?

[E]Ne prononce pas de paroles dont tu penses qu'il est impossible qu'elles soient entendues, car elles finiront par être entendues

Hillel recommande ici de présenter à son auditoire des paroles qu'il est en mesure de saisir au présent et d'éviter de prononcer des mots incompréhensibles, voire irritants, même si, à l'avenir, ils revêtiront un sens aux yeux de ceux qui les avaient entendus (voir Rambam). De plus, des paroles ambiguës risquent d'être mal interprétées et de conduire à la faute.

Selon Rachi, la *michna* se rapporte à des secrets que l'on ne doit pas dévoiler en pensant qu'ils ne seront jamais divulgués.

D'autres commentaires perçoivent ici un conseil promulgué non pas à l'enseignant mais à l'étudiant. Ce dernier en effet peut parfois buter sur un passage difficile à comprendre (« qu'il est impossible d'entendre ») : pourvu que l'on en fasse l'effort, l'on finira par le saisir (Abravanel, *Pirké Moché*).

◄

situation n'y est pas propice et que mieux vaut attendre d'avoir le temps nous permettant d'entreprendre cette étude de la meilleure façon : nous risquons fort de n'être jamais disponibles. Nous ne possédons en effet aucune garantie nous autorisant d'affirmer que les circonstances vont s'améliorer et nous offrir de meilleures occasions. La seule chose qui est certaine, c'est que ce temps futur auquel nous reportons les choses est incertain… C'est pourquoi chacun devrait étudier au moment présent, qui, lui, est garanti, même lorsqu'on n'en a pas trop le temps] ».

MICHNA 5

הוּא הָיָה אוֹמֵר: אֵין בּוּר יְרֵא חֵטְא, וְלֹא עַם הָאָרֶץ חָסִיד, וְלֹא הַבַּיְשָׁן לָמֵד, וְלֹא הַקַּפְּדָן מְלַמֵּד, וְלֹא כָּל הַמַּרְבֶּה בִּסְחוֹרָה מַחְכִּים. וּבְמָקוֹם שֶׁאֵין אֲנָשִׁים – הִשְׁתַּדֵּל לִהְיוֹת אִישׁ.

Il avait coutume de dire : « Un rustre ne saurait craindre la faute et un ignorant ne saurait être pieux ; un timide ne saurait accéder à la connaissance et un pointilleux ne saurait enseigner ; et celui qui est trop occupé au commerce ne saurait acquérir la sagesse ; et là où il n'y a pas d'hommes, efforce-toi d'être un homme. »

Cette michna *rapporte d'autres paroles de Hillel* hazaken.

Il [Hillel *hazaken*] **avait coutume de dire : « Un rustre** [le terme *bor* en hébreu traduit ici par « rustre » désigne un être sans instruction, notamment en Torah et sans profession particulière, un peu comme un terrain inculte et non défriché] **ne saurait craindre la faute** [un tel individu ne peut donc craindre la faute, car il ne sait même pas distinguer entre le permis et l'interdit et, par conséquent, rien ne l'empêche de commettre des transgressions] **et un ignorant** [le terme *'am haarets*[E] traduit ici par « ignorant » peut désigner

---

ÉCLAIRAGES

[E] 'Am haarets

Le terme *'am haarets* (traduit ici par « ignorant ») s'est enrichi, au fil du temps, de nombreuses significations. Au sens littéral, « peuple (ou population) de la terre (ou du pays) », il apparaît dans la Bible ainsi par exemple : « Abraham s'avança et se prosterna devant *le peuple du pays*, devant les enfants de Heth » (Genèse 23, 7) ou encore : « Mais quand viendra le peuple du pays devant l'Eternel, lors des solennités… » (Ézéchiel 46, 9). Dans l'un des

◂

une personne dotée d'une éducation de base mais qui n'approfondit pas ses connaissances nombreuses et ne respecte pas certaines règles de vie des plus élémentaires] **ne saurait être pieux (*'hassid*)** [être *'hassid* signifie ici accomplir toutes ses obligations et observer tous les commandements, tout en allant bien au-delà de la norme. Un *'am haarets*, qui s'efforcerait d'être *'hassid* se trouverait donc en contradiction avec sa propre nature entachée de plusieurs défauts, même s'il peut craindre la faute. Dans un tout autre domaine, Hillel affirme :] **un timide ne saurait accéder à la connaissance** [un élève se doit de poser des questions lorsqu'il ne comprend pas, sans être intimidé et sans craindre les éventuelles moqueries de ses camarades ; à défaut, certains des enseignements reçus demeureront incompris ou insuffisamment assimilés.] **et un pointilleux ne saurait enseigner**[E] [d'un autre côté, un maître trop strict, constamment engoncé dans sa propre dialectique sera incapable d'apporter un enseignement à ses élèves] **; et celui qui est trop occupé au commerce ne saurait acquérir la sagesse**[E] [a priori, un commerçant occupé à vendre et

ÉCLAIRAGES

versets d'Ezra (4, 4), *'am haarets* désigne en fait des non-juifs : « Alors la *population du pays ('am haarets)* s'appliqua à décourager les habitants de la Judée et à les détourner de bâtir en les intimidant ». Plus tard, la *michna* qualifie de *'am haarets* un groupe de Juifs qui ne respecte pas tous les commandements divins, en particulier ceux ayant trait aux règles de pureté, et de *térouma* et *maasser* (concernant différentes contributions et dîmes). Le Talmud confère au terme *'am haarets* plusieurs sens, si bien que, semble-t-il, il soit impossible d'en donner une seule et unique acception, sauf peut-être un dénominateur commun défavorable. Par exemple, le traité *Bérakhot* (47b), selon une opinion, considère comme *'am haarets* « même celui qui a lu la Bible et étudié la Michna, mais qui n'a pas servi des *talmidé 'hakhamim* (des érudits) [pour en comprendre le sens] » ; jusqu'au traité *Pessa'him* (49b) qui le décrit en termes encore plus négatifs, lorsqu'il le compare à des animaux impurs…

[E]Un pointilleux ne saurait enseigner
Quiconque se montre trop vétilleux, ordonné, s'attache exagérément à prononcer les mots les plus exacts et selon une formulation bien figée ne peut enseigner aux autres ; c'est que d'ordinaire un étudiant n'est pas censé tout savoir, souvent l'enseignant doit-il se départir de son propre langage, fournir une explication supplémentaire ou procéder à des répétitions.

Le terme en hébreu, *kapdane*, utilisé dans la *michna* et que nous avons traduit par « pointilleux » peut être aussi interprété comme « irascible » (Rachi, Rambam), pour souligner qu'un tel maître, incapable d'appréhender la diversité de son auditoire, ne supporte pas qu'on l'interroge ou qu'on ne le comprenne pas ; ses élèves finissent alors par ne plus lui poser de questions et avoir peur de lui et dès lors, son enseignement perd toute valeur.

[E]Et celui qui est trop occupé au commerce ne saurait acquérir la sagesse
Certains commentateurs entendent le terme sagesse non pas dans son sens profane mais dans celui de la Torah. Ainsi, un commerçant trop occupé ne dispose plus de temps suffisant pour se consacrer à l'étude de la Torah de manière constante et régulière (Rachbats, Meïri) ; c'est d'ailleurs ainsi que Rabbi Yo'hanane (traité *'Érouvin* 55a) interprète le verset (Deutéronome 30, 12) : « Elle (la Torah) n'est pas dans le ciel, pour que tu dises: "Qui montera pour nous au ciel et nous l'ira quérir, et nous la fera entendre afin que nous l'observions ?" ». La connaissance de la Torah ne peut se trouver chez

◄

à acheter est à même de rencontrer de nombreuses gens, les uns différents des autres et parfois à se déplacer en maints endroits, ce qui devrait enrichir ses connaissances. Néanmoins, la sagesse (*'Hokhma* en hébreu), englobe de nombreux domaines autres que l'économie ; elle nécessite une faculté à comprendre et à approfondir les choses, faculté qui risque d'être entachée chez quelqu'un qui serait trop « occupé à son commerce », eût-il accumulé de multiples expériences] **; et là où il n'y a pas d'hommes, efforce-toi d'être un homme**[E] [le terme homme, *ich* en hébreu, est à prendre ici dans le sens de dirigeant. Ainsi, si un individu se trouve dans une quelconque collectivité sans personne pour la guider, il lui faut s'efforcer de prendre le rôle de dirigeant]**.**

MICHNA 6

אַף הוּא רָאָה גֻּלְגֹּלֶת אַחַת שֶׁצָּפָה עַל פְּנֵי הַמַּיִם, אָמַר לָהּ: "עַל דַּאֲטֵפְתְּ – אַטְפוּךְ, וְסוֹף מְטִיפַיִךְ – יְטוּפוּן".

Il vit également un crâne flotter sur l'eau ; il lui dit : « C'est parce que tu as noyé qu'on t'a noyé et ceux qui t'ont noyé seront à leur tour noyés. »

Ici encore, il s'agit de paroles de Hillel (cette fois en araméen) décrivant un événement qu'il a lui-même vécu et traitant du mal et de ses conséquences.

ÉCLAIRAGES

les marchands et négociants qui voyagent sans arrêt et n'ont pas le temps de l'étudier, comme il se doit.

Le *Midrach Chmouel* note cependant une exception mentionnée dans le Talmud (traité *Ta'anit* 21a) rapportant l'histoire d'un certain Ilfa qui, malgré ses nombreuses affaires, réussit à acquérir une grande érudition en Torah. À ceux qui prétendaient que s'il n'avait pas été tellement pris par son commerce, il aurait pu prendre la tête de la maison d'études, il répondit, en s'accrochant au mât d'un bateau : « Si quelqu'un me pose un problème à propos d'une *baraïta* (un enseignement non inclus dans la Michna par Rabbi Yéhouda *hanassi*) de Rabbi 'Hiya et de Rabbi Ouchaya et si je ne sais pas le résoudre au travers d'une *michna*, que je tombe de ce mât et que je me noie ! »

[E]Et là où il n'y a pas d'hommes, efforce-toi d'être un homme

Outre l'interprétation du terme « homme » (*ich*) comme dirigeant, certains ont lu la *michna* autrement : si l'on constate dans notre communauté qu'il n'existe aucune figure digne d'un comportement louable ou possédant un statut moral particulier, à nous, d'être, autant que possible, cet *ich*, cette personne intègre qui lui fait défaut (*Midrach Chmouel*).

Selon Rachi, il est également possible, à l'inverse, de déduire de cette *michna* l'enseignement suivant : s'il se trouve des hommes capables de diriger la communauté, laissons donc leur la tâche et consacrons-nous à l'étude de la Torah.

Enfin, Rambam précise que s'il n'y a personne pour nous enseigner la Torah, nous devons alors faire l'effort de l'étudier par nous-mêmes.

Il [Hillel] **vit également**[E] **un crâne flotter sur l'eau** [il s'avère que ce crâne avait dû se détacher du corps noyé au fond des eaux] **; il lui dit** [au crâne] **: « C'est parce que tu as noyé**[E] **qu'on t'a noyé**[E] **et ceux qui t'ont noyé seront à leur tour noyés**[E] [cet homme qui s'est noyé aura reçu son châtiment en raison de ses mauvaises actions ; cependant, ceux qui l'ont tué se sont aussi engagés dans le même cycle du mal et endureront la même punition qui leur sera infligée par d'autres individus. La violence, faut-il en déduire, résulte d'une spirale de cause à effet dont on ne peut s'extraire facilement. C'est que les victimes de cette violence en ont souvent été les propres acteurs : après avoir commis leur crime, elles subissent la vengeance mortelle de leurs ennemis] **».**

ÉCLAIRAGES

[E]Il [Hillel] vit également

Selon certains commentateurs, Hillel connaissait l'homme dont le crâne flottait sur l'eau et savait qu'il était un assassin. L'on peut aussi comprendre qu'à défaut de le connaître, Hillel saisit, en le voyant, que cet homme avait fait l'objet de violences meurtrières.

[E]Il lui dit [au crâne] : « C'est parce que tu as noyé… »

Hillel ne se contenta pas de se livrer à une réflexion personnelle mais tint à s'exprimer à voix haute afin que les gens qui l'accompagnaient puissent en tirer une leçon de morale. Le texte de la *michna* qui reproduit ses paroles est en araméen, sa langue natale, comme dans le cas de son proverbe rapporté dans la *michna* 13 du premier chapitre. Selon le commentaire *Hone 'Achir*, Hillel parla vraiment au crâne, car il est dit que, jusqu'à un certain stade, l'âme du mort continue d'entendre les paroles qu'on lui adresse ; et il le fit en araméen, la langue populaire des simples gens, un milieu auquel appartenait l'assassin lui-même assassiné.

[E]« C'est parce que tu as noyé qu'on t'a noyé… »

En d'autres termes, la manière dont une personne agit détermine celle dont Dieu agit avec elle (voir traité *Sota*, *michna* 7) et le châtiment qu'elle subit fait écho au méfait qu'elle a commis. Et même si le criminel est passible de la peine de mort, personne ne peut faire justice soi-même et supplanter le Tribunal rabbinique et son représentant, qui sont les seuls habilités à prononcer la sentence. Quiconque agirait ainsi serait à son tour puni de mort, d'une façon ou d'une autre (Rachbats).

Mais l'opposé n'est pas moins vrai : quiconque agit positivement en faveur de son prochain recueillera les fruits du bien qu'il a causé (Rambam).

[E]Ceux qui t'ont noyé seront à leur tour noyés

Certains ont questionné cette affirmation de Hillel : n'existe-t-il pas de nombreux cas où les assassins ne paient jamais leur crime ? Selon le *Midrach Chmouel*, le terme « à leur tour » est là pour souligner que tôt ou tard, et en fin de compte, l'assassin finira par recevoir sa punition dans ce *guilgoul* (sa vie présente) ou dans un autre *guilgoul* (dans une vie future de réincarnation).

Le fait que la *michna* évoque « ceux qui t'ont noyé » au pluriel vient préciser que non seulement l'assassin, mais aussi ses associés, subiront le châtiment.

◄

MICHNA 7

הוּא הָיָה אוֹמֵר: מַרְבֶּה בָשָׂר – מַרְבֶּה רִמָּה. מַרְבֶּה נְכָסִים – מַרְבֶּה דְאָגָה. מַרְבֶּה נָשִׁים – מַרְבֶּה כְשָׁפִים. מַרְבֶּה שְׁפָחוֹת – מַרְבֶּה זִמָּה. מַרְבֶּה עֲבָדִים – מַרְבֶּה גֶזֶל. מַרְבֶּה תוֹרָה – מַרְבֶּה חַיִּים. מַרְבֶּה יְשִׁיבָה – מַרְבֶּה חָכְמָה. מַרְבֶּה עֵצָה – מַרְבֶּה תְבוּנָה. מַרְבֶּה צְדָקָה – מַרְבֶּה שָׁלוֹם. קָנָה שֵׁם טוֹב – קָנָה לְעַצְמוֹ. קָנָה לוֹ דִבְרֵי תוֹרָה – קָנָה לוֹ חַיֵּי הָעוֹלָם הַבָּא.

Il avait coutume de dire : « L'abondance de chair entraîne l'abondance de vermine ; l'abondance de biens entraîne l'abondance de soucis ; l'abondance d'épouses entraîne l'abondance de sorcellerie ; l'abondance de servantes entraîne l'abondance de débauche ; l'abondance de serviteurs entraîne l'abondance de larcins ; davantage de Torah, c'est davantage de vie ; davantage d'étude, c'est davantage de sagesse ; davantage de concertation, c'est davantage d'intelligence ; davantage de *tsédaka* (de dons caritatifs), c'est davantage de paix. Celui qui s'est acquis un bon renom, l'a acquis pour lui-même ; celui qui a acquis la connaissance de la Torah s'est acquis la vie dans le Monde futur. »

Cette michna *continue de citer les paroles de Hillel, présentées ici de manière concise et qui possèdent chacune sa propre valeur. On peut néanmoins les classer en deux catégories, l'une négative et l'autre positive, sachant qu'elles partagent un point commun, celui d'un excès dans différents domaines. Certaines de ces formulations frisent parfois le paradoxe, et semblent même conduire au contraire du résultat escompté.*

Il avait coutume de dire : « L'abondance de chair[E] [un individu glouton finit par être « bien en chair » sans qu'il n'en tire aucun avantage] **entraîne l'abondance de vermine**[E] [contrairement à tel autre qui se nourrit raisonna-

ÉCLAIRAGES

[E]Il avait coutume de dire : « L'abondance de chair, etc… »
Certains commentateurs ont remarqué que la première partie de cette *michna* procède par ordre chronologique : un homme commence par se soucier de son corps, puis de ses biens et, une fois qu'il dispose d'une certaine richesse, il souhaite avoir des femmes qui elles-mêmes demandent l'aide de servantes ; enfin, la gestion de la maison exige l'emploi de serviteurs (Rachbats, Barténora).

blement, sa tombe grouillera d'un grand nombre de vermines qui disposeront d'un trop plein à manger ...] ; **l'abondance de biens** [cela peut découler de l'avidité d'une personne à devenir de plus en plus riche ou encore de la volonté de préserver son avenir] **entraîne l'abondance de soucis**[E] [jamais vraiment satisfaite, cette personne sera rongée de soucis : ne doit-elle pas prendre garde à conserver et à surveiller sans cesse tous ses biens, voire à les faire fructifier, et ne lui faut-il pas s'en inquiéter en permanence, tandis que ses espoirs d'enrichissement matériel risquent bien de ne jamais se réaliser ?] ; **l'abondance d'épouses** [la *michna* évoque ici, alors que la polygamie était encore permise, le cas d'un homme marié à plusieurs femmes, estimant qu'il sera ainsi plus heureux et qu'il bénéficiera d'une certaine variété...] **entraîne l'abondance de sorcellerie**[C] [la conséquence inévitable est la concurrence effrénée entre épouses pour s'assurer de l'attention et de l'amour du mari qu'elles partagent, pour jouir d'un rapport privilégié et d'un surplus de cadeaux. Afin d'atteindre

ÉCLAIRAGES

Selon le commentaire du *Tiféret Israël*, cette *michna* ferait par ailleurs allusion aux différentes étapes de la vie d'un homme : tout jeune nourrisson, son occupation principale consiste à boire et à manger, enfant, il commence à vouloir acquérir des biens matériels, jeune homme, il se trouve attiré par les femmes ; au fur et à mesure qu'il avance en âge, il recherche les honneurs et enfin, lorsqu'il vieillit, il a besoin de serviteurs pour le soutenir et l'aider.

En revanche, seule la Torah constitue une valeur constante procédant de l'éternité...

[E]L'abondance de chair entraîne l'abondance de vermine

Certains voient dans cette recommandation une sorte de dissuasion, ne serait-ce qu'en pensant à ce qui se passe après la mort. D'autre part, comme l'atteste un verset biblique : « Mais c'est pour lui seul que sa chair souffre ; c'est pour lui seul que son âme est en deuil », l'âme ressentirait, après le décès, la putréfaction du corps et en souffrirait (Job 14, 22, voir aussi traité *Bérakhot* 18b).

[E]L'abondance de biens entraîne l'abondance de soucis

C'est sans doute ce qu'un verset biblique (Ecclésiaste 5, 11) précise déjà à ce propos : « Doux est le sommeil du laboureur, qu'il mange peu ou prou tandis que la satiété ne laisse pas dormir le riche. »

Une autre version de la *michna* utilise le terme *dayone* au lieu de *daaga* (traduit ici par « soucis ») évoquant le terme de *daavone* qui signifie « souffrance » ou encore « abattement ».

CONTEXTE

[C]La sorcellerie

Tout au long des générations, les pratiques de sorcellerie et de magie étaient répandues dans la société juive tout comme chez les peuples environnants. Amulettes et incantations étaient acceptées comme moyen de faire face à diverses maladies et à différents problèmes. Si les Sages croyaient au pouvoir de guérison de la magie, ils n'en étaient pas moins inquiets de leur influence païenne. L'affirmation selon laquelle « les actes de sorcellerie sont, pour la plupart, le fait des femmes » (voir *Mékhilta* de Rabbi Chim'one Bar Yo'haï, Exode 22, 17) voire que « la femme la plus intègre possède des dons de sorcellerie » (traité *Sofrim* 15, 7) se trouve sous-entendue dans notre *michna*. Cependant, de nombreux témoignages apparaissant dans les sources de nos Sages démontrent qu'en réalité les hommes n'ont pas moins été impliqués que les femmes dans des pratiques de magie.

leur but, elles sont prêtes à utiliser tous les moyens, y compris la sorcellerie ou la multiplication des intrigues] **; l'abondance de servantes** [en général des jeunes filles célibataires, de rang inférieur et manquant d'estime de soi] **entraîne l'abondance de débauche**[E] [soit avec leur maître, soit avec d'autres personnes] ; **l'abondance de serviteurs**[C] **entraîne l'abondance de larcins**[E] [ces nombreux serviteurs, eux aussi au bas de la société et souvent sans scrupules, peuvent être conduits à dérober leur patron ou d'autres personnes de leur entourage].

ÉCLAIRAGES

[E]L'abondance de servantes entraîne l'abondance de débauche
À l'époque de la Michna, les gens fortunés disposaient en général dans leur famille d'une servante chargée d'aider aux travaux difficiles ou aux différents besoins de la maison. Augmenter le nombre de servantes représentait une manière de s'enorgueillir de sa richesse et ne correspondait pas à une réelle nécessité. C'est ainsi que ces nombreuses servantes, en général des jeunes filles n'ayant pas les moyens de se marier, se trouvaient à demeure sans n'avoir rien à faire. Un tel statut, allié au rapport humiliant dont elles étaient victimes et à leur position au bas de l'échelle sociale, aboutissait à une situation presque naturelle dans laquelle ces jeunes servantes, volontairement ou non, tombaient dans la débauche sexuelle soit avec leur employeur, soit avec d'autres personnes.

[E]L'abondance de serviteurs entraîne l'abondance de larcins
Un excès de serviteurs, au-delà du nombre nécessaire à la famille ou à la maisonnée, conduit aussi au fait que beaucoup d'entre eux, compte-tenu de leur rang, travaillent au minimum et ne font pas l'effort requis afin de ne pas gaspiller l'argent de leur maître ; dans un deuxième temps, ils se permettent de s'approprier des biens de la maison par des moyens détournés, voire par le vol ; parfois cependant, connaissant l'agressivité de leur patron, ils préféreront aller voler d'autres personnes. Pour toutes ces raisons, l'abondance de serviteurs ne signifie en rien une meilleure rentabilité du travail mais, au contraire, un dommage économique.

[E]Davantage de Torah, c'est davantage de vie

CONTEXTE

[C]Serviteurs et servantes
La piètre appréciation par les Sages de la situation morale des serviteurs et des servantes provient de leur place au bas de l'échelle sociale qui les a conduits à être vendus en tant que tels, eux avec leur descendance. Ils étaient considérés comme la propriété de leur maître, à l'instar d'animaux ; à ce titre, était-il convenu, les normes, les *mitsvot* et les valeurs de la société libre autour d'eux ne devaient pas les concerner. C'est pourquoi la littérature rabbinique (traité *Guittin* 13a, *Tossefta Horayot* 2, 10) contient des affirmations telles que : « Un esclave préfère la licence des mœurs ». Ailleurs (traité *Bava Métsi'a 86b*), il est écrit que « l'on ne peut placer sa confiance en un serviteur ». Cependant, il existe d'autres témoignages à propos de serviteurs fiables qui avaient le scrupule d'observer des commandements dont ils étaient néanmoins exempts, comme ce fut le cas des serviteurs de la maison du *Nassi*, le président du *Sanhédrin* (voir en particulier le traité de *Bérakhot* chapitre 2, *michna* 7, celui de *Soucca* chapitre 2, *michna* 1, ou encore dans le Talmud de Jérusalem *Nidda* 2, 1).

Collier d'un serviteur, Empire romain

Jusqu'ici, la michna *a évoqué différents types d'acquisitions purement matérielles, qu'elles soient essentielles ou fassent simplement partie du cours de la vie, ainsi que leurs conséquences négatives lorsqu'on en abonde. La suite de la* michna *mentionne à présent d'autres acquisitions, quant à elles spirituelles, dont la profusion s'avère, au contraire, positive.*

Davantage de Torah, c'est davantage de vie[E] [plus on s'occupe à étudier la Torah, plus on enrichit notre vie d'une dimension supplémentaire, bien qu'en apparence, une telle occupation prenne de notre temps et nous limite dans d'autres activités ; contrairement à l'acquisition permanente de nouveaux biens matériels qui augmentent nos soucis, la Torah améliore au contraire notre vie et celle du monde qui nous entoure] ; **davantage d'étude**[C]**, c'est davantage de sagesse**[E] [il s'agit ici de quelqu'un qui, littéralement « s'assoit » (*yéchiva*) pour étudier la Torah de manière assidue ; inévitablement, sa propre sagesse,

ÉCLAIRAGES

Certes, le Talmud (*Sanhédrin* 25b) affirme au nom de Rabbi 'Hanane : « Pourquoi donc la Torah est-elle appelée *touchia* (qui signifie aussi « sagesse ») ? Car elle affaiblit la force de la personne qui se consacre à son étude (en hébreu, *matéchet,* signifiant « affaiblit », fait écho au terme *tochia*). » Un des fameux versets bibliques (Deutéronome 20, 30), parmi beaucoup d'autres, précise cependant qu'elle finit par ajouter de la vie : « Aime l'Éternel, ton Dieu, écoute sa voix, reste-lui fidèle : c'est là la condition de ta vie et de ta longévité, c'est ainsi que tu te maintiendras dans le pays que l'Éternel a juré à tes pères, Abraham, Isaac et Jacob, de leur donner. »

[E]Davantage d'étude, c'est davantage de sagesse

Cette recommandation n'est pas sans rappeler la *michna* 5 de ce même chapitre : « Celui qui est trop occupé au commerce (en se déplaçant çà et là) ne saurait acquérir la sagesse » (*Avodat Israël*).

Certains voient dans cette phrase une adresse au maître : plus ce dernier attire des élèves dans sa maison d'études, plus, grâce à eux, il accroîtra sa sagesse. Ces disciples pourront ensuite, à leur tour, diffuser cette sagesse dans le monde entier (Rachbats, Barténora).

Le Maharal de Prague, quant à lui, considère que cette *michna* prodigue un conseil à l'élève en l'encourageant à étudier auprès de Sages afin d'acquérir la sagesse. Une autre version, selon Rabbénou Yona, serait : « Davantage de sagesse, davantage d'étude » car celui qui accroît sa sagesse se verra entouré de nombreux élèves.

CONTEXTE

[C]Davantage d'étude (de *yéchiva*)

La plupart des commentateurs interprètent le terme *yéchiva* (désignant littéralement la position assise) comme une institution où les élèves sont « assis » ensemble et se consacrent de manière conjointe à l'étude de la Torah. Ce terme semble avoir comme origine celui de *métivta* qui signifie en araméen la position assise en usage dans les académies d'étude de la Torah en Babylonie à la tête desquelles siégeait un Sage élu et faisant autorité (le *Roch Yéchiva*). Le Talmud de Jérusalem (dont les Sages se trouvaient en Terre d'Israël) quant à lui mentionne l'existence de salles ou de maisons d'études mais ignore ce concept de *yéchiva*. Aussi bien, dans beaucoup de manuscrits, ce passage de notre *michna* (à l'instar d'autres également) ne figure pas.

◄

autant que celle du monde, finira par s'élargir] ; **davantage de concertation** [quiconque multiplie les prises de conseils auprès d'autres et se déclare prêt à écouter divers avis, appréhende mieux la réalité même si tous les avis ne conduisent pas forcément à la même conclusion], **c'est davantage d'intelligence** [l'intelligence dont il est ici question ne consiste pas nécessairement à suivre tel ou tel conseil, mais plutôt en la faculté de prendre connaissance d'opinions différentes et de résoudre ainsi de nouveaux problèmes] ; **davantage de *tsédaka*** [en termes d'actes de bonté envers le prochain, qu'il s'agisse de dons d'argent ou d'aide impliquant notre propre personne], **c'est davantage de paix**[E] [de tels actes permettent d'éviter toutes sortes de problèmes, de réduire les querelles ou les situations de détresse et les conflits qui s'ensuivent]. **Celui qui s'est acquis un bon renom** [celui qui s'est acquis une bonne réputation, grâce à ses bonnes actions, sa sagesse ou son éminente personnalité], **l'a acquis pour lui-même**[E] [il possède dans ce monde l'un des seuls biens qui lui appartiennent vraiment en propre ; au contraire, ses autres biens matériels qui profitent souvent plus aux autres qu'à lui-même] ; [plus encore] **celui qui a acquis la connaissance de la Torah s'est acquis la vie dans le Monde futur** [à la différence des autres acquisitions énoncées dans la *michna*, qui concernent le monde d'ici-bas, la connaissance de la Torah appartient à une autre sphère, celle-là éternelle. S'y attacher signifie aller bien au-delà de notre monde, de ses valeurs et de ses jouissances : c'est bien de la vie dans le Monde futur dont il est question]. »

ÉCLAIRAGES

[E]Davantage de *tsédaka*, c'est davantage de paix

Un verset du prophète Isaïe (32, 17) abonde dans le même sens : « Et l'œuvre de la *tsédaka* sera la paix, et le fruit de la droiture sera le calme et la sécurité à tout jamais. »

À n'en pas douter, toute pénurie, toute situation de famine conduisent à des disputes et des confrontations. Par conséquent, multiplier les actes de *tsédaka*, fût-ce de manière coercitive, contribue à la paix dans le monde (Rachbats).

Selon le Maharal de Prague, nos actes de *tsédaka* témoignent de la capacité à renoncer à une partie de nos biens, signe de notre générosité ; cela est le contraire d'une attitude de rigidité qui est la source de disputes et de querelles.

[E]Celui qui s'est acquis un bon renom, l'a acquis pour lui-même

Seule une bonne réputation demeure propre à un individu, et personne d'autre ne peut l'accaparer. Les autres biens en sa possession ne lui sont pas pleinement acquis et il s'avère souvent que ce sont les autres – sa famille, ses héritiers, voire d'autres gens – qui en profitent plus que lui.

C'est là le sens d'un verset des Proverbes (22, 1) : « Un nom estimé est préférable à la grande richesse : la bienveillance est plus précieuse que l'argent et que l'or. »

Cela dit, certains ont remarqué « qu'acquérir un bon renom » demeure à un niveau personnel et temporaire. En revanche, acquérir la Torah qui transcende ce monde d'ici-bas, avec ses priorités et ses plaisirs, possède une dimension d'éternité (*Tossefot Yom Tov*).

MICHNA 8

רַבָּן יוֹחָנָן בֶּן זַכַּאי קִבֵּל מֵהִלֵּל וּמִשַּׁמַּאי. הוּא הָיָה אוֹמֵר: אִם לָמַדְתָּ תּוֹרָה הַרְבֵּה - אַלתַּחֲזִיק טוֹבָה לְעַצְמְךָ, כִּי לְכָךְ נוֹצָרְתָּ.

Rabbane Yo'hanane ben Zaccaï reçut de Hillel et de Chammaï. Il avait coutume de dire : « Si tu as appris beaucoup de Torah, ne t'en fais pas l'éloge, car c'est dans ce but que tu as été créé. »

חֲמִשָּׁה תַלְמִידִים הָיוּ לוֹ לְרַבָּן יוֹחָנָן בֶּן זַכַּאי, וְאֵלּוּ הֵן: רַבִּי אֱלִיעֶזֶר בֶּן הוֹרְקְנוֹס, וְרַבִּי יְהוֹשֻׁעַ בֶּן חֲנַנְיָה, וְרַבִּי יוֹסֵי הַכֹּהֵן, וְרַבִּי שִׁמְעוֹן בֶּן נְתַנְאֵל, וְרַבִּי אֶלְעָזָר בֶּן עֲרָךְ. הוּא הָיָה מוֹנֶה שִׁבְחָן: רַבִּי אֱלִיעֶזֶר בֶּן הוֹרְקְנוֹס- בּוֹר סוּד שֶׁאֵינוֹ מְאַבֵּד טִפָּה. רַבִּי יְהוֹשֻׁעַ בֶּן חֲנַנְיָה - אַשְׁרֵי יוֹלַדְתּוֹ. רַבִּי יוֹסֵי הַכֹּהֵן - חָסִיד. רַבִּי שִׁמְעוֹן בֶּן נְתַנְאֵל - יְרֵא חֵטְא. וְרַבִּי אֶלְעָזָר בֶּן עֲרָךְ - מַעְיָן הַמִּתְגַּבֵּר. הוּא הָיָה אוֹמֵר: אִם יִהְיוּ כָּל חַכְמֵי יִשְׂרָאֵל בְּכַף מֹאזְנַיִם, וֶאֱלִיעֶזֶר בֶּן הוֹרְקְנוֹס בְּכַף שְׁנִיָּה - מַכְרִיעַ אֶת כֻּלָּם.

Rabbane Yo'hanane ben Zaccaï avait cinq élèves qui étaient : Rabbi Eliézer ben Horkénos, Rabbi Yéhochoua ben 'Hanania, Rabbi Yossé HaCohen, Rabbi Chim'one ben Nétanel, Rabbi Eléazar ben Ara'kh. Il détaillait ainsi leurs qualités respectives. Rabbi Eliézer ben Horkénos : une citerne bien cimentée dont aucune goutte ne s'échappe ; Rabbi Yéhochoua ben 'Hanania : heureuse celle qui l'a enfanté ; Rabbi Yossé HaCohen : le *'hassid* ; Rabbi Chim'one ben Nétanel : celui qui craint la faute ; et Rabbi Eléazar ben Ara'kh : telle une source toujours plus jaillissante. Il disait : « Si tous les Sages d'Israël se trouvaient sur le plateau d'une balance et qu'Eliézer ben Horkénos se trouvait sur l'autre plateau, il pèserait plus qu'eux. »

אַבָּא שָׁאוּל אוֹמֵר מִשְּׁמוֹ: אִם יִהְיוּ כָּל חַכְמֵי יִשְׂרָאֵל בְּכַף מֹאזְנַיִם, וְרַבִּי אֱלִיעֶזֶר בֶּן הוֹרְקְנוֹס אַף עִמָּהֶם, וְרַבִּי אֶלְעָזָר בֶּן עֲרָךְ בְּכַף שְׁנִיָּה - מַכְרִיעַ אֶת כֻּלָּם.

Abba Chaoul disait en son nom : « Si tous les Sages d'Israël se trouvaient sur un plateau d'une balance, y compris avec Eliézer ben Horkénos, et qu'Eléazar ben Ara'kh se trouvait sur l'autre plateau, il pèserait plus qu'eux. »

Après les précédentes michnayot *citant les enseignements de Hillel, cette* michna *reprend la chaîne de transmission, en évoquant d'abord les paroles de Rabbane Yo'hanane ben Zaccaï puis en décrivant les qualités spécifiques de ses disciples.*

Rabbane Yo'hanane ben Zaccaï[P] **reçut** [la Loi orale] **de Hillel et de Chammaï. Il avait coutume de dire : « Si tu as appris beaucoup de Torah**[E]**, ne t'en fais pas l'éloge** [même celui qui atteint un niveau élevé en matière de Torah ne doit pas attendre de reconnaissance particulière]**, car c'est dans ce but que tu as été créé**[E] [étudier la Torah n'a rien d'exceptionnel, c'est en principe le rôle et

ÉCLAIRAGES

[E]Si tu as appris beaucoup de Torah…
Certains ont souligné que cette recommandation de Rabbi Yo'hanane n'est pas le fruit du hasard. Lui-même avait énormément étudié, comme en témoigne le traité de *Avot dé-Rabbi Nathan* (chapitre 14, voir aussi le traité *Soucca* 28a, et le commentaire de Rachi) : « L'on a dit, à propos de Rabbi Yo'hanane ben Zaccaï qu'il n'avait rien négligé dans son étude, depuis les Écritures (soit toute la Bible), la Michna, la Guemara, les *halakhot*, les *aggadot*, les minuties de la Torah et celles apportées par les scribes jusqu'aux règles énoncées par les Sages, en bref rien de ce qui touche de près ou de loin à la Torah. Une autre version de la *michna* (reprise dans *Avot dé-Rabbi Nathan* et d'anciens écrits) s'énonce ainsi : « Si tu as *fait* beaucoup de Torah… ». La juxtaposition de ces deux versions sied parfaitement aux enseignements des deux maîtres de Rabbi Yo'hanane, Hillel et Chammaï qui préféraient louer l'action avant tout, et ont dénoncé ceux qui s'enorgueillissaient de l'étude de la Torah (*Mirkévet HaMichna*).

[E]Ne t'en fais pas l'éloge, car c'est dans ce but que tu as été créé
Selon le commentaire de Rachbats, cette sentence correspond parfaitement à Rabbi Yo'hanane qui, animé d'une grande modestie, l'a appliquée à lui-même, comme le traité *Bérakhot* (17*a*) en témoigne : « Aucun individu n'a jamais été le premier à le saluer, pas même un étranger au marché. »

Une autre traduction de ce passage (*Al ta'hzik tova léatsmékha*), au lieu de « Ne t'en fais pas l'éloge », peut-être, plus littéralement : « Ne garde pas le *bien* (*tova*) pour toi-même », le mot *tova* faisant allusion à la Torah (voir la *michna* 3 du chapitre 6 : « Et il n'y a de [véritable] bien que la Torah »). En d'autres termes, quiconque a beaucoup étudié la Torah ne doit pas garder exclusivement ses connaissances

PERSONNAGES

[P]Rabbane Yo'hanane ben Zaccaï
Rabbane Yo'hanane ben Zaccaï compte parmi les plus grandes personnalités de l'époque de la Michna et figure parmi ceux qui ont joué un rôle historique important. Il est le seul à avoir mérité le titre de Rabbane, sans être pour autant l'un des descendants de la maison de Hillel, car il fut un véritable dirigeant de l'ensemble du peuple d'Israël et, de fait, président du *Sanhédrin*. Bien qu'au sein de la chaîne de transmission, il soit présenté comme un disciple de Hillel et de Chammaï, il fut, essentiellement et de manière évidente, l'élève de Hillel, celui qui poursuivit sa voie.

Il demeura principalement à Jérusalem, pendant la période de la conquête romaine et de la destruction du Deuxième Temple. Selon la Tradition, il aurait vécu jusqu'à l'âge de 120 ans ; homme de commerce, il consacra néanmoins sa vie à l'étude de la Torah et à l'enseigner au plus grand nombre (traité *Roch Hachana* 31b). Son extrême érudition couvrait de larges sphères, depuis les détails pratiques de la Torah jusqu'à sa dimension ésotérique, mais aussi d'autres domaines de la science et de l'univers en général (voir aussi traité *Soucca* 28a).

Rabbi Yo'hanane considérait qu'il avait la responsabilité de préserver l'identité juive de la nation au présent comme à l'avenir. Avant la destruction du Temple de Jérusalem, il lutta farouchement afin que la tradition pharisienne l'emporte et, à ce titre, il combattit les Sadducéens, en les écartant de toute

la tâche de chaque Juif. Par conséquent, quiconque réussit dans ce domaine ne fait rien de plus qu'accomplir son devoir]. »

Rabbane Yo'hanane ben Zaccaï avait cinq élèves [ces éminents disciples non seulement reçurent l'enseignement de leur maître et poursuivirent dans sa voie mais ils lui furent apparemment aussi très proches, lui prêtant la main dans l'accomplissement de toutes ses activités]. **Il détaillait ainsi leurs qualités respectives** [et particulières à chacun d'entre eux]. **Rabbi Eliézer ben Horkénos : une citerne bien cimentée**[E] **dont aucune goutte ne se perd** [afin de conserver les eaux des puits incrustés dans des rochers et d'éviter qu'elles n'en fuient, il était d'usage d'enduire de chaux l'intérieur de

ÉCLAIRAGES

pour lui-même mais doit les partager avec autrui (*Lev Avot*).

A priori, même si l'étude de la Torah constitue une obligation pour tout un chacun, le fait de s'y consacrer devrait toutefois être digne de louange. C'est pourquoi, certains ont compris ainsi l'expression, « c'est dans ce but que tu as été créé » : si tu es capable d'apprendre beaucoup la Torah, ne te vante pas de ton talent, car c'est Dieu qui t'en a gratifié dès ta naissance (*Tiféret Israël, Midrach Chmouel*).

[E]Rabbi Eliézer ben Horkénos : une citerne bien cimentée

Le traité *Avot dé-Rabbi Nathan* utilise une image supplémentaire : un récipient scellé qui conserve parfaitement le vin à l'intérieur.

De fait, Rabbi Éliézer manifestait un tel amour pour la Torah qu'il n'oubliait strictement rien (*Tiféret Israël*). En outre, non content de ne rien oublier, il s'abstenait d'apporter un quelconque nouvel enseignement, comme l'atteste la *Tossefta* du traité

PERSONNAGES

fonction publique (voir par exemple *Tossefta Para* 3, 8).

Au temps de la Grande Révolte contre les Romains, il prôna la modération en s'opposant à ceux qui faisaient preuve d'un extrémisme zélé et en essayant de mettre fin au conflit au travers d'un compromis. Lorsqu'il sentit que la chute de Jérusalem aux mains des Romains était inéluctable, il parvint à s'enfuir de la ville assiégée (grâce à l'aide de ses deux disciples, Rabbi Éliézer et Rabbi Yéhochoua ainsi que du fils de sa sœur, Abba Sikra, le chef des rebelles extrémistes) et à rencontrer alors le général romain Vespasien, lui prophétisant qu'il deviendrait empereur. Ce dernier lui permit alors de développer le centre de Torah à Yavné (nommé *Kérem dé-Yavné*, soit la « Vigne de Yavné ») et d'y sauvegarder la chaîne de transmission de Rabbane Gamliel (traité *Guittin* 56 a, b). Les Sages de l'époque s'y réunissaient, y établirent le *Sanhédrin* et purent ainsi continuer à diriger le peuple même après la destruction du Temple de Jérusalem. C'est alors que Rabbi Yo'hanane institua un certain nombre de décrets afin de perpétuer le souvenir du *Beth Hamikdach* et de permettre un *ersatz* de vie religieuse même après sa destruction.

Lorsqu'il s'apprêta à quitter ce monde, ses élèves lui décernèrent le titre honorifique de « Lumière d'Israël, pilier droit, marteau puissant » (traité *Bérakhot* 28b). Et une *michna* du traité de *Sota* (9, 15) affirme qu'après la mort de Rabbi Yo'hanane ben Zaccaï, « la splendeur de la sagesse a disparu ».

Le tombeau de Rabbane Yo'hanane ben Zaccaï à Tibériade

ces puits. Rabbi Éliézer ressemblait à ces puits : en effet, grâce à sa mémoire extraordinaire, il s'était transformé en réceptacle idéal et exhaustif de la Torah d'Israël dans sa totalité] ; **Rabbi Yéhochoua ben 'Hanania : heureuse celle qui l'a enfanté**[E] [c'est ici l'extrême sagesse de Rabbi Yéhochoua dans tous les domaines qui se trouve soulignée] ; **Rabbi Yossé HaCohen : le *'hassid*** [le terme *'hassid* désigne une personne qui agit au-delà de ce que la stricte loi requiert] ; **Rabbi Chim'one ben Nétanel : celui qui craint la faute**[E] [non seulement s'abstient-t-il de fauter, mais il se conduit avec une prudence hors du commun afin de s'éloigner de tout risque de transgression d'un commandement] ; **et Rabbi Eléazar ben Ara'kh : telle une source toujours plus**

ÉCLAIRAGES

Yévamot (3, 1) : « Rabbi Éliézer n'a jamais rien dit qu'il n'ait entendu de ses maîtres » (Rabbi Mattityahou Hayitshari).

Une citerne blanchie à la chaux (Massada)

[E]Rabbi Yéhochoua ben 'Hanania : heureuse celle qui l'a enfanté

Non seulement la sagesse de Rabbi Yéhochoua (par ailleurs reconnue par les autorités royales) touchait-elle à tous les domaines, qu'ils soient de la Torah ou profanes (Rachi, traités *Ta'anit* 7a, *Békhorot* 8b), mais il témoignait d'éminentes qualités, comme le remarque Rambam. Rabbi Yossef Élaskar note que la sagesse d'un enfant est particulièrement de nature à réjouir ses parents, comme le confirme un autre verset des Proverbes (23, 24-25) : « Le père d'un juste est au comble de la joie ; qui a donné naissance à un sage est heureux. Que ton père et ta mère se réjouissent donc ; qu'elle jubile, celle qui t'a enfanté ! ».

Beaucoup de commentateurs soulignent d'autre part (voir le Talmud de Jérusalem *Yévamot* 1, 6), que la mère de Rabbi Yéhochoua avait l'habitude de l'emmener à la maison d'études alors qu'il était tout jeune enfant afin de l'accoutumer à entendre des paroles de Torah.

Le *Midrach Chmouel*, quant à lui, relie ce bonheur maternel au fait que Rabbi Yéhochoua appliquait avec un grand scrupule la *mitsva* d'honorer ses parents.

Le tombeau de Rabbi Yéhochoua ben 'Hanania

[E]Rabbi Yossé HaCohen : le *'hassid* ; Rabbi Chim'one ben Nétanel : celui qui craint la faute

Le traité *Avot dé-Rabbi Nathan* (14) va encore plus loin en qualifiant Rabbi Yossé HaCohen de « *'hassid* de la génération », tant il faisait tout pour s'éloigner de la moindre faute (Rachbats). Dans un esprit semblable, Rabbi Chim'one ben Nétanel, craignant la faute elle-même, était connu pour établir toutes sortes de barrières supplémentaires, non pas par peur du châtiment, mais afin d'être sûr de ne pas enfreindre les commandements divins (*Tiféret Israël*).

jaillissante[E] [il ne cessait d'apporter de nouveaux enseignements, de sorte que cette louange se rapporte à son originalité et à sa créativité].

[Poursuivant l'éloge de ses élèves, Rabbi Yo'hanane ben Zaccaï avait coutume d'affirmer:] « **Si tous les Sages d'Israël se trouvaient sur le plateau d'une balance et qu'Eliézer ben Horkénos se trouvait sur l'autre plateau, il pèserait plus qu'eux** [Rabbi Yo'hanane considérait Rabbi Éliézer comme l'un des plus grands Sages d'Israël de par sa connaissance de la Torah et sa sainte conduite]. » **Abba Chaoul**[P] **disait en son nom**[E] [apportant une version

ÉCLAIRAGES

[E]Et Rabbi Eléazar ben Ara'kh : telle une source toujours plus jaillissante

Dans le traité *Avot dé-Rabbi Nathan* (14), Rabbi Yo'hanane ben Zaccaï compare Rabbi Éléazar « à un fleuve écumant et à une source toujours plus jaillissante dont les eaux débordent et se répandent à l'extérieur », permettant d'accomplir les paroles du verset (Proverbes 5, 16) : « Que tes sources se répandent au-dehors, que tes cours d'eau arrosent les places publiques. ». Ce même traité rapporte par ailleurs que lorsque Rabbi Yo'hanane perdit son fils, aucun de ses élèves n'a su trouver les mots pour le consoler, à l'exception de Rabbi Eléazar ben Ara'kh.

La rivière 'Hermon (Banyas), telle une source toujours plus jaillissante

[E]Abba Chaoul disait en son nom…

Selon le commentaire de Rachbats, la différence entre les deux versions de la *michna* quant à la qualité primordiale requise pour l'étude de la Torah tient à un dilemme : que vaut-il mieux, la faculté de renouveler des enseignements, la créativité, ou bien une mémoire hors du commun ? Une question semblable figure dans le Talmud (traité *Bérakhot* 64b) qui évoque deux sortes de talents, celui de *Sinaï*, pour désigner un Sage connaissant parfaitement la Torah ou de *Óker Harim*, soit un Sage capable de « soulever des montagnes », doté d'une intelligence pénétrante et d'une méticulosité.

Selon Barténora, il ne s'agit cependant pas d'une divergence d'opinions mais la question est de savoir lequel l'emportait en termes de connaissance de la Torah (Rabbi Éliézer) et lequel prenait le dessus en termes de sagacité (Rabbi Éléazar).

Le commentaire de *Lev Avot* précise néanmoins que Rabbi Yo'hanane procédait à la louange de Rabbi Éliézer en public quant à sa connaissance de la Torah, tandis qu'Abba Chaoul signalait, en privé, que Rabbi Éléazar le surpassait quant au renouveau et à la créativité de son enseignement.

PERSONNAGES

[P]Abba Chaoul

Le terme de « Abba » est un titre honorifique octroyé aux premiers Sages du Talmud, notamment ceux connus pour leur piété exemplaire. On trouve nombre de lois et de récits attribués à Abba Chaoul dans la Michna et la Guemara. Cependant, l'on ne sait pratiquement rien sur sa vie au point que les opinions divergent quant à la génération à laquelle il appartint. Certains considèrent qu'il vécut à la fin de l'époque du Temple de Jérusalem, sur la base d'un *midrach* qui mentionne qu'il était plus âgé que Rabbi Tarfone (*Bamidbar Rabba* 9, 24), alors que

◂

différente de la citation précédente] : « **Si tous les Sages d'Israël se trouvaient sur un plateau d'une balance, y compris avec Eliézer ben Horkénos, et qu'Eléazar ben Ara'kh se trouvait sur l'autre plateau, il pèserait plus qu'eux** [car Eléazar ben Ara'kh était capable quant à lui d'apporter un renouveau dans les enseignements de la Torah]. »

MICHNA 9

אָמַר לָהֶם: צְאוּ וּרְאוּ, אֵיזוֹהִי דֶּרֶךְ יְשָׁרָה שֶׁיִּדְבַּק בָּהּ הָאָדָם. רַבִּי אֱלִיעֶזֶר אוֹמֵר: עַיִן טוֹבָה. רַבִּי יְהוֹשֻׁעַ אוֹמֵר: חָבֵר טוֹב. רַבִּי יוֹסֵי אוֹמֵר: שָׁכֵן טוֹב. רַבִּי שִׁמְעוֹן אוֹמֵר: הָרוֹאֶה אֶת הַנּוֹלָד. רַבִּי אֶלְעָזָר אוֹמֵר: לֵב טוֹב. אָמַר לָהֶם: רוֹאֶה אֲנִי אֶת דִּבְרֵי אֶלְעָזָר בֶּן עֲרָךְ מִדִּבְרֵיכֶם, שֶׁבִּכְלָל דְּבָרָיו דִּבְרֵיכֶם.

Il leur dit : « Sortez et regardez le bon chemin auquel l'homme doit s'attacher. » Rabbi Eliézer dit : « un bon œil. » Rabbi Yéhochoua dit : « un bon ami. » Rabbi Yossé dit : « un bon voisin. » Rabbi Chim'one dit : « prévoir les conséquences de ses actes. » Rabbi Eléazar dit : « un bon cœur. » Il leur dit : « Les paroles d'Eléazar ben Arakh m'apparaissent préférables aux vôtres, car les vôtres sont incluses dans les siennes. »

אָמַר לָהֶם: צְאוּ וּרְאוּ, אֵיזוֹהִי דֶּרֶךְ רָעָה שֶׁיִּתְרַחֵק מִמֶּנָּה הָאָדָם. רַבִּי אֱלִיעֶזֶר אוֹמֵר: עַיִן רָעָה. רַבִּי יְהוֹשֻׁעַ אוֹמֵר: חָבֵר רָע. רַבִּי יוֹסֵי אוֹמֵר: שָׁכֵן רָע. רַבִּי שִׁמְעוֹן אוֹמֵר: הַלֹּוֶה וְאֵינוֹ מְשַׁלֵּם. אֶחָד הַלֹּוֶה מִן הָאָדָם, כְּלֹוֶה מִן הַמָּקוֹם בָּרוּךְ הוּא, שֶׁנֶּאֱמַר: "לֹוֶה

Il leur dit : « Sortez et regardez le mauvais chemin dont l'homme doit s'éloigner. » Rabbi Eliézer dit : « un mauvais œil. » Rabbi Yéhochoua dit : « un mauvais compagnon. » Rabbi Yossé dit : « un mauvais voisin. » Rabbi Chim'one dit : « c'est celui qui emprunte et ne restitue pas. Emprunter à l'homme équivaut à

PERSONNAGES

d'autres supposent qu'il était plus jeune que Rabbi Akiva (contemporain de Rabbi Tarfone) dont il cite les lois (*Tossefta Sanhédrin* 12, 10). Il traita, entre autres, des sacrifices et c'est lui qui institua de réciter, avant la prière, des passages de la Torah et du Talmud les concernant (traité *Yoma* 33a). Comme dans notre *michna*, il arrive souvent qu'Abba Chaoul rapporte d'autres versions, si bien qu'il est permis de supposer que Rabbi Yéhouda *hanassi* disposait, au moment où il rédigea la Michna, d'un recueil intitulé « la Michna d'Abba Chaoul ».

רָשָׁע וְלֹא יְשַׁלֵּם, וְצַדִּיק חוֹנֵן וְנוֹתֵן". רַבִּי אֶלְעָזָר אוֹמֵר: לֵב רָע. אָמַר לָהֶם: רוֹאֶה אֲנִי אֶת דִּבְרֵי אֶלְעָזָר בֶּן עֲרָךְ מִדִּבְרֵיכֶם, שֶׁבִּכְלָל דְּבָרָיו דִּבְרֵיכֶם.

emprunter à Dieu, car il est dit : "L'impie emprunte et ne restitue pas, mais le juste agit avec bonté et donne" ». Rabbi Eléazar dit : « un mauvais cœur. » Il leur dit : « Les paroles d'Eléazar ben Arakh m'apparaissent préférables aux vôtres, car les vôtres sont incluses dans les siennes. »

Cette michna *présente d'autres paroles de Rabbi Yo'hanane ben Zaccaï au travers desquelles il encourage ses élèves à découvrir la vérité et à emprunter le chemin de vie lui correspondant. Rabbi Yo'hanane dévoile ainsi le cheminement de pensée de chacun d'entre eux et son caractère particulier.*

Il [Rabbi Yo'hanane ben Zaccaï] **leur dit** [s'adressant à ses cinq élèves] : « **Sortez et regardez**[E] [réfléchissez afin de juger quel est] **le bon chemin auquel l'homme doit s'attacher**[E] [que chacun tâche d'identifier le point de départ fondamental à partir duquel un individu peut mettre en avant ses meilleurs traits de caractère et les mettre au service de sa conduite] ». **Rabbi Eliézer** [ben Horkénos] **dit : « un bon œil**[E] [c'est-à-dire poser un regard positif sur les

ÉCLAIRAGES

[E]Sortez et regardez

Cette formulation signifie que les élèves se voient demander par leur maître de s'extraire des sujets qu'ils étudiaient pour traiter du problème particulier qu'il leur soumet. Il se peut aussi qu'il leur fallût sortir de la maison d'études afin d'observer le comportement des personnes au-dehors et ainsi identifier le bon chemin auquel l'homme doit s'attacher (voir le Maharal de Prague). Ou encore durent-ils aller au-devant des problèmes intéressant le commun des mortels et non seulement les Sages (voir en particulier le *Midrach Chmouel*). Une tout autre interprétation veut que Rabbi Yo'hanane demande à ses disciples de se défaire de toute contrainte physique afin de pouvoir se plonger dans une réflexion purement intellectuelle (*Mirkévet Michna*).

[E]Le bon chemin auquel l'homme doit s'attacher

Dans la première *michna* de ce chapitre (au nom de Rabbi Yéhouda *hanassi* qui vécut une génération plus tard), on trouve une expression légèrement différente : « Quelle est la voie de rectitude que l'homme doit adopter ? ». Certains ont compris que Rabbi Yéhouda évoque un choix exclusif en optant pour « la voie de rectitude » et en repoussant toutes les autres qui lui seraient contraires. Rabbi Yo'hanane, quant à lui, recommande de s'attacher tout particulièrement à un certain chemin, même s'il en existe d'autres qui sont tout aussi bons (Rachbats).

Dans la première *michna* de ce chapitre, Rabbi Yéhouda *hanassi* conseille d'agir de manière harmonieuse quel que soit le chemin adopté, alors que dans notre *michna*, il se réfère ici à une voie particulière (*Tossefot Yom Tov*).

[E]Un bon œil

Avoir un bon œil, dans le sens de jeter un regard positif sur l'existence et les gens qui nous entourent, va de pair avec la *michna* 6 du chapitre 1 recommandant de « juger chaque individu avec mansuétude ».

Selon un autre commentaire, il s'agit ici de se

◄

gens et sur tout en général]. » **Rabbi Yéhochoua** [ben 'Hanania] **dit : « un bon ami**[E] [en premier lieu, il importe de se trouver un bon ami qui puisse nous soutenir et nous encourager à marcher dans la bonne voie]. » **Rabbi Yossé** [HaCohen] **dit : « un bon voisin**[E] [c'est que l'impact du voisinage peut être particulièrement déterminant sur le plan social]. » **Rabbi Chim'one** [ben Nétanel] **dit : « prévoir les conséquences de ses actes**[E] [réfléchir aux conséquences de nos actions à long terme permet de maîtriser les tentations ou les réactions impulsives et d'adopter un bon chemin]. » **Rabbi Eléazar** [ben Arakh] **dit : « un bon cœur**[E] [aucun facteur externe ne pourra résoudre les problèmes de manière suffisante ; chacun devrait pouvoir écouter son for intérieur, son propre cœur afin de se changer lui-même et de s'identifier au bien. D'où l'importance d'un bon cœur]. » **Il** [Rabbi Yo'hanane] **leur dit : « Les paroles d'Eléazar ben Arakh m'apparaissent préférables aux vôtres,**

ÉCLAIRAGES

satisfaire de ce que l'on possède et de ne pas envier la réussite d'autrui (Barténora), à l'opposé du mauvais œil mentionné dans un verset des Proverbes (28, 22) : « L'homme envieux (littéralement : au mauvais œil) court après la fortune… », en ce sens qu'il ne se suffit pas de ce qu'il détient et, qui plus est, se lamente du succès de son prochain.

Enfin avoir un bon œil peut aussi signifier « avoir bon cœur » et se montrer généreux envers les autres, à l'instar d'un autre verset des Proverbes (22, 9) : « Celui qui a *bon œil* sera béni, car il partage son pain avec le pauvre » (Rachbats).

[E]Un bon ami

Un bon ami, qui saisit les choses de l'extérieur, permet d'éviter de commettre des erreurs suite à un jugement personnel erroné (Rachbats).

Selon le commentaire de *Lé'hem Yéhouda*, chacun, au contraire, doit devenir le bon ami de son prochain, manifestant ainsi un bon esprit à l'égard des autres créatures, ce qui le conduit à acquérir de bonnes qualités.

Certains enfin y perçoivent une allusion à la recommandation de trouver une bonne épouse… (*Notser 'Hessed*).

[E]Un bon voisin

Selon certains commentateurs, un bon voisin, qui est en mesure de nous observer et de nous influencer à chaque instant (Rachi), vaudrait mieux qu'un bon ami. D'autre part, le choix d'un bon voisin signifie aussi celui d'un bon environnement social dans lequel évoluer et vivre sa vie. Notons que, selon la version d'*Avot dé-Rabbi Nathan* (14), Rabbi Yossé associe à la nécessité d'avoir un bon voisin, celle d'avoir un bon penchant et une bonne épouse.

[E]Prévoir les conséquences de ses actes

Il ne s'agit pas ici d'une faculté intellectuelle particulière mais plutôt d'un mode de vie dans lequel l'on prête attention aux conséquences que provoquent nos actions (Rambam). Ainsi, selon Rabbi Chim'one ben Nétanel, les obstacles que nous rencontrons dans notre démarche spirituelle proviennent de diverses tentations immédiates ; en veillant à ne pas se laisser détourner par ces dernières, nous nous assurons de choisir la bonne voie.

[E]Un bon cœur

Selon la version d'*Avot dé-Rabbi Nathan*, Rabbi Éléazar précise : « Un bon cœur à l'égard du Ciel et un bon cœur à l'égard des créatures », en d'autres termes, que l'on devrait s'efforcer de bien agir, que ce soit dans nos rapports à Dieu ou par le biais d'actes de bienveillance au sein de notre entourage.

Rabbi Yossef Élaskar avance un tout autre commentaire : l'appel à un bon cœur ferait plutôt allusion au pouvoir de l'intellect et à l'effort de réflexion nécessaire afin d'assimiler les paroles de sagesse ; n'est-ce d'ailleurs point-là la qualité de Rabbi Éléazar rapportée dans la *michna* précédente : une source toujours plus jaillissante ?

car les vôtres sont incluses dans les siennes [Rabbi Yo'hanane privilégie un bon cœur, l'introspection et l'effort à atteindre la plénitude de son être. Il ne repousse pas les autres avis mais il considère que quiconque parvient à avoir un bon cœur choisira bien évidemment un bon ami, un bon voisin et adoptera tous les conseils énoncés par les autres élèves]. »

Il [Rabbi Yo'hanane ben Zaccaï] **leur dit : « Sortez et regardez le mauvais chemin dont l'homme doit s'éloigner**[E] [cette fois, il demande à chacun de ses élèves de déterminer quel est le point de départ fondamental qui peut entraîner un être à se dégrader personnellement dans tous les domaines]. » **Rabbi Eliézer dit : « un mauvais œil** [autrement dit, un regard négatif sur les gens et sur les événements, en cherchant le mal partout]. » **Rabbi Yéhochoua dit : « un mauvais compagnon. » Rabbi Yossé dit : « un mauvais voisin. » Rabbi Chim'one dit : « c'est celui qui emprunte et ne restitue pas**[E] [ici aussi, l'on retrouve une formulation négative de son précédent conseil (« prévoir les conséquences de ses actes ») : celui qui emprunte sans savoir à l'avance comment rembourser sa dette plus tard, ne pense pas non plus aux conséquences, à savoir qu'il lui sera dès lors interdit d'emprunter à quiconque. Il affiche de plus une attitude ingrate]. » **Emprunter à l'homme équivaut à emprunter à Dieu** [tout comme dans le cas d'un emprunt auprès d'un être humain, quiconque bénéficie de faveurs divines se doit de Lui rendre la pareille en se servant de ce qu'il a reçu des mains de Dieu en Son honneur et en accord avec Ses exigences], **car il est dit** [ce verset (Psaumes 37, 21) décrit la différence entre un *tsaddik*, un juste, et un *rach'a*, un impie] : « **L'impie emprunte et ne restitue pas** [il ne

ÉCLAIRAGES

[E]Sortez et regardez le mauvais chemin dont l'homme doit s'éloigner

A priori, le mauvais chemin devrait simplement se situer à l'opposé du bon chemin ; or il se peut que certaines des réponses déterminant le bon chemin, tout en témoignant d'un comportement louable, aillent au-delà de ce que l'on peut attendre du commun des mortels. De même pourrait-il y avoir un chemin médian entre le bon et le mauvais œil. C'est pourquoi Rabbi Yo'hanane demande à ses élèves de définir aussi le mauvais chemin dont chacun devrait se distancer. Néanmoins, chacun des élèves finit par donner une réponse constituant l'antithèse de celle qu'il a délivrée pour la bonne voie.

[E]Celui qui emprunte et ne restitue pas

Une telle attitude se présente aussi en contraste avec celle qui consiste à « prévoir les conséquences de ses actes » : en effet, celui qui emprunte et ne veille pas à rembourser sa dette voit avant tout son intérêt immédiat à profiter du prêt sans se soucier de la suite à donner ni de la manière dont il pourra rembourser sa dette. De plus, il ignore la conséquence inévitable : la prochaine fois, tout prêt lui sera refusé (Rambam) et il ne recevra plus aucune aide quelle qu'elle soit (Rabbi Mattityahou Hayitshari). En outre, il est d'autant plus malfaisant qu'il cause un dommage à la personne qui lui avait accordé une faveur en lui avançant de l'argent (Maharal de Prague).

Rabbi Chim'one ben Nétanel, quant à lui, n'a pas formulé ce défaut comme « ne pas prévoir la conséquence de ses actes » car il se peut que certains parviennent à s'arranger et à gérer leur vie sans pourtant voir à l'avance le résultat auquel conduisent leurs actions.

pense qu'à une seule chose, prendre des autres à des fins de besoins personnels et de jouissances instantanées sans éprouver la moindre responsabilité vis-à-vis de ces tiers], **mais le juste agit avec bonté et donne**[E] [lui a une parfaite conscience que tout ce qu'il a reçu vient du Ciel et c'est pourquoi il donne aux autres ce qui lui appartient et par là rembourse sa dette envers Dieu] **.** » **Rabbi Eléazar dit** [reprenant là aussi l'idée que le cœur est à la source des bonnes ou mauvaises qualités] **: « un mauvais cœur. » Il** [Rabbi Yo'hanane ben Zaccaï] **leur dit** [en privilégiant là aussi l'avis de Rabbi Eléazar] **: « Les paroles d'Eléazar ben Ara'kh m'apparaissent préférables aux vôtres** [pour la même raison que précédemment] **: car les vôtres sont incluses dans les siennes**[E] [un défaut du cœur, en notre for intérieur, conduit à un mauvais œil, au choix de mauvais amis et de voisins douteux, à une attitude irresponsable et ingrate ainsi qu'à l'incapacité de prévoir le lendemain]. »

MICHNA 10

הֵם אָמְרוּ שְׁלֹשָׁה דְבָרִים. רַבִּי אֱלִיעֶזֶר אוֹמֵר: יְהִי כְבוֹד חֲבֵרְךָ חָבִיב עָלֶיךָ כְּשֶׁלָּךְ, וְאַל תְּהִי נוֹחַ

Ils énoncèrent trois affirmations. Rabbi Eliézer dit : « Que l'honneur de ton camarade te soit aussi cher que le tien, ne sois pas prompt à la colère et repens-toi

ÉCLAIRAGES

[E]Emprunter à l'homme équivaut à emprunter à Dieu car il est dit : « L'impie emprunte et ne restitue pas, mais le juste agit avec bonté et donne. »
Selon Rachi, le juste dont il est question dans ce verset des Psaumes n'est autre que Dieu lui-même. Ainsi, lorsque quelqu'un emprunte sans rembourser, c'est comme s'il se faisait prêter de l'argent par le Saint Béni soit-Il qui, selon ce même verset, rend au prêteur ce que l'on ne lui a pas restitué. Et même si parfois le tribunal rabbinique peut exempter un pauvre de rembourser sa dette, sachant qu'il est dépourvu de moyens, il n'en demeure pas moins que ce dernier est considéré comme un *rach'a* et devra rendre des comptes au Ciel (Rachbats, voir aussi *Mirkévet HaMichna*).

De manière plus générale, tout ce qui est sur terre appartient à Dieu comme le précise un verset des Psaumes (24, 1) : « À l'Éternel appartient la terre et ce qu'elle renferme, le globe et ceux qui l'habitent. » Par conséquent, tout ce dont l'homme profite en ce monde constitue en quelque sorte un prêt que Dieu lui accorde, et ce, afin qu'il l'utilise de façon appropriée. Les impies ne rendent jamais un tel « prêt » alors que les justes le restituent en bonnes actions au-delà même de ce qui est demandé (*Tiféret Israël*, voir aussi la *michna* 16 du chapitre 3 qui y fait allusion).

[E]Il [Rabbi Yo'hanane ben Zaccaï] leur dit : « Les paroles d'Eléazar ben Ara'kh m'apparaissent préférables aux vôtres : car les vôtres sont incluses dans les siennes. »
Il est possible que Rabbi Yo'hanane aille dans le sens des paroles d'Abba Chaoul dans la *michna* précédente qui considérait que Rabbi Éléazar était le plus grand de tous ses disciples.

לִכְעֹס. וְשׁוּב יוֹם אֶחָד לִפְנֵי מִיתָתְךָ.
וֶהֱוֵי מִתְחַמֵּם כְּנֶגֶד אוּרָן שֶׁל חֲכָמִים.
וֶהֱוֵי זָהִיר בְּגַחַלְתָּן שֶׁלֹּא תִכָּוֶה,
שֶׁנְּשִׁיכָתָן נְשִׁיכַת שׁוּעָל, וַעֲקִיצָתָן
עֲקִיצַת עַקְרָב, וּלְחִישָׁתָן לְחִישַׁת
שָׂרָף, וְכָל דִּבְרֵיהֶם כְּגַחֲלֵי אֵשׁ.

un jour avant ta mort. Réchauffe-toi au foyer des Sages et prends garde à leurs braises, de peur de te brûler, car leur morsure est celle du renard, leur piqûre est celle du scorpion, leur murmure est celui du serpent (venimeux) et toutes leurs paroles sont autant de charbons ardents. »

Cette michna *et les quatre suivantes citent les paroles transmises par chacun des élèves de Rabbi Yo'hanane ben Zaccaï, chacune comptant trois affirmations prodiguant des conseils d'éthique.*

Ils énoncèrent trois affirmations[E]**. Rabbi Eliézer**[P] [ben Hourkenos] **dit : « Que l'honneur de ton camarade te soit aussi cher que le tien**[E] [veille, au minimum, à respecter ton prochain au moins de la même manière que tu te

ÉCLAIRAGES

[E]Ils énoncèrent trois affirmations
En vérité, la *michna* rapporte plus que trois affirmations au nom de Rabbi Éliézer. Selon le traité de *Avot dé-Rabbi Nathan*, il semble que les trois premières soient bien le fait de Rabbi Éliézer et que les autres aient été ajoutées en son nom, mais qu'il les ait entendues de Rabbi Yéhouda, le fils de Rabbi Ilaï.

Selon Rachi, il est possible de compter « Que l'honneur de ton prochain te soit aussi cher que le tien » et « Ne sois pas prompt à la colère » comme une seule parole, en considérant que les deux conseils sont liés l'un à l'autre : celui qui contient sa colère saura aussi respecter son prochain. De même, est-il possible de regrouper en une seule les deux recommandations : « Réchauffe-toi au foyer des Sages » et « Prends garde à leurs braises ».

[E]Que l'honneur de ton camarade te soit aussi cher que le tien
Certains interprètent cette affirmation de la manière suivante : « Lorsque ton prochain se voit accorder un honneur, que ce soit à tes yeux comme si Dieu lui-même te l'avait pareillement décerné » (*Notser 'Hessed*). Par ailleurs, il convient de prendre la défense de son prochain offensé, comme s'il s'agissait de notre propre personne (*Midrach Chmouel*). Selon

PERSONNAGES

[P]Rabbi Éliézer
Rabbi Éliézer ben Hourkenos avait été surnommé dès son jeune âge « Rabbi Éliézer *hagadol* (le grand) ». Âgé de vingt ans, extrêmement indigent, il quitta sa maison pour aller étudier la Torah avec Rabbi Yo'hanane ben Zaccaï. Sa persévérance, son assiduité autant que ses facultés spéciales de compréhension et de mémoire phénoménale lui valent d'être reconnu comme l'un des grands Sages d'Israël. Il prit pour épouse la sœur de Rabbane Gamliel de Yavné, Ima-Chalom. Réputé pour ne jamais dire quelque chose qu'il n'aurait pas entendu de ses maîtres et outre son érudition particulière en Torah, y compris dans sa dimension ésotérique, il était aussi considéré comme un saint homme. C'est à lui qu'on attribue le Midrach *Pirké dé-Rabbi Éliézer*.

Bien qu'il eût été proche de Rabbi Yo'hanane ben Zaccaï, il épousa plutôt la tendance de l'école de Chammaï, au point qu'on le surnommait parfois « Chammoti ». C'est d'ailleurs ce qui lui valut d'être en opposition avec de nombreux Sages de sa génération. Lorsqu'il refusa d'accepter la majorité des opinions, les Sages n'eurent d'autre choix que de le bannir. Son disciple le plus célèbre fut Rabbi Akiva.

◄

respectes toi-même], **ne sois pas prompt à la colère**[E] [tout éclat de colère doit être retenu et ne peut être qu'exception] **et repens-toi un jour avant ta mort**[E] [en vérité, « un jour avant ta mort » représente l'ultime chance… Or, comme personne ne connaît le jour de sa mort, il s'agit donc bien de se repentir chaque jour, de peur que l'on soit à la veille de quitter ce monde]. »

Rabbi Éliézer prodigue également d'autres conseils quant à la relation aux Sages.

Réchauffe-toi au foyer des Sages[E] [tout comme l'on se rapproche d'un feu pour se réchauffer, il y a lieu de se rapprocher des Sages afin de jouir de leur enseignement ; il ne faut pas néanmoins oublier que cela peut être dangereux, aussi bien :] **et prends garde à leurs braises de peur de te brûler** [les Sages sont comparés à du feu et il importe donc de garder une certaine distance par rapport à eux en évitant de les offenser. Dès lors, Rabbi Éliézer émet des avertissements], **car leur morsure est celle du renard** [la conséquence s'apparente à une morsure de renard qui, même si elle n'est pas ressentie au début, devient de plus en plus douloureuse avec le temps], **leur piqûre est celle du scorpion** [les effets d'une telle piqûre empirent également au fur et à mesure du temps],

ÉCLAIRAGES

une autre version de la *michna* (Meïri, *Tossefot Yom Tov*), cette même recommandation s'adresserait à un enseignant à l'égard de son élève.

[E]Ne sois pas prompt à la colère

Même une personne qui serait de nature colérique doit s'efforcer de garder son calme et en tout cas de ne pas se précipiter à manifester son irritation. Ce conseil qui fait écho à un verset de l'Ecclésiaste (7, 9) : « Ne cède pas trop vite à ton humeur irascible, car la colère est à demeure au sein des fous » reste tout aussi valide lorsque nous avons de bonnes raisons de nous mettre en colère, sauf dans des cas très particuliers où cela serait permis (Rabbénou Yona).

Enfin, certains voient dans cette recommandation une suite logique de la précédente : ne risque-t-on pas de se montrer plus facilement irascible à l'égard d'un proche (Yaavets), et selon la version précédemment mentionnée, à l'égard de son élève ?

[E]Repens-toi un jour avant ta mort

L'on perçoit ici deux aspects : en premier lieu, le fait d'avoir chaque jour en tête que le jour de notre mort pourrait très bien être imminent, d'où la nécessité d'agir vite pour s'y préparer comme il se doit. C'est ainsi qu'il faut saisir ce dialogue rapporté dans *Avot dé-Rabbi Nathan* : « Les élèves de Rabbi Eliézer l'interrogèrent : "Est-il donc possible qu'un individu connaisse le jour de sa mort pour qu'il se repente la veille ?" Ce à quoi Rabbi Éliézer répondit : "À plus forte raison ! Qu'il se repente donc aujourd'hui même, de peur qu'il ne meure demain ! Et qu'il se repente aussi demain, de peur qu'il ne meure après-demain ! Et ainsi de suite, c'est pourquoi il convient de se repentir chaque jour de sa vie !" » Le traité *Chabbat* (153a) ajoute à ce propos une référence au verset de l'Ecclésiaste (9, 8) : « Qu'en tout temps tes vêtements soient blancs, et que l'huile ne cesse de parfumer ta tête. »

Le deuxième aspect lié à cette recommandation souligne cependant qu'une *téchouva*, un repentir sincère, fût-ce la veille de sa mort, possède de la valeur (Yaavets).

[E]Réchauffe-toi au foyer des Sages

D'autre sources comparent les Sages au feu, sur la base d'un verset de Jérémie (23, 29) : « Est-ce que ma parole ne ressemble pas au feu, dit l'Éternel ? » en déduisant que « le corps entier des Sages se confond avec du feu » (traité *'Haguiga* 27a, Rachbats).

◄

leur murmure est celui du serpent venimeux[E C] [les Sages qui parlent à voix basse en exprimant leur colère rappellent la morsure (des plus dangereuses) d'un serpent venimeux] **et** [de manière générale] **toutes leurs paroles sont comme des charbons ardents**[E] [si, d'un côté, on y trouve flamme et chaleur, de l'autre, mieux vaut redoubler de prudence dans notre attitude envers eux]. »

ÉCLAIRAGES

[E]Leur murmure est celui du serpent venimeux

Certains ont remarqué que le serpent venimeux, tout particulièrement, ne peut être apaisé, à l'inverse des autres serpents, ce à quoi se réfèrent deux versets des Psaumes (58, 5-6): « Ils ont du venin pareil au venin du serpent, de l'aspic sourd qui se bouche l'oreille, qui n'entend pas la voix des charmeurs, des magiciens les plus experts. » Il en serait de même vis-à-vis d'un Sage que l'on aurait offensé et mis en colère, il deviendrait impossible de l'apaiser (Rambam) et sa « morsure » provoquerait une mort immédiate (*Tiféret Israël*). D'aucuns ajoutent qu'un serpent venimeux pourrait être mortel même à distance, tel serait aussi le pouvoir et la force des Sages (*Mirkévet HaMichna*).

[E]Toutes leurs paroles sont comme des charbons ardents.

Selon Rachi, « toutes leurs paroles », y compris celles qui paraissent anodines, ressemblent à des charbons ardents ; par conséquent, il y a lieu d'y montrer la plus grande attention. Sachant par ailleurs que les brûlures de charbons ardents sont plus graves que celles provoquées par une flamme (Rachbats)...

D'autres commentateurs poursuivent l'image des charbons ardents qui, même enterrés, peuvent provoquer une brûlure : aussi bien doit-on veiller à ne pas attenter à l'honneur des Sages même après leur mort (*Mirkévet HaMichna*, Maharal de Prague).

Charbons ardents

CONTEXTE

[C]La morsure du renard, la piqûre du scorpion, le murmure du serpent venimeux

Une morsure de renard, selon ce qu'on a pu expliquer, possédait alors un caractère indiscutable en raison de la courbure de ses dents ; aussi bien, pour traiter les blessures causées par sa morsure, fallait-il effectuer une large incision. Par ailleurs, le grand écartement entre ses dents exigeait de traiter séparément chaque lésion. Les dents du renard que nous connaissons ne sont pas, aujourd'hui, très différentes de celles d'un chien.

Le renard le plus courant (*Canis aureus*) fait figure dans de nombreuses cultures, depuis l'Antiquité, de symbole d'intelligence et de ruse. Cela est dû à plusieurs facteurs : son habileté à échapper aux chasseurs, sa capacité à faire le mort pour ensuite attaquer sa proie, la grande variété des endroits où il se terre et son riche régime alimentaire. Son intelligence réputée pourrait être à l'origine de la métaphore utilisée par Rabbi Éliézer lorsqu'il nous avertit de la punition infligée par les Sages, difficile à éviter, à l'instar de l'attaque du renard. Il en va de même pour la piqûre d'un scorpion comptant parmi les trois choses mentionnées dans le Talmud (Sanhedrin 97a) qui surviennent lorsque l'on ne s'y attend pas. Quant au serpent, la Bible (Genèse 3, 1) le décrit également comme un animal rusé et même sophistiqué (voir le chapitre « L'arbre de la connaissance » dans le livre *Laisse mon peuple savoir* du même auteur) : « Le serpent était rusé, plus qu'aucun des animaux terrestres qu'avait faits l'Éternel-Dieu. » Ce dernier est à même de surmonter les obstacles se

◄

MICHNA 11

רַבִּי יְהוֹשֻׁעַ אוֹמֵר: עַיִן הָרָע, וְיֵצֶר הָרָע, וְשִׂנְאַת הַבְּרִיּוֹת, מוֹצִיאִין אֶת הָאָדָם מִן הָעוֹלָם.

Rabbi Yéhochoua dit : « Le mauvais œil, le mauvais penchant et la haine des créatures excluent l'individu du monde. »

Rabbi Yéhochoua[P] [ben 'Hanina] **dit** [lui aussi énonce ici trois conseils de prudence qui, bien qu'ils soient résumés dans une seule phrase, doivent être

CONTEXTE

dressant sur son chemin et de mordre soudainement, sans le moindre avertissement.

Un renard

Un scorpion *(Nebo hierichonticus)* de Jéricho

Un serpent venimeux *(Cerastes cerastes)* en Terre d'Israël

PERSONNAGES

[P]Rabbi Yéhochoua ben 'Hanina

Rabbi Yéhochoua faisait partie de la tribu des Léviim et à ce titre, dans son jeune âge, servit comme chantre au Temple de Jérusalem, le *Beth Hamikdach*. L'on sait aussi que, dans sa jeunesse, il exerça le métier de charbonnier.

D'un certain point de vue, il fut l'élève distingué de Rabbi Yo'hanane ben Zaccaï en ce sens qu'il poursuivit sa voie et demeura fidèle à l'école de pensée de la maison de Hillel. C'est, semble-t-il, lui qui fut nommé à la tête des Sages que Rabbi Yo'hanane regroupa à Yavné ; cette position lui permit de faire

◄

compris séparément] : « **Le mauvais œil**[E] [lorsqu'on porte son regard sur autrui ou sur les événements avec la volonté d'y trouver tout ce qui est négatif en eux], **le mauvais penchant**[E] [ce qui inclut un ensemble d'inclinations et de tentations entraînant l'individu vers toutes sortes de transgressions] **et la haine des créatures**[E] [non pas à cause d'un motif précis mais fort d'un sentiment général d'hostilité et de distance] **excluent l'individu du monde**[E] [quiconque se trouve sous l'emprise d'aussi mauvais sentiments et penchants finit par s'exclure de la société alentour et du monde en général]. »

ÉCLAIRAGES

[E]Le mauvais œil

Selon Rambam et Rabbénou Yona, le mauvais œil fait allusion à l'avarice et à la cupidité.

Mais il y a là aussi un écho à l'opinion de Rabbi Éliézer dans la *michna* 9 où il considère que ce mauvais œil, c'est-à-dire un regard négatif sur tout ce qui porte du tort à la personne et à son entourage, autant que la jalousie, constituent le mauvais chemin dont il faut s'éloigner.

D'aucuns considèrent qu'il s'agit d'une perception intellectuelle mécréante conduisant à douter puis à renier les principes fondamentaux de la foi (*Tiféret Israël*).

[E]Le mauvais penchant

Rambam précise que le mauvais penchant recouvre tout excès de désir pulsionnel. Le Rachbats va encore plus loin en précisant que l'excès d'appétit en tout genre (la nourriture, la boisson ou le sexe) est un facteur qui raccourcit la vie.

[E]La haine des créatures

Selon Rachi, il s'agit de la haine gratuite, sans aucune raison. D'après le traité *Avot dé-Rabbi Nathan* (16), Rabbi Yéhochoua s'élèverait ici en faux contre ceux qui établissent pour eux-mêmes différentes catégories d'individus, en particulier ceux qu'ils aiment et ceux qu'ils détestent : aucune exception en ce qui concerne l'amour du prochain n'est acceptable.

Rambam explique que cette haine des créatures caractérise des êtres enfoncés dans la mélancolie ; dès lors, les voilà conduits à détester les gens, à s'éloigner de toute vie sociale, ce qui comporte un danger des plus graves.

D'autres enfin considèrent qu'il s'agit d'une personne se comportant de manière exécrable avec son entourage au point que tout le monde finit par la haïr (Rachbats), ou encore qu'elle s'abstient de tout acte bienveillant envers les autres (*Tiféret Israël*)

[E]...excluent l'individu du monde

Le traité *Avot dé-Rabbi Nathan* (version 2, 30) précise que ces trois défauts « dévorent » l'être humain et l'exclut autant du Monde futur que du monde d'ici-bas. Ailleurs, ce même traité (version 1, 16) rapporte l'histoire d'un individu qui mourut avant l'heure,

PERSONNAGES

adopter la loi selon l'opinion de la maison de Hillel. Aussi bien, dans la plupart des disputes halakhiques entre Rabbi Éliézer et Rabbi Yéhochoua, c'est ce dernier qui l'emporta.

Sa sagesse fut reconnue non seulement en Israël mais également auprès de l'empereur romain (traité *Ta'anit* 7a). Ses connaissances couvraient de larges domaines en dehors de la Torah comme la zoologie ou l'astronomie (traités *Békhorot* 8b, *Horayot* 10a). Rabbi Yéhochoua témoigna à propos de lui-même que personne ne l'avait jamais vaincu dans aucun débat hormis une femme, un petit garçon et une petite fille (traité *'Érouvin* 53b).

Au plan politique, Rabbi Yéhochoua demeura fidèle à l'approche de Rabbi Yo'hanane, évitant toute confrontation avec le pouvoir romain. Ce n'est d'ailleurs qu'après sa mort que la révolte de Bar Kokhba éclata.

Le Talmud (traité *Sota*, chapitre 9 *michna* 15) atteste qu'avec la mort de Rabbi Yéhochoua « disparut la bonté dans le monde ».

◂

MICHNA 12

רַבִּי יוֹסֵי אוֹמֵר: יְהִי מָמוֹן חֲבֵרְךָ חָבִיב עָלֶיךָ כְּשֶׁלָּךְ. וְהַתְקֵן עַצְמְךָ לִלְמֹד תּוֹרָה, שֶׁאֵינָהּ יְרֻשָּׁה לָךְ. וְכָל מַעֲשֶׂיךָ יִהְיוּ לְשֵׁם שָׁמָיִם.

Rabbi Yossé dit : « Que l'argent de ton prochain te soit aussi cher que le tien ; et dispose-toi à étudier la Torah, car elle ne t'est pas léguée en héritage ; et que tous tes actes soient accomplis au nom du Ciel. »

Rabbi Yossé[P] [hacohen] **dit : « Que l'argent de ton prochain te soit aussi cher que le tien**[E] [lorsqu'il nous arrive d'avoir affaire à l'argent de notre prochain, nous avons le devoir d'y veiller autant que s'il nous appartenait et de ne pas le gaspiller inutilement] ; **et dispose-toi à étudier la Torah**[E], **car elle ne t'est pas léguée en héritage**[E] [un individu a beau provenir d'une

ÉCLAIRAGES

rongé par son extrême jalousie à l'encontre d'un de ses camarades.

Selon le commentaire *Hone 'Achir*, Rabbi Yéhochoua conseille en fait de s'écarter de ces gens entachés du défaut de mauvais œil, de mauvais penchant et de la haine des créatures en raison du danger parfois mortel qu'ils constituent.

[E]Que l'argent de ton prochain te soit aussi cher que le tien

Cette recommandation recouvre bien des aspects, y compris l'obligation de lui rendre les biens qui auraient été perdus et d'éviter tout dommage qui pourrait se produire (Rachbats, *Avot dé-Rabbi Nathan*). Elle inclut aussi l'interdiction de gâcher le bon renom de son bien, ce qui risquerait d'éloigner d'éventuels acheteurs (Meïri).

[E]Et dispose-toi à étudier la Torah

De nombreux commentateurs ont compris l'expression « et dispose-toi » comme une invite à déployer tous les efforts possibles dans l'étude de la Torah, quand bien même n'aurions-nous pas les meilleures aptitudes pour cela. Rabbénou Yona y voit aussi une exigence de préparation spirituelle, quitte à renoncer à certains plaisirs matériels, afin d'atteindre le plus haut niveau de piété.

[E]Car elle ne t'est pas léguée en héritage

Comme nous l'avons souligné, cette précision s'adresse tout particulièrement à ceux qui ont grandi dans une famille de Sages en Torah (Rachi). À tel point que le Talmud (traité *Nédarim* 81a) affirme qu'il n'arrive pas souvent que les enfants d'érudits en Torah le soient eux-mêmes, sans doute pour bien

PERSONNAGES

[P]Rabbi Yossé

Rabbi Yossé hacohen figure parmi les grands disciples de Rabbi Yo'hanane qui l'a qualifié de « *'hassid*, le pieux de la génération ». Il ne doit pas être confondu avec Rabbi Yossé ben 'Halafta qui était l'un des élèves de Rabbi Akiva et qui vécut deux générations plus tard.

L'on ne sait que peu de choses à son propos et il n'apparaît qu'une autre fois dans la Michna (traité *'Édouyot* 8, 2) ; ailleurs, l'on mentionne qu'il étudia les aspects ésotériques de la Torah (voir le Talmud de Jérusalem, traité *'Haguiga* 2, 1) et que, pour preuve de sa piété, il ne remit jamais une lettre à un non-juif de peur qu'il la transmette à qui de droit le jour du Chabbat (traité *Chabbat* 19a).

◂

famille d'érudits en Torah, leur niveau de connaissances et de compréhension ne lui est pas automatiquement transmis à l'instar d'un legs et il ne peut donc se satisfaire de sa lignée : il lui faut se préparer et étudier assidûment afin d'acquérir la Torah à nouveau] ; **et que tous tes actes** [que ce soit dans le domaine de la Torah ou dans le domaine séculier] **soient accomplis au nom du Ciel**[E] [à nous de faire en sorte que tout ce que nous accomplissons, soit dirigé, autant que possible, vers un but sacré et pour la gloire de Dieu]. »

MICHNA 13

רַבִּי שִׁמְעוֹן אוֹמֵר: הֱוֵי זָהִיר בִּקְרִיאַת שְׁמַע וּבִתְפִלָּה. וּכְשֶׁאַתָּה מִתְפַּלֵּל – אַל תַּעַשׂ תְּפִלָּתְךָ קֶבַע, אֶלָּא רַחֲמִים וְתַחֲנוּנִים לִפְנֵי הַמָּקוֹם בָּרוּךְ הוּא, שֶׁנֶּאֱמַר: "כִּי חַנּוּן וְרַחוּם הוּא אֶרֶךְ אַפַּיִם וְרַב חֶסֶד וְנִחָם עַל הָרָעָה". וְאַל תְּהִי רָשָׁע בִּפְנֵי עַצְמְךָ.

Rabbi Chim'one dit : « Récite scrupuleusement le *Chéma* et la prière. Et lorsque tu pries, ne fais pas de ta prière une routine, mais implore la miséricorde et la pitié devant l'Omniprésent, car il est dit : "Car Il est clément, miséricordieux, lent à la colère et abondant en grâce, enclin à revenir sur Ses sanctions". Et ne sois pas un impie à tes yeux. »

ÉCLAIRAGES

préciser que la Torah ne se transmet pas si facilement en héritage.

L'on pourrait cependant objecter que la Torah elle-même souligne : « La Torah que Moïse nous a prescrite restera *l'héritage* de la communauté de Jacob » (Deutéronome 33, 4). La réponse est que ce verset biblique s'applique au niveau de la collectivité d'Israël et non pas au plan individuel.

[E]Et que tous tes actes soient accomplis au nom du Ciel

Le commentaire de *Avot dé-Rabbi Nathan* remarque que telle était l'une des qualités de Hillel : lorsqu'il s'occupait de son propre corps, il considérait qu'il accomplissait une *mitsva*, sachant que l'homme a été créé à l'image de Dieu et que, par conséquent, ce faisant, il honorait le Saint béni soit-Il. Chammaï y voyait quant à lui une simple obligation et rien de plus.

Agir au nom du Ciel signifie qu'il n'existe aucune autre motivation, que ce soit une quelconque récompense ou une quelconque jouissance. Et le fait qu'une telle attitude soit tout autant requise dans nos affaires profanes se retrouve dans un verset des Proverbes (3, 6) : « Dans toutes tes voies, songe à Lui, et Il aplanira ta route. » Le Talmud (traité *Bérakhot* 63a) considère d'ailleurs ce verset comme un bref passage de la Bible dont dépendent les principes fondamentaux de la Torah !

◂

Rabbi Chim'one [ben Nétanel][P] **dit** [lui aussi énonce trois affirmations] : « **Récite scrupuleusement le *Chéma* et la prière**[E] [veille à réciter matin et soir le *Chéma Israël* et la prière de la *'Amida* trois fois par jour sans jamais y faillir une fois, que ce soit par manque de temps ou par manque de concentration]. **Et lorsque tu pries** [bien que la *téfilla*, la prière, ait un caractère d'obligation quotidienne et entre dans un cadre de lois bien définies], **ne fais pas de ta prière une routine, mais implore la miséricorde et la pitié devant l'Omniprésent**[E] [nonobstant, nous devons prier non pas pour nous acquitter d'une simple dette journalière mais de manière à implorer la miséricorde et la pitié de Dieu. C'est en nous identifiant profondément avec l'intention de la prière, que l'on peut s'attendre à ce que notre prière soit exaucée par Dieu, clément et miséricordieux], **car il est dit** [Joël 2, 13] **: "Car Il est clément, miséricordieux, lent à la colère et abondant en grâce, enclin à revenir sur Ses sanctions". Et**

ÉCLAIRAGES

[E]Récite scrupuleusement le *Chéma* et la prière
Bien que le sens immédiat de cette recommandation soit de respecter consciencieusement ces deux *mitsvot* (Rachi), certains ont fait remarquer que le traité *Avot* constitue avant tout un ensemble de conseils encourageant à une plus grande piété et non pas à la simple observance des commandements divins de la Torah. C'est pourquoi Rabbi Chim'one encourage ici à la concentration (*Tiféret Israël*), notamment dans la récitation du *Chéma* et de la prière qui sont l'un des fondements de l'existence juive (*Nétivot Chalom*).

[E]Et lorsque tu pries, ne fais pas de ta prière une routine, mais implore la miséricorde et la pitié devant l'Omniprésent
Cette recommandation complète la première. L'on a beau être scrupuleux, réciter quotidiennement *Chéma* Israël et prier trois fois par jour, notre prière ne peut être mécanique et doit être dite comme une imploration de la miséricorde divine. Le Talmud (traité *Bérakhot* 29b) illustre ce que signifie la prière routinière : celle perçue comme un fardeau dont on cherche à se décharger ou encore celle où rien de nouveau n'est prononcé, c'est-à-dire où l'on se contente de réciter la formulation établie par les Sages sans n'y ajouter rien de personnel.

À l'instar du verset cité dans la *michna*, la prière ne peut se satisfaire d'expressions en surface et doit être l'écho d'un profond réveil du cœur. Notons que la recommandation de la *michna* concerne précisément la prière, considérée comme le service du cœur par excellence et non pas *Chéma* Israël qui est avant tout une *mitsva* bien définie de réciter le passage correspondant de la Torah.

Selon le *Midrach Chmouel*, plus encore que la régularité dans la prière est celle que l'on doit s'imposer dans l'étude de la Torah à des moments fixes (voir à ce propos l'opinion de Chammaï dans la *michna* 15 du chapitre 1 et les éclairages qui y sont rapportés).

PERSONNAGES

[P]Rabbi Chim'one ben Nétanel
Nous ne disposons que de très peu d'informations sur ce Sage qui, apparemment, n'était pas un personnage public et n'enseignait pas au grand nombre. Tout comme son maître et ses condisciples, il étudia la partie ésotérique de la Torah (Talmud de Jérusalem, traité *'Haguiga* 2, 1). Il semble qu'il était un *Cohen* (de la tribu des prêtres), soucieux de précision quant aux lois concernant la prêtrise et qu'il épousa par ailleurs la fille de Rabbane Gamliel *hazaken* (voir *Tossefta Avoda Zara* 3, 10).

ne sois pas un impie à tes propres yeux[E] [un individu ne doit pas se considérer comme un *rach'a*, un impie : une telle conclusion ne peut que le conduire à l'accablement et, de plus, risque de le décourager à entreprendre tout effort de s'améliorer : en effet, s'il est vraiment *rach'a*, à quoi lui serait-il bon d'observer les *mitsvot* ?]. »

MICHNA 14

רַבִּי אֶלְעָזָר אוֹמֵר: הֱוֵי שָׁקוּד לִלְמֹד תּוֹרָה. וְדַע מַה שֶּׁתָּשִׁיב לְאֶפִּיקוֹרוֹס. וְדַע לִפְנֵי מִי אַתָּה עָמֵל, וְנֶאֱמָן הוּא בַּעַל מְלַאכְתְּךָ שֶׁיְּשַׁלֶּם לְךָ שְׂכַר פְּעֻלָּתֶךָ.

Rabbi Eléazar dit : « Sois assidu à l'étude de la Torah ; sache quoi répondre à l'incroyant ; et sache devant qui tu œuvres et qui est ton fidèle employeur qui te paiera le salaire de ton labeur. »

Rabbi Eléazar [ben Arakh][P] **dit : « Sois assidu à l'étude de la Torah** [chacun doit faire l'effort d'étudier la Torah avec constance. C'est que l'étude de la Torah ne souffre aucune interruption : en dehors des résultats atteints en matière de savoir, elle possède sa propre importance, car elle représente en soi un service

ÉCLAIRAGES

[E]Et ne sois pas un impie à tes propres yeux
Le commentaire le plus courant que nous avons cité plus haut est qu'il ne faut pas se considérer comme un *rach'a* de peur d'affaiblir encore plus notre attachement à la Torah et aux *mitsvot*. D'autres voient cependant dans ce conseil une suite au précédent concernant la *téfilla*, affirmant en quelque sorte : « Ne pense pas que le fait que tu aies fauté est de nature à diminuer toute valeur à ta prière » (*Mirkévet HaMichna*).

Selon Rachi, l'on doit veiller à ne commettre aucun acte à cause duquel, après un certain temps, l'on pourrait se considérer comme un *rach'a*.

Une autre interprétation (Rachbats, Rabbi Ovadia Barténora) adopte une direction toute différente : le terme *bifné 'atsmékha* (traduit par « à tes propres yeux ») signifie littéralement « devant toi-même » et implique que la personne en question s'isole de la société, ce qui, en soi, est un acte impie.

Enfin, la *michna* viendrait ici insister sur le fait

PERSONNAGES

[P]Rabbi Éléazar ben Arakh
Comme notre chapitre l'a mentionné plus haut, Rabbi Éléazar était l'un des élèves les plus brillants et les plus créatifs de Rabbi Yo'hanane ben Zaccaï. Malgré ce rang particulier qu'il occupait par rapport aux autres disciples, que ce soit dans le domaine de la *halakha* ou des commentaires ésotériques de la Torah (voir *Tossefta 'Haguiga*, 2, 1), peu d'enseignements en son nom nous sont restés.

La raison nous est rapportée dans le Midrach (*Kohélet Rabba* 7). Après la mort de Rabbi Yo'hanane ben Zaccaï, Rabbi Éléazar décida de ne pas rejoindre Yavné avec ses camarades et de s'installer (apparemment selon les conseils de sa femme) à Emmaüs, un village favorisant une vie saine, gratifiée de bonnes eaux et d'autres plaisirs. Ce choix cependant le contraignait à vivre seul, dans un environnement où aucun autre Sage et érudit ne résidait. Au point qu'il finit par perdre

◂

de Dieu] ; **sache quoi répondre à l'incroyant**[E C] [c'est-à-dire à celui qui renie la Torah et ceux qui l'étudient. Pour cela, l'on ne peut demeurer enfermé dans le cadre d'études bien défini de la *yéchiva* et de ses méthodes de pensée. Afin d'être en mesure de réfuter les arguments d'un incroyant qui, justement, rejette tous les postulats de base sous-jacents à la Torah, l'on doit aussi être capable d'affronter des questions émanant du monde extérieur tout en expliquant, en même temps, l'optique de la Torah à ceux qui lui sont totalement étrangers] ; **et sache devant qui tu œuvres**[E] [Rabbi Éléazar ajoute ici une précision destinée

ÉCLAIRAGES

qu'aucune faute ne peut être limitée à un plan individuel et intime : tout mauvais acte engage la collectivité (*Midrach Chmouel*).

[E]Et sache quoi répondre à l'incroyant
L'incroyant (*Épikoros* dans le texte de la *michna*), tout en reniant la foi, peut parfois avoir une certaine connaissance de la Torah. D'où l'importance, pour lui répondre, d'être à la fois érudit en Torah et au fait des autres visions du monde.

Certains font remarquer que ce conseil concerne la nécessité de savoir quoi répliquer à l'incroyant, dans le cas où ce dernier se tourne vers nous et prend l'initiative du débat (Yaavets). Il n'y a donc pas lieu d'entreprendre une discussion qui risquerait de ne servir à rien.

D'autres versions relient ce conseil au début de la *michna* qui devrait alors se lire ainsi : « Sois assidu à l'étude de la Torah *afin de savoir* quoi répondre à l'incroyant » (voir commentaire de Ramban, Lévitique 3, 9). Selon une version ancienne de la Michna (Manuscrit Kaufmann), la formulation serait même : « Sois assidu dans l'étude de ce qu'il faut répondre à un incroyant. »

[E]Et sache devant qui tu œuvres
Selon certaines versions (par exemple *Avot dé-Rabbi Nathan*), il faudrait lire « Et sache qui est le Maître de

PERSONNAGES

ses connaissances et que ses condisciples durent prier en sa faveur à ce propos (traité *Chabbat* 147a).

Le cas de Rabbi Éléazar servit dès lors d'exemple dans le Talmud qui souligne l'absolue nécessité pour un Sage d'être en permanence entouré d'autres érudits afin de répéter avec eux les enseignements appris. À défaut, il risquerait non seulement de ne pas augmenter son savoir mais même de le perdre.

CONTEXTE

[C]*Épikoros* (incroyant)
Le terme *Épikoros* désignant l'incroyant dans la *michna* a pour origine le nom d'un philosophe grec, Épicure (341-270 avant l'ère commune). Sa doctrine fut assimilée à un reniement de la « religion » grecque et provoqua la colère du plus grand nombre. Au cœur de sa philosophie, se trouve en premier lieu la recherche du bonheur et l'absence de toute souffrance. Épicure déniait l'existence du Créateur et de la Providence divine ainsi que la possibilité d'une vie après la mort. Sachant que sa philosophie allait à l'encontre des principes de la foi religieuse, le nom *épikoros* fut adopté comme épithète désignant l'hérésie. Qui plus est, ce terme en rappelle un autre, cette fois en araméen, *afkirouta*, si bien qu'il finit par intégrer la langue hébraïque et les textes juifs avec un sens similaire.

Buste du philosophe grec Épicure (IIIe siècle avant l'ère commune), tel que reproduit par les Romains

◂

à celui qui étudie la Torah avec constance : bien qu'il arrive souvent que les résultats soient apparemment inexistants, cette étude (autant que l'observance de toute autre *mitsva*) possède une valeur intrinsèque dans la mesure où elle s'effectue devant le Saint béni soit-Il] **et qui est ton fidèle employeur qui te paiera le salaire de ton labeur**[E] [car, à bien des égards, celui qui œuvre pour étudier la Torah ressemble en quelque sorte à un travailleur que l'employeur rétribue fidèlement, voire au-delà de ce qui lui revient]. »

MICHNA 15

רַבִּי טַרְפוֹן אוֹמֵר: הַיּוֹם קָצָר, וְהַמְּלָאכָה מְרֻבָּה, וְהַפּוֹעֲלִים עֲצֵלִים, וְהַשָּׂכָר הַרְבֵּה, וּבַעַל הַבַּיִת דּוֹחֵק.

Rabbi Tarfone dit : « La journée est courte, le travail est considérable, les ouvriers sont paresseux, le salaire est grand et l'Employeur est pressé. »

Après avoir cité chacun des cinq élèves de Rabbi Yo'hanane ben Zaccaï, la michna *rapporte ici les dires de Rabbi Tarfone, leur contemporain.*

Rabbi Tarfone[P] [lui aussi l'un des élèves de Rabbi Yo'hanane ben Zaccaï] **dit**[E] [sous forme d'une parabole, afin de provoquer en nous une réflexion sur

ÉCLAIRAGES

ton alliance ». Ainsi, malgré la nécessité d'acquérir des connaissances profanes afin de répondre à l'incroyant qui, lui, s'y trouve versé, il faut éviter de se laisser tenter par ce genre de théories en ayant toujours conscience de devant qui nous œuvrons et qui est le Maître de notre alliance : ne sonde-t-Il pas tous les cœurs ? (Rambam, Barténora).

[E]Et qui est ton fidèle employeur qui te paiera le salaire de ton labeur

Bien qu'un service parfait de Dieu dût être exempt de toute attente de récompense (voir la *michna* 3 du chapitre 1 : « Soyez comme des serviteurs qui servent leur maître sans chercher à recevoir une récompense »), chacun doit néanmoins garder la conscience que, dans le Monde futur, Dieu finira par le rétribuer. Ce dernier fait devrait être de nature à nous renforcer et à nous montrer l'importance de nous efforts (Rachbats, Maharal de Prague).

[E]Rabbi Tarfone dit

Rabbi Tarfone formule, dans cette *michna*, les grands défis de l'existence : d'une part, les obligations, la nécessité, voire la récompense mais d'autre part, devant le peu de temps dont nous disposons, la faiblesse de l'homme et sa paresse naturelle qui

PERSONNAGES

[P]Rabbi Tarfone

Rabbi Tarfone était lui-même un *cohen* (un prêtre) et servit au Deuxième Temple de Jérusalem avant sa destruction (traité *Kiddouchin* 71*a*). Bien qu'il ne soit pas compté parmi les brillants disciples de Rabbi Yo'hanane ben Zaccaï, il n'en fut pas moins son élève. D'une très grande richesse, il possédait de nombreux biens (traité *Nédarim* 62b). Malgré sa grandeur et sa fortune, il demeura un personnage modeste et discret, fuyant tout honneur ou toute faveur qui

notre existence dans ce monde d'ici-bas] : « **La journée est courte**[E] [d'un côté, la vie d'un être humain est brève], **le travail est considérable** [et de l'autre, la tâche qu'il doit accomplir est immense, dans le domaine de l'étude de la Torah comme dans celui de la « réparation du monde »], **les ouvriers** [les hommes et les femmes chargés d'œuvrer pour la cause du Ciel] **sont paresseux, le salaire** [en échange du travail accompli] **est grand**[E] **et l'Employeur est pressé**[E] [le Saint béni soit-Il attendant que l'on se plie à sa volonté]. »

ÉCLAIRAGES

nous empêchent de réaliser ce que nous devrions ou pourrions accomplir.

[E]La journée est courte

Au sens le plus simple, « la journée » fait ici allusion à la durée de la vie dans le monde d'ici-bas (Rachi). « La journée est courte », non seulement les jours d'hiver, mais il en va de même pour ceux, plus longs, en été : nous ne disposons pas de suffisamment de temps pour accomplir notre tâche (Rachbats). Le *Midrach Chmouel* souligne qu'en raison de ses occupations matérielles tout au long de la journée, un individu risque bien de ne plus avoir le temps d'étudier la Torah. Ce même *Midrach* dresse un parallèle avec les paroles de Rabbi Éliézer dans la *michna* 10 de ce chapitre (« Repens-toi un jour avant ta mort ») : à nous de penser qu'aujourd'hui est peut-être notre dernier jour sur terre et que nous risquons de ne pas avoir beaucoup de temps pour achever notre besogne…

[E]Le salaire est grand

L'observance de la Torah et des *mitsvot* exige « un travail » qui appelle à une grande récompense. Certains perçoivent dans ces paroles de Rabbi Tarfone un autre message : précisément parce que « la journée est courte et le travail considérable », (sans compter que les « ouvriers sont paresseux »), ceux qui entreprennent des efforts particuliers pour un tel travail se voient particulièrement allouer un grand salaire (*Avodat Israël*).

Le *Midrach Chmouel* remarque qu'au vu de la grandeur de la tâche, même les gens qui sont empressés de l'accomplir sont néanmoins considérés comme paresseux.

[E]L'Employeur est pressé

Rachi estime qu'un verset de la Bible (Josué 1, 8) apporte une preuve à cette affirmation : « Ce livre de la Torah ne doit pas quitter ta bouche, tu le méditeras jour et nuit », tandis que Rachbats en cite un

PERSONNAGES

pouvaient lui être accordés en raison de son rang. Rabbi Tarfone était par ailleurs un proche ami de Rabbi Akiva, au départ son camarade d'étude avant qu'il devienne son admirateur comme l'atteste ce qu'il lui déclara un jour : « Quiconque se sépare de toi se sépare de la vie » (traité *Kiddouchin* 66b).

Outre ses directives en matière de *halakha* ou de *aggada*, Rabbi Tarfone avait la réputation d'utiliser des formulations concises, voire facétieuses. Lorsqu'un jour il statua de manière erronée qu'une certaine vache n'était pas propre à la consommation, il n'hésita pas à déclarer, à sa façon, que son erreur allait lui coûter cher car il devra vendre son âne pour réparer ainsi le dommage financier causé à son propriétaire : « Tu viens de perdre ton âne, Tarfone ! » (*Békhorot*, chapitre 4, *michna* 4). Exagérant ses propos pour mieux faire passer son point de vue, il déclare : « Que je perde mon fils, si… » (traité *Ohalot* chapitre 16, *michna* 1).

Rabbi Tarfone vécut à Lod, à l'époque de *Kérem dé-Yavné*, la maison d'études fondée par Rabbi Yo'hanane ben Zaccaï, et avait l'habitude de débattre avec les Sages qui y résidaient. Il semble bien qu'il jouît d'une longévité exceptionnelle, puisque l'un des Sages de la Michna, Rabbi Yéhouda, alors qu'il était encore enfant, le rencontra à Lod (*Tossefta Méguilla* 2, 8).

Le traité *Avot dé-Rabbi Nathan* (chapitre 18) témoigne de l'érudition de Rabbi Tarfone en ces termes : « Lorsqu'un Sage entrait chez Rabbi Tarfone et lui demandait de lui livrer un enseignement, celui-ci lui citait à la fois des textes de la Bible, de la Michna, de la *halakha* ou de la *aggada* ; il sortait alors de chez lui, comblé de bénédictions et de bonheur. »

MICHNA 16

הוּא הָיָה אוֹמֵר: לֹא עָלֶיךָ הַמְּלָאכָה לִגְמוֹר, וְלֹא אַתָּה בֶן חוֹרִין לִבָּטֵל מִמֶּנָּה. אִם לָמַדְתָּ תּוֹרָה הַרְבֵּה – נוֹתְנִים לְךָ שָׂכָר הַרְבֵּה. וְנֶאֱמָן הוּא בַּעַל מְלַאכְתְּךָ שֶׁיְּשַׁלֶּם לְךָ שְׂכַר פְּעֻלָּתֶךָ. וְדַע, מַתַּן שְׂכָרָן שֶׁל צַדִּיקִים לֶעָתִיד לָבֹא.

Il avait coutume de dire : « Tu n'es pas tenu de terminer le travail, mais tu n'es pas libre de t'en dispenser. Si tu as beaucoup étudié la Torah, une rétribution considérable te sera accordée et tu peux être confiant en ton Employeur qui te rétribuera en fonction de ton labeur ; mais sache que la rétribution des justes est pour le Monde futur. »

Cette michna *conclut le chapitre 2 par d'autres paroles de Rabbi Tarfone traitant de l'ampleur de la tâche incombant à chacun dans ce monde d'ici-bas, de l'étude de la Torah et de l'observance des mitsvot.*

Il avait coutume de dire [poursuivant et complétant ses paroles dans la *michna* précédente] : « **Tu n'es pas tenu de terminer le travail** [le travail que le Ciel nous impartit est considérable, comme cela a été précédemment souligné. Devant l'immensité de la tâche apparemment insurmontable et parfois déprimante, Rabbi Tarfone précise cependant que nous n'avons pas forcément la responsabilité de la mener jusqu'à son terme], **mais tu n'es pas libre de t'en dispenser**[E] [notre devoir demeure néanmoins de s'y atteler et

ÉCLAIRAGES

autre (Deutéronome 11, 8) : « Gardez donc tous les commandements *que Je vous donne aujourd'hui.* » L'idée essentielle est la suivante : interdisons-nous de penser qu'à partir du moment où nous sommes prêts à perdre une partie de notre salaire en étant moins actifs, l'Employeur n'y prête pas attention, car telle est de toute façon Sa volonté. Dieu souhaite au contraire nous récompenser et c'est pourquoi il nous presse d'accomplir promptement notre travail.

[E]Tu n'es pas tenu de terminer le travail, mais tu n'es pas libre de t'en dispenser.
Cette recommandation signifie aussi que l'on n'est pas libre d'interrompre toute tâche qui nous est impartie par le Ciel. Le traité *Avot dé-Rabbi Nathan* rapporte les paroles de Rabbi Yo'hanane ben Dahabaï allant dans le même sens : « Ne t'éloigne pas de tout travail qui apparaît sans fin. À titre de parabole : À quoi cela peut-il être comparé ? À une personne chargée de retirer l'eau de la mer et de la placer sur la terre ferme. Le volume de la mer ne semble pas diminuer pour autant et la terre ne se remplit pas d'eau. La personne en question se trouve dès lors plongée dans un état de frustration. Dis-lui donc : "Comment peux-tu ainsi manquer de discernement et te montrer aussi frustré ? N'es-tu pas payé chaque jour un dinar d'or ?" »

Ainsi, même si notre travail nous paraît sans résultats concrets, nous n'avons pas intérêt à nous en défaire car nous recevrons en tout état de cause notre récompense.

Selon le *Midrach Chmouel*, la première partie

◄

d'agir en conséquence]. **Si tu as beaucoup étudié la Torah, une rétribution considérable te sera accordée** [même si l'étude de la Torah revêt une obligation, Dieu récompense grandement celui qui s'en acquitte, en fonction de ses efforts] **et tu peux être confiant en ton Employeur qui te rétribuera en fonction de ton labeur ; mais sache que la rétribution des justes est pour le Monde futur**[E] [certes, chaque action est rétribuée, mais pas nécessairement dans notre monde d'ici-bas, la véritable récompense sera accordée dans le Monde futur]. »

ÉCLAIRAGES

de la sentence (« Tu n'es pas tenu de terminer le travail ») s'adresserait aux sots qui, malgré leurs efforts multipliés, n'aboutissent à presque rien, tandis que la deuxième partie (« Tu n'es pas libre de t'en dispenser ») concernerait les Sages qui, malgré leurs accomplissements, n'ont pas le droit d'interrompre leur étude de la Torah.

[E]Sache que la rétribution des justes est pour le Monde futur
En d'autres termes, il n'y a pas lieu de se décourager, même si nous ne recevons aucun salaire dans ce monde d'ici-bas. Tout employeur a en effet pour usage de payer ses employés à la fin de leur travail, travail qui, chez tout être humain, n'est jamais achevé tant qu'il vit (Rachbats). C'est que ce nos Sages ont précisé (traité *Péa* 1, 1) : même si une personne reçoit un quelconque salaire dans ce monde, il ne s'agit que de fruits et que d'un gain supplémentaire, le véritable fonds lui est conservé dans le Monde futur.

Chapitre 3

Ce chapitre apporte des recommandations de Sages, qui, sur un plan historique, ne s'inscrivent pas dans la lignée de la précédente génération. D'autre part, l'on ne peut mettre le doigt sur un seul sujet qui les caractériserait.

MICHNA 1

D'une manière générale, les Sages de ce chapitre ont vécu soit à l'époque du Deuxième Temple de Jérusalem, soit tout de suite après sa destruction ; néanmoins, qu'ils soient jeunes ou plus âgés, ils se rattachent tous plus ou moins à la période de Kérem dé-Yavné. Bien que les thèmes soient variés, il est permis de les classer en trois catégories : l'étude de la Torah, collective ou individuelle, le rapport entre la sagesse et la crainte de Dieu, enfin les relations et interactions au sein de la société qui peuvent être qualifiées de convenables.

א. עֲקַבְיָא בֶּן מַהֲלַלְאֵל אוֹמֵר: הִסְתַּכֵּל בִּשְׁלֹשָׁה דְבָרִים, וְאִי אַתָּה בָא לִידֵי עֲבֵרָה: דַּע מֵאַיִן בָּאתָ, וּלְאָן אַתָּה הוֹלֵךְ, וְלִפְנֵי מִי אַתָּה עָתִיד לִתֵּן דִּין וְחֶשְׁבּוֹן. מֵאַיִן בָּאתָ – מִטִּפָּה סְרוּחָה. וּלְאָן אַתָּה הוֹלֵךְ – לִמְקוֹם עָפָר רִמָּה וְתוֹלֵעָה. וְלִפְנֵי מִי אַתָּה עָתִיד לִתֵּן דִּין וְחֶשְׁבּוֹן – לִפְנֵי מֶלֶךְ מַלְכֵי הַמְּלָכִים הַקָּדוֹשׁ בָּרוּךְ הוּא.

1. Akavia ben Ma'halalel dit : « Considère trois choses et tu n'en viendras pas à la transgression : sache d'où tu proviens, où tu aboutiras et devant qui tu es appelé à rendre compte. D'où tu proviens : d'une goutte putride ; où tu aboutiras : dans un lieu de poussière, de vermine et de vers ; et devant qui tu es appelé à rendre compte : devant le Roi de tous les rois, le Saint béni soit-Il. »

Akavia ben Ma'halalel[E P] **dit : « Considère trois choses**[E] **et tu n'en viendras pas à la transgression** [chacun a le devoir de réfléchir aux trois faits énoncés dans la *michna* afin de ne pas tomber dans la faute] **: sache d'où tu proviens, où tu aboutiras**[E] **et devant qui tu es appelé à rendre compte.** [La réponse

ÉCLAIRAGES

[E]**Akavia ben Ma'halalel dit**

Les paroles d'Akavia ben Ma'halalel comptent parmi les plus connues en raison de la coutume répandue dans les différentes communautés juives qui consiste à les citer lors du début d'un enterrement.

[E]**Considère trois choses**

Certains commentateurs remarquent que penser à ces trois choses devrait inciter une personne à la modestie, à négliger les jouissances du monde d'ici-bas et à s'empresser de respecter les commandements divins (Rambam, Rabbénou Yona). Le Talmud de Jérusalem (traité *Sota* 2, 2) précise que Rabbi Akavia a déduit son conseil du verset biblique (Ecclésiaste 12, 1) : « Surtout souviens-toi de ton Créateur aux jours de ta jeunesse, avant qu'arrivent les mauvais jours », où l'on retrouve les trois aspects : notre origine (« les jours de ta jeunesse »), la tombe (« les mauvais jours ») et le Saint béni soit-Il (« ton Créateur »).

D'autres exégèses soulignent l'importance de saisir ces trois choses comme un seul ensemble. Prises de manière partielle et distincte, elles risqueraient fort de nous entraîner à une attitude négative : par exemple, si nous sommes si insignifiants, qu'importe donc si nous fautons (*Midrach Chmouel*) ?

[E]**Sache d'où (*mé-ayin*) tu proviens, où tu aboutiras**

Le terme *ayin* en hébreu traduit par « où » possède aussi le sens de néant et de nullification. Partant, certains ont perçu dans cette *michna* un aspect positif évoquant l'origine de l'âme puisque, sur un plan ésotérique, *ayin* correspond à un niveau très élevé du Divin : ce dernier niveau est ainsi désigné, non pas parce qu'il est assimilé au néant mais parce qu'il est impossible à saisir par un être humain. Un peu à l'instar du Rambam (*Guide des égarés* 1, 58) qui souligne que l'on ne peut définir Dieu que par le biais d'une formulation négative. Aussi bien, même affirmer que « Dieu existe » ne serait pas vraiment correct, car cela reviendrait à Le confiner dans le concept humain de l'existence ; il vaudrait mieux dire que « Dieu n'est pas non-existant » ! (voir commentaire du *Tanya* du même auteur, *Igguéret Kodech*, chapitre 20). C'est aussi à un tel niveau que l'âme reviendra à la fin de son séjour sur terre.

La création du corps est cependant moins glorieuse, d'où la référence à cette goutte putride qui en constitue le tout début, de même qu'à la manière dont finit le corps sous la terre.

Ainsi, selon certains commentateurs, la première partie de la *michna* s'adresserait aux personnes de haute stature dont le devoir est de contempler le

PERSONNAGES

[P]**Akavia ben Ma'halalel**

Akavia ben Ma'halalel compte parmi les Sages ayant principalement œuvré à la fin de la période du Deuxième Temple de Jérusalem. La majeure partie de ce que l'on sait à son propos se trouve consignée dans le traité *Édouyot* (chapitre 5, *michna* 6-7). Il fut considéré comme l'un des grands de sa génération, et l'on a pu même affirmer que personne ne l'égalait en termes d'érudition et de crainte de la faute. Cela dit, il entra en désaccord avec la majorité des autres Sages sur des problèmes de *halakha* et refusa de renoncer à ses positions. Lorsqu'on lui proposa de le nommer chef du tribunal rabbinique à condition qu'il revienne sur ses opinions, il déclina l'offre en lançant cet argument : « Je préfère être appelé un sot toute ma vie plutôt que de devenir un impie devant l'Éternel, ne fût-ce que pour une heure. » Avant de mourir, il ordonna néanmoins à son fils d'accepter l'avis des autres Sages. Expliquant son attitude, il déclara que, de son point de vue, ses disputes halakhiques ne mettaient pas en jeu l'opinion d'un homme seul contre la majorité, mais celle de plusieurs contre plusieurs, sachant que sa position découlait de l'enseignement de tous ses maîtres.

détaillée à ces trois interrogations nous est alors fournie :] **D'où tu proviens : d'une goutte putride**[E] [la vie de l'homme prend son point de départ dans une goutte de sperme et il n'y a donc pas lieu de s'enorgueillir de ses origines] ; **où tu aboutiras : dans un lieu de poussière, de vermine et de vers**[E] [après la mort, le corps enterré d'un homme finit par pourrir dans la tombe, là il ne détient plus aucun des biens matériels qu'il a acquis dans sa vie] **; et devant qui tu es appelé à rendre compte** [au terme de ta vie] **: devant le Roi de tous les rois, le Saint béni soit-Il**[E] [cette dernière expression contient deux aspects : d'un côté la grandeur divine qui dépasse celle de tous les rois et de l'autre, la *kédoucha,* la sainteté de Dieu ; y réfléchir nous conduit, d'un côté, à demeurer humble et, d'un autre côté, à éprouver un sentiment de crainte révérencielle, ce qui devrait nous éloigner de la faute]**.** »

ÉCLAIRAGES

degré supérieur de l'âme pour éviter la faute, alors que la deuxième partie concernerait les moindres gens qui, pour cela, devraient réfléchir au côté insignifiant du corps (voir en particulier *Midrach Chmouel*).

[E]D'où tu proviens : d'une goutte putride
En dehors de l'appel à la modestie, cette réflexion quant à l'origine toute première de l'être humain, permet de prendre conscience de la merveille de la Création tout entière dirigée de près par la Providence divine.

[E]Où tu aboutiras : dans un lieu de poussière, de vermine et de vers
Cette phrase fait écho au verset biblique (Genèse 3, 19) : « Car poussière tu fus, et poussière tu redeviendras ! » Ou encore (Job 25, 6) : « A plus forte raison en est-il ainsi du mortel qui n'est que pourriture, du fils d'Adam qui n'est qu'un vermisseau ! » Le message ? Il ne sert à rien d'accumuler nos biens sachant qu'ils ne nous accompagneront pas dans notre tombe ; il en va de même pour ce qui est de faire bonne chère puisque notre corps finit par se trouver dans un lieu de vermine et de vers… (Rachbats, voir aussi la *michna* 7 du chapitre 2 : « L'abondance de chair entraîne l'abondance de vermine »).

D'autres commentateurs se sont attardés sur le langage de la *michna*, qui laisse à penser que nous nous approchons chaque jour un peu plus de la mort, voire que nous mourons un peu quotidiennement (Yaavets). C'est ainsi que l'on peut retrouver, dans les trois étapes qu'Akavia nous demande de considérer, une invite à réfléchir au passé, au présent et au futur (voir Rabbi Mattityahou Hayitshari).

[E]Devant le Roi de tous les rois, le Saint béni soit-Il
Cette infime créature humaine, dont le début et la fin sont loin d'être glorieux, doit, le jour venu, se tenir devant Dieu, dans toute Sa splendeur, qui va le juger. Un être humain capable de ressentir, d'un côté, sa propre bassesse et, de l'autre, une crainte mêlée de respect envers Dieu, devrait dès lors pouvoir s'abstenir de toute transgression.

D'un autre côté, ce rappel souligne non moins la bonté de Dieu, qui, malgré Sa grandeur et Sa sainteté, vient Lui-même juger chaque individu, si misérable soit-il (*Pirké Moché*).

MICHNA 2

ב. רַבִּי חֲנִינָא סְגַן הַכֹּהֲנִים
אוֹמֵר: הֱוֵי מִתְפַּלֵּל בִּשְׁלוֹמָהּ
שֶׁל מַלְכוּת, שֶׁאִלְמָלֵא
מוֹרָאָהּ – אִישׁ אֶת רֵעֵהוּ
חַיִּים בְּלָעוֹ. רַבִּי חֲנִינָא בֶּן
תְּרַדְיוֹן אוֹמֵר: שְׁנַיִם שֶׁיּוֹשְׁבִין
וְאֵין בֵּינֵיהֶן דִּבְרֵי תוֹרָה –
הֲרֵי זֶה מוֹשַׁב לֵצִים, שֶׁנֶּאֱמַר:
"וּבְמוֹשַׁב לֵצִים לֹא יָשָׁב". אֲבָל
שְׁנַיִם שֶׁיּוֹשְׁבִין וְיֵשׁ בֵּינֵיהֶם דִּבְרֵי
תוֹרָה – שְׁכִינָה שְׁרוּיָה בֵּינֵיהֶם,
שֶׁנֶּאֱמַר: "אָז נִדְבְּרוּ יִרְאֵי ה׳ אִישׁ
אֶל רֵעֵהוּ, וַיַּקְשֵׁב ה׳ וַיִּשְׁמָע
וַיִּכָּתֵב סֵפֶר זִכָּרוֹן לְפָנָיו לְיִרְאֵי
ה׳ וּלְחֹשְׁבֵי שְׁמוֹ". אֵין לִי אֶלָּא
שְׁנַיִם, מִנַּיִן שֶׁאֲפִלּוּ אֶחָד שֶׁיּוֹשֵׁב
וְעוֹסֵק בַּתּוֹרָה שֶׁהַקָּדוֹשׁ בָּרוּךְ
הוּא קוֹבֵעַ לוֹ שָׂכָר? שֶׁנֶּאֱמַר:
"יֵשֵׁב בָּדָד וְיִדֹּם כִּי נָטַל עָלָיו".

2. Rabbi 'Hanina, l'assistant du Grand-Prêtre, dit : « Prie pour la paix de la royauté, car si on ne la craignait pas, les hommes s'entre-dévoreraient vivants. » Rabbi 'Hanina ben Téradione dit : « Deux personnes assises ensemble qui n'échangent pas de paroles de Torah constituent une compagnie de persifleurs, comme il est dit : "Et parmi une compagnie de persifleurs, Il ne prend pas place". Mais deux personnes assises qui échangent des paroles de Torah, la Présence divine réside au milieu d'elles, car il est dit : "Alors ceux qui craignaient l'Éternel conversaient entre eux, l'Éternel prêta attention et entendit, et un livre du Souvenir fut écrit devant Lui pour ceux qui craignent l'Éternel et révèrent son Nom". Je n'ai la preuve que pour deux personnes ; d'où sait-on que même lorsqu'une seule personne est assise à étudier la Torah, le Saint béni soit-Il lui attribue un salaire ? Car il est dit : "Il s'assoit solitaire en marquant le silence, parce qu'il le prit pour lui-même". »

La première michna *de ce chapitre invitait chaque être humain à mener une réflexion sur lui-même. Celle qui suit traite d'abord de la paix dans le monde et de l'ordre social qu'il convient d'établir.*

PERSONNAGES

[P]Rabbi 'Hanina, l'assistant (*sgane*) des prêtres
Le terme *sgane*, traduit par « assistant », signifie plutôt, en pratique, « dirigeant », « responsable ». Le *sgane* des prêtres se voyait confier l'autorité de gérer le Temple de Jérusalem. Il était également le suppléant du Grand-Prêtre (voir Jérémie 52, 24) ; il devait le remplacer dans le cas où ce dernier était affecté d'une impureté rituelle ou d'une maladie l'empêchant de servir dans le sanctuaire ou pour toute autre raison le rendant inapte au service

Rabbi 'Hanina, l'assistant des prêtres[P]**, dit : « Prie pour la paix de la royauté**[E] [il s'agit de manière générale de l'autorité ou du gouvernement ayant placé le peuple d'Israël sous sa tutelle : à l'époque de cette *michna*, il s'agissait du pouvoir impérial romain. Rabbi 'Hanina conseille ici de se soucier de la paix et du bien de la royauté en priant pour sa réussite], **car si on ne la craignait pas, les hommes s'entre-dévoreraient vivants**[E] [en l'absence de la crainte du pouvoir, la violence et l'anarchie l'emporteraient]. »

Le texte passe maintenant à un autre niveau, celui de l'étude de la Torah qui permet à la Chékhina, *la Présence divine, de résider au sein de la collectivité juive.*

ÉCLAIRAGES

[E]Prie pour la paix de la royauté

Comme nous l'avons souligné, la royauté dont il est question dans le contexte de la *michna* correspond au pouvoir de l'empire romain qui alors gouvernait d'une main de fer en Terre d'Israël.

Il est possible que le terme de « paix de la royauté » fasse écho à la formule latine de *Pax Romana*, soit à la politique adoptée par les empereurs romains. Leur but était de préserver l'ordre public, la stabilité et la paix au sein des pays appartenant à leur empire. Pour ce faire, ils assuraient la sécurité des frontières afin de protéger l'empire de ses ennemis grâce notamment à une armée bien entraînée. Mais en parallèle, ils s'efforçaient de créer un certain équilibre entre les peuples sous leur domination et les différentes classes de la nation romaine.

De nombreux Sages ont émis diverses opinions quant aux rapports à entretenir avec ce pouvoir romain, favorisant parfois une attitude extrêmement négative (voir traité *Chabbat* 33*b*), allant jusqu'au soulèvement et à la révolte qui prit place à la fin de l'époque du Deuxième Temple. Rabbi 'Hanina ben Téradione, avec d'autres Sages, décida néanmoins d'adopter une attitude plus modérée et de considérer avant tout les aspects positifs de cette autorité, fût-elle étrangère. Un verset de Jérémie (29, 7) va d'ailleurs dans le même sens : « Efforcez-vous d'assurer la paix dans la ville où Je vous ai exilés et implorez Dieu en sa faveur ; car une telle paix est le gage de votre propre paix. »

Le commentaire de Meïri souligne que, lorsque les structures de l'Etat s'effondrent, chacun est occupé à fuir et à survivre et n'a plus le temps pour rien d'autre.

[E]Car si on ne la craignait pas, les hommes s'entre-dévoreraient vivants

La formule employée par Rabbi 'Hanina (« s'entre-dévoreraient ») rappelle essentiellement les poissons en mer vivant selon ce principe : les grands dévorent

PERSONNAGES

(traité *Yoma*, chapitre 1, *michna* 1 et chapitre 9, *michna* 3).

Rabbi 'Hanina (parfois nommé 'Hanania) servit en tant que *sgane* durant les années ayant précédé la destruction du Temple. Il rejoint par la suite les Sages de Yavné, faisant ainsi partie de la première génération des Sages de la Michna. Il apporta son témoignage quant à certains détails du service au Temple (traité *'Édouyot* chapitre 2, *michnayot* 1, 2, 3 en particulier), et plus particulièrement à propos d'événements ayant trait à son père (qui fut aussi un personnage important dans le Temple) ou à lui-même. L'on rapporte en son nom des paroles mettant en exergue la valeur de la paix, notamment (*Sifri, Nasso* 42) : « Grande est la paix car elle possède autant de valeur que la Création. »

[P]Rabbi 'Hanina ben Téradione

Rabbi 'Hanina (ou encore 'Hanania) ben Téradione fut l'un des Sages de Galilée qui vécut à la fin de l'époque de *Kérem dé-Yavné*, se trouvant contemporain de la révolte de Bar Kokhba. À la tête d'une importante *yéchiva*, il résidait à Sakhnin. Il occupa également le poste de *Gabay Tsédaka*, responsable

Rabbi 'Hanina ben Téradione[P] **dit : « Deux personnes assises ensemble qui n'échangent pas de paroles de Torah constituent une compagnie de persifleurs** [une discussion, fût-elle absente de mauvaises intentions, qui n'inclurait pas de référence à la Torah risque de tomber dans une futile conversation, voire de dégénérer en frivolité], **comme il est dit : "Et parmi une compagnie de persifleurs, Il ne prend pas place**[E] [mais au contraire, pour utiliser les termes du premier des Psaumes, « qui trouve son plaisir dans la Torah de Dieu, et médite Sa Torah jour et nuit ! »]**". Mais deux personnes assises qui échangent des paroles de Torah, la Présence divine réside au milieu d'elles, car il est dit : "Alors ceux qui craignaient l'Éternel conversaient entre eux, l'Éternel prêta attention et entendit, et un livre du Souvenir fut écrit devant Lui pour ceux qui craignent l'Éternel et révèrent son Nom** [ce verset de Malachie (3, 16) se réfère à des gens échangeant entre eux des paroles de Torah, ce qui incite Dieu à les écouter et la Présence divine à se joindre à eux]**." Je n'ai**

ÉCLAIRAGES

les plus petits. Cette analogie est également mentionnée dans un traité du Talmud (*'Avoda Zara* 3b, 4a), s'appuyant lui-même sur un verset de la Bible (Habacuc 1, 14) : « Pourquoi as-tu rendu les hommes pareils aux poissons de la mer, aux reptiles qui n'ont point de maître ? »

Le *Midrach Chmouel* souligne qu'en l'absence d'autorité, une telle cruauté pourrait même surgir entre des amis, et, à plus forte raison, entre des personnes étrangères l'une à l'autre.

Aussi bien, les dirigeants d'une société sont là pour régir les rapports sociaux et pour permettre aux faibles d'exister.

[E]**Deux personnes assises ensemble qui n'échangent pas de paroles de Torah constituent une compagnie de persifleurs, comme il est dit : « Et parmi une compagnie de persifleurs, il ne prend pas place. »**
En d'autres termes, ces deux personnes, en n'échangeant aucune parole de Torah, commettent un acte bien pire que celui de s'abstenir de toute bonne action : leur rencontre est assimilée à celle de persifleurs manquant totalement de sérieux et dénigrant la Torah et son importance.

L'expression « compagnie de persifleurs » trouve en effet son parallèle dans un verset des Psaumes (1, 1) auquel Rabbi 'Hanina apporte une nouvelle lumière (*Lev Avot*), lorsqu'on lit ce verset à côté de celui qui suit : « Heureux l'homme qui ne suit point les conseils des méchants, qui ne se tient pas dans la voie des pécheurs, et ne prend point place dans une *compagnie de persifleurs*, mais qui trouve son plaisir dans la Torah de l'Éternel, et médite cette Torah jour et nuit ! »

Le *Midrach Chmouel* perçoit une gradation dans ce verset : le « conseil des méchants » concerne ceux qui commettent des transgressions de manière délibérée, « la voie des pécheurs », ceux qui tombent involontairement dans la faute alors que les persifleurs délaissent la Torah.

PERSONNAGES

de la collecte de dons caritatifs, avec une probité citée en exemple. Au moment des décrets de persécution prononcés par le pouvoir romain après le soulèvement de Bar Kokhba, Rabbi 'Hanina continua d'enseigner la Torah dans le domaine public malgré la stricte interdiction éditée par l'occupant jusqu'à ce que le pouvoir romain le condamna à mort. Il fut alors brûlé vif avec un rouleau de la Torah auquel on l'avait attaché. Outre sa propre condamnation, sa famille subit de sévères châtiments de la part des autorités (voir traité *Avoda Zara* 18a).

L'une de ses filles, Bérouria, épouse de Rabbi Méïr, se rendit célèbre par sa sagesse et ses connaissances en Torah, égalant celles des Sages de la Michna.

◄

[de ce verset] **la preuve que pour deux personnes ; d'où sait-on que même lorsqu'une seule personne est assise à étudier la Torah, le Saint béni soit-Il lui attribue un salaire ? Car il est dit** [Lamentations (3, 28)] **: "Il s'assoit solitaire en marquant le silence**[E] [soit en étudiant à voix basse], **parce qu'il le prit** [il reçut le salaire lui revenant grâce à son étude] **pour lui-même**[E]**". »**

MICHNA 3

ג. רַבִּי שִׁמְעוֹן אוֹמֵר: שְׁלֹשָׁה שֶׁאָכְלוּ עַל שֻׁלְחָן אֶחָד, וְלֹא אָמְרוּ עָלָיו דִּבְרֵי תוֹרָה – כְּאִלּוּ אָכְלוּ מִזִּבְחֵי מֵתִים, שֶׁנֶּאֱמַר: "כִּי כָּל שֻׁלְחָנוֹת מָלְאוּ קִיא צֹאָה בְּלִי מָקוֹם". אֲבָל שְׁלֹשָׁה שֶׁאָכְלוּ עַל שֻׁלְחָן אֶחָד וְאָמְרוּ עָלָיו דִּבְרֵי תוֹרָה – כְּאִלּוּ אָכְלוּ מִשֻּׁלְחָנוֹ שֶׁל מָקוֹם בָּרוּךְ הוּא, שֶׁנֶּאֱמַר: "וַיְדַבֵּר אֵלַי זֶה הַשֻּׁלְחָן אֲשֶׁר לִפְנֵי ה'".

3. Rabbi Chim'one dit : « Si trois personnes ont mangé à une même table et n'y ont pas prononcé de paroles de Torah, c'est comme si elles avaient consommé des sacrifices offerts aux morts, car il est dit : "Car toutes les tables sont couvertes de vomissures et d'immondices sans l'Omniprésent". Mais si trois personnes ont mangé à une table et y ont prononcé des paroles de Torah, c'est comme si elles avaient mangé à la table de l'Omniprésent, car il est dit : "Et il me dit : Voici la table qui est devant l'Éternel." »

ÉCLAIRAGES

[E]Il lui attribue un salaire car il est dit : « Il s'assoit solitaire en marquant le silence, parce qu'il le prit (*natal*) pour lui-même. »
Au sens simple, ce verset signifie que même l'individu qui étudie seul la Torah reçoit son salaire en conséquence.

Selon d'autres commentaires, l'on pourrait comprendre que cette personne a « pris » toute la Torah pour elle-même, en d'autres termes tout se passe comme si le don de la Torah n'était dirigé que pour elle (Rambam, Barténora). Une autre version se lit ainsi : lorsqu'une personne étudie seule, la Torah la considère comme si elle avait accompli toute la Torah (Rabbénou Yona). Enfin, d'autres remarquent que le terme en hébreu *natal* rappelle celui de *toula* en araméen (« ombre »), indiquant que la Présence divine repose sur un tel individu et le protège (Rachi, voir aussi la *michna* 6 de ce chapitre 3).

[E]Il s'assoit solitaire en marquant le silence (*véyidom*)
Dans ce dernier verset des Lamentations (3, 28), le terme *véyidom* traduit littéralement par « en marquant le silence » est plutôt interprété comme « en murmurant à voix basse », tel un individu sans personne à côté de lui, rappelant l'expression d'un autre verset (Rois I 19, 12) évoquant *kol démama daka*, « un doux et subtil murmure » de Dieu. Il pourrait aussi s'agir de quelqu'un qui étudie en méditant les mots, le terme *véyidom* pouvant aussi s'apparenter au verbe *lédamot*, soit « imaginer » par la pensée. Une telle personne, fût-elle seule à étudier, reçoit un salaire de Dieu.

Suite à la michna *précédente qui soulignait l'importance des paroles de Torah lorsque des personnes se rencontrent – car cela constitue l'assurance que la Présence divine résidera parmi elles –, cette* michna *apporte un conseil similaire lorsque des individus se retrouvent pour partager un repas.*

Rabbi Chim'one[E P] **dit : « Si trois personnes ont mangé à une même table et n'y ont pas prononcé de paroles de Torah, c'est comme si elles avaient consommé des sacrifices offerts aux morts**[E] [en d'autres termes : c'est comme si elles avaient consommé des sacrifices offerts à des idoles. Une table de repas est en effet comparée à l'autel du Temple de Jérusalem et si nous n'y

ÉCLAIRAGES

[E]Rabbi Chim'one

Lorsque la Michna cite simplement Rabbi Chim'one, il s'agit en général de Rabbi Chim'one bar Yo'haï. Bien que ses paroles soient rapportées plus loin, en même temps que celles d'autres Sages de sa génération (voir la *michna* 7, puis au chapitre 4, *la michna* 13), elles trouvent aussi leur place dès notre *michna*, car elles s'apparentent au conseil formulé par Rabbi 'Hanina ben Téradione dans la *michna* précédente.

[E]Mais si trois personnes…

La *michna* précédente quant à elle, comparait deux personnes assises ensemble sans échanger de paroles de Torah à une « compagnie de persifleurs ». Le nombre de trois est évoqué ici en raison de son importance dans le cadre d'un repas car il est dès lors possible d'inviter formellement les présents (par le biais du « *zimoun* ») à réciter le *birkat hamazone*, soit les bénédictions prononcées après avoir mangé du pain (traité *Bérakhot*, chapitre 7, *michna* 1). Or, selon certains Sages, cette simple formule d'invitation que constitue le *zimoun* pourrait se substituer à des paroles de Torah. C'est pourquoi notre *michna* insisterait, à l'encontre de cette dernière opinion, sur la nécessité de prononcer des paroles de Torah, quand bien même trois personnes seraient présentes et devraient donc réciter le *zimoun* ; ainsi en va-t-il, à plus forte raison, de deux personnes (*Hone 'Achir, Tossefot Yom Tov*).

[E]Des sacrifices offerts aux morts

La plupart des commentateurs expliquent qu'il s'agit en fait de sacrifices offerts à des idoles, ce qui constitue de l'*avoda zara*, soit un culte étranger. Et de s'appuyer sur le verset des Psaumes (106, 28) : « Ils se prostituèrent à Baal-Péor, et mangèrent

PERSONNAGES

[P]Rabbi Chim'one (bar Yo'haï)

Rabbi Chim'one bar Yo'haï fut l'un des éminents disciples de Rabbi Akiva. Il vécut deux générations avant la rédaction de la Michna et se considérait comme le successeur de son maître. Ce dernier ne tarissait d'ailleurs pas de louanges à l'égard de son élève au point qu'il s'exprima un jour envers lui en ces termes : « Il suffit que moi-même et ton Créateur reconnaissent ta force » (Talmud de Jérusalem, *Sanhédrin* 1, 2).

Rabbi Chim'one excellait dans le domaine de la *Halakha* et de la *Aggada*, et ses propos concernant divers domaines sont rapportés dans de nombreux endroits de la littérature talmudique. Bien que la *halakha* ne soit pas toujours tranchée selon son opinion, notamment lorsqu'il se trouve en désaccord avec Rabbi Yossé et Rabbi Yéhouda, dans certains cas cependant, c'est bien son avis qui l'emporte.

Sifri, le *Midrach Halakha* se rapportant à deux livres du Pentateuque (« Nombres » et « Deutéronome »), a été rédigé dans sa maison d'études. Sa méthode d'exégèse particulière (« *Dorech ta'amo chel ha-katouv* ») était telle qu'il savait tirer des conclusions en matière de *halakha* à partir de l'esprit se dégageant des Écritures (voir traité *Sanhédrin* 21a). On lui attribue également la rédaction du Zohar, sur lequel se fonde l'enseignement ésotérique.

Rabbi Chim'one ne cacha pas son opposition au

◄

prononçons pas des paroles de Torah, c'est comme si nous nous adonnions à nos seuls instincts], **car** [à propos d'un tel repas] **il est dit** [Isaïe 28, 8] **: "Car toutes les tables sont couvertes de vomissures et d'immondices sans** [la mention de] **l'Omniprésent**[E] [en hébreu, *Makom*, soit, littéralement, « Le Lieu », l'une des manières de désigner Dieu en tant qu'Omniprésent. Aussi bien, une table où l'on prend son repas sans prononcer une parole de Torah et sans que le Saint béni soit-Il n'y soit évoqué, revêt un caractère indécent d'un point de vue moral et religieux]**". Mais si trois personnes**[E] **ont mangé à une table et y ont prononcé des paroles de Torah, c'est comme si elles avaient mangé à la table de l'Omniprésent** [dès lors que des paroles de Torah sont prononcées au moment du repas, la table où l'on mange peut être réellement comparée à l'autre table, l'autel du Temple de Jérusalem, et ce qu'on y consomme ressemble alors aux offrandes qui y sont apportées],

ÉCLAIRAGES

des sacrifices offerts à des *morts.* » Cependant, Rabbi Yossef 'Haïm y voit une allusion à un repas de deuil où il est interdit de prononcer des paroles de Torah. Selon Yaavets, des personnes qui ne converseraient pas de Torah pendant leur repas sont comparées à des morts, même si elles se pensent encore vivantes. Ou encore, puisqu'ils ne font que nourrir leur corps et que ce corps en tant que tel finit par dépérir, tout se passe comme si elles alimentaient un mort (*Lev Avot*).

[E]Car toutes les tables sont couvertes de vomissures et d'immondices sans [la mention de] l'Omniprésent

Ce verset du prophète Isaïe souligne que même une table de princes, fût-elle garnie de mets les plus raffinés, revêt un caractère des plus indécents lorsque des paroles de Torah en sont absentes (Yaavets). En vérité, au sens le plus simple, et dans son contexte original, ce verset évoque un repas où règne une abondance outrancière de nourriture, où l'on boit exagérément de l'alcool au point de se saouler, en ignorant la Parole divine. Le résultat insupportable n'est que vomissures et immondices sur la table sans qu'un coin n'en soit pas recouvert, soit en tout endroit, le sens premier de *makom*. Cependant, comme nous l'avons précédemment mentionné, notre *michna* interprète le terme *makom*, comme l'un des noms de Dieu pour signifier qu'il s'agit d'un repas où le Saint béni soit-Il n'est pas mentionné (Rachi).

PERSONNAGES

pouvoir romain qui finit par le condamner à mort. Suite à quoi, il fut contraint de se réfugier avec son fils Rabbi Éléazar pendant de nombreuses années dans une grotte où il continua d'étudier la Torah (traité *Chabbat* 33b).

On le connaît aussi comme un grand faiseur de miracles que le Talmud rapporte à plusieurs reprises (voir traité *Méïla* 17b). De même en va-t-il de son gendre (ou de son beau-père selon une version du Zohar), Rabbi Pin'has ben Yaïr. Parmi ses éminents disciples, l'on compte son fils Rabbi Éléazar, Rabbi Chim'one ben Yéhouda et Rabbi Yéhouda *hanassi*.

La crypte funéraire de Rabbi Chim'one Bar Yo'haï à Méron

car il est dit [Ézéchiel 41, 22] **: « Et il me dit : "Voici la table qui est devant l'Éternel**[E] [la table dont il est question dans ce verset est bien celle de l'autel du Temple de Jérusalem]**." »**

MICHNA 4

ד. רַבִּי חֲנִינָא בֶּן חֲכִינַאי אוֹמֵר: הַנֵּעוֹר בַּלַּיְלָה, וְהַמְהַלֵּךְ בַּדֶּרֶךְ יְחִידִי, וְהַמְפַנֶּה לִבּוֹ לְבַטָּלָה הֲרֵי זֶה מִתְחַיֵּב בְּנַפְשׁוֹ.

4. Rabbi 'Hanina ben 'Hakhinaï dit : « Celui qui est éveillé la nuit ou marche seul en chemin et incline son cœur à des futilités met sa vie en péril. »

Suite aux michnayot *précédentes qui condamnaient l'oisiveté et soulignaient l'importance de prononcer des paroles de Torah lorsque des Juifs se trouvent réunis, cette quatrième* michna *traite de sujets concernant l'individu.*

Rabbi 'Hanina ben 'Hakhinaï[P] **dit : « Celui qui est éveillé la nuit**[E] [outre le fait qu'il ne dort pas, il reste oisif] **ou marche seul** [et désœuvré] **en chemin**[E]

ÉCLAIRAGES

[E]Et il me dit : « Voici la table qui est devant l'Éternel... »
Comment arrive-t-on à la conclusion qu'une table où sont prononcées des paroles de Torah s'assimile à « la table du Saint béni-soit-Il » ? Selon Meïri, le simple fait que l'autel au Temple de Jérusalem soit désigné comme une table nous permet d'envisager une telle comparaison. Rachi voit dans les mots « Et il me dit » une allusion à des paroles de Torah, et dans un autre commentaire, il remarque que le début du même verset : « L'autel en bois avait *trois* coudées de haut » rappelle les *trois* parties du *Tanakh*, du canon biblique : la Torah (le Pentateuque), les Prophètes et les Hagiographes, ou encore la Bible, la Michna et la Guemara.

[E]Celui qui est éveillé la nuit
Selon certains commentateurs (Rachi, Rabbénou Yona), les deux situations (« demeurer éveillé la nuit » et « marcher seul en chemin ») évoquent le cas d'un individu inactif et dont le cœur est incliné à des futilités alors qu'il devrait plutôt mettre à profit de tels moments pour étudier la Torah qui constitue une protection.

De manière plus évidente, quiconque ne dort pas suffisamment nuit à sa santé (Meïri).

[E]... ou marche seul en chemin
Se mettre seul en chemin pour un long déplacement et sans accompagnement accroît le risque de se voir

PERSONNAGES

[P]Rabbi 'Hanina ben 'Hakhinaï
Rabbi 'Hanina (ou 'Hanania) ben 'Hakhinaï fut l'un des plus grands disciples de Rabbi Akiva (sans doute aussi parmi les plus âgés, il vécut jusqu'à l'âge de 95 ans). Il suivit son maître non seulement dans la loi juive mais aussi dans les aspects mystiques du Char céleste d'Ézéchiel. Selon la tradition, il demeura à Bné-Brak pendant douze années de suite chez Rabbi

[ce qui est d'autant plus dangereux que personne ne l'accompagne] **et incline son cœur à des futilités**[E] [qu'il ne dorme pas la nuit et ou qu'il marche seul en chemin, il gaspille son temps à des choses sans intérêt au lieu d'étudier la Torah, de travailler ou encore d'accomplir quelque bonne action] **met sa vie en péril**[E] [son oisiveté l'entraîne à courir un danger à la fois physique et spirituel]. »

MICHNA 5

ה. רַבִּי נְחוּנְיָא בֶּן הַקָּנָה אוֹמֵר: כָּל הַמְקַבֵּל עָלָיו עוֹל תּוֹרָה – מַעֲבִירִין מִמֶּנּוּ עוֹל מַלְכוּת וְעֹל דֶּרֶךְ אֶרֶץ. וְכָל הַפּוֹרֵק מִמֶּנּוּ עוֹל תּוֹרָה – נוֹתְנִין עָלָיו עוֹל מַלְכוּת וְעוֹל דֶּרֶךְ אֶרֶץ.

5. Rabbi Né'hounia ben Hakana dit : « Celui qui se charge du joug de la Torah, se trouve affranchi du joug de la royauté et du joug de sa subsistance. Mais celui qui rejette le joug de la Torah, se voit imposé le joug de l'autorité publique et le joug de sa subsistance. »

ÉCLAIRAGES

la victime de bandits ou de quelque autre agression (Meïri).

Le commentaire du Rachbats rattache d'ailleurs cette même *michna* à un passage du Talmud (traité *'Érouvin* 54b) qui conseille : « Celui qui marche seul sans accompagnement doit étudier la Torah, car il est dit (Proverbes 1, 8–9) : "Écoute, mon fils, les remontrances de ton père, ne délaisse pas les instructions de ta mère ; car elles forment un gracieux *diadème* pour ta tête" ». En effet, le terme *lévyia* en hébreu, traduit normalement par « diadème », signifie aussi « accompagnement » ; selon Rachi, le verset évoque la Torah et la morale en tant que protection.

[E]... et incline son cœur à des futilités

Selon Rachi, il s'agit d'une personne totalement oisive, dont le cœur se trouve complètement détaché de toute réflexion liée à la Torah, voire d'autres sujets intellectuels. Un tel vide de l'esprit laisse dès lors la place à toute sorte d'insanités.

[E]... met sa vie en péril

Une personne qui demeure éveillée tout comme celle qui marche seule ne se trouvent dans aucun environnement social pouvant leur apporter un quelconque soutien ; lorsqu'elles sont de plus affairées à des futilités, aucune protection ne

PERSONNAGES

Akiva en compagnie de Rabbi Chim'one bar Yo'haï. Le sacrifice de sa femme la rendit célèbre car elle fut prête à vivre seule pendant tout le temps que son mari partit étudier loin de son foyer. Lorsqu'elle le vit revenir, prise d'une grande émotion, son âme la quitta et son mari parvint à la faire revivre grâce à sa prière (traité *Kétoubot* 62b).

Rabbi 'Hanina ben 'Hakhinaï, malgré son titre de Rabbi, comptait seulement parmi les Sages débattant à Yavné et ne fut jamais formellement ordonné. Selon certains poèmes liturgiques, il figure parmi les Dix Martyrs exécutés par le pouvoir romain.

◂

Rabbi Né'hounia ben Hakana[P] **dit : « Celui qui accepte le joug**[E] **de la Torah** [l'individu en question ne se contente pas seulement d'étudier la Torah mais il décide aussi d'adopter la Torah comme le cadre de sa vie alors qu'il y voit le fil conducteur définissant tout son univers, pratique et intérieur] **se trouve affranchi du joug de la royauté** [ou de l'autorité publique ; on le libère de tout souci et de toute charge qui l'oblige vis-à-vis des autorités] **et du joug de sa subsistance**[E] [de même se trouve-t-il libéré de tout travail difficile en vue de

ÉCLAIRAGES

leur est assurée et elles s'exposent dès lors à des dangers.

[E]Celui qui accepte joug de la Torah
Dès lors qu'un être décide, au fond de lui-même, de vivre selon la Torah et bien qu'il ne puisse totalement négliger ses obligations matérielles dans le monde d'ici-bas, il ne se trouve déjà plus sous leur emprise. Un tel cadre d'obligations constitue peut-être une sorte de « mal nécessaire » mais il ne s'identifie pas à lui, pas plus qu'il n'est question qu'il dicte le cours de sa vie (voir aussi la *michna* 2 du chapitre 6 : « Il n'est d'homme libre que celui qui se consacre à l'étude de la Torah »).

« Accepter le joug de la Torah » signifie aussi aller jusqu'à se mortifier dans son étude (à l'instar des paroles de Rech Lakich dans le traité *Bérakhot* 63b).

[E]Celui qui accepte joug de la Torah, se trouve affranchi du joug de la royauté et du joug de sa subsistance
Selon le *Midrach Chmouel*, cette expression (en hébreu, *'ol malkhout*, soit « le joug de la royauté ») inclurait également le joug de la Royauté céleste (*Malkhout Chamaïm*) : les Sages du Talmud (traité *Kétoubot* 103b) n'affirment-ils pas que Dieu accomplit ce qu'un juste décrète, par exemple en s'appuyant sur un verset de Job (22, 28): « Tu formeras des projets et ils s'accompliront en ta faveur, la lumière brillera sur tes routes ? » On pourra aussi

PERSONNAGES

[P]Rabbi Né'hounia ben Hakana
Il semble que Rabbi Né'hounia (parfois appelé « Rabbi Né'hounia le Grand ») ait déjà été actif à l'époque du Deuxième Temple. Selon la tradition, il fut l'un des disciples de Rabbi Yo'hanane ben Zaccaï, d'autres sources cependant indiquent qu'il était en quelque sorte son compagnon d'études. La *michna* 4 du chapitre 2 du traité de *Bérakhot* indique qu'il avait l'habitude de prononcer une brève prière chaque fois qu'il entrait dans la maison d'études (afin de ne commettre aucune erreur en matière d'étude de la Loi qui risquerait de faire trébucher autrui) et chaque fois qu'il en sortait (pour remercier Dieu de faire partie de ceux qui fréquentent la maison d'études). Cette prière a d'ailleurs été adoptée dans la *halakha*, la loi juive.

Selon toute vraisemblance, Rabbi Né'hounia fut à l'origine de l'école particulière du *Midrach Halakha* (différente de celle de Rabbi Akiva, voir traité *Chévou'ot* 26a), poursuivie ensuite par son éminent disciple, l'un des Sages de la Michna, Rabbi Yichmaël.

(Le *Midrach Halakha* est, en substance, une méthode d'étude de la Torah, permettant d'y identifier la source des 613 commandements et d'interpréter les passages correspondants pour les authentifier. Il s'agit aussi de déduire d'autres lois à partir de l'interprétation des Écritures ou de l'application de certaines règles herméneutiques).

Il vécut jusqu'à un âge avancé, et lorsque ses élèves lui demandèrent en vertu de quoi il avait mérité une telle longévité, il répondit : « Durant toute ta ma vie, je n'ai jamais accepté un quelconque honneur qui aurait pu dégrader mon prochain. Je ne me suis jamais couché sans avoir apaisé mon prochain si par hasard je l'avais offensé. Et j'ai toujours ouvert la main pour offrir mon argent [aux nécessiteux]. »

Selon des sources ultérieures, Rabbi Né'hounia se plongea aussi dans la dimension ésotérique de la Torah ; en particulier, il serait l'auteur du *Séfer Habahir* et du fameux poème liturgique *Anna békoa'h*.

son gagne-pain]. **Mais celui qui rejette**[E] **le joug de la Torah, se voit imposé le joug de la royauté** [ou de l'autorité publique] **et le joug de sa subsistance** [une personne qui n'accepte pas la Torah comme son cadre de vie finit par devoir travailler dur à la fois pour gagner sa vie et pour servir les autorités. Dès lors, elle se trouve malgré elle sous l'emprise d'un autre système de valeurs, qu'il soit politique ou socio-économique]. »

MICHNA 6

ו. רַבִּי חֲלַפְתָּא אִישׁ כְּפַר חֲנַנְיָה
אוֹמֵר: עֲשָׂרָה שֶׁיּוֹשְׁבִין וְעוֹסְקִין
בַּתּוֹרָה – שְׁכִינָה שְׁרוּיָה בֵּינֵיהֶם,
שֶׁנֶּאֱמַר: ״אֱלֹהִים נִצָּב בַּעֲדַת אֵל״.
וּמִנַּיִן אֲפִילוּ חֲמִשָּׁה? שֶׁנֶּאֱמַר:
״וַאֲגֻדָּתוֹ עַל אֶרֶץ יְסָדָהּ״. וּמִנַּיִן
אֲפִילוּ שְׁלֹשָׁה? שֶׁנֶּאֱמַר: ״בְּקֶרֶב

6. Rabbi 'Halafta ben Dossa de Kfar 'Hananya dit : « Lorsque dix personnes sont assises à étudier la Torah, la présence de Dieu règne sur elles, car il est dit : "Dieu se tient parmi l'assemblée divine." Et d'où sait-on qu'il en est de même pour cinq ? Car il est dit : "Il a fondé Son faisceau sur la terre." Et d'où

ÉCLAIRAGES

se référer au traité *Ta'anit* 23a qui rapporte le récit de 'Honi *hamé'aguel*, « le traceur de cercles » qui promit de ne quitter le cercle qu'il avait tracé que lorsqu'il pleuvrait ! Et Dieu finit effectivement par faire tomber la pluie...

Quant au joug de la subsistance et dans le même ordre d'idées, le traité *Avot dé Rabbi Nathan* (20, 1) rapporte les paroles suivantes de Rabbi 'Hanania : « Celui qui prend les paroles de Torah à cœur, n'est plus troublé par des pensées mortifères, de famine, d'adultère, de sottises, de son mauvais penchant, de futilités et du joug d'êtres de chair et de sang ainsi qu'il est dit (Psaumes 19, 9) : "Les préceptes de l'Éternel sont droits : ils réjouissent le cœur. Le commandement de l'Éternel est lumineux ; il éclaire les yeux". » Il en ressort que dès lors que l'on plonge tout son être dans les paroles de la Torah, l'on se trouve affranchi de toute inquiétude matérielle liée au monde d'ici-bas.

Selon Rabbénou Yona, le juste qui, quotidiennement, se plonge corps et âme dans le monde de la Torah, d'un côté reçoit la bénédiction divine et, d'un autre côté, sait se suffire de peu : dès lors, le joug du gagne-pain ne constitue pas pour lui une lourde charge.

[E]Celui qui accepte le joug de la Torah... mais celui qui rejette
Cette *michna* pourrait être lue un peu autrement : quiconque se trouve soumis à la fois au joug de l'autorité publique et à celui du gagne-pain mais, malgré cela, déploierait tous ses efforts pour accepter le joug de la Torah, se trouverait récompensé. Dieu le gratifierait alors d'un miracle dépassant la nature des choses et l'affranchirait de toutes les contraintes matérielles s'abattant sur lui.

Au contraire, un individu qui ne se soumettrait à aucun des deux jougs et, qui, malgré le temps mis à sa disposition, paresserait dans l'étude de la Torah se verrait précisément asservi, de manière naturelle, au joug de la royauté (ou de l'autorité publique) et à celui de sa subsistance.

◄

אֱלֹהִים יִשְׁפֹּט". וּמִנַּיִן אֲפִילוּ שְׁנַיִם? שֶׁנֶּאֱמַר: "אָז נִדְבְּרוּ יִרְאֵי ה' אִישׁ אֶל רֵעֵהוּ וַיַּקְשֵׁב ה' וַיִּשְׁמָע וְגוֹ'". וּמִנַּיִן אֲפִילוּ אֶחָד? שֶׁנֶּאֱמַר: "בְּכָל הַמָּקוֹם אֲשֶׁר אַזְכִּיר אֶת שְׁמִי אָבֹא אֵלֶיךָ וּבֵרַכְתִּיךָ".

sait-on qu'il en est de même pour trois ? Car il est dit : "Au milieu des juges, Il rend la justice." Et d'où sait-on qu'il en est de même pour deux ? Car il est dit : "Alors ceux qui craignaient l'Éternel conversaient entre eux et l'Éternel prêta attention et entendit." Et d'où sait-on qu'il en est de même pour une seule ? Car il est dit : "En chaque endroit où Je rappellerai Mon Nom, Je viendrai vers toi et te bénirai." »

Cette michna, *dans la lignée de la précédente, traite de l'importance de l'étude de la Torah en assemblée de dix personnes mais aussi en moins grand nombre, voire individuellement.*

Rabbi 'Halafta ben Dossa de Kfar 'Hananya[P C] **dit : « Lorsque dix personnes sont assises à étudier la Torah, la présence de Dieu règne sur elles** [le Saint béni soit-Il les gratifie, en secret ou de manière dévoilée, de Sa sagesse et de Sa puissance], **car il est dit** [Psaumes 82, 1] **: "Dieu se tient parmi l'assemblée**

CONTEXTE

[C]Kfar 'Hananya

Le village Kfar 'Hananya se trouve situé à environ un kilomètre du village d'aujourd'hui connu sous le même nom, entre la Basse et la Haute Galilée (voir traité *Chéviït* chapitre 9, *michna* 2). Cette implantation juive a existé depuis l'époque du Premier Temple de Jérusalem jusqu'au XVIe siècle avant d'être réinstaurée de nos jours. Certains Sages de la Michna résidaient dans ce village dont la taille était alors relativement importante. Y régnait une industrie de céramique réputée pour produire des ustensiles particulièrement durables (voir traité *Chabbat* 120b). Les fouilles archéologiques ont permis de retrouver des vestiges de fours utilisés par cette industrie.

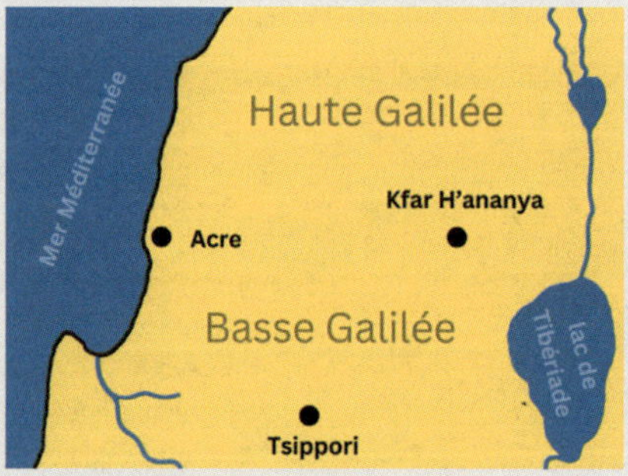

Le village de Kfar 'Hananya entre la Basse et la Haute Galilée

PERSONNAGES

[P]Rabbi 'Halafta ben Dossa de Kfar 'Hananya

Ce Sage n'est mentionné que de rares fois dans le Talmud. Il semble appartenir à la dernière génération des *Tannaïm*, les Sages de la Michna, car il cite dans plusieurs endroits le *Tanna* Rabbi Méïr. La mention de son village d'origine permet de le distinguer d'un autre Rabbi 'Halafta, père de Rabbi Yossé, et appartenant à la génération précédente.

◂

divine[E]" [au regard de la loi juive une assemblée (*'éda* en hébreu) mérite son nom lorsqu'elle se compose d'au moins dix personnes ; elle est dès lors désignée comme un *minyane*. Si, d'autre part, cette assemblée est « divine », en d'autres termes, si elle accepte le joug de la Torah et celui de la royauté divine, Dieu se tient alors parmi elle] **: Et d'où sait-on qu'il en est de même pour cinq** [cependant, bien que le nombre de dix ait une signification particulière, le règne de la Présence divine peut prendre place sur un nombre moins important de personnes s'affairant à l'étude la Torah] ? **Car il est dit** [Amos 9, 6] **: "Il a fondé Son faisceau sur la terre**[E]" [le terme « faisceau », *agouda* en hébreu, rappelle le faisceau de cinq doigts consituant la main, d'où l'affirmation de la *michna* selon laquelle lorsque cinq personnes sont affairées à l'étude de la Torah, Dieu contribue au fondement et à la stabilité d'une telle assemblée]**. Et d'où sait-on qu'il en est de même pour trois**[E]**, car il est dit** [Psaumes 82, 1] : **"Au milieu**

ÉCLAIRAGES

[E]Car il est dit : "Dieu se tient parmi l'assemblée divine"

Nos Sages ont appris que le terme *'éda* (traduit ici par assemblée) est associé à dix personnes à partir d'un verset de la Bible concernant l'épisode des douze explorateurs que Moïse avait envoyés en Terre d'Israël avant l'entrée du peuple. Suite à leur rapport pessimiste de nature à démoraliser les enfants d'Israël, Dieu s'était alors exprimé en ces termes : « Jusqu'à quand tolérerai-Je cette assemblée (*'éda*) perverse et ses murmures contre Moi ? » Or, parmi ces douze explorateurs, seuls deux d'entre eux, Josué (Yéhochoua) et Calev, avaient au contraire exhorté le peuple en affirmant que la conquête de la Terre était possible. Ainsi donc, la *'éda* en question se composait bien de dix personnes (voir traité *Sanhédrin* chapitre 1, *michna* 6). De fait, ce nombre de dix Juifs constitue le minimum pour former une communauté dans laquelle le nom de Dieu peut être réellement sanctifié, et c'est pourquoi toute réunion publique, concernant par exemple la *téfilla*, la prière ou la lecture de la Torah dans un *Séfer Torah* à la synagogue, exige que dix hommes soient présents (voir traité *Méguilla* chapitre 4, *michna* 3).

Comme le souligne notre *michna*, la Présence divine peut aussi bien régner sur une seule personne affairée à l'étude de la Torah. Cependant, le niveau de la Présence divine prend une dimension de plus en plus élevée et particulière lorsque le nombre va en grandissant (voir le traité *Bérakhot* 6a, le Maharal de Prague et Rabbénou Yona).

[E]Et d'où sait-on qu'il en est de même pour cinq ? Car il est dit : "Il a fondé Son faisceau sur la terre"

La plupart des commentateurs ont vu dans ce faisceau (en hébreu, *agouda*, évoquant aussi le terme d'association) celui que forment les cinq doigts de la main ; de même, lorsque nous souhaitons associer plusieurs objets dans notre main, nous le faisons avec nos cinq doigts (Rachi, Rambam).

D'autres, par ailleurs, soulignent que le chiffre cinq rappelle le monde d'ici-bas dont il est dit qu'il fut créé avec la lettre *hé* ayant cinq pour valeur numérique (voir *Tiféret Israël*).

Certains (voir *Avot dé-Rabbi Nathan*) considèrent cependant que le verset cité tout de suite après (« Au milieu des juges, Il rend la justice ») rappelle en fait le nombre cinq, soit les trois juges et les deux parties en conflit dans le procès. Ou encore, selon l'opinion de Rabbi (*Tossefta Sanhédrin* 1, 1), un tribunal pour les litiges financiers devrait comprendre cinq juges.

[E]Et d'où sait-on qu'il en est de même pour trois ?

Certains expliquent aussi que le faisceau le plus petit se compose de trois éléments, à l'instar du *loulav* (la branche de palmier) que l'on tient dans la main droite pendant la fête de *Souccot* (voir Nombres 23,

des juges, Il rend la justice" [ce verset des Psaumes utilise le terme « *Élohim* » (normalement réservé à Dieu) pour désigner les juges. Sachant qu'un tribunal se compose d'un minimum de trois juges, la *michna* en déduit que Dieu réside également au sein de trois personnes affairées à l'étude de la Torah]. **Et d'où sait-on qu'il en est de même pour deux ? Car il est dit** [Psaumes 82, 1] **: "Alors ceux qui craignaient l'Éternel conversaient entre eux et l'Éternel prêta attention et entendit"** [Dieu écoute la conversation entre des craignant-Dieu, fût-ce seulement le cas d'un individu et de son prochain]. **Et d'où sait-on qu'il en est de même pour une seule ? Car il est dit** [Exode 20, 21] **: "En chaque endroit où Je rappellerai Mon Nom, Je viendrai vers toi et te bénirai[E]"** [la *michna* interprète en fait ce verset ainsi : en tout endroit où le nom de Dieu est mentionné, Dieu apparaît et fait régner sa présence, même chez un seul individu ("Je viendrai vers *toi*")]. »

MICHNA 7

ז. רַבִּי אֶלְעָזָר אִישׁ בַּרְתּוֹתָא אוֹמֵר: תֶּן לוֹ מִשֶּׁלּוֹ, שֶׁאַתָּה וְשֶׁלְּךָ שֶׁלּוֹ.

7. Rabbi Éléazar de Bartota dit : « Donne-Lui de ce qui Lui appartient,

ÉCLAIRAGES

40) et auquel on attache des feuilles de myrte et des feuilles de saule (alors que la main gauche tient le fruit du cédrat), ou bien de ce bouquet d'hysope composé de trois tiges (Exode 12, 22, voir Rachi) accompagnant le sacrifice pascal.

[E]Et d'où sait-on qu'il en est de même pour une seule ? Car il est dit : "En chaque endroit où Je rappellerai Mon Nom, Je viendrai vers toi et te bénirai."

L'on déduit de cette *michna* qu'étudier la Torah et la Sagesse divine revient à mentionner le nom de Dieu : le commentaire de *Pirké Moché* n'affirme-t-il pas que toute la Torah se compose des noms de Dieu ?

Selon Rachi, bien que la formule de la *michna* soit, littéralement, « Je rappellerai Mon Nom », il faut en déduire que Dieu inspire au cœur de l'homme la pensée d'invoquer Dieu.

Certains commentateurs voient néanmoins dans l'expression « En chaque endroit où Je rappellerai Mon Nom (soit, en fait, où Mon Nom sera mentionné) » une allusion à la dimension ésotérique de la Torah où l'on traite du « *Chem Hameforach* » : au-delà du Tétragramme auquel ce terme fait allusion, il s'agit en fait du Nom secret de Dieu (comprenant selon la Kabbale 72 lettres) que seul le *Cohen Gadol*, le Grand-prêtre, prononçait au Temple de Jérusalem une fois par an, le jour de Kippour. Or étudier ce nom de Dieu n'est permis que si l'on est seul (voir traité *'Haguiga* chapitre 2, *michna* 2).

Pour appuyer cette dernière sentence de la *michna*, le commentaire de *Barténora* renvoie à un verset de la Bible (Lamentations 3, 28) : « S'asseoir *solitaire* en se résignant silencieusement, lorsque Dieu le lui *impose* ». En hébreu, le terme *natal* traduit ici par « impose » peut aussi prendre le sens de protéger ou recouvrir.

וְכֵן בְּדָוִד הוּא אוֹמֵר: "כִּי מִמְּךָ הַכֹּל וּמִיָּדְךָ נָתַנּוּ לָךְ". רַבִּי שִׁמְעוֹן אוֹמֵר: הַמְהַלֵּךְ בַּדֶּרֶךְ וְשׁוֹנֶה, וּמַפְסִיק מִמִּשְׁנָתוֹ, וְאוֹמֵר: "מַה נָּאֶה אִילָן זֶה" וּ"מַה נָּאֶה נִיר זֶה" – מַעֲלֶה עָלָיו הַכָּתוּב כְּאִלּוּ מִתְחַיֵּב בְּנַפְשׁוֹ.

car toi et tout ce qui t'appartient êtes à Lui. C'est ainsi que David dit : "Car tout vient de Toi et c'est de Ta main que nous tenons ce que nous T'avons donné". » Rabbi Chim'one dit : « Celui qui va en chemin et étudie et interrompt son étude pour dire : "Comme cet arbre est beau, comme ce champ labouré est beau", l'Écriture considère qu'il met sa vie en péril. »

Rabbi Éléazar de Bartota[P] dit : « Donne-Lui de ce qui Lui appartient [lorsqu'une personne accomplit les *mitsvot* que ce soit avec sa propre personne ou son argent, elle doit le faire en pleine conscience que, fondamentalement, tout revient à Dieu], **car toi et tout ce qui t'appartient êtes à Lui[E]. C'est ainsi que David dit** [au moment où il présente la somme de tous les trésors qu'il consacra au *Beth Hamikdach*, le Temple de Jérusalem (voir Chroniques I 29, 13)] : **"Car tout vient de Toi et c'est de Ta main que nous tenons ce que nous T'avons donné"** [non seulement la Création du monde est due au Saint béni soit-il, mais tout et à tout instant]. **»**

ÉCLAIRAGES

[E]Car toi et tout ce qui t'appartient êtes à Lui
Au sens le plus immédiat, ce conseil signifie que l'on doit consacrer ses biens (une partie en tout cas et non pas l'ensemble, voir *Midrach Chmouel*) pour des causes relevant du Ciel. Certains ont souligné qu'il ne s'agit pas uniquement de dons d'argent à la *tsédaka* : au-delà de cela, chacun doit pouvoir utiliser les talents que Dieu lui a donnés pour Le servir (*Tiféret Israël*).

PERSONNAGES

[P]Rabbi Éléazar de Bartota
Rabbi Éléazar (ben Yéhouda) du village de Bartota était l'un des disciples de Rabbi Yéhochoua Ben 'Hanania et transmit un certain nombre de lois en son nom (voir par exemple traité *Tévoul Yom*, chapitre 3, *michna* 4 et 5). De même, les Sages de la génération suivante ont rapporté des lois au nom de Rabbi Éléazar (traité *'Orla*, chapitre 1, *michna* 4, et *Tossefta Zavim* 1, 5).

Certains l'identifient à « Rabbi Éléazar homme de Birta » à propos duquel on raconte qu'il offrait tout son argent à la *tsédaka* sans qu'il ne lui reste plus aucun sou en poche. Voyant cela, les responsables de la collecte de dons se cachaient de lui afin qu'il ne se débarrasse pas de tout son argent (traité *Ta'anit* 24*b*).

Le village de Bartota n'a pas été précisément localisé. D'aucuns expliquent ce nom comme venant des mots *Béér* (puits) et *Toute* (mûrier), comme pour indiquer que Bartota était proche d'un puits flanqué d'un mûrier. D'autres pensent que ce village se trouvait dans la plaine de Judée ou encore correspondrait à celui de Midgal Touta dans la Bande de Gaza.

La michna *revient ici sur l'importance de l'étude de la Torah, en public comme à titre individuel.*

Rabbi Chim'one[P] dit : « Celui qui va en chemin et étudie et interrompt son étude[E] pour dire [en regardant autour de lui tout en marchant] **: "Comme cet arbre est beau, comme ce champ labouré[C] est beau", l'Écriture considère qu'il met sa vie en péril[E]** [l'étude de la Torah exige une concentration totale

ÉCLAIRAGES

[E]Celui qui va en chemin et étudie et interrompt son étude…
Le problème soulevé ici quant à l'interruption de l'étude de la Torah est un problème général ; cependant, ce cas est plus fréquent lorsque l'on se trouve en chemin (*Ma'hzor* de Vitry).

On rapporte au nom du Baal Chem Tov que l'expression « interrompt son étude » signifie en vérité qu'il se sépare de son attachement à Dieu qu'apporte la Torah : la louange qu'il adresse envers ce « bel arbre » est en vérité une louange qu'il se porte à lui-même (alors qu'il se considère comme un « bel arbre » …) en se vantant de son intelligence dans son étude de la Torah.

[E]… l'Écriture considère qu'il met sa vie en péril
Certaines versions de cette *michna* omettent « l'Écriture considère » car l'on n'a pas vraiment trouvé de sources à cette affirmation. Selon Rachi, toutes les routes sont pleines de dangers, et la meilleure façon de s'en protéger est d'étudier la Torah en chemin.

Cependant, selon le traité *'Haguiga* (12b), quiconque interrompt des paroles de Torah reçues à l'origine par le biais des Tables de la Loi (*Lou'hot*) afin d'entamer une discussion (*sia'h*) profane se voit réserver un châtiment céleste. Ce passage du Talmud repose en effet sur l'exégèse d'un verset biblique de Job (30, 4), grâce au double sens en hébreu de certains mots : « cueillant des plantes [*maloua'h*, rappelant le terme *Lou'hot*] sauvages près des arbrisseaux [*'alé sia'h*, rappelant le terme discussion, *sia'h*] » (voir le *Ma'hzor* de Vitry).

Selon le Maharal de Prague, cette *michna* s'appuierait en fait sur la suivante : celui qui oublierait

CONTEXTE

[C]Champ labouré

PERSONNAGES

[P]Rabbi Yaakov – Rabbi Chim'one
La plupart des versions de notre *michna* (en deuxième partie) indiquent Rabbi Yaakov et non Rabbi Chim'one. L'identité de Rabbi Yaakov est néanmoins peu claire. Il pourrait s'agir du père de Rabbi Éléazar ben Yaakov qui vécut à la fin de l'époque du Deuxième Temple (*Midrach Chmouel*). Certains l'identifient plutôt à Rabbi Yaakov ben Korchaï, contemporain de Rabbi Chim'one ben Gamliel (le deuxième, voir traité *Horayot* 13b). Ce serait alors auprès de lui que Rabbi Yéhouda *hanassi* aurait acquis les fondements de son enseignement.

et ne souffre aucune distraction de l'esprit vers quoi que ce soit d'autre, fût-ce pour louer Dieu à propos de la beauté de Sa Création]. »

MICHNA 8

ח. רַבִּי דּוֹסְתַּאי בְּרַבִּי יַנַּאי מִשּׁוּם רַבִּי מֵאִיר אוֹמֵר: כָּל הַשּׁוֹכֵחַ דָּבָר אֶחָד מִמִּשְׁנָתוֹ – מַעֲלֶה עָלָיו הַכָּתוּב כְּאִלּוּ מִתְחַיֵּב בְּנַפְשׁוֹ, שֶׁנֶּאֱמַר: "רַק הִשָּׁמֶר לְךָ וּשְׁמֹר נַפְשְׁךָ מְאֹד פֶּן תִּשְׁכַּח אֶת הַדְּבָרִים אֲשֶׁר רָאוּ עֵינֶיךָ". יָכוֹל אֲפִילּוּ תָּקְפָה עָלָיו מִשְׁנָתוֹ? תַּלְמוּד לוֹמַר: "וּפֶן יָסוּרוּ מִלְּבָבְךָ כֹּל יְמֵי חַיֶּיךָ", הָא אֵינוֹ מִתְחַיֵּב בְּנַפְשׁוֹ עַד שֶׁיֵּשֵׁב וִיסִירֵם מִלִּבּוֹ.

8. Rabbi Dostaï fils de Rabbi Yannaï dit au nom de Rabbi Méïr : « Celui qui oublie une seule partie de son étude, l'Écriture le considère comme mettant sa vie en péril, car il est dit : "Surtout garde-toi, de sorte à préserver ta vie, d'oublier les choses que tes yeux ont vues". On pourrait penser que cela s'applique même au cas où l'étude outrepasse ses capacités ; c'est pourquoi le verset ajoute : "Et qu'elles ne s'écartent pas de ton cœur tous les jours de ta vie." On met donc sa vie en péril seulement lorsqu'on les chasse de son cœur. »

Cette michna *insiste à nouveau sur l'importance de l'étude de la Torah sans relâche et sans en détourner son attention.*

Rabbi Dostaï[P] fils de Rabbi Yannaï dit au nom de Rabbi Méïr : « Celui qui oublie une seule partie de son étude [oublier ce que l'on a étudié signifie qu'on n'y revient pas assez ou encore que l'on accorde peu d'importance

ÉCLAIRAGES

les paroles de Torah qu'il a étudiées mettrait ainsi sa vie en péril, à l'instar du verset biblique (Exode 4, 9) : « Surtout garde-toi, de sorte à préserver ta vie, d'oublier les choses que tes yeux ont vues ».

PERSONNAGES

[P]Rabbi Dostaï

Rabbi Dostaï, fils de Rabbi Yannaï, appartient à la dernière génération des Sages de la Michna ayant vécu à l'époque de Rabbi Yéhouda *hanassi*, son rédacteur. Il est possible qu'il ait été plus âgé que lui. Éminent disciple de Rabbi Méïr, il cite ce dernier dans la plupart de ses enseignements, comme dans notre *michna*. Son nom figure dans un certain nombre de passages ressortant de la *aggada*, soit la partie homilétique du Talmud (voir en particulier les traités *Pessa'him* 8b, *Bava Batra* 10a et *Nidda* 31b).

au sujet], **l'Écriture le considère comme mettant sa vie en péril**[E], **car il est dit** [Deutéronome 4, 9] **: "Surtout garde-toi, de sorte à préserver ta vie, d'oublier les choses que tes yeux ont vues"** [bien que ce verset, dans son sens simple, se rapporte à l'événement du Don de la Torah au mont Sinaï et à l'obligation de s'en souvenir, l'on peut aussi en déduire qu'oublier les paroles de la Torah constitue un danger mortel].

Cependant, Rabbi Dostaï modère la sentence :

On pourrait penser que cela s'applique même au cas où l'étude outrepasse ses capacités[E] [va-t-on néanmoins affirmer la même chose lorsqu'une personne, ayant étudié une trop grande quantité de textes, se trouve dans l'impossibilité de tout retenir et par conséquent en oublie forcément une partie ?] **; c'est pourquoi le** [même] **verset ajoute : "Et qu'elles ne s'écartent pas de ton cœur tous les jours de ta vie." On met donc sa vie en péril seulement lorsqu'on les chasse de son cœur**[E] [lorsque l'on demeure délibérément inattentif dans son étude ou encore si l'on s'abstient de réviser, ce qui conduit nécessairement à l'oubli]. »

ÉCLAIRAGES

[E]L'Écriture le considère comme mettant sa vie en péril

Certains expliquent qu'en oubliant ce que l'on a étudié, l'on met sa vie en péril, car l'on risque d'enfreindre des interdictions dont on a omis l'existence, à l'instar d'une autre *michna* des *Pirké Avot* (chapitre 4, *michna* 13) : « Sois appliqué à l'étude, car une transgression due à une étude insuffisante te sera comptée comme une transgression délibérée » (voir Rabbénou Yona, Barténora). Selon certaines sources (*Avot dé-Rabbi Nathan*, traité *Ména'hot* 99b), tout se passe comme si l'on avait perdu une chose précieuse dont notre vie dépendrait : « À quoi cela ressemble-t-il ? À un maître qui confie une hirondelle à son serviteur en le prévenant : "Crois-tu qu'au cas où tu la perdrais, tu me serais seulement redevable d'un *issar* (une petite pièce de monnaie) ? Eh bien non, c'est au prix de ta vie que tu me payerais" ! » (Rachbats, *Tiféret Israël*).

D'autre commentateurs soulignent que la Torah est de nature à protéger la personne qui l'étudie et que, par conséquent, lorsqu'elle l'oublie, elle perd cette défense (Barténora).

[E]On pourrait penser que cela s'applique même au cas où l'étude outrepasse ses capacités

L'un des sens premiers de cette *michna*, comme nous l'avons précédemment expliqué, est que l'excès de textes étudiés conduit à l'oubli. Mais cela peut être aussi dû à la difficulté du texte étudié et à son incompréhension (Rachi). Ou encore dans le cas d'une personne malade ou trop âgée.

D'autres fournissent une autre raison : l'envie soudaine, au moment où nous sommes plongés dans un certain sujet d'étude, de passer à un autre chapitre (*Notser 'Hessed*).

[E]Seulement lorsqu'on les chasse de son cœur

Selon une autre version mentionnée par Rachbats, il serait question d'un individu qui comprend les paroles de Torah mais les écarte délibérément de son cœur. Il agit en toute conscience pour effacer de sa mémoire tout ce que la Torah lui a appris.

[E]Celui dont la crainte du péché prévaut sur sa sagesse, sa sagesse perdure

◄

MICHNA 9

ט. רַבִּי חֲנִינָא בֶּן דּוֹסָא אוֹמֵר: כָּל שֶׁיִּרְאַת חֶטְאוֹ קוֹדֶמֶת לְחָכְמָתוֹ – חָכְמָתוֹ מִתְקַיֶּמֶת. וְכָל שֶׁחָכְמָתוֹ קוֹדֶמֶת לְיִרְאַת חֶטְאוֹ – אֵין חָכְמָתוֹ מִתְקַיֶּמֶת.

9. Rabbi 'Hanina ben Dossa dit : « Celui dont la crainte du péché prévaut sur sa sagesse, sa sagesse perdure ; mais celui dont la sagesse prévaut sur sa crainte du péché, sa sagesse ne perdure pas. »

הוּא הָיָה אוֹמֵר: כָּל שֶׁמַּעֲשָׂיו מְרוּבִּין מֵחָכְמָתוֹ – חָכְמָתוֹ מִתְקַיֶּמֶת. וְכָל שֶׁחָכְמָתוֹ מְרוּבָּה מִמַּעֲשָׂיו – אֵין חָכְמָתוֹ מִתְקַיֶּמֶת.

Il avait coutume de dire : « Celui dont les actions excèdent sa sagesse, sa sagesse perdure ; mais celui dont la sagesse excède ses actions, sa sagesse ne ne perdure pas. »

La michna *précédente soulignait l'importance de persévérer dans l'étude de la Torah, d'y revenir plusieurs fois et de ne rien oublier. Cette nouvelle* michna*, quant à elle, recommande la manière de rendre la Torah présente chez un individu afin que la sagesse qu'il acquiert à travers elle soit maintenue tout au long de sa vie.*

Rabbi 'Hanina ben Dossa[P] **dit : « Celui dont la crainte du péché prévaut sur sa sagesse** [celui qui place au centre de ses préoccupations la crainte de fauter puis, à partir de là, s'engage dans l'étude de la Torah], **sa sagesse perdure**[E] [pour

PERSONNAGES

[P]**Rabbi 'Hanina ben Dossa**

Disciple de Rabbi Yo'hanane ben Zaccaï, Rabbi 'Hanina ben Dossa fait partie des Sages de la Michna ayant vécu à l'époque du Deuxième Temple. L'on ne connaît guère de détails sur sa vie, si ce n'est qu'il était apparemment un simple ouvrier et qu'il vécut dans la plus grande pauvreté. Aucun de ses dires en matière de *halakha* ne nous est demeuré, mais nous disposons cependant d'un certain nombre de textes homilétiques le concernant.

Déjà de son vivant, il se distingua comme un homme dont la prière accomplissait des prodiges, au point que Rabbi Yo'hanane ben Zaccaï affirma qu'il le dépassait sur ce plan (traité *Bérakhot*, chapitre 5, *michna* 5 et dans la Guemara du même traité 34b). De tous ces récits, se dégage une humble personnalité aux nobles vertus ; il se fit également remarquer en tant qu'auteur de miracles bouleversant l'ordre naturel des choses. C'est ainsi que le Talmud (traité *Ta'anit* 24b-25a) s'exprime à son propos : « Chaque jour, une Voix céleste s'élève en disant : le monde entier est soutenu grâce au mérite de mon fils 'Hanina, et pourtant mon fils 'Hanina se suffit d'un simple *kav* [d'une infime quantité] de caroubes pour se nourrir pendant toute la semaine, de Chabbat en Chabbat. »

ce dernier, la Torah dépasse le cadre d'une simple occupation intellectuelle déconnectée de sa vie : la sagesse qu'il acquiert par le biais de l'étude influence sa conduite et, par conséquent, demeure tout au long de sa vie]; **mais** [au contraire] **celui dont la sagesse prévaut sur sa crainte du péché, sa sagesse ne perdure pas**[E] [cette sagesse ne possède qu'une dimension abstraite, détachée de la réalité quotidienne et sans aucune signification. De valeur éphémère, elle peut, à la rigueur, occuper l'esprit d'un individu pour un temps, mais il peut tout aussi facilement s'en défaire de différentes façons]. »

Il avait coutume de dire [Rabbi 'Hanina ben Dossa poursuit le fil de sa pensée] : « **Celui dont les** [bonnes] **actions excèdent la sagesse** [aux yeux d'une telle personne, la sagesse constitue l'instrument lui permettant d'améliorer ses actions et de les amender]**, sa sagesse perdure** [dans ce cas, la sagesse ne se résume pas à une simple réflexion théorique ; ne constituant pas un vase clos à l'intérieur de l'être, elle se maintient[E] d'autant mieux] ; **mais** [au

ÉCLAIRAGES

Plusieurs commentaires ont été donnés à propos de cette prévalence de la crainte du péché sur la sagesse. Tout d'abord, le fait même d'avoir en tête la crainte de transgresser un quelconque commandement avant d'entreprendre quelque action que ce soit permet de ne trébucher ni dans ses actions ni dans ses résolutions ; la réussite lui est alors assurée.

Le traité *Avot dé-Rabbi Nathan* cite un verset biblique (Psaumes 111, 10) pour appuyer notre *michna* : « L'origine de la sagesse, c'est la crainte de l'Éternel. » Maïmonide élargit la crainte de l'Éternel à un travail personnel afin de cultiver ses propres vertus, condition indispensable afin de jouir de la sagesse relevant de la Torah et de s'y plonger. À défaut, l'on risque d'être incapable d'affronter les défis moraux que la sagesse nous présente et l'on en vient à les rejeter.

[E]Mais celui dont la sagesse prévaut sur sa crainte du péché, sa sagesse ne perdure pas

Certains vont même plus loin : lorsque la crainte du péché ne prévaut pas, c'est en quelque sorte la sagesse elle-même qui conduit la personne à fauter. Selon le Talmud en effet (traité *Sota* 52*b*), la vigueur du mauvais penchant serait proportionnelle à la grandeur de l'individu. En d'autres termes, plus on acquiert de la sagesse, plus est-on à même de succomber à son mauvais penchant, d'où l'importance de placer en premier lieu la crainte du péché (*'Hafets 'Haïm*).

[E]Celui dont les [bonnes] actions excèdent sa sagesse, sa sagesse perdure

L'on peut se poser la question à propos du sens obvie de cette recommandation : comment est-il possible de multiplier les bonnes actions sans qu'on ait étudié leurs tenants et leurs aboutissants ? Il faudrait donc plutôt comprendre que l'on évoque quelqu'un entreprenant résolument d'accomplir tout ce qu'il a étudié (Rachbats).

Rabbénou Yona, quant à lui, relie ce conseil à la promesse des Hébreux qu'ils prononcèrent avant de recevoir la Torah sur le mont Sinaï : « Nous ferons et nous écouterons » (Exode 24, 16), en d'autres termes : « Nous sommes prêts à accomplir les paroles de la Torah avant même de les comprendre » (traité *Chabbat* 88*a*).

Le traité *Avot dé-Rabbi Nathan* (version 2, 2, 32) compare un « Sage » qui ne craindrait pas de fauter à une personne venue demander du vin à un commerçant sans apporter un récipient pour l'y déverser. Ce qui signifie que les actions donnent un cadre à la sagesse et la préservent ; sans elles, la sagesse perd tout son sens. Autre parabole (*Avot dé-Rabbi Nathan* version 1, 1, 22, voir aussi la *michna* 17 de ce chapitre qui poursuit la même idée) : ce dernier sage rappelle un arbre composé de multiples branches mais de peu de racines, si bien que le vent peut facilement l'arracher ; en d'autres termes, un tel

◄

contraire] **celui dont la sagesse excède ses** [bonnes] **actions, sa sagesse ne perdure pas**[E] [dès lors, sa sagesse est détachée de toute réalisation tangible et ne peut donc reposer sur aucune véritable assise]. »

MICHNA 10

י. הוּא הָיָה אוֹמֵר: כֹּל שֶׁרוּחַ הַבְּרִיּוֹת נוֹחָה הֵימֶנּוּ – רוּחַ הַמָּקוֹם נוֹחָה הֵימֶנּוּ. וְכָל שֶׁאֵין רוּחַ הַבְּרִיּוֹת נוֹחָה הֵימֶנּוּ – אֵין רוּחַ הַמָּקוֹם נוֹחָה הֵימֶנּוּ. רַבִּי דוֹסָא בֶּן הַרְכִּינַס אוֹמֵר: שֵׁינָה שֶׁל שַׁחֲרִית, וְיַיִן שֶׁל צָהֳרַיִם, וְשִׂיחַת הַיְלָדִים, וִישִׁיבַת בָּתֵּי כְּנֵסִיּוֹת שֶׁל עַמֵּי הָאָרֶץ – מוֹצִיאִין אֶת הָאָדָם מִן הָעוֹלָם.

10. Il avait coutume de dire : « Celui que les créatures apprécient est apprécié de Dieu ; mais celui que les créatures n'apprécient pas, n'est pas apprécié de Dieu. » Rabbi Dossa ben Harkinas dit : « Le sommeil du matin, le vin de midi, les discussions puériles et la fréquentation des lieux de réunion des ignorants excluent l'individu du monde. »

Cette michna *commence par présenter une autre recommandation de Rabbi 'Hanina ben Dossa : poursuivant sa ligne de pensée, il insiste sur la nécessité de fournir un sens à la Torah et de la préserver en lui donnant vie au travers de nos relations avec autrui.*

ÉCLAIRAGES

individu demeure instable, susceptible de se briser aisément.

Quelle est donc la différence entre la première partie de la *michna* qui s'attarde sur la crainte du péché et la deuxième partie qui met en exergue l'abondance de bonnes actions ? Selon Barténora, le premier cas touche aux commandements négatifs alors que le deuxième aux commandements positifs. Un autre commentaire, celui de *Pirké Moché*, souligne que la crainte de Dieu est un sentiment essentiellement intime : on ne peut vraiment déterminer si un être fait passer ou non sa sagesse en priorité qu'au travers de son attitude et de ses actions.

[E]Mais celui dont la sagesse excède ses [bonnes] actions, sa sagesse ne perdure pas

Rachi interprète ce passage de la manière suivante : il s'agit de quelqu'un qui n'applique pas ce qu'il étudie et par conséquent mieux vaut qu'il s'abstienne d'étudier... À quoi cela ressemble-t-il selon lui ? À une femme qui accouche puis enterre son enfant ou une personne qui ensemence sans récolter. Sur un autre plan, selon le même Rachi, la *michna* évoquerait ici une disproportion : l'on étudierait plus que l'on respecterait les *mitsvot* ou que l'on s'adonnerait à des actes de *tsédaka*. Ce n'est que dans le cas contraire que la sagesse acquise par le biais de la Torah peut réellement se maintenir.

Il [Rabbi 'Hanina ben Dossa] **avait coutume de dire** [selon le même fil conducteur figurant dans la *michna* précédente, quoique sous une forme différente] **:** « **Celui que les créatures apprécient** [tout individu dont l'entourage affiche envers lui des rapports d'amitié et d'affection] **est apprécié de Dieu**[E] [qui, dès lors, en quelque sorte, « S'aligne » sur cet entourage] **; mais celui que les créatures n'apprécient pas, n'est pas apprécié de Dieu** [cela demeure vrai même si, dans certains domaines, une telle personne est considérée comme juste, voire accomplit de bonnes actions]. »

La deuxième partie de la michna *apporte un complément à ses paroles au travers de Rabbi Dossa ben Harkinas qui propose la manière de cultiver de bons rapports avec son entourage.*

Rabbi Dossa ben Harkinas[P] **dit :** « **Le sommeil du matin** [lorsque l'on continue à dormir tard dans la matinée], **le vin de midi** [et que l'on interrompt longuement son travail en milieu de journée pour prendre son repas et boire beaucoup de vin et ensuite se reposer], **les discussions puériles**[E] [alors que

ÉCLAIRAGES

[E]Celui que les créatures apprécient est apprécié de Dieu

Rabbi 'Hanina ben Dossa souligne ici l'idée suivante : lorsqu'un individu se montre « bon envers les créatures » et lorsque, en retour, son entourage lui porte affection, cela revêt un sens beaucoup plus large que le statut social en découlant car un tel comportement exerce non moins un impact sur le rapport à Dieu.

Que, dans le cas contraire, un être ne soit pas apprécié par les « créatures » ne constitue pas forcément un défaut en soi : cet être en question peut très bien être une personne juste accomplissant de bonnes actions. Cependant, Dieu ne s'en satisfait pas car sa capacité à forger de bonnes relations avec autrui témoigne en vérité de la nature de son intime personnalité.

Certains commentateurs remarquent que le terme « créatures » renforce précisément un rappel : l'homme est créé à l'image de Dieu et en représente donc l'écho (Yaavets). Ou encore que le mot « créatures » fait allusion aux gens les plus simples et non aux grands Sages (*Notser 'Hessed*).

[E]Les discussions puériles

Le terme *si'ha* traduit ici par « discussion » tel que

PERSONNAGES

[P]Rabbi Dossa ben Harkinas

Rabbi Dossa ben Harkinas fut un jeune contemporain de Rabbi Yo'hanane ben Zaccaï, bien que, semble-t-il, tout en appartenant à l'école de Yavné, il affichât sa totale indépendance par rapport à son fondateur et qu'il ne se plaçât pas sous son autorité (voir traité *Kétoubot* chapitre 13, *michna* 1 -2). Très proche de Rabbi Yéhochoua, il compta parmi les Sages de renom appartenant à l'école de Hillel. Nonobstant cette appartenance, le Talmud (traité *Yévamot* 16a) affirme qu'il eut un jeune frère, tout-à-fait brillant et alacre, qui adopta les opinions de l'école de Chammaï.

Quoique l'on sache peu de choses sur sa vie en général, Rabbi Dossa ben Harkinas semble avoir été un homme très riche qui vécut jusqu'à un âge très avancé. Au point que les Sages qui avaient besoin d'un conseil à propos d'antiques traditions conservées dans sa mémoire venaient le consulter chez lui.

Conscient des changements qui se produisaient

l'on passe son temps à des conversations futiles] **et la fréquentation des lieux de réunion des ignorants**[E] [quand on perd son temps à discuter avec des ignorants et des mauvaises gens] **excluent l'individu du monde**[E] [chacune de ces attitudes, bien qu'en elles-mêmes, elles ne puissent pas être qualifiées de pécheresses, risque néanmoins d'accaparer inutilement notre temps et de gâcher notre vie].

ÉCLAIRAGES

l'on retrouve dans la littérature talmudique (parfois apposé de l'adjectif *kala*, « légère ») possède un sens bien défini : il s'agit d'une discussion sans importance, ou encore d'un simple bavardage pour passer le temps. Le mot *dibbour* (littéralement, le « parler ») a, quant à lui, une signification tout autre et désigne une conversation en général riche en contenu, à l'instar de celle se tenant entre personnes d'un âge avancé ou entre des Sages, et d'où l'on peut tirer un enseignement. C'est d'ailleurs ainsi que le Talmud (traité *'Avoda Zara* 19b) interprète un verset des Psaumes (1, 3), « Il sera comme un arbre planté au bord des cours d'eau, qui donne ses fruits en leur saison, et *dont les feuilles ne se flétrissent point*… » : même une conversation ordinaire entre Sages mérite d'être analysée, en d'autres termes, une telle conversation peut être comparée aux feuilles d'un arbre qui seraient aussi importantes que ses propres fruits.

[E]La fréquentation des lieux de réunion des ignorants

Le terme *baté knéssiot* dans la *michna* que nous avons traduit littéralement par « lieux de réunion » pourrait aussi faire allusion à l'autre sens, à savoir « les synagogues ». La *michna* évoquerait ainsi le cas de gens qui se réunissent à la synagogue dans le seul but de bavarder (voir aussi le traité *Chabbat* 32b qui récrimine les gens qui désignent la synagogue comme « la maison du peuple »).

[E]Excluent l'individu du monde

Les trois comportements que cite la *michna* et qui sont à même « d'exclure l'individu du monde » ont un dénominateur commun : leur durée n'est pas clairement arrêtée, et il est aisé de les voir se prolonger indéfiniment. Contrairement à une vie bien réglée vis-à-vis de tout ce qui est nécessaire, comme le repas et le sommeil. Et c'est ainsi que l'on gaspille ses jours et que l'on gâche sa vie au profit de futilités au lieu d'utiliser son temps à étudier la Torah et à accomplir les commandements divins (voir *Avot dé-Rabbi Nathan* 21). De plus, ces mauvaises habitudes finissent par détourner la personne du droit chemin : si l'on dort trop, l'on tombe dans la paresse et l'on ne peut subvenir à ses besoins, ce qui conduit à des querelles avec son entourage ; celui qui boit trop de vin se soûle et cause du tort à sa santé ; et en multipliant les conversations puériles ou les discussions sans intérêt avec des ignorants, l'on en devient stupide et l'on se ravale à la futilité (Rabbi Yossef Élaskar). C'est ainsi que l'on finit non

PERSONNAGES

dans le monde de la Torah (voir traité *Yévamot* 16a, et dans le Talmud de Jérusalem, *Yévamot* 1, 6), il souligna l'importance de s'en remettre aux décisions du tribunal rabbinique sous la conduite de Rabbane Gamliel (voir traité *Roch Hachana*, chapitre 2, *michna* 8-9).

Lieu de la sépulture de Rabbi Dossa ben Harkinas, Safed.

MICHNA 11

י"א. רַבִּי אֶלְעָזָר הַמּוֹדָעִי אוֹמֵר: הַמְחַלֵּל אֶת הַקֳּדָשִׁים, וְהַמְבַזֶּה אֶת הַמּוֹעֲדוֹת, וְהַמַּלְבִּין פְּנֵי חֲבֵרוֹ בָּרַבִּים, וְהַמֵּפֵר בְּרִיתוֹ שֶׁל אַבְרָהָם אָבִינוּ עָלָיו הַשָּׁלוֹם, וְהַמְגַלֶּה פָנִים בַּתּוֹרָה שֶׁלֹּא כַהֲלָכָה אַף עַל פִּי שֶׁיֵּשׁ בְּיָדוֹ תּוֹרָה וּמַעֲשִׂים טוֹבִים, אֵין לוֹ חֵלֶק לָעוֹלָם הַבָּא.

11. Rabbi Eléazar de Modiine dit : « Celui qui profane les objets sanctifiés, ou qui dédaigne les fêtes, ou qui "fait pâlir le visage" de son prochain devant un grand nombre de gens, ou qui enfreint l'alliance d'Abraham notre patriarche, puisse-t-il reposer en paix, ou qui présente la Torah sous des aspects qui contredisent la *halakha* : même s'il peut se prévaloir d'avoir étudié la Torah et accompli de bonnes actions, il n'a pas de part au Monde futur. »

Rabbi Eléazar de [la ville de] **Modiine**[P] **dit : « Celui qui profane les objets sanctifiés**[E] [des objets du Temple de Jérusalem qu'il utilise à des fins séculières

ÉCLAIRAGES

seulement par perdre la vie du Monde futur, mais aussi par écourter ses jours dans le monde d'ici-bas, à cause des effets néfastes sur la santé tant morale que physique (Rabbénou Yona, Yaavets).

[E]Celui qui profane les objets sanctifiés
Plusieurs interprétations ont été avancées. Par exemple, la *michna* évoquerait ici une personne qui rendrait les sacrifices rituellement impurs afin de les invalider (voir Yaavets). Ou encore montrerait-elle qu'elle considère le service rituel au Temple de Jérusalem comme un acte honteux. Ainsi, le Talmud (traité *Pessa'him* 57a) donne l'exemple d'un Grand-prêtre au Temple de Jérusalem du nom de Yissakhar venant du village de Barkaï, qui, pour prendre soin de sa propre personne, profanait les objets du Temple consacrés à Dieu : c'est que, dans un excès de délicatesse et sous prétexte de ne pas se salir les mains, il avait pour habitude de les recouvrir d'un tissu de soie ; ce faisant, il invalidait le service.

PERSONNAGES

[P]Rabbi Eléazar de Modiine
Rabbi Éléazar (parfois appelé Éliézer) de Modiine compte parmi les Sages de Kérem dé-Yavné appartenant à la première génération suivant la destruction du Deuxième Temple de Jérusalem. Il figure apparemment parmi le cercle des disciples proches de Rabbi Yo'hanane ben Zaccaï. Comme son nom l'indique, ainsi que selon d'autres sources, il vécut dans la ville de Modiine ; peut-être même faisait-il partie de la famille des *Cohanim*, des prêtres du Temple dont étaient issus les *Maccabim* qui menèrent un combat victorieux contre l'occupant grec, une génération plus tôt. La plupart de ses paroles concernent des commentaires homilétiques que l'on retrouve dans le Talmud ou dans le Midrach. Il se rendit célèbre grâce au brio de ses sermons au point que Rabbane Gamliel, avant de se prononcer sur certains sujets, attendait d'avoir son avis, en s'exprimant ainsi : « Il nous faut encore entendre l'explication de l'habitant de Modiin » (traité *Chabbat* 55b).

L'on mentionne qu'il était l'oncle de Bar Kokhba

◄

et qu'il méprise], **ou qui dédaigne les fêtes**[E] [en accomplissant un travail non nécessaire pendant les jours de *'Hol Hamo'ed* (soit pendant les demi-fêtes de Pessa'h ou de Souccot entre le premier et le dernier jour qui, eux, sont totalement fériés)], **ou qui "fait pâlir le visage" de son prochain**[E] [soit qu'il humilie son prochain] **devant un grand nombre de gens** [devant un public témoin d'une telle humiliation], **ou qui enfreint l'alliance d'Abraham notre patriarche**[E C] [soit la circoncision], **ou qui présente la Torah sous des aspects qui contredisent la**

ÉCLAIRAGES

[E]Celui qui dédaigne les fêtes

Comme nous l'avons souligné précédemment, en accord avec la plupart des commentaires, il s'agit bien ici des jours de *'Hol Hamo'ed*, littéralement des jours profanes et de fête à la fois. Même s'ils sont sujets à moins de restrictions au plan de la *halakha*, ils ne sont pas moins considérés comme des jours de fête et empreints de sainteté : dès lors, l'on doit se comporter en conséquence en les honorant et en évitant autant que possible de procéder à nos occupations professionnelles habituelles (voir traité *'Haguiga* 18*a*). Le verbe « dédaigne » (et non « profane ») est donc utilisé à dessein, bien que, selon le Rachbats, dédaigner les fêtes équivaudrait à profaner les offrandes saintes.

[E]Celui qui fait « fait pâlir le visage » de son prochain

La honte ressentie par un individu est encore plus forte, lorsqu'on l'humilie en public. L'on a pu s'interroger sur l'expression « faire pâlir le visage » sachant que, d'ordinaire, une personne à qui l'on fait honte aura plutôt tendance à rougir. De fait, le *Ma'hzor* de Vitry indique une autre version qui est « Celui qui fait rougir son prochain… ». Cependant, le Talmud (traité *Bava Métsi'a* 58b) explique que la personne humiliée commence en effet par rougir, puis pâlit dans un deuxième temps, alors que le sang reflue en quelque sorte de son visage, ce qui est considéré comme une effusion de sang.

[E]Celui qui enfreint l'alliance d'Abraham notre patriarche

Déjà circoncis, il étire son prépuce afin de s'en cacher. En cela, il enfreint la promesse d'Abraham selon laquelle tous ses descendants seraient circoncis, puisqu'il fait tout pour dissimuler toute trace de circoncision. Ou encore, au sens propre : il refuse totalement de pratiquer la circoncision.

CONTEXTE

[C]La violation de l'alliance d'Abraham notre patriarche

La circoncision – l'alliance d'Abraham par excellence – a, tout au long de l'époque du Deuxième Temple et jusqu'à aujourd'hui, toujours été considérée comme une marque distinctive des Juifs à laquelle il ne fallait pas déroger et comme une expression immanquable d'observance de la Torah. Ce qui se présente en contraste avec la culture grecque qui voyait dans le corps quelque chose de parfait qui ne devait en rien être gâché. Aussi bien, des décrets interdisant la circoncision remontent à l'époque du roi grec Antiochus, bien qu'ils apparaissent aussi plus tard, notamment sous le règne d'Hadrien. Beaucoup de Juifs hellénisants (à l'époque de 'Hanoucca) cherchaient, au travers de différentes procédures chirurgicales, à dissimuler le fait qu'ils étaient circoncis afin de cacher leur judéité. Plus tard, cela pouvait être aussi pour des raisons utilitaires, dans le but de se voir ouvrir l'entrée à des institutions romaines. L'on

PERSONNAGES

et priait chaque jour afin qu'il remporte la victoire contre les Romains. Suite à une calomnie colportée contre lui, Bar Kokhba provoqua sa mort ; le châtiment céleste que ce dernier subit à cause de cette faute dramatique fut la chute immédiate de la forteresse de Beitar et sa propre mort (voir le Talmud de Jérusalem *Ta'anit* 4, 5).

halakha[E] [en d'autres termes, qui interprète des passages de la Bible en contradiction avec la loi, ou encore qui se raille de la Torah ; quiconque adopte l'un de ces quatre comportements] **: même s'il peut se prévaloir d'avoir étudié la Torah et accompli de bonnes actions** [dans divers autres domaines]**, il n'a pas de part au Monde futur**[E] [bien que ces comportements ne soient pas, *stricto sensu*, définis comme une transgression, il n'en demeure pas moins qu'ils vont à l'encontre de principes essentiels, au point que le châtiment correspondant va jusqu'à exclure la personne du Monde futur]**. »**

MICHNA 12

12. Rabbi Yichmaël dit : « Sois docile à l'égard d'un supérieur, sois indulgent à l'égard du jeune âge et accueille toute personne en montrant ta joie. »

י״ב. רַבִּי יִשְׁמָעֵאל אוֹמֵר: הֱוֵי קַל לְרֹאשׁ, וְנוֹחַ לְתִשְׁחוֹרֶת, וֶהֱוֵי מְקַבֵּל אֶת כָּל הָאָדָם בְּשִׂמְחָה.

Cette michna *prend la suite de la* michna *10 de ce même chapitre et traite de l'attitude appropriée à l'égard de différents individus.*

ÉCLAIRAGES

[E]Celui qui présente la Torah sous des aspects qui contredisent la *halakha*

Selon le Talmud (traité *Sanhédrin* 99a et Talmud de Jérusalem *Péa* 1, 1) la *michna* évoque aussi celui qui nie l'origine divine de la Torah. Rambam et Rabbénou Yona ajoutent que cela inclut toute attitude d'irrespect envers les Sages de la Torah.

Ailleurs, le Talmud (traité *Sanhédrin* 99b) propose une autre interprétation : il s'agirait de quiconque « commente les récits de la Torah de manière déformée » et se contenterait de l'importance de certains versets au détriment d'autres.

[E]Il n'a pas de part au Monde futur

Les cinq comportements réprimandés par la *michna* ne sont certes pas formellement cités par la Torah comme l'une des fautes passibles de la peine de *karet*, soit de retranchement ; néanmoins, celui qui les adopte ne peut avoir part au Monde futur car, selon le Talmud (traité *Sanhédrin* 99a), il est possible de s'appuyer sur un verset de la Torah (Nombres 15, 31) : « Pour avoir méprisé la parole de Dieu, pour avoir violé Sa loi, cette personne sera *certainement retranchée* : elle est coupable ! » En hébreu, l'expression traduite « certainement retranchée » est *hikaret tikaret* : la redondance du mot *karet* signifie aussi que la personne perd aussi son monde d'ici-bas.

L'attitude en question est d'autant plus grave qu'elle ne résulte pas d'une quelconque faiblesse ou d'un simple désir mais bien d'une intention de renier bien marquée (Meïri).

CONTEXTE

cite en particulier un célèbre médecin alexandrin du nom d'Aurelius qui pratiquait ce genre d'opérations chirurgicales permettant d'occulter la circoncision. Ce même phénomène se retrouve chez les premiers chrétiens, disciples de Jésus de Nazareth. D'aucuns ont cependant avancé l'hypothèse que Rabbi Eléazar de Modiine ait fait ici allusion aux décrets d'Hadrien, l'empereur romain.

Rabbi Yichmaël[P] **dit : « Sois docile à l'égard d'un supérieur**[E] [si une personne plus respectable que toi te présente une demande, exécute-la rapidement], **sois indulgent à l'égard du jeune âge**[E] [littéralement, en hébreu dans le texte, « *tich'horeth* », soit quiconque a encore les cheveux noirs, et donc encore loin de blanchir ; si c'est toi qui occupes un poste important ou possèdes un statut élevé dans la société, sois bienveillant envers les jeunes] **et accueille toute personne** [de manière générale, sans procéder à aucune distinction] **en montrant ta joie**[E] [mettant ainsi en avant une attitude d'amour envers toutes les créatures sans exception]. »

ÉCLAIRAGES

[E]Sois docile à l'égard d'un supérieur

En hébreu, le terme que nous avons traduit par « supérieur » est *Roch*, soit, littéralement, « la tête » ou encore « le début ». Partant, Rachi interprète cette *michna* autrement, en précisant qu'elle nous recommande d'être docile à accomplir la volonté de Dieu dès nos premières années, tandis que d'autres y ont vu un encouragement à être toujours parmi les premiers à agir dans tout ce qui touche à l'accomplissement des *mitsvot* (Rabbi Nathan *Av Hayéchiva*). Certains remarquent qu'en hébreu, les lettres *lamed, rech, aleph, chine* forment le terme *léroch* constituant aussi les initiales de l'expression *la'assot rétsone avikha chébachamaïm,* ce qui signifie « accomplir la volonté de ton Père aux Cieux » (Yaavets).

[E]Sois indulgent à l'égard du jeune âge

Le terme de la *michna : tich'horet* que nous avons traduit ici par « jeune âge » s'apparente selon certains commentateurs à un mot en araméen, *cha'havar* (voir traité *Bava Batra* 47a), signifiant « responsable », « trésorier ». Le traité *Kala Rabati* (4, 8) considère ainsi que la première recommandation de la *michna* (« Sois docile à l'égard d'un supérieur ») concerne en fait le pouvoir royal alors qu'il s'agirait ici de respecter scrupuleusement les taxes imposées par les autorités.

Selon Rabbi Yossef Élaskar, le terme *tich'horet* évoque les prophètes et les *'hassidim* qui se trouvent face à face avec Dieu (voir le verset des Proverbes (7, 15) où l'expression *lécha'her paneikha* signifie « se trouver en face de Toi »).

[E]Et accueille toute personne en montrant ta joie

En dehors de son sens immédiat, cette recommandation apparaît comme la conclusion des paroles de Rabbi Yichmaël : les relations humaines que nous entretenons doivent être empreintes d'affabilité envers toute personne, qu'elle nous soit supérieure, de moindre importance à nos yeux ou tout simplement notre égale (*Tiféret Israël*).

PERSONNAGES

[P]Rabbi Yichmaël

Rabbi Yichmaël ben Élicha (qui était un *cohen*, un prêtre) compte parmi les Sages de *Kérem dé-Yavné.* Bien qu'il fût plus jeune que tous les autres, son érudition dans la Torah était telle que les autres Sages le considéraient comme un de leurs pairs et non comme un simple étudiant.

Le Talmud (traité *Guittin* 58a) rapporte un édifiant récit à son propos. Rabbi Yéhochoua ben 'Hanania, en mission à Rome, fut informé de la présence d'un enfant d'Israël dans l'une des prisons de la capitale après qu'il eut été capturé à Jérusalem et emmené par le conquérant romain. On lui signala qu'il s'agissait d'un enfant attrayant aux beaux yeux dont la chevelure était toute bouclée. Rabbi Yéhochoua se rendit aux portes de la prison et prononça le début d'un verset (Isaïe 42, 24) comme s'il se parlait à lui-même : « Qui a livré Jacob au pillage et Israël à l'avidité des ravisseurs, si ce n'est l'Éternel ? » C'est alors que l'enfant lui répondit en citant la suite de ce même verset : « C'est que nous avons péché contre Lui : l'on a refusé de marcher dans Ses voies, et l'on n'a pas obéi à Sa Torah. » Rabbi Yéhochoua affirma alors : « Je suis certain [pourvu que l'occasion lui en soit donnée] que cet enfant délivrera un jour des règles en matière de *halakha.* » Dès lors, Rabbi Yéhochoua jura de ne pas quitter les lieux avant d'avoir collecté une grande somme d'argent pour payer la rançon de

MICHNA 13

י"ג. רַבִּי עֲקִיבָא אוֹמֵר: שְׂחוֹק וְקַלּוּת רֹאשׁ – מַרְגִּילִין לְעֶרְוָה. מָסוֹרֶת, סְיָג לַתּוֹרָה. מַעַשְׂרוֹת, סְיָג לָעוֹשֶׁר. נְדָרִים, סְיָג לַפְּרִישׁוּת. סְיָג לַחָכְמָה, שְׁתִיקָה.

13. Rabbi Akiva dit : « La plaisanterie et la frivolité accoutument l'homme à la luxure. La tradition préserve la Torah ; les dîmes préservent la richesse ; les vœux préservent l'abstinence ; la préservation de la sagesse, c'est le silence. »

Dans la michna *précédente, Rabbi Yichmaël traitait de la nécessité d'entretenir des rapports amicaux avec son entourage. Ici, c'est son compagnon, Rabbi Akiva, qui apporte un complément à ses paroles.*

Rabbi Akiva[P] dit : « La légèreté et la frivolité[E] accoutument l'homme à la

ÉCLAIRAGES

[E]La légèreté et la frivolité
En général, l'on se trouve d'autant plus incité à tomber dans la faute et la luxure que l'atmosphère et l'environnement s'y prêtent mieux. À n'en pas douter, la légèreté et la frivolité, le manque de sérieux constituent de tels facteurs. C'est pourquoi, en les évitant, on se met, au contraire, en meilleure position pour se garder et s'éloigner de toute débauche sexuelle.

PERSONNAGES

cet enfant et le libérer. Quelques jours plus tard, cet enfant effectivement délivra des règles en matière de *halakha*. Et le Talmud de préciser que cet enfant n'était autre que Rabbi Yichmaël ben Élicha.

Rabbi Yichmaël vécut dans le village d'Aziz au sud du mont Hébron (voir traité *Kélaïm*, chapitre 6, *michna* 4). Il était le *'haver* (compagnon) de Rabbi Akiva et son *bar-plougta* (soit son antagoniste dans les débats talmudiques), bien qu'il fût plus jeune que lui. Suivant la ligne de son maître Rabbi Né'hounia ben Hakana, il développa une méthode originale d'étude (le *Midrach Halakha*) essayant de se conformer au sens littéral des Écritures et à la syntaxe régulière des versets.

Ainsi, c'est lui qui établit les treize règles herméneutiques d'interprétation halakhique de la Torah.

Cette *michna* illustre bien le fait que Rabbi Yichmaël honorait et affectionnait toute personne quelle qu'elle fût. L'on raconte qu'il apportait une aide financière considérable aux filles d'Israël pour qu'elles puissent se faire belles et se marier. Au point que, lorsqu'il disparut, il fut dit : « Filles d'Israël, pleurez la mort de Rabbi Yichmaël », rappelant d'autres pleurs à l'époque de la mort du roi Saül comme en témoigne le verset (Samuel II 1, 24) : « Filles d'Israël, pleurez Saül, qui vous habillait richement de pourpre, qui ajoutait des joyaux d'or à votre parure ! »

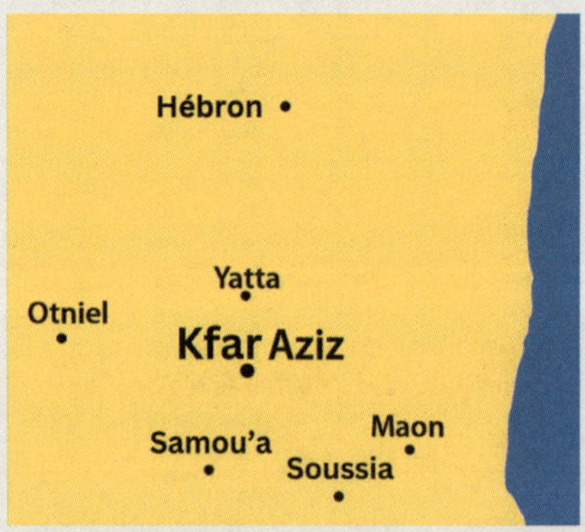

Village d'Aziz, où résida Rabbi Yichmaël

[P]Rabbi Akiva
Rabbi Akiva appartient à la troisième génération des Sages de la Michna (les *Tannaïm*) et compte

luxure [de tels comportements favorisent une atmosphère dévergondée et risquent de conduire à la débauche sexuelle]**.**

À partir d'ici, adoptant un angle plus positif, Rabbi Akiva émet des recommandations consistant à établir en quelque sorte des barrières de protection afin de demeurer dans le bien.

La tradition[E] **préserve la Torah** [grâce à la tradition définissant de manière précise le nombre de versets, les mots et les signes dans l'écriture de la Torah, cette dernière a pu demeurer intacte. À défaut d'une telle tradition aussi méticuleuse,

ÉCLAIRAGES

[E]La tradition

Concernant l'interprétation précédemment mentionnée à propos de la précision des Écritures, notons que de nombreuses lois ont été établies à partir de la forme d'écriture ou des signes au-dessus des lettres (Rachbats, Barténora etc.) ; ainsi, Rabbi Akiva (voir traité *Ména'hot* 29b) fournissait une explication à propos de chacun de ces signes apparaissant dans le *Séfer* Torah.

De manière plus générale, le terme utilisé ici en hébreu, *massorète* (ou plus tard désigné comme *massora*), se rapporte aussi à la chaîne de transmission

PERSONNAGES

parmi les Sages de Yavné ; il est considéré comme le plus grand d'entre eux. Le Temple de Jérusalem fut détruit lors de son jeune âge, et c'est à la fin de sa vie que se produisit la révolte de Bar Kokhba contre le conquérant romain.

L'on possède peu d'informations sur sa famille, si ce n'est le nom de son père Yossef qui lui-même venait d'une famille de convertis. Berger pour le compte d'un des plus riches propriétaires de Jérusalem, Bar Kalva Savoua, il épousa sa fille Rachel, après qu'elle lui eut posé comme condition d'étudier la Torah, dont il ignorait encore tout. Ce qu'il fit pendant de nombreuses années tandis que le couple vécut dans une grande pauvreté. Ses maîtres les plus éminents furent Rabbi Éliézer ben Hourkenos et Rabbi Yéhochoua ben 'Hanina. Son enseignement fut aussi influencé par Na'houm Gamzou, notamment en ce qui concerne son approche du commentaire *midrachique* de la Torah et de la méthode du *Ribouy* et *Miouth*. Selon cette dernière méthode, chaque détail possède sa propre valeur sans forcément qu'il faille le relier à l'ensemble. C'est ainsi que Rabbi Akiva commentait chaque lettre et chaque signe de la Torah (voir le début de la *michna*), considérant que rien ne pouvait être superflu dans la Torah.

Il aborda tous les domaines d'étude de la Torah : le *Midrach* (selon la méthode herméneutique d'exégèse biblique), la *Halakha* (la loi), la *Aggada*, les commentaires homilétiques ainsi que le *Sod*, les enseignements ésotériques. Le nombre de ses élèves s'élevait à vingt-quatre mille. Ces derniers périrent suite à une grave épidémie ; selon certains cependant, ils participèrent à la révolte de Bar Kokhba (que leur maître soutenait) et y trouvèrent alors leur mort. Seuls cinq survécurent : Rabbi Méïr, Rabbi Yéhouda bar Ilaï, Rabbi Yossi ben 'Halafta, Rabbi Chim'one bar Yo'haï et Rabbi Éléazar ben Chamou'a. Chacun constitua, à sa manière, l'épine dorsale de l'enseignement de la Torah lors de la génération qui suivit Rabbi Akiva (traité *Sanhédrin* 86a).

À la fin de sa vie, le pouvoir romain émit un décret interdisant l'étude de la Torah, décret que Rabbi Akiva brava en continuant coûte que coûte. Il fut alors arrêté et mis en prison avant de subir une mise à mort particulièrement cruelle. Les derniers mots qu'il prononça furent ceux de *Chéma Israël*, affirmant que toute sa vie, il avait attendu le moment où il pourrait accomplir les paroles du verset (Deutéronome 6, 5) : « Tu aimeras l'Éternel, ton Dieu… *de toute ton âme*… » en sacrifiant sa vie pour la sanctification du Nom Divin (voir traité *Bérakhot* 61b). Selon la tradition, Rabbi Akiva était alors âgé de cent vingt ans, mourant ainsi au même âge que d'autres grands de la nation comme Moïse ou Rabbi Yéhouda *hanassi*.

la Torah se serait altérée de génération en génération au point, à Dieu ne plaise, d'être perdue à jamais] ; **les dîmes préservent la richesse**[E] [toute personne qui prélève la dîme sur ses biens comme il se doit, voit sa fortune protégée de par son mérite d'avoir partagé son argent avec les nécessiteux] ; **les vœux préservent l'abstinence**[E] [les bonnes décisions – qu'il s'agisse d'engagements à accomplir des actes positifs ou à s'abstenir de toute action néfaste – permettent de se libérer des servitudes liées au monde d'ici- bas] ; **la préservation de la sagesse, c'est le silence**[E] [tout être sage qui souhaite ne jamais prononcer des mots inconvenants ou dénués de sens doit souvent préférer le silence car le simple bavardage finit par conduire à des vaines paroles]. »

ÉCLAIRAGES

des Sages d'une génération à l'autre depuis le don de la Torah à Moïse, telle que mentionnée au premier chapitre et aux différents commentaires établis par ces Sages à propos des paroles de Torah (voir Meïri, *Markévet HaMichna*).

[E]Les dîmes préservent la richesse
Selon Rachi (voir aussi traité *Ta'anit* 9a), cette affirmation repose sur un jeu de mots à partir du verset (Deutéronome 14, 22) : « Tu prélèveras la dîme », en hébreu : *'Asser té'asser*, de la manière suivante : *'Asser*, soit « prélève la dîme », *kédei chétit'acher*, « afin que tu t'enrichisses ». À ce propos, certains ont remarqué que la *michna*, intentionnellement, n'écrit pas « les dîmes préservent les *biens* » et va plus loin : l'observance des lois de dîmes conduit non seulement à garder ses biens mais aussi à s'enrichir (Rachbats).

[E]Les vœux préservent l'abstinence
L'abstinence (*périchout* en hébreu, littéralement : le retrait) signifie prendre ses distances à l'égard de ce qui touche au matériel, en se suffisant du strict nécessaire et en évitant tout ce qui est superflu, fût-ce dans le domaine du licite (Rabbénou Yona).

Souvent, en raison des habitudes ou des coutumes que l'on adopte, l'on est incapable de s'extraire de l'endroit où l'on se trouve figé ; l'on ne réussit pas alors à se défaire de certaines transgressions que l'on commet ou à s'écarter suffisamment de certains comportements autant qu'on le souhaiterait. Prendre l'engagement, au travers d'un vœu, d'accomplir une bonne action ou de s'abstenir de certains actes permet d'éviter de franchir la barrière au-delà de laquelle l'on tombe dans la faute. C'est qu'enfreindre un vœu relève dès lors du domaine d'un sévère interdit.

[E]La préservation de la sagesse, c'est le silence
La *michna* 17 au chapitre 1 à laquelle celle-ci fait écho exprime déjà la louange du silence alors que Chim'one, le fils de Rabbane Gamliel, affirme : « Toute ma vie, j'ai grandi parmi les Sages et je n'ai rien trouvé de plus bénéfique pour le corps que le silence ; l'essentiel n'est pas dans l'exégèse, mais dans les actes ; et celui qui abonde en paroles suscite la faute". »

Rachi rattache le conseil de notre *michna* à un verset des Proverbes (17, 28) : « Même le sot, s'il sait se taire, passe pour sage ; pour intelligent, s'il sait tenir ses lèvres closes. » Et de conclure : si l'on recommande au sage de se taire, à plus forte raison est-ce vrai en ce qui concerne un sot…

Selon Rabbénou Yona, il s'agit d'écouter attentivement les paroles de son maître avant de décider d'adopter la bonne attitude.

Rabbi Yossef Élaskar considère que la *michna* demande aux Sages qui connaissent les enseignements ésotériques de s'abstenir de les transmettre à ceux qui seraient inaptes à les recevoir. En revanche, il est bien entendu qu'un Sage a le devoir de partager en public tous les autres enseignements de la Torah.

MICHNA 14

י״ד. הוּא הָיָה אוֹמֵר: חָבִיב אָדָם שֶׁנִּבְרָא בְּצֶלֶם. חִבָּה יְתֵירָה נוֹדַעַת לוֹ שֶׁנִּבְרָא בְּצֶלֶם, שֶׁנֶּאֱמַר: ״כִּי בְּצֶלֶם אֱלֹהִים עָשָׂה אֶת הָאָדָם״. חֲבִיבִין יִשְׂרָאֵל שֶׁנִּקְרְאוּ בָנִים לַמָּקוֹם. חִבָּה יְתֵירָה נוֹדַעַת לָהֶם שֶׁנִּקְרְאוּ בָנִים לַמָּקוֹם, שֶׁנֶּאֱמַר: ״בָּנִים אַתֶּם לַה׳ אֱלֹהֵיכֶם״. חֲבִיבִין יִשְׂרָאֵל שֶׁנִּתַּן לָהֶם כְּלִי חֶמְדָּה. חִבָּה יְתֵירָה נוֹדַעַת לָהֶם שֶׁנִּתַּן לָהֶם כְּלִי חֶמְדָּה, שֶׁבּוֹ נִבְרָא הָעוֹלָם, שֶׁנֶּאֱמַר: ״כִּי לֶקַח טוֹב נָתַתִּי לָכֶם, תּוֹרָתִי אַל תַּעֲזֹבוּ״.

14. Il avait coutume de dire : « Bien-aimé est l'homme pour avoir été créé à l'image (de Dieu) ; c'est un surcroît d'amour que de lui avoir fait savoir qu'il a été créé à l'image (de Dieu), car il est dit : "Car c'est à l'image de Dieu qu'Il créa l'homme." Bien-aimé est le peuple d'Israël pour être appelé "enfants de Dieu" ; c'est un surcroît d'amour que de leur avoir fait savoir qu'ils sont les enfants de Dieu, car il est dit : "Vous êtes les enfants de l'Éternel votre Dieu." Bien-aimé est le peuple d'Israël, car il lui a été accordé un objet précieux ; c'est un surcroît d'amour que de lui avoir fait savoir qu'il lui a été donné un objet précieux à partir duquel le monde a été créé, car il est dit : "Car c'est un enseignement de valeur que Je vous ai donné ; Ma Torah, ne la délaissez pas". »

Dans cette michna, *Rabbi Akiva se rapporte à la vertu propre au genre humain en général et à celle du peuple d'Israël en particulier.*

Il avait coutume de dire : « Bien-aimé est l'homme pour avoir été créé à l'image (de Dieu)[E] [cet amour que Dieu porte au genre humain par rapport aux autres créatures provient du fait que l'être humain a été créé à Son image] **; c'est un surcroît d'amour**[E] **que de lui avoir fait savoir** [là est la preuve de ce surcroît

ÉCLAIRAGES

[E]Bien-aimé est l'homme pour avoir été créé à l'image (de Dieu)
« À l'image de Dieu » signifie que l'homme est doté de la faculté intellectuelle de connaître Son Créateur (Rachbats, voir aussi *Guide des égarés* de Maïmonide 1, 1). Selon Meïri, cette expression évoque là les qualités spirituelles allouées au genre humain ainsi que la vigueur qui en découle.

[E]C'est un surcroît d'amour…
Mentionner ce surcroît d'amour revient à préciser que ces qualités particulières ne constituent pas un don motivé par une quelconque pitié, parfois quelque peu méprisante, mais bien par l'affection et par l'honneur que Dieu réserve à Ses créatures (Rambam, Rabbénou Yona).

d'amour] **qu'il a été créé à l'image (de Dieu), car il est dit** [Genèse 9, 6] **: "Car c'est à l'image de Dieu qu'Il créa l'homme."** [De plus :] **Bien-aimé est le peuple d'Israël** [plus que le reste du genre humain] **pour être appelé "enfants de Dieu" ; c'est un surcroît d'amour que de leur avoir fait savoir qu'ils sont les enfants de Dieu** [non seulement ont-ils été créés à l'image de Dieu mais encore sont-ils désignés comme les enfants de Dieu]**, car il est dit** [Deutéronome 14, 1] **: "Vous êtes les enfants de l'Éternel votre Dieu." Bien-aimé est le peuple d'Israël, car il lui a été accordé un objet précieux**[E] [plus encore : l'amour que Dieu porte à Israël par rapport aux autres nations du monde est marqué par le Don de la Torah] **; c'est un surcroît d'amour que de lui avoir fait savoir qu'il lui a été donné un objet précieux à partir duquel le monde a été créé**[E]**, car il est dit** [Proverbes 4, 2)]**: "Car c'est un enseignement de valeur que Je vous ai donné ; Ma Torah, ne la délaissez pas"** [enfin, Rabbi Akiva précise un degré d'amour supplémentaire de Dieu à l'égard d'Israël : Dieu souligne aux yeux du monde entier la valeur de la Torah, objet des plus chers et splendides entre Ses mains] **. »**

ÉCLAIRAGES

[E]Bien-aimé est le peuple d'Israël, car il lui a été accordé un objet précieux

Certains ont perçu ici, non seulement une mention de la qualité des enfants d'Israël, mais aussi une allusion aux érudits en Torah qui bénéficieraient d'un amour supplémentaire de la part de Dieu et qui mériteraient plus particulièrement le qualificatif d'« enfants de Dieu » (*Tiféret Israël*). Le commentaire de *Tossefot Yom Tov* remarque que le terme « précieux » (en hébreu, *'hemda*) est plus spécialement lié à la sagesse et à la faculté intellectuelle comme le souligne le verset (Genèse 3, 6) en décrivant l'Arbre de la connaissance comme « précieux (*né'hmad*) pour l'intelligence ».

[E]Un objet précieux (*kéli 'hemda*), à partir duquel le monde a été créé

L'idée selon laquelle la Torah a constitué pour Dieu un modèle permettant de créer le monde s'appuie sur un verset des Proverbes (8:30) dans lequel la Torah s'exprimerait ainsi : « Alors j'étais à Ses côtés, habile ouvrière... ». Le Midrach (Béréchit Rabba 1,1) considère qu'il s'agit de la Torah qui, en quelque sorte, s'exprime dans ce verset en affirmant : « J'étais un outil de métier entre les mains de Dieu. Comme dans le monde d'ici-bas, un roi de "chair et de sang" qui souhaite construire un château n'utilise pas sa propre science mais se sert plutôt de la connaissance d'un architecte ; ce dernier, à son tour, ne conçoit pas le château à partir de sa seule connaissance mais lit les plans qu'il a dessinés afin de savoir comment agencer les pièces et les couloirs. De la même façon, Dieu contempla la Torah et créa le monde. Le premier verset de la Torah l'atteste : "Au début (*Béréchit*), Dieu créa les cieux et la terre", et le terme *réchit* ne signifie pas autre chose que la Torah à l'instar du verset (Proverbes 8, 22) : "L'Éternel me [soit la Torah] créa au début [réchit] de son action, antérieurement à ses œuvres, dès l'origine des choses". » D'autre part les Psaumes (19, 11) indiquent à quel point tout ce qui a trait à la Torah, « tous les jugements de l'Éternel sont vérité... plus *désirables* que l'or, que beaucoup d'or fin, plus doux que le miel, que le suc des rayons ». Le mot « désirables », *né'hmadim* en hébreu, rappelant celui utilisé par notre *michna* : *kéli 'hemda*, objet précieux pour désigner la Torah.

Le commentaire de Meïri quant à lui perçoit dans l'expression *kéli 'hemda* l'allusion aux sommets de compréhension humaine pouvant être atteints : en s'accrochant à cet objet précieux, soit en étudiant la Torah, l'on se voit offrir la possibilité d'appréhender, peu ou prou, la connaissance divine.

MICHNA 15

15. Tout est prévu, mais la liberté est cependant donnée ; le monde est jugé avec bienveillance et tout dépend de la majorité des actions.	ט"ו. הַכֹּל צָפוּי, וְהָרְשׁוּת נְתוּנָה, וּבְטוֹב הָעוֹלָם נִדּוֹן. וְהַכֹּל לְפִי רוֹב הַמַּעֲשֶׂה.

Dans cette michna, *Rabbi Akiva évoque la question du libre-arbitre ainsi que la notion de châtiment et de récompense célestes.*

Tout est prévu[E] [Dieu prévoit tout ce qui va se produire à l'avenir], **mais** [en dépit de cette prémonition divine, Dieu n'intervient pas dans la voie adoptée par chaque individu] **la liberté est cependant donnée** [tout individu, doté de son libre-arbitre, peut choisir la manière dont il se comporte et sera jugé en fonction de ses actions, pour le bien comme pour le mal. Cependant, sur un plan plus général, même si l'individu opte pour le mal et, en conséquence, reçoit sa punition, *in fine* :]; **le monde est jugé avec bienveillance**[E] **et tout dépend de la majorité des actions**[E] [le jugement final se décide en fonction de la majorité des actions, qu'elles soient bonnes ou non].

ÉCLAIRAGES

[E]Tout est prévu

Cette prémonition divine, telle que nous l'avons rapportée plus haut, recouvre absolument tout, même ce qui se trouve a priori caché dans la plus grande intimité. Cette *michna*, à n'en pas douter, soulève le problème général du libre-arbitre face à l'omniscience divine et celui de l'apparente contradiction entre les deux : « Dieu sait tout à l'avance », mais tout en même temps, n'intervient pas dans le choix de l'être humain entre le bien et le mal. Ce problème a évidemment retenu l'attention de beaucoup de commentateurs. Rabbi Yossef Éléaskar est allé jusqu'à affirmer que même si aucune limite dans le temps n'était fixée afin d'analyser cette question, si autant de volume de papier ou d'encre que l'on souhaite était mis à notre disposition, cela ne suffirait toujours pas pour y apporter réponse.

Une autre version de la *michna* utilise le terme *tsafoune* (« caché ») au lieu de *tsafouï* (« prévu »), signifiant que toutes les actions d'un être humain sont gardées et cachées entre les mains du Saint béni soit-Il (*Ma'hzor* de Vitry).

[E]Le monde est jugé avec bienveillance

En d'autres termes, bien que l'être humain possède l'entière liberté de ses actions, qu'elles soient bonnes ou mauvaises, et bien que les impies subissent un châtiment divin, en tout état de cause, la bonté divine prévaut par rapport à tous les autres attributs de Dieu. De plus, la possibilité de *téchouva*, de repentir et de retour à Dieu, existe toujours pour celui qui le veut (Meïri). Sans compter que les punitions célestes ne sont pas considérées comme une vengeance de la part de Dieu mais bien comme un moyen de réparer l'âme et la préparer à la vie du Monde futur (*Tiféret Israël*).

[E]Et tout dépend de la majorité des actions

Plusieurs interprétations ont été données à propos de la fin de cette *michna*. Rachi, en particulier, adopte le sens le plus immédiat ; Dieu juge un individu

MICHNA 16

ט״ז. הוּא הָיָה אוֹמֵר: הַכֹּל נָתוּן בְּעֵרָבוֹן, וּמְצוּדָה פְּרוּסָה עַל כָּל הַחַיִּים. הַחֲנוּת פְּתוּחָה, וְהַחֶנְוָנִי מֵקִיף, וְהַפִּנְקָס פָּתוּחַ, וְהַיָּד כּוֹתֶבֶת, וְכָל הָרוֹצֶה לִלְוֹת יָבֹא וְיִלְוֶה. וְהַגַּבָּאִים מַחֲזִירִים תָּדִיר בְּכָל יוֹם, וְנִפְרָעִין מִן הָאָדָם מִדַּעְתּוֹ וְשֶׁלֹּא מִדַּעְתּוֹ, וְיֵשׁ לָהֶם עַל מַה שֶּׁיִּסְמוֹכוּ. וְהַדִּין דִּין אֱמֶת, וְהַכֹּל מְתוּקָּן לַסְּעוּדָה.

16. Il avait coutume de dire : « Tout est donné en échange d'un gage et un filet est tendu sur toute vie ; la boutique est ouverte, le commerçant fait crédit, le registre est ouvert, la main note, qui le désire vient et emprunte et les collecteurs repassent chaque jour faire payer à l'homme sa dette, qu'il en ait ou non conscience, et ils ont sur quoi se fonder ; le jugement est un jugement de vérité et tout est fin prêt pour le festin. »

Cette michna *poursuit le thème du libre-arbitre, ainsi que celui du châtiment et de la récompense célestes : Rabbi Akiva apporte ici d'autres analogies concernant le rapport entre les actions humaines et la Providence divine.*

Il [Rabbi Akiva] **avait coutume de dire : « Tout** [tout ce que l'homme détient dans ce monde] **est donné en échange d'un gage**[E] [que Dieu peut

ÉCLAIRAGES

en fonction du nombre de bonnes actions – qui constituent autant de mérites pour sa personne – par rapport à celui de ses mauvaises actions : le jugement sera bienveillant si le nombre de bonnes actions demeure majoritaire.

Maïmonide donne ici une explication différente au terme *ribouï* (traduit ici par majorité) : il s'agirait plutôt de la « multiplication » des actions. Ainsi, multiplier les bonnes actions, revenir sur l'une d'entre elles jour après jour, permet d'acquérir de bonnes qualités personnelles. C'est le cas par exemple de l'argent offert à la *tsédaka*, de petites sommes quotidiennes (qui finissent par aboutir à un grand montant) sont préférables à une grande somme léguée en une seule fois.

[E]Tout est donné en échange d'un gage
Par définition, un gage est un objet laissé par l'emprunteur au prêteur ; ce dernier est en droit de se l'approprier au cas où cet emprunteur ne lui rembourse pas sa dette. Il en est de même dans notre rapport avec Dieu : tout ce que nous possédons dans ce monde constitue un gage que Dieu peut reprendre à n'importe quel moment, si nous ne payons pas nos dettes envers Lui par le biais de nos bonnes actions.

reprendre] **et un filet est tendu**[C] **sur toute vie**[E] [ce filet ressemble à celui que tendent les chasseurs et auquel il est impossible d'échapper : ainsi en va-t-il de la Providence divine qui s'étend sur tous les êtres vivants placés sous Son autorité et Son pouvoir] ; [Rabbi Akiva propose une autre analogie dans le même ordre d'idées :] **la boutique est ouverte** [le monde ressemble à une boutique permettant à tous de se servir], **le commerçant fait crédit**[E] [soit : Dieu n'exige pas d'être « payé » immédiatement, c'est-à-dire qu'il réserve

ÉCLAIRAGES

Selon Rabbénou Yona, il faudrait comprendre que le monde entier est offert en gage aux êtres humains mais qu'il demeure la propriété de Dieu.

D'autres commentateurs (Rachi) perçoivent ici le signe que les membres de la communauté d'Israël sont garants (en hébreu : *'arévim*, un terme qui se rapproche de celui de la michna *'éravone*, traduit par gage) les uns des autres : chacun porte une part de responsabilité vis-à-vis des actions de son prochain (voir traité *Sota* 37b). Sur un autre plan, le corps et l'âme pourraient être aussi garants l'un de l'autre en ce qui concerne leur rémunération.

[E]La boutique est ouverte, le commerçant fait crédit

Cette parabole illustre un fait : l'être humain possède son libre-arbitre et peut certes s'approprier tout ce que son cœur désire en ce monde ; cependant, quoique Dieu lui laisse le libre choix des biens acquis, ces derniers ne sont pas vraiment des cadeaux et le Saint béni soit-Il repousse la récompense ou le châtiment à plus tard : finalement, le jugement divin tient compte des actions de l'individu et ce dernier ne pourra y échapper.

[E]Et un filet est tendu sur toute vie

Diverses interprétations de cette analogie ont été présentées. Certains ont expliqué que le filet en question n'est autre que la mort, le lot de tout être humain (Rachi). Rabbi Yossi Elaskar souligne : contrairement au cas de tout autre autorité, personne ne peut échapper à Dieu, omniprésent. C'est d'ailleurs en ces termes que le Psalmiste (Psaumes 139, 7-8) l'exprime : « Où me retirerais-je devant Ton esprit ? Où chercherais-je un refuge [pour me dérober] à Ta face ? Si j'escalade les cieux, tu es là, si je fais du *Chéol* ma couche, Te voici encore ! » D'autres voient ici une allusion à tous les événements que nous traversons dans notre vie et qu'un individu ordinaire ne peut éviter (*Pirké Moché*).

CONTEXTE

[C]Un filet est tendu

Ce filet, en hébreu *métsouda*, qui s'apparente au mot *tsaïd*, la chasse ou piégeage, est tendu sur un chemin emprunté par une bête ou un oiseau, afin de les y emmêler. Parfois, le terme *métsouda* désigne un panier que l'on fait descendre dans l'eau pour attraper des poissons (voir traités *Chabbat* chapitre 1, *michna* 6 et *Kélim* chapitre 23, *michna* 5, et ailleurs). La métaphore du filet évoque le caractère éphémère de la vie de l'homme, tel qu'un verset du livre de l'Ecclésiaste (9, 12) l'illustre : « L'homme ne connaît même pas son heure, pas plus que les poissons pris dans le filet fatal et les oiseaux pris au piège. »

Appareillage permettant de piéger des poissons (similaire à ceux trouvés dans l'ancienne Égypte)

la récompense ou le châtiment pour plus tard], **le registre**[C] **est ouvert et la main note** [dans ce registre du commerçant, se trouvent inscrites toutes les marchandises prises par ses clients (ainsi que leurs dettes correspondantes). Il en va de même vis-à-vis de Dieu qui « note » toutes les actions de l'homme sans jamais les oublier], **qui le désire vient et emprunte** [quiconque souhaite emprunter dans ce magasin est invité à le faire, en d'autres termes : chacun peut profiter des choses de ce monde selon sa volonté, mais il faut savoir qu'un tel profit s'accompagne d'une dette à rembourser] **et les collecteurs** [les émissaires de Dieu] **repassent chaque jour faire payer à l'homme sa dette** [ceux qui ont la responsabilité de demander le remboursement des dettes contractées par les individus ne cessent de leur rappeler leur dû] **qu'il en ait ou non conscience** [peu importe s'ils reconnaissent ou non leur dette], **et ils ont sur quoi se fonder** [ces émissaires de Dieu sont fiables et agissent avec justice même si l'on ne saisit pas toujours la manière dont ils opèrent] ; **le jugement est un jugement de vérité** [car il s'agit du jugement de Dieu dont le sceau est la vérité, bien qu'il puisse paraître parfois soit trop sévère, soit trop indulgent] ; **et tout est fin prêt pour le festin**[E] [car ce monde ici-bas et toutes nos actions servent de préparation à la grande récompense qui nous sera accordée lorsque débutera notre vie dans le Monde futur]. »

ÉCLAIRAGES

[E]Et tout est fin prêt pour le festin
Malgré les déboires imposés par les « collecteurs », et de manière plus générale, bien que « la boutique soit ouverte et que le commerçant accorde un crédit », *in fine*, « tout est fin prêt pour le festin », soit pour la jouissance du Monde futur accessible à tous : même les châtiments ne sont autres que la préparation, afin de purifier ceux qui les subissent suite à leurs mauvaises actions. Nos Sages n'affirment-ils pas que « tout Israël a part au Monde futur » (traité *Sanhédrin* chapitre 10, *michna* 1, voir aussi le commentaire au début de cet ouvrage) ?

Dans une perspective plus sombre et tout-à-fait opposée, certains considèrent que ce festin serait en fait le repas des endeuillés consommé traditionnellement après les obsèques, car, comme un commentaire précédent le soulignait, la mort constitue le lot de tout être humain (Rabbi Nathan, *Av Hayéchiva*).

CONTEXTE

[C]Le registre (*pinkas*)
Le mot *pinkas* utilisé par la *michna* a comme origine le terme grec de πίναξ (*pinaks*) qui signifie une tablette d'écriture. À l'époque des Sages, un *pinkas* était un cahier reliant des tablettes de bois enduites de cire. Les gens écrivaient sur la cire à l'aide d'un stylet.

Illustration d'une tablette de cire [*pinkas*] sur une fresque murale, Pompéi Ier siècle de l'ère commune

MICHNA 17

י״ז. רַבִּי אֶלְעָזָר בֶּן עֲזַרְיָה אוֹמֵר: אִם אֵין תּוֹרָה – אֵין דֶּרֶךְ אֶרֶץ, אִם אֵין דֶּרֶךְ אֶרֶץ – אֵין תּוֹרָה. אִם אֵין חָכְמָה – אֵין יִרְאָה, אִם אֵין יִרְאָה – אֵין חָכְמָה. אִם אֵין דַּעַת – אֵין בִּינָה וְאִם אֵין דַּעַת – אֵין בִּינָה, אִם אֵין קֶמַח – אֵין תּוֹרָה, אִם אֵין תּוֹרָה – אֵין קֶמַח.

17. Rabbi Eléazar ben Azaria dit : « Sans Torah, point de savoir-vivre ; sans savoir-vivre, point de Torah. Sans sagesse, point de crainte (de Dieu) ; sans crainte (de Dieu), point de sagesse. Sans discernement, point de connaissance ; sans connaissance, point de discernement. Sans farine, point de Torah ; sans Torah, point de farine ».

הוּא הָיָה אוֹמֵר: כָּל שֶׁחָכְמָתוֹ מְרֻבָּה מִמַּעֲשָׂיו, לְמָה הוּא דוֹמֶה? לְאִילָן שֶׁעֲנָפָיו מְרוּבִּין וְשָׁרָשָׁיו מוּעָטִין, וְהָרוּחַ בָּאָה וְעוֹקַרְתּוֹ וְהוֹפַכְתּוֹ עַל פָּנָיו, שֶׁנֶּאֱמַר: ״וְהָיָה כְּעַרְעָר בָּעֲרָבָה וְלֹא יִרְאֶה כִּי יָבוֹא טוֹב וְשָׁכַן חֲרֵרִים בַּמִּדְבָּר אֶרֶץ מְלֵחָה וְלֹא תֵשֵׁב״. אֲבָל כָּל שֶׁמַּעֲשָׂיו מְרוּבִּין מֵחָכְמָתוֹ, לְמָה הוּא דוֹמֶה? לְאִילָן שֶׁעֲנָפָיו מוּעָטִין וְשָׁרָשָׁיו מְרוּבִּין, שֶׁאֲפִלּוּ כָּל הָרוּחוֹת שֶׁבָּעוֹלָם בָּאוֹת וְנוֹשְׁבוֹת בּוֹ – אֵין מְזִיזִין אוֹתוֹ מִמְּקוֹמוֹ, שֶׁנֶּאֱמַר: ״וְהָיָה כְּעֵץ שָׁתוּל עַל מַיִם וְעַל יוּבַל יְשַׁלַּח שָׁרָשָׁיו, וְלֹא יִרְאֶה כִּי יָבֹא חֹם, וְהָיָה עָלֵהוּ רַעֲנָן, וּבִשְׁנַת בַּצֹּרֶת לֹא יִדְאָג, וְלֹא יָמִישׁ מֵעֲשׂוֹת פֶּרִי״.

Il avait coutume de dire : « Celui dont la sagesse excède ses actions, à quoi est-il comparé ? À un arbre dont les branches sont nombreuses et les racines rares, et que le vent vient déraciner et abattre ; car il est dit : “Pareil à la bruyère sur la lande, il ne verra pas arriver le bonheur, il demeurera dans le désert aride ; une terre saline et inhabitable.” Mais celui dont les actions excèdent la sagesse, à quoi est-il comparé ? À un arbre dont les branches sont rares et les racines fournies et que tous les vents de la terre venant à souffler ne sauraient déplacer ; car il est dit : “Il sera tel un arbre planté au bord de l’eau et qui étend ses racines près d’une rivière : il ne craindra pas la saison chaude et son feuillage restera verdoyant ; il ne sera pas inquiet durant une année de sécheresse et ne cessera pas de produire des fruits.” »

Cette michna *rapporte des paroles de Rabbi Éléazar ben Azaria qui, de manière quasiment paradoxale, relient entre eux des domaines a priori sans rapport entre eux mais qui, néanmoins, dépendent l’un de l’autre.*

Rabbi Eléazar ben Azaria[P] **dit : « Sans**[E] **Torah, point de savoir-vivre** [en hébreu, *dérekh érets.* Un comportement humain, même approprié, ne perdure pas s'il ne s'appuie pas sur la Torah] ; [mais d'un autre côté] **sans savoir-vivre, point de Torah** [l'absence de qualités humaines convenables représente une entrave à l'acquisition de la Torah, car ces dernières en ouvrent la porte et en constituent le cadre. À défaut de telles qualités, la Torah que l'on pourrait acquérir serait entachée de défaut]. **Sans sagesse, point de crainte (de Dieu)** [E] [La crainte de Dieu ne signifie pas une peur obscure devant le Maître du monde ; elle doit plutôt provenir d'un sentiment attaché à la compréhension de la grandeur de Dieu et c'est pourquoi la sagesse en est une condition préalable] ; **sans crainte (de Dieu), point de sagesse** [d'un autre côté, la sa-

ÉCLAIRAGES

[E]Rabbi Eléazar ben Azaria dit : « Sans…

L'exposé de la *michna* présentant à chaque fois deux aspects a priori en opposition a donné lieu à deux types d'interprétation : certains expliquent qu'en vérité ces deux aspects ne devraient faire qu'un seul si l'on veut progresser, sachant que l'absence de l'un interdit l'existence de l'autre. Selon une exégèse différente, il s'agirait d'étapes progressives au sein d'un même domaine, l'une au-dessus de l'autre.

[E]Sans sagesse, point de crainte (de Dieu)

Certains ont écrit que la crainte doit venir chronologiquement en premier mais que la sagesse doit prendre la priorité en degré.

Il existe un niveau élémentaire de sagesse conduisant à une crainte minimale. Puis, lorsqu'on approfondit cette crainte et qu'on s'élève par son biais, on parvient à un niveau supérieur de sagesse.

D'un autre côté, une crainte dans laquelle la sagesse se trouverait absente serait entachée d'un défaut et réciproquement (Meïri, Rabbénou Yona). Voir aussi la *michna* 9 de ce même chapitre.

PERSONNAGES

[P]Rabbi Eléazar ben Azaria

Rabbi Eléazar ben Azaria compta parmi les Sages éminents de Yavné. *Cohen* d'une célèbre lignée (étant la dixième génération après Ezra le scribe – voir traité *Bérakhot* 27b), il appartenait de plus à une famille des plus riches (traité *Betsa* 23a). Le Talmud de Babylone (traité *Bérakhot* 16a) et celui de Jérusalem (traité *Bérakhot* 4, 1) mentionnent qu'il fut nommé malgré son jeune âge, président du Sanhédrin après la destitution de Rabbane Gamliel. Au-delà de son extrême érudition, sa lignée lui octroyait une importance supplémentaire aux yeux des autres Sages et sa richesse lui conférait un statut privilégié vis-à-vis du pouvoir en place. Il favorisa alors l'admission de nombreux élèves contrairement à son prédécesseur qui en avait considérablement limité l'accès (voir *Laisse mon peuple apprendre*, éditions du Cerf, du même auteur, p. 271-272). Il éclaircit alors un certain nombre de lois que l'on retrouve consignées notamment dans le traité *'Édouyot.* Après que Rabbane Gamliel eut retrouvé son poste à la tête du Sanhédrin, Rabbi Eléazar ben Azaria y conserva une place particulière et devint en quelque sorte son adjoint.

Il se fit avant tout remarquer par l'excellence de ses homélies ; aussi bien, des Sages plus âgés que lui venaient les écouter avec la plus grande assiduité. Au point que Rabbi Yéhochoua devait affirmer (traité *'Haguiga* 3b) : « Aucune génération ne peut être considérée comme orpheline tant que Rabbi Eléazar ben Azaria vit en son sein. » On ne sait pourtant que peu de choses sur le cours de sa vie, mais il s'avère que ses fils et ses descendants se sont eux aussi fait connaître comme de grands érudits. Dix générations plus tard, le Talmud mentionne un Sage (Rabbi Avtolas) qui se présente comme descendant de la dixième génération depuis Rabbi Eléazar ben Azaria (traité *Ména'hot* 53a).

gesse, et pas seulement celle liée à la Torah, risque, en tant que telle, de conduire à un orgueil aveuglant et donc de gâcher une véritable appréhension de la réalité, et *a fortiori* la compréhension de la Torah]. **Sans discernement** [à savoir sans faculté intellectuelle d'analyse et de synthèse], **point de connaissance**[E] [il est alors impossible de saisir les choses comme il convient, d'apprécier leur valeur et de prendre position pour ou contre] **; sans connaissance, point de discernement** [à défaut d'une connaissance de base de ce que sont les choses, l'on ne fait guère plus qu'accumuler des intuitions ou des sensations, sans être capable d'y mettre de l'ordre, de les analyser ou d'en établir la synthèse]**. Sans farine, point de Torah** [si nous n'avons rien pour nous nourrir et subsister, il est impossible de se concentrer et d'étudier la Torah, par ailleurs]**; sans Torah, point de farine**[E] [c'est pourtant l'étude de la Torah qui justifie le mérite de disposer de moyens de subsistance]. »

Il [Rabbi Eléazar ben Azaria] **avait coutume de dire : « Celui dont la sagesse excède ses** [bonnes] **actions** [un individu qui, dans sa vie, ne met pas

ÉCLAIRAGES

[E]Sans discernement (*bina*), point de connaissance (*da'at*)

Ces deux termes de *bina* et *da'at*, intimement liés l'un à l'autre, ont donné lieu à de nombreuses explications. Notre commentaire ci-dessus a privilégié celles qui comprennent *bina* comme la faculté intellectuelle d'analyse et de synthèse et celles qui interprètent *da'at* comme celle de savoir peser les choses et d'en déterminer les critères d'appréciation, soit encore d'établir la distinction entre ce qui convient et ce qui ne l'est pas, entre les domaines qui doivent nous occuper et ceux qu'il nous faut mettre de côté.

Il existe cependant d'autres manières d'interpréter ces deux mots. Ainsi, *da'at* correspondrait à la connaissance ancrée en l'être humain depuis sa naissance, alors que *bina* représenterait les efforts déployés par la suite afin de la développer et de lui donner forme (Meïri).

Rabbénou Yona, quant à lui, interprète le terme *bina* comme la faculté d'étudier un sujet à partir d'un autre alors que *da'at* permet de saisir le sujet directement *per se*.

D'autres commentateurs perçoivent ici deux sources de connaissance, l'une (*da'at*) enseignée par un maître et l'autre (*bina*) acquise par soi-même. Ainsi, ce que l'on comprend par soi-même n'a de valeur que si au départ l'on a pu bénéficier de l'enseignement d'un maître ; cependant, si l'on n'est pas capable de saisir les choses tout seul, un maître ne servirait à rien (*Ma'hzor* de Vitry).

Dans une autre perspective, Yaavets perçoit dans *da'at* la conscience de Dieu et l'attachement à Lui, alors que *bina* concerne la connaissance pratique des *mitsvot*. Les deux se conjuguent là aussi : sans la foi en Dieu, il est difficile, sinon impossible, d'observer les commandements divins mais, sans cette observance, il n'est point de véritable attachement à Dieu.

[E]Sans Torah, point de farine

Rabbénou Yona considère l'étude de la Torah comme la raison d'être d'un Juif et par conséquent, s'il s'en abstient, il ne peut prétendre avoir droit à une subsistance. Le commentaire *Tiféret Israël* rattache cette *michna* à une autre (*michna* 4) dans le prochain chapitre : « Celui qui se défait de la Torah dans la richesse finira par s'en défaire dans la pauvreté. »

Une autre version des paroles de Rabbi Eléazar ben Azaria se lit ainsi, de manière positive : « Lorsque la Torah est présente, la farine l'est également. » En d'autres termes, un homme qui étudie la Torah rencontrera le succès dans ses affaires et ne manquera de rien. En revanche, cette même version n'inclut pas la fin (« Sans Torah, point de farine ») car la plupart des gens dans le monde n'étudient pas la Torah et n'en sont pas moins nourris (Rachbats).

en pratique la sagesse et l'éthique qu'il a acquises], **à quoi est-il comparé ? À un arbre dont les branches sont nombreuses et les racines rares, et que le vent vient déraciner**[E] **et abattre** [bien qu'un tel arbre ait pu très bien pousser et soit orné de nombreuses branches, il n'en demeure pas moins essentiellement chétif : lorsque le vent souffle, il plie facilement] **; car il est dit** [Jérémie 17, 7] **: "Pareil à la bruyère sur la lande, il ne verra pas arriver le bonheur, il demeurera dans le désert aride ; une terre saline et inhabitable"** [aussi bien, l'absence de solides racines reposant sur de bonnes actions génère une personnalité fragile sans force de résistance. Les actes représentent la face véritable de la vie humaine et contribuent à son équilibre : ils ressemblent aux racines d'un arbre, tandis que la sagesse rappelle les branches gorgées de fruits, aussi nombreuses soient-elles. Pourtant ces facultés intellectuelles, fussent-elles des plus riches, ne peuvent sauver un individu en cas de crise et éviter l'effondrement de son monde et de sa personnalité]. **Mais celui dont les actions excèdent la sagesse, à quoi est-il comparé ? À un arbre dont les branches sont rares et les racines fournies** [un tel arbre maintient le bon équilibre entre ses racines et ses branches] **et que tous les vents de la terre venant à souffler ne sauraient déplacer** [la stabilité offerte par ses nombreuses racines lui permet de résister aux graves intempéries. Pareillement, un homme ou une femme dont la sagesse et les actes figurent en proportion correcte saura demeurer ferme dans les heures de détresse et de crise] **; car il est dit** [*ibid.* 17, 8] **: "Il sera tel un arbre planté au bord de l'eau et qui étend ses racines près**

ÉCLAIRAGES

[E]**À un arbre dont les branches sont fournies…, et que le vent vient déraciner…**
Sur un plan plus général, il en va de même pour toute théorie qui résulte d'une réflexion intellectuelle et abstraite, eu égard à la réalité concrète s'appuyant sur l'expérience et sur les faits. Lorsque « les racines factuelles » se trouvent en faible nombre, le danger est là : même si elles peuvent donner lieu à de nombreuses théories aux multiples branches, elles restent en proie à toute nouvelle idée créatrice qui viendrait les renverser.

CONTEXTE

[C]**Un arbre planté au bord de l'eau et qui étend ses racines près d'une rivière.**

d'une rivière[C] **: il ne craindra pas la saison chaude et son feuillage restera verdoyant ; il ne sera pas inquiet durant une année de sécheresse et ne cessera pas de produire des fruits"** [En effet, un arbre abondamment arrosé approfondira ses racines, si bien qu'en période de chaleur comme de sécheresse, il continuera à se développer et à produire des fruits]. »

MICHNA 18

18. Rabbi Eliézer (ben) 'Hisma dit : « Les lois de *kinim* et celles de fixation de *nidda* constituent l'essentiel des lois ; les *tékoufot* et les *guématriot* ne sont que les condiments de la sagesse. »

י״ח. רַבִּי אֱלִיעֶזֶר בֶּן חִסְמָא אוֹמֵר: קִנִּין וּפִתְחֵי נִדָּה, הֵן גּוּפֵי הֲלָכוֹת. תְּקוּפוֹת וְגִימַטְרִיאוֹת, פַּרְפְּרָאוֹת לַחָכְמָה.

Suite à la michna *précédente, le chapitre 3 conclut en donnant l'exemple d'autres domaines où il est important de distinguer l'essentiel de l'accessoire, entre ce qui fait partie d'éléments fondamentaux et ceux qui appartiennent plutôt à la surface, tout en demeurant dans un cadre de Torah.*

Rabbi Eliézer (ben) 'Hisma[P] **dit « Les lois de *kinim***[E] [le terme *kinim* désigne des couples de colombes ou d'hirondelles que l'on apportait en sacrifice au

ÉCLAIRAGES

[E]Les lois de *Kinim*

Le terme *Kinim*, associé aux couples d'oiseaux apportés en sacrifice au Temple de Jérusalem, a aussi donné son nom à un traité entier de la Michna. Lorsqu'il s'agissait d'un sacrifice obligatoire, l'un des oiseaux constituait une offrande réparatoire (*'hattat*) et l'autre une offrande holocauste (*'ola*). Dans le cas où l'on apportait ces oiseaux à titre volontaire, les deux oiseaux prenaient le caractère de *'ola*. Ce traité *Kinim* étudie de nombreux exemples de confusion

PERSONNAGES

[P]Rabbi Eliézer (ben) 'Hisma

Rabbi Eliézer 'Hisma (selon d'autres versions qui semblent néanmoins erronées : Rabbi Eliézer ben 'Hisma) compte parmi la génération des Sages de *Kérem dé-Yavné* qui a suivi la destruction du Deuxième Temple de Jérusalem. 'Hisma signifie « renforcé », peut-être un surnom collé à son nom d'origine, après qu'il eut affermi ses connaissances dans des domaines qui lui étaient peu familiers jusqu'alors (*Midrach Vayikra Rabba* 23, 4).

On ne sait cependant que peu de choses sur sa vie ou sur sa famille. Selon toute vraisemblance, il était l'élève de Rabbi Yéhochoua (voir *Tossefta Sota* 7, 9 et traité *Zavin* 4, 4). Lui-même et son camarade d'étude, Rabbi Yo'hanane ben Goudgueda, vivaient dans une extrême pauvreté. Rabbi Yéhochoua s'efforça alors

Temple de Jérusalem] **et celles de fixation de *nidda***[E] [ces lois déterminent la période de menstruation pendant laquelle une femme devient rituellement impure, puis le processus de purification. Là aussi, il s'agit de calculs logiques et mathématiques qui cependant] **constituent l'essentiel des lois**[E] [bien qu'il s'agisse de simples comptes a priori éloignés du cœur de la *halakha*, ils revêtent néanmoins une importance intrinsèque au sein de la Torah et il y a donc lieu de les éclaircir et de les approfondir] ; [en revanche,] **les *tékoufot***[E] [soit les calculs mathématiques et astronomiques des cycles temporels de l'année]

ÉCLAIRAGES

entre ces couples d'oiseaux, afin de clarifier la loi, sur la base de raisonnements logiques et mathématiques, en cas de mélange ou de perte.

[E]Les lois de fixation de *nidda*

Il s'agit des lois (voir le traité *'Arakhin* chapitre 2, *michna* 1) concernant une femme dont le cycle de menstruation n'est pas régulier ou encore du cas où une femme se serait trompée dans le décompte des jours d'impureté rituelle, voire aurait commis un oubli. Là encore, fixer la loi exige de passer par des calculs complexes (Rachi en particulier).

D'autres considèrent que la *michna* évoque ici les problèmes liés aux taches de sang et à la manière de déterminer si elles causent ou non l'impureté rituelle, en fonction de leur origine (Rabbénou Yona).

[E]...constituent l'essentiel des lois

Le fait que les lois de *kinim* et de *nidda* soient considérées comme essentielles conduit à différentes explications. Rachi souligne qu'elles exigent un grand effort de concentration afin de les étudier en profondeur. Néanmoins, selon d'autres commentaires, l'on pourrait être tenté de négliger l'étude de ces lois : en effet, la valeur financière des offrandes associées à celles de *kinim* est moindre et les lois de fixation de *nidda* demandent de s'attarder sur des détails qui risquent d'être repoussants. Sans compter qu'elles sont toutes centrées sur des cas de doute et non sur la plupart des autres éventualités (*Tossefot Yom Tov*).

Le commentaire de Meïri remarque que le traité de *Kinim* figure à la fin du cinquième « ordre » (*Kodachim*) - parmi les six - de la Michna, tandis que celui de *Nidda* conclut le dernier (*Taharot*). Dès lors, le message est le suivant : l'on ne peut se plonger dans des domaines annexes de la Torah tant que l'on n'a pas achevé l'étude du Talmud dans son entier, y compris donc celle des lois de *kinim* et de *nidda*.

D'autre part, si les lois de *kinim* ont perdu de leur caractère pratique après la destruction du Temple de Jérusalem, celles de *nidda* demeurent tout-à-fait actuelles. Nous n'en avons pas moins l'obligation de les étudier toutes les deux avec la même pure intention (*Midrach Chmouel*).

[E]Les *tékoufot*

De nombreux commentateurs ont associé les *tékoufot* au mouvement des astres (et donc à l'astronomie) ; leur connaissance s'avère indispensable à la fixation du calendrier comme la néoménie ou les années embolismiques, ce qui devrait donc être considéré comme tout aussi fondamental. Si bien que certains commentateurs y ont vu plutôt une sorte d'astrologie perçue comme un sujet secondaire. Malgré tout, le Talmud (traité *Chabbat* 75a) met ce genre de science en valeur lorsqu'il analyse le verset (Deutéronome 4, 6) : « Ce sera là votre sagesse

PERSONNAGES

de leur trouver un travail rémunéré auprès de Rabbane Gamliel. Manifestant une modestie hors pair, ils refusèrent cependant la proposition au point que Rabbane Gamliel dut les convaincre en ces termes : « Vous imaginez-vous que je vous propose un poste honorifique ? C'est un travail et un labeur que je vous offre ! » Rabbi Éliézer 'Hisma était également réputé pour son érudition dans le domaine de la science en général et des mathématiques en particulier (traité *Horayot* 10a, b). Ce qui n'est pas sans rapport avec ses propos dans cette *michna* (voir *Tossefot Yom Tov*).

◄

et les ***guématriot***[E] [les calculs de la valeur numérique de mots et différentes associations de lettres afin d'en tirer quelque explication] **ne sont que les condiments de la sagesse**[E] [un peu comme des plats servis en supplément qui ne font pas vraiment partie du repas]**.** »

ÉCLAIRAGES

et votre intelligence aux yeux des peuples… » et va jusqu'à appliquer un autre passage de la Bible (Isaïe 5, 12) à ceux qui négligeraient son étude : « Ils ne font pas attention à l'œuvre de l'Éternel, n'ont pas d'yeux pour le travail de Ses mains ! »

Rabbane Gamliel utilise des illustrations de l'apparition de la lune devant des témoins visuels afin de fixer le début du nouveau mois.

Mosaïque indiquant les signes du Zodiaque dans une ancienne synagogue de l'époque romaine, Tsippori.

[E]Les *guématriot*

La principale explication de ce terme comme nous l'avons mentionné plus haut consiste dans le calcul de la valeur numérique des mots tirée de celle de chaque lettre qui les constitue. Les *guématriot* permettent parfois aux Sages d'appuyer leurs homélies et certaines traditions.

Cependant, d'aucuns ont rapproché du mot grec γεωμετρία (géométrie) recouvrant dans son sens large les mathématiques et en particulier ce qui touche aux mesures, à l'arpentage et à l'ingénierie (Meïri, *Tossefot Yom Tov*).

[E]Les condiments de la sagesse

Le critère de distinction entre ce qui constitue l'essentiel des lois et les « condiments » de la sagesse, consiste à savoir si le sujet figure explicitement ou non dans la Torah, fût-il apparemment moins central. Il se peut que d'autres domaines annexes aient une grande utilité mais, dès l'instant où ils ne sont pas rigoureusement inclus dans la Torah, ils ont valeur de suppléments d'importance secondaire par rapport « au plat principal » (voir traité *Bérakhot* chapitre 6, *michna* 5).

Cependant, certains comparent les *guématriot* à l'apéritif servi avant le repas afin d'aiguiser l'appétit car elles peuvent être de nature à attirer un individu vers une étude plus approfondie de la Torah et de sa sagesse (Rachi, Rabbénou Yona).

◂

Chapitre 4

Le début de ce chapitre rapporte les paroles de Sages de Kérem dé-Yavné *qui, contrairement à ceux cités au chapitre précédent, ne faisaient pas formellement partie du Beth Din, le tribunal rabbinique. Par la suite, se trouvent cités des Sages de la génération suivante, disciples de Rabbi Akiva après la révolte de Bar Kokhba ainsi que d'autres leur ayant succédé. Le chapitre se conclut sur des conseils de morale énoncés par Rabbi Eléazar* hakappar *appartenant à la génération de transition entre les* Tannaïm *(les Sages de la Michna) et les* Amoraïm *(ceux de la* Guemara*).*

MICHNA 1

1. Ben Zoma dit : « Quel est le sage ? C'est celui qui apprend de toute personne, car il est dit : "De tous ceux qui m'ont enseigné, j'ai acquis de la sagesse, car Tes préceptes sont l'objet de mes propos." Quel est le puissant ? C'est celui qui maîtrise son penchant, car il est dit : "Il est plus louable d'être longanime que puissant ; de dominer ses passions que de conquérir une ville." Quel est le riche ? C'est celui qui se réjouit de son lot, car il est dit : "De l'effort de ta main tu te nourris, heureux tu es et le bonheur est à toi." Heureux tu es : dans ce monde-ci ; et le bonheur est à toi : dans le

א. בֶּן זוֹמָא אוֹמֵר: אֵיזֶהוּ חָכָם? הַלּוֹמֵד מִכָּל אָדָם, שֶׁנֶּאֱמַר: "מִכָּל מְלַמְּדַי הִשְׂכַּלְתִּי כִּי עֵדְוֹתֶיךָ שִׂיחָה לִּי". אֵיזֶהוּ גִבּוֹר? הַכּוֹבֵשׁ אֶת יִצְרוֹ, שֶׁנֶּאֱמַר: "טוֹב אֶרֶךְ אַפַּיִם מִגִּבּוֹר וּמֹשֵׁל בְּרוּחוֹ מִלֹּכֵד עִיר". אֵיזֶהוּ עָשִׁיר? הַשָּׂמֵחַ בְּחֶלְקוֹ, שֶׁנֶּאֱמַר: "יְגִיעַ כַּפֶּיךָ כִּי תֹאכֵל אַשְׁרֶיךָ וְטוֹב לָךְ"; 'אַשְׁרֶיךָ' – בָּעוֹלָם הַזֶּה, 'וְטוֹב לָךְ' – לָעוֹלָם הַבָּא. אֵיזֶהוּ מְכֻבָּד? הַמְכַבֵּד אֶת הַבְּרִיּוֹת,

שֶׁנֶּאֱמַר: "כִּי מְכַבְּדַי אֲכַבֵּד וּבֹזַי יֵקָלּוּ".

Monde futur. Qui est l'objet d'honneurs ? C'est celui qui honore les créatures, car il est dit : "Car J'honore qui M'honore et ceux qui Me dédaignent seront méprisés." »

Chim'one Ben Zoma figure parmi les Sages de Yavné bien qu'il n'ait pas été formellement investi du titre de Rabbi. Cette michna *rapporte ses conseils originaux concernant des traits de caractère humains dignes de louanges.*

Ben Zoma[P] dit : « Quel est le sage ?[E] C'est celui qui apprend de toute personne[E] [la sagesse est ici définie, dans son essence, comme la capacité à capter intelligemment des connaissances de l'extérieur sans qu'elles soient

ÉCLAIRAGES

[E]Ben Zoma dit : « Quel est le sage ? etc. »
Certains commentateurs ont dressé un parallèle entre cette *michna* et deux versets de Jérémie (9, 22-23) où l'on retrouve les mêmes traits humains : « Que le *sage* ne se glorifie pas de sa sagesse, que le *puissant* ne se glorifie pas de sa puissance, que le *riche* ne se glorifie pas de sa richesse ! *Que celui qui se glorifie* se glorifie uniquement de ceci : d'être assez intelligent pour Me comprendre et savoir que Je suis l'Éternel, exerçant la bonté, le droit et la justice sur la terre, que ce sont ces choses-là auxquelles Je prends plaisir. » Bien qu'il s'agisse là d'idées essentiellement simples, Ben Zoma choisit d'autres versets pour appuyer ses affirmations en leur proposant une interprétation a priori non immédiate. Ainsi en va-t-il du verset des Psaumes (119, 99), en hébreu, *mikol mélamdaï hiskalti*, qui se comprend d'ordinaire littéralement comme « plus que tous (*mikol*) mes enseignants, j'ai acquis de la sagesse », soit : « J'ai dépassé le niveau de sagesse de mes enseignants. » Ben Zoma quant à lui comprend ainsi ce verset : « Ma sagesse tire son origine de celle de mes enseignants. » Il utilise la même approche dans le reste de la *michna*.

[E]Quel est le sage ? C'est celui qui apprend de toute personne
Une telle définition se rapporte à une conception essentielle de la sagesse : en premier lieu, la capacité à saisir directement la vérité qui se trouve en toute chose. De ce point de vue, le sage parvient à distinguer et percevoir cette vérité parmi tout ce que toute personne dit ou exprime. Et ce, sans idée préconçue et quand bien même eût-il affaire à un ignorant, voire à un enfant.

Barténora (voir aussi Rachbats et Rabbénou Yona) souligne ainsi la modestie d'un vrai sage qui, prêt à renoncer à tout honneur personnel, n'hésite pas à apprendre même d'un individu moindre que lui.

Selon Meïri, il s'agirait du résultat final : celui qui sait tirer un enseignement de toute personne finira par atteindre la sagesse. C'est que chaque être possède une connaissance particulière, et l'accumulation de différentes connaissances captées chez chaque individu conduit à la sagesse.

Enfin, un tout autre commentaire (*Notser 'Hessed*) précise que si un sage peut se permettre d'apprendre de toute autre personne, ce n'est pas le cas d'un simple disciple à ses débuts qui risquerait d'être induit en erreur.

PERSONNAGES

[P]Ben Zoma
Ben Zoma est le nom abrégé de Chim'one ben Zoma figurant parmi les Sages de *Kérem dé-Yavné*, y ayant joué un rôle actif en participant (avec quatre autres Sages) aux débats du Tribunal rabbinique à propos de certains problèmes (voir traité *Sanhédrin* 17b). Cependant, pour diverses raisons circonstancielles, il ne reçut jamais son ordination rabbinique et n'est donc pas désigné sous le titre de « Rabbi ». Néanmoins, le Talmud ne manque pas de louanges à son égard en raison de son érudition.

Il compte parmi les quatre Sages qui sont

◄

déformées. Cette faculté du « sage » à tirer un enseignement de chaque individu démontre une aptitude élevée à distinguer et à choisir les éléments qui se présentent au sein de la réalité, sans idée préconçue], **car il est dit : "De tous ceux qui m'ont enseigné, j'ai acquis de la sagesse, car Tes préceptes sont l'objet de mes propos** [ce verset des Psaumes (119, 99) est ainsi interprété dans son sens des plus larges : être à l'écoute de quiconque offre un enseignement constitue ainsi une source du savoir à acquérir]". **Quel est le puissant ? C'est celui qui maîtrise son** [mauvais] **penchant**[E] [être puissant, dans tous les sens du terme, que ce soit au plan physique, militaire ou général, certes signifie être capable de lutter et de vaincre. Cependant, le combat le plus difficile est celui qu'un individu doit mener contre lui-même], **car il est dit** [Proverbes 15, 16] : **"Il est plus louable d'être longanime que puissant ; de dominer ses passions que de conquérir une ville** [ce verset apporte donc bien la preuve que maîtriser ses mauvais instincts demande la plus grande force]." **Quel est le riche ? C'est celui qui se réjouit de son lot**[E] [la richesse d'une personne

ÉCLAIRAGES

[E]Quel est le puissant ? C'est celui qui maîtrise son [mauvais] penchant

La puissance, qu'on la définisse de manière générale ou personnelle, s'assimile à la faculté de combattre et de vaincre. Un être puissant peut être doté d'une force physique au-dessus de la moyenne ou il peut s'agir d'un dirigeant militaire disposant d'une forte armée.

La *michna* utilise le terme *« son »* (mauvais) penchant et non *le* (mauvais) penchant car chacun est en proie à un penchant différent, l'inclination des uns n'est pas forcément celle des autres.

Le verset (Proverbes 16, 32) cité par Ben Zoma concernant la domination de ses passions (« Il est plus louable d'être longanime que puissant ; de dominer ses passions que de conquérir une ville. ») vient cependant démontrer que le combat le plus difficile est celui que l'on mène contre son mauvais penchant car ce combat se déroule à l'intérieur, lorsque la même personne est confrontée simultanément aux deux adversaires en présence (le mauvais penchant et le bon penchant). Parvenir à la victoire dans ce cas constitue l'essence même de la puissance et de l'héroïsme.

[E]Quel est le riche ? C'est celui qui se réjouit de son lot

Le verset (Psaumes 128, 2) que choisit ici Ben Zoma : « De l'effort de ta main tu te nourris, heureux tu es et le bonheur est à toi. » ne semble pas se rapporter à la richesse, mais plutôt au bonheur, à la satisfaction personnelle. C'est pourquoi Ben Zoma se réfère à la parole des Sages : « Heureux tu es, dans ce monde-ci » signifiant que l'individu en question jouit de l'entière bénédiction dont il a besoin.

En effet, dès que l'on tente de placer la richesse

PERSONNAGES

entrés au *pardess*, c'est-à-dire dans le « jardin » de l'ésotérisme ; lui n'en sortit pas indemne et fut frappé de folie (voir *Tossefta 'Haguiga* 3, 3). Il est intéressant de noter que ce même Ben Zoma a pu affirmer (*Tossefta Bérakhot* 3, 4) : « Perdre la raison à cause de sa sagesse constitue un bon signe pour la personne alors que gâcher sa sagesse afin de ne pas perdre la raison est de mauvais signe. »

En d'autres termes, l'acquisition de la sagesse importe plus que la préservation d'un état mental normal.

Ben Zoma fut considéré comme l'un des plus grands exégètes de sa génération et de celles qui suivirent, comme l'atteste la *michna* 15 au chapitre 9 du traité *Sota* : « Après la disparition de Ben Zoma, il n'y eut plus d'autres exégètes. » Et encore, selon le traité *Bérakhot* (57b) : « Quiconque voit en rêve Ben Zoma peut s'attendre à acquérir la sagesse. »

se définit en général en fonction de sa situation économique et de sa fortune, même si les critères varient d'une société ou d'une époque à l'autre. Ben Zoma porte cependant un regard différent : être riche c'est se suffire de ce que l'on possède] **car il est dit** [Psaumes 128, 2]**: "De l'effort de ta main tu te nourris, heureux tu es et le bonheur est à toi."** [Ce qui s'interprète ainsi :] **Heureux tu es : dans ce monde-ci** [car rien ne lui y manque] **; et le bonheur est à toi : dans le Monde futur** [car tu ne risques pas de commettre des transgressions liées à des affaires financières et tu peux te consacrer au service de Dieu]. **Qui est l'objet d'honneurs ? C'est celui qui honore les créatures**[E] [l'on a l'habitude de définir une personne honorée en fonction de l'honneur que les autres lui portent, bien qu'un tel honneur ne soit souvent que superficiel. La *michna* prend ici le contre-pied en définissant la personne honorée comme celle qui sait apprécier et glorifier la valeur de chaque individu et qui, en retour, bénéficie du respect des autres], **car il est dit : "Car J'honore qui M'honore et ceux qui Me dédaignent seront méprisés** [ce verset biblique (Samuel I 2, 30) vient également appuyer l'idée exprimée par Ben Zoma, voir ci-dessous]**."** »

ÉCLAIRAGES

dans le cadre de sa situation économique, par rapport à un environnement social, il devient impossible d'en donner une définition ou des critères absolus. Le fait est bien connu : même quelqu'un qui possède une grande fortune ressent toujours un manque et aspire sans cesse à acquérir de nouveaux biens ; parfois, plus on est riche, et plus ce sentiment subjectif de carence s'intensifie. Ben Zoma fournit ici une autre définition de la richesse lorsque c'est l'individu lui-même qui décide qu'il est riche, lorsque rien ne lui fait défaut et lorsqu'il n'aspire pas à posséder ce qu'il n'a point. Heureux de son lot, ne ressentant aucun manque, il peut ainsi atteindre le sommet de la richesse (Rachbats).

[E]Qui est l'objet d'honneurs ? C'est celui qui honore les créatures

Le dernier verset qui est cité : « Car J'honore qui M'honore et ceux qui Me dédaignent seront méprisés » concerne clairement ceux qui honorent le Saint béni-soit-Il. Ben Zoma utilise cependant un raisonnement *a fortiori* (« *kal va'homer* ») de la manière suivante : Dieu n'a certes point besoin de l'honneur de Ses créatures et si tant est qu'elles le Lui accordent, cela ne cause en Lui aucune élévation. Par conséquent, si Dieu gratifie d'une récompense ceux qui Le glorifient en les honorant, à plus forte raison le commun des mortels à qui l'on donne l'honneur ressentira-t-il le besoin de rendre la pareille.

Ben Zoma évoque ici une personne qui sait exprimer de la manière la plus sincère son appréciation vis-à-vis des créatures de Dieu, sans aucune pression de la société environnante. Une telle appréciation appelle inévitablement une réponse du même type, un peu comme une réaction instinctive lorsqu'un sentiment envers de son prochain réveille le même sentiment chez ce dernier.

◂

MICHNA 2

ב. בֶּן עַזַּאי אוֹמֵר: הֱוֵי רָץ לְמִצְוָה קַלָּה כְּבַחֲמוּרָה, וּבוֹרֵחַ מִן הָעֲבֵירָה. שֶׁמִּצְוָה גוֹרֶרֶת מִצְוָה, וַעֲבֵירָה גוֹרֶרֶת עֲבֵירָה. שֶׁשְּׂכַר מִצְוָה – מִצְוָה, וּשְׂכַר עֲבֵירָה – עֲבֵירָה.

2. Ben Azaï dit : « Cours pour accomplir une *mitsva* mineure et fuis la transgression, car une *mitsva* en entraîne une autre et une transgression en entraîne une autre ; car la récompense d'une *mitsva* est une *mitsva* et la rétribution d'une transgression est une transgression. »

Cette michna, *comme suite à la précédente, rapporte les paroles de Ben Azaï qui lui aussi compte parmi les Sages de Kérem dé-Yavné n'ayant pas formellement reçu l'ordination rabbinique.*

Ben Azaï[P] dit : « Cours pour accomplir une *mitsva* mineure[E] [une *mitsva* « mineure » apparaît, dans l'esprit des individus, comme une *mitsva* sans im-

ÉCLAIRAGES

[E]Cours pour accomplir une *mitsva* mineure
Hormis l'interprétation citée ci-dessus, le caractère d'apparence mineure d'une *mitsva* peut aussi être perçu dans la facilité à l'observer (Rachi) ou, en d'autres termes, dans l'absence d'effort particulier (Rabbénou Yona), notamment au plan financier (*Notser 'Hessed*).

Selon Rabbi Yossef 'Haïm, est considérée comme mineure une *mitsva* qui ne nous incombe pas personnellement et qui peut être tout aussi bien effectuée par un autre individu. Or c'est dans ce cas précis que Ben Azaï nous enjoint de nous empresser de peur que l'on ne soit devancé par quelqu'un d'autre dans l'exécution de cette *mitsva*. En revanche, lorsqu'il s'agit d'une *mitsva* plus difficile et plus exigeante dans l'esprit de tout un chacun, une telle crainte n'est pas fondée, et la nécessité d'y courir disparaît.

PERSONNAGES

[P]Ben Azaï
Ben Azaï se réfère en fait au Sage Chim'one Ben Azaï, tel qu'il était communément nommé. Avec Ben Zoma, il figure parmi les cinq sages ayant participé aux débats halakhiques de *Kérem dé-Yavné*.

Son érudition ne date apparemment pas de sa jeunesse puisqu'il ne se mit à étudier la Torah que sur le tard : Rabbi Akiva lui avait en effet posé cette condition afin qu'il puisse épouser sa fille (traité *Kétoubot* 63b). Cependant, bien qu'il ait prononcé des paroles très dures contre quiconque refuse de se marier, lui-même demeura finalement célibataire en prétendant que son amour de la Torah ne lui permettait pas de respecter les engagements qu'exige la vie conjugale. Ainsi s'exprima-t-il et se justifia-t-il (voir *Midrach Béréchit Rabba* 34, traité *Yévamot* 63b) : « Ben Azaï expliqua : "Quiconque néglige la mitsva de procréer est comparé à un assassin et de plus porte atteinte à l'image Divine. Pour quelle raison ? Car il est écrit que l'homme a été créé à l'image de Dieu (Genèse 1, 27) et le verset suivant énonce le commandement 'Croissez et multipliez !'" ». Ce à quoi on lui rétorqua : « Tu exposes bien l'importance de la procréation mais toi [qui n'est pas marié] tu t'abstiens d'accomplir ce commandement. » Ben Azaï se disculpa alors en ces termes : « Que puis-je faire alors que mon âme aspire profondément à l'étude de la Torah et que je souhaite ne m'occuper

portance ; Ben Azaï conseille néanmoins de se précipiter à l'accomplir] **et fuis la transgression** [non seulement devons-nous l'éviter, mais aussi devons-nous nous éloigner de tout ce qui pourrait nous en rapprocher, qu'il s'agisse ou non d'une faute grave, tout cela pour les raisons suivantes :] **car une *mitsva* en entraîne une autre et une transgression en entraîne une autre**[E] [aussi bien, l'importance d'une *mitsva* ainsi que la sévérité d'une transgression vont au-delà de l'acte en lui-même : dès lors, apparaît une nouvelle réalité résultant du choix bon ou mauvais et avec elle, l'enchaînement de cause à effet. Et la *michna* précise en outre :] **car la récompense d'une *mitsva* est une *mitsva***[E] **et la rétribution d'une transgression est une transgression** [ce qui explique, d'une part, pourquoi une *mitsva* en entraîne une autre ; mais, d'autre part, il y a là une signification plus globale justifiant que l'on se doit de courir pour accomplir toute *mitsva*, fût-elle « mineure » à nos yeux. En effet, une *mitsva*, comme une transgression, possède une valeur intrinsèque de haut rang. C'est

ÉCLAIRAGES

[E]Une *mitsva* en entraîne une autre...

Il peut s'agir d'un phénomène naturel chez un être humain tout comme la conséquence des actes en eux-mêmes (Meïri, Rabbénou Yona).

Choisir le bien ou le mal ne se résume pas à un simple acte ponctuel et actuel ; dès lors, un enchaînement de cause à effet se produit, influençant l'avenir. C'est pourquoi même une *mitsva* mineure peut finalement engendrer une nouvelle réalité entièrement fondée sur un bien total tout comme une transgression, quelle qu'elle soit, risque de causer le contraire.

[E]Car la récompense d'une *mitsva* est une *mitsva*

D'une part, le fait même qu'observer une *mitsva* crée l'occasion d'en accomplir une autre représente en soi une récompense. D'autre part cependant, sachant que la valeur d'une *mitsva* va bien au-delà d'une simple « rémunération » dans ce monde d'ici-bas, voire dans le Monde futur, c'est bien l'essence même de la *mitsva* et de son respect qui en constituent la gratification.

Selon Barténora, le plaisir que l'on éprouve à respecter une *mitsva* constitue aussi une *mitsva* pour laquelle il y a lieu d'être récompensé.

Sous un angle différent, la *michna* entendrait ici que les frais occasionnés par une *mitsva* sont pareillement considérés comme une *mitsva* (*Midrach Chmouel*).

PERSONNAGES

de rien d'autre. Que le monde se maintienne grâce aux autres ! »

De fait, Ben Azaï s'est rendu célèbre grâce à son érudition inégalée en Torah et sa vive intelligence. Il était connu comme quelqu'un capable de répondre à n'importe quelle question. C'est ainsi que plusieurs générations plus tard, un Sage du Talmud se compara à lui, en affirmant que lui aussi savait répondre à toutes les questions : « Je suis comme Ben Azaï au marché de Tibériade ! » (traité *'Érouvin* 29a). Admirant au possible Rabbi Akiva, il s'exprima un jour ainsi (voir traité *Békhorot* 58a) : « Tous les Sages d'Israël me paraissent comme une peau d'ail [soit, ne m'impressionnent en rien] sauf ce chauve-là [soit Rabbi Akiva]. »

Ben Azaï fit aussi partie des quatre sages (avec Élicha Ben Abouya, Ben Zoma et Rabbi Akiva) qui entrèrent au *pardess*, c'est-à-dire dans le « jardin » de l'ésotérisme. Le Talmud (*Tossefta 'Haguiga* 2, 4) rapporte qu'il « jeta un œil et mourut ». Aussi bien ne vécut-il pas de vieux jours.

pourquoi le fruit d'une *mitsva* ne peut appartenir au monde d'ici-bas, pas même au Monde futur : un tel fruit n'est autre que l'essence de la *mitsva* elle-même à laquelle rien ne peut se mesurer]. »

MICHNA 3

ג. הוּא הָיָה אוֹמֵר: אַל תְּהִי בָז לְכָל אָדָם, וְאַל תְּהִי מַפְלִיג לְכָל דָּבָר, שֶׁאֵין לְךָ אָדָם שֶׁאֵין לוֹ שָׁעָה, וְאֵין לְךָ דָבָר שֶׁאֵין לוֹ מָקוֹם.	**3. Il avait coutume de dire : « Ne méprise aucun individu et ne repousse nulle chose, car il n'est point d'homme qui n'ait son heure, ni de chose qui n'ait sa place. »**

Dans la michna *précédente, Ben Azaï soulignait le fait que nul ne peut vraiment apprécier la grandeur d'une mitsva apparemment mineure ; dans cette nouvelle* michna, *il met en valeur l'importance de personnes ou de choses qui paraissent insignifiantes.*

Il [Ben Azaï] **avait coutume de dire : « Ne méprise aucun individu**[E] [quel qu'il soit, même s'il semble misérable ou sans importance] **et ne repousse** [sans prêter attention] **nulle chose**[E] **car** [il s'avère finalement qu'] **il n'est point**

ÉCLAIRAGES

[E]Ne méprise aucun individu et ne repousse nulle chose

Certains commentateurs, sur les traces d'Abravanel, relient cette *michna* à la précédente [« Cours pour accomplir une *mitsva* mineure… »] : tout comme l'on doit éviter de ne négliger aucune *mitsva*, fût-elle mineure car nul n'en connaît la valeur et la récompense, de même doit-on respecter tout individu et toute chose quels qu'ils soient, fussent-ils, à nos yeux, de peu d'importance. Mépriser un individu ou repousser une chose sont perçus comme un manque de respect envers Dieu, comme si l'on prétendait que le Saint béni soit-Il avait créé quelqu'un ou quelque chose d'inconvenant et d'inutile au monde (Yaavets).

[E]…et ne repousse nulle chose

Comme nous l'avons précédemment entendu, le terme « repousser » est pris dans le sens de « dédaigner ». Mais certains commentateurs l'ont compris dans sa signification temporelle : Ben Azaï recommanderait ici de ne jamais différer la possibilité d'écouter une parole de sagesse, même des moindres. Nous risquerions de ne plus jamais avoir l'occasion d'en prendre connaissance et d'en avoir cependant besoin un jour (voir Rachi, dans cette même lignée, la *michna* 4 du chapitre 2 : « Ne dis pas : "Lorsque j'en aurai le loisir, j'étudierai", peut-être n'en auras-tu pas le loisir. »)

D'aucuns interprètent le terme *davar* (traduit ici par « chose ») dans son autre sens en hébreu, soit la parole. Ne pas « repousser » notre parole signifie dès lors prêter attention à tout ce que nous disons et aux conséquences néfastes que tel ou tel mot peut avoir sur notre entourage (Rabbénou Yona). A contrario, sachons aussi que nos paroles sont à même d'avoir un effet positif et, par conséquent, n'amoindrissons pas leur valeur (*Midrach Chmouel*).

d'homme[E] **qui n'ait son heure** [en d'autres termes : qui ne finisse par réussir. Il se peut fort bien qu'un tel individu soit important sur un plan général, voire possède une certaine valeur vis-à-vis de quelqu'un en particulier. Quiconque méprise son prochain ne pourra obtenir son aide en cas de besoin, voire risque d'être un jour sa victime], **ni de chose qui n'ait sa place** [telle chose que l'on a négligée finit par afficher sa valeur et sa nécessité à un endroit donné, au point que son absence risque de causer du tort]. »

MICHNA 4

ד. רַבִּי לְוִיטָס אִישׁ יַבְנֶה אוֹמֵר: מְאֹד מְאֹד הֱוֵי שְׁפַל רוּחַ, שֶׁתִּקְוַת אֱנוֹשׁ רִמָּה. רַבִּי יוֹחָנָן בֶּן בְּרוֹקָא אוֹמֵר: כָּל הַמְחַלֵּל שֵׁם שָׁמַיִם בַּסֵּתֶר - נִפְרָעִין מִמֶּנּוּ בְּגָלוּי, אֶחָד שׁוֹגֵג וְאֶחָד מֵזִיד בְּחִלּוּל הַשֵּׁם.

4. Rabbi Lévitas de Yavné dit : « Sois excessivement humble, car l'homme est destiné à devenir vermine. » Rabbi Yo'hanane ben Broka dit : « Quiconque profane le Nom divin en secret en sera puni en public, que la profanation du Nom divin ait été commise par inadvertance ou sciemment. »

Rabbi Lévitas de Yavné[P] **dit : « Sois excessivement humble**[E] [la formulation de cette exigence de modestie montre qu'elle doit être interprétée à l'extrême :]

ÉCLAIRAGES

[E]**Il n'est point d'homme**
Le commentaire de *Tiféret Israël* note qu'à propos de l'homme la *michna* se réfère au temps (« il n'est point d'homme qui n'ait son *heure* ») alors que pour les choses elle s'attarde sur leur aspect spatial (« ni de chose qui n'ait sa *place* »). C'est que les êtres humains sont dotés du libre-arbitre et traversent sans cesse des changements, chaque moment chez eux pouvant être différent. Il n'en va pas de même pour les objets assujettis à l'endroit où ils se trouvent : leur valeur en dépend.

[E]**Sois excessivement humble**
Non seulement doit-on se garder de toute forme d'orgueil à l'égard des autres, mais cela est-il vrai aussi à l'égard de sa propre personne, en se considérant comme de valeur insignifiante.

Selon Rambam (*Hilkhot Déot*), la voie médiane s'impose dans la plupart des traits de caractère pour

PERSONNAGES

[P]**Rabbi Lévitas de Yavné**
L'on ne sait pratiquement rien sur ce Sage et il ne se trouve mentionné nulle part ailleurs dans la littérature talmudique ou midrachique, à l'exception de *Pirké dé-Rabbi Éliézer* ou de *Avot dé-Rabbi Nathan* (chapitre 34), où l'un de ses dires traite aussi de la bassesse de l'homme parfois plus grande que celle d'un animal. Le fait qu'il soit désigné comme « Rabbi Lévitas de Yavné » indique qu'il se trouvait à Yavné lorsque l'académie d'études *Kérem dé-Yavné* a été créée. L'origine grecque de son nom, λευίτης, signifie « lévite ».

◀

car l'homme est destiné à devenir vermine[E] [lorsqu'on garde à l'esprit que l'on finit par servir de nourriture aux vers de terre (peu importe ce que l'on ait pu acquérir dans le monde d'ici-bas, telle est notre destinée), l'on ne peut se vanter de nos qualités, quelles qu'elles soient. À nous, dès lors, de nous considérer comme de « la poussière et des cendres »].

La michna *cite à présent un autre Sage à propos de la profanation du Nom divin.*

Rabbi Yo'hanane ben Broka[P] **dit : « Quiconque profane le Nom divin en secret**[E] [celui qui commet une transgression de nature à provoquer la profanation du Nom divin, par exemple en servant des dieux idolâtres] **en sera puni** [par

ÉCLAIRAGES

lesquels il n'y a pas lieu d'aller jusqu'à l'extrême. Par exemple, il faut à la fois se garder d'être avare mais, d'un autre côté, l'on ne peut gaspiller son argent à tout vent. La modestie constitue cependant l'exception, car, dans ce cas, l'on se doit d'être humble à outrance. Rachbats, dans son commentaire, interprète le doublet de la *michna* apposé au mot « humble » : *méod méod* (deux fois « très », traduit par « excessivement ») comme le signe qu'il faudrait être encore plus modeste que Moïse, ainsi présenté dans la Bible (Nombres 12, 3) mentionne : « Or, cet homme, Moïse, était très humble, plus qu'aucun homme qui fût sur la terre. »

[E]Car l'homme est destiné à devenir vermine
Le terme utilisé dans la *michna* : *tikva*, possède en général le sens d'espoir ; néanmoins, il doit plutôt être saisi comme ce à quoi l'être humain doit s'attendre. À l'instar d'un verset de la Bible (Job 25, 6) : « À plus forte raison en est-il ainsi du mortel qui n'est que vermine, du fils d'Adam qui n'est qu'un vermisseau. »

Certains commentateurs ont néanmoins souligné qu'il est ici avant tout question du corps et de la matérialité dont la valeur est purement éphémère, contrairement à nos actes spirituels qui prennent d'autant plus de sens après la mort (*Pirké Moché*, *Tiféret Israël*).

[E]Quiconque profane le Nom divin en secret
Beaucoup de commentateurs se sont heurtés ici à une difficulté : la profanation du Nom divin n'a-t-elle pas, par définition, un caractère public, tout comme, *a contrario*, sa sanctification ?

Différentes réponses ont été fournies, comme celle du *Ma'hzor* de Vitry : il s'agirait de fautes certes commises en secret mais qui, devraient-elles être dévoilées publiquement, constitueraient une profanation du Nom divin. Ou encore, toute transgression qui, dans son essence, constitue un blasphème, ainsi est-ce le cas de l'idolâtrie ou d'un serment mensonger invoquant le nom de Dieu (Rabbénou Yona), voire d'un manquement aux commandements résultant d'une rébellion ou d'un rejet du joug de la Royauté divine (*Tiféret Israël*).

Pour le Talmud (traité *'Haguiga* 16a), celui qui faute en secret et profane alors le Nom divin sous-entend que Dieu est en quelque sorte « incapable » de le voir ; une telle attitude équivaut à repousser le Saint béni soit-Il de Son « piédestal », selon le terme du verset (Isaïe 66, 1) : « Ainsi parle l'Éternel : "Le ciel est Mon trône et la terre Mon piédestal". »

PERSONNAGES

[P]Rabbi Yo'hanane ben Broka
Rabbi Yo'hanane ben Broka compte également parmi les Sages de *Kérem dé-Yavné*. Il se considérait comme le disciple de Rabbi Yéhochoua et entretenait des rapports étroits avec Rabbi Yo'hanane ben Ouri, apparemment plus âgé que lui. Certains de ses propos sont cités ailleurs dans la Michna et dans le *Midrach Halakha*. Notons que son fils Rabbi Yichmaël est mentionné dans la prochaine *michna* de ce chapitre.

le biais d'un châtiment céleste] **en public**[E] [ce qui est encore plus humiliant], **que la profanation du Nom divin ait été commise par inadvertance ou sciemment**[E] [car, dans les deux cas, il s'ensuit une grave atteinte à l'honneur du Ciel]. »

MICHNA 5

ה. רַבִּי יִשְׁמָעֵאל בְּנוֹ אוֹמֵר: הַלּוֹמֵד עַל מְנָת לְלַמֵּד – מַסְפִּיקִין בְּיָדוֹ לִלְמֹד וּלְלַמֵּד. וְהַלּוֹמֵד עַל מְנָת לַעֲשׂוֹת – מַסְפִּיקִין בְּיָדוֹ לִלְמֹד וּלְלַמֵּד, לִשְׁמֹר וְלַעֲשׂוֹת. רַבִּי צָדוֹק אוֹמֵר: אַל תַּעֲשֵׂם עֲטָרָה לְהִתְגַּדֵּל בָּהֶם, וְלֹא קַרְדֹּם לַחְפּוֹר בָּהֶם. וְכָךְ הָיָה הִלֵּל אוֹמֵר: "וּדְיִשְׁתַּמֵּשׁ בְּתָגָא – חֲלָף". הָא לָמַדְתָּ, כָּל הַנֶּהֱנֶה מִדִּבְרֵי תוֹרָה – נוֹטֵל חַיָּיו מִן הָעוֹלָם.

5. Rabbi Yichmaël, son fils, dit : « Celui qui étudie pour enseigner, se voit offrir la possibilité d'étudier et d'enseigner ; mais celui qui étudie pour pratiquer, se voit offrir la possibilité d'étudier, d'enseigner, d'observer et de pratiquer. » Rabbi Tsaddok dit : « N'en fais pas une couronne pour te glorifier ni une pioche pour creuser. » Ainsi, Hillel avait coutume de dire : « Celui qui fait usage de la couronne disparaîtra. » Ainsi, tu apprends que celui qui tire profit des paroles de la Torah, voit sa vie retranchée du monde. »

ÉCLAIRAGES

[E]Quiconque profane le Nom divin en secret en sera puni en public

Le châtiment de Dieu, précisément en public, a pour but de montrer que la personne qui le subit a fauté ; ainsi ne pourra-t-il pas être dit qu'un juste innocent a été puni (Rachi). Un verset de Samuel (II 12, 12) en constitue la source : « Si tu as agi, toi, en secret, Moi J'exécuterai cette menace en présence de tout Israël et à la face du soleil. »

Le *Ma'hzor* de Vitry s'attache à une explication plus immédiate : lorsqu'un individu est puni publiquement par Dieu, son entourage prendra conscience de son hypocrisie et ne tirera aucun enseignement de ses actes et de son comportement.

[E]Que la profanation du Nom divin ait été commise par inadvertance ou sciemment

Cela ne signifie pas pour autant que le châtiment soit identique dans les deux cas (Rambam, Rachi).

À noter que le terme en hébreu *chogueg* traduit ici « par inadvertance » peut aussi s'appliquer à quelqu'un qui ignore l'existence de l'interdit. Selon le *Midrach Chmouel*, toute personne pensant que la profanation du Nom Divin n'est pas prohibée serait tout de même considérée comme agissant sciemment.

Rabbi Yichmaël[P]**, son fils** [fils de Rabbi Yo'hanane ben Broka, cité dans la *michna* précédente] **dit : « Celui qui étudie** [la Torah] **pour enseigner**[E] [son étude ne se limite pas à des fins personnelles mais a aussi pour but de diffuser son enseignement à autrui] **se voit offrir la possibilité** [de la main du Ciel] **d'étudier et d'enseigner** [comme il convient] **; mais celui qui étudie pour pratiquer** [étudier la Torah, non pas de manière théorique, mais afin de mettre ses paroles en pratique correspond à un degré encore plus élevé et par conséquent] **se voit offrir la possibilité d'étudier, d'enseigner** [car il est considéré comme des plus aptes à le faire], **d'observer et de pratiquer** [tout ce qu'il a étudié et enseigné]. **»** **Rabbi Tsaddok**[P] **dit : « N'en fais pas une couronne pour te glorifier** [les paroles de la Torah ne peuvent fournir un moyen de se procurer un quelconque honneur personnel]**, ni une pioche**

ÉCLAIRAGES

[E]Celui qui étudie pour enseigner

Celui-là demeure supérieur à quiconque qui se contente d'étudier pour lui-même, car c'est bien l'action qui prévaut (Rachi).

La *michna* ne se réfère pas ici à quelqu'un qui étudie seulement pour enseigner et n'aurait point l'intention de pratiquer. De plus, même celui qui étudie pour enseigner n'en est pas moins en général animé par l'intention de pratiquer : le Talmud de Jérusalem (traité *Bérakhot* 1, 2) n'affirme-t-il pas à propos de quelqu'un qui étudie sans avoir l'intention d'observer : « Mieux aurait valu qu'un tel homme n'eût point été créé ? » Il s'agirait donc plutôt d'un individu qui se passionne avant tout pour l'étude et moins pour l'action (Rabbénou Yona, *Tossefot Yom Tov*). Ou encore d'une personne qui se concentre sur des sujets n'impliquant pas l'action, comme lorsqu'ils traitent de *mitsvot* très rares ou n'ayant plus cours de nos jours (*Tiféret Israël*).

Rachi ainsi qu'*Avot dé-Rabbi Nathan* (version 2, chapitre 32) rapportent une autre version de la *michna* : « Celui qui étudie pour enseigner ne se voit pas donner l'occasion d'étudier et d'enseigner » en expliquant : l'individu en question n'a d'autre objectif que d'être honoré et d'être appelé « Rabbi », ce qui se trouve en ligne avec les propos suivants de Rabbi Tsaddok. Celui-là ne pourra jamais réussir.

PERSONNAGES

[P]Rabbi Yichmaël, fils de Rabbi Yo'hanane ben Broka

Rabbi Yichmaël, fils de Rabbi Yo'hanane ben Broka, était vraisemblablement aussi le disciple éminent de son père (voir traité *Bava Batra* 110a). Bien qu'il se trouvât encore à Yavné pendant sa jeunesse, ses activités principales se déroulèrent pendant la génération suivante, lorsque Rabbane Chim'one ben Gamliel (le deuxième) exerça les fonctions de président du Sanhédrin siégeant alors dans le village de Oucha en Galilée. Rabbi Yichmaël vécut, semble-t-il, de vieux jours car il débattait avec Rabbi Nathan, plus jeune que lui. Ses paroles sont rapportées dans plusieurs endroits, deux fois dans la Michna (traités *Sanhédrin*, chapitre 11, *michna* 1 et *Bava Kama*, chapitre 10, *michna* 2) ainsi que dans la *Tossefta* et dans le *Midrach Halakha*.

[P]Rabbi Tsaddok

Au moins deux Sages de la Michna portent le nom de Rabbi Tsaddok, si bien que l'on n'est pas sûr duquel il s'agit ici. Mais puisqu'il apparaît tout de suite après Rabbi Yichmaël, fils de Rabbi Yo'hanane ben Broka, il semble bien appartenir à la génération des élèves de Rabbi Akiva. On trouve d'ailleurs son nom mentionné dans des discussions avec certains d'entre eux. D'aucuns supposent qu'il serait le petit-fils de Rabbi Tsaddok (le premier), plus connu, ayant vécu à la fin du Deuxième Temple et au début de la période de *Kérem dé-Yavné*.

pour creuser[E C] [de même ne peut-on s'en servir pour acquérir des biens]. **Ainsi, Hillel avait coutume de dire** [voir aussi la *michna* 13 du chapitre 1 en son nom] **: « Celui qui fait usage de la couronne** [de la Torah] **disparaîtra** [finira par périr]**. » Ainsi, tu apprends** [des propos de Hillel] **que celui qui tire profit des paroles de la Torah** [quiconque étudie en échange d'un salaire ou afin d'en tirer une gloire personnelle]**, voit sa vie retranchée du monde** [à titre de châtiment céleste]**. »**

ÉCLAIRAGES

[E]Une couronne pour se glorifier… une pioche pour creuser

Le *Maharal* précise que ces deux recommandations vont de pair. L'on aurait pu penser en effet que, s'il est interdit de se glorifier de l'étude de la Torah, il serait permis d'en faire son gagne-pain (selon la *michna* 17 du chapitre 3 : « Sans farine [soit, sans gagne-pain], point de Torah », d'où l'avertissement de ne pas utiliser la Torah comme « une pioche pour creuser ». Le contraire eût été aussi possible : peut-être serait-il en effet dégradant de se servir de la Torah comme moyen de subsistance, mais pourrait-on justifier (à tort) le fait de s'en procurer un honneur afin de montrer son importance et de la glorifier. C'est pourquoi il fallait que la *michna* soulignât les deux avertissements d'un même trait.

De nombreux commentaires associent l'expression « une pioche pour creuser » à un travail permettant d'obtenir des revenus. Le Rambam s'est beaucoup étendu sur ce sujet afin de montrer la gravité d'utiliser la Torah à des fins de subsistance, tout en apportant de multiples exemples du Talmud : de nombreux érudits, bien que plongés dans l'étude de la Torah, se sont en effet abstenus d'en tirer un quelconque profit et se sont efforcés d'avoir en parallèle une occupation professionnelle leur permettant de gagner leur subsistance. Ce même Rambam apporte néanmoins des précisions quant à la manière pour certains Sages de s'aider des fonds publics, dans des cas très particuliers.

Un tout autre commentaire du *Midrach Chmouel* s'appuie sur le côté tranchant de *kardom* et donc sur sa deuxième fonction de hachette : ainsi, la *michna* s'adresserait ici aux Sages de la Torah ayant des dons particuliers et leur demande de ne pas les utiliser afin de « pourfendre » et d'éliminer ceux qui les dénigrent.

CONTEXTE

[C]Une pioche (*kardom*) pour creuser

Le terme *kardom* que nous avons traduit par pioche correspond en fait à un outil à deux têtes, l'une tranchante (comme une hachette, servant par exemple à couper du bois) et l'autre pointue, comme une pioche, servant à creuser, à désherber ou à bêcher.

MICHNA 6

ו. רַבִּי יוֹסֵי אוֹמֵר: כָּל הַמְכַבֵּד אֶת הַתּוֹרָה – גּוּפוֹ מְכוּבָּד עַל הַבְּרִיּוֹת. וְכָל הַמְחַלֵּל אֶת הַתּוֹרָה – גּוּפוֹ מְחוּלָּל עַל הַבְּרִיּוֹת.

6. Rabbi Yossé dit : « Quiconque honore la Torah voit sa personne honorée par les créatures ; et quiconque profane la Torah voit sa personne méprisée par les créatures. »

Cette michna *rapporte d'autres citations quant à l'honneur dû à la Torah.*

Rabbi Yossé[P] **dit : « Quiconque honore la Torah**[E] [cet honneur doit être compris au sens large, que ce soit celui qu'on accorde au *Séfer Torah* lui-même, à son contenu ou à ceux qui l'étudient] **voit sa personne honorée par les créatures**[E] [telle est la récompense d'un individu qui glorifie ce qu'il convient de glorifier ; à l'opposé :] **et quiconque profane la Torah voit sa personne**

ÉCLAIRAGES

[E]Quiconque honore la Torah
Les commentateurs ont précisé les différentes manières d'honorer la Torah, par exemple : réserver un endroit spécial et vénérable où placer le *Séfer Torah*, s'abstenir de bavarder lorsqu'on lit la Torah à la synagogue (Rachi) tout comme respecter les *talmidé 'hakhamim*, les érudits en Torah (Yaavets). Rachi souligne d'autre part que l'on doit s'abstenir d'enseigner à un disciple indécent.

D'aucuns considèrent que le respect des commandements de la Torah fait partie de cet honneur qui lui est dû (Rambam), y compris l'étude minutieuse de tous les domaines qu'elle englobe (Barténora).

Autre interprétation : le comportement respectable des Sages de la Torah, leurs qualités personnelles constituent en eux-mêmes des facteurs conduisant à l'honneur de la Torah.

[E]Voit sa personne honorée par les créatures
Selon le commentaire du *Tiféret Israël*, cela fait écho à la *michna* précédente : celui qui utilise la Torah à des fins de profit personnel ne fait rien d'autre que la profaner et finit par être méprisé par son entourage. A contrario, un Sage qui honore la Torah en refusant d'en faire son gagne-pain et qui n'hésite pas à prendre un travail parfois même avilissant sera d'autant plus respecté par les créatures. D'un certain côté, cette *michna* serait aussi un prolongement de la *michna* 4 de ce chapitre traitant de la profanation du Nom divin car la Torah constitue la révélation de la gloire divine.

PERSONNAGES

[P]Rabbi Yossé
Lorsqu'une *michna* mentionne simplement Rabbi Yossé, sans autre qualificatif, il s'agit du fils de Rabbi 'Halafta. Lui et son père comptèrent parmi les grands Sages du village talmudique de Tsippori en Basse Galilée, un centre de Torah (près de Oucha) érigé après la destruction du Deuxième Temple de Jérusalem et l'échec de la révolte de Bar Kokhba. À ses débuts, Rabbi Yossé apprit la Torah de la bouche de son père, puis il reçut l'essentiel de son enseignement auprès de Rabbi Akiva, devenant ainsi l'un de ses éminents disciples. De nature plutôt taciturne (voir traité *Chabbat* 33b), il pesait chacune de ses paroles avec un grand

méprisée par les créatures[E] [même dans le monde d'ici-bas, personne ne lui accordera aucun honneur, bien au contraire]. »

MICHNA 7

ז. רַבִּי יִשְׁמָעֵאל בְּנוֹ אוֹמֵר: הַחוֹשֵׂךְ עַצְמוֹ מִן הַדִּין – פּוֹרֵק מִמֶּנּוּ אֵיבָה, וְגָזֵל וּשְׁבוּעַת שָׁוְא. וְהַגַּס לִבּוֹ בְּהוֹרָאָה – שׁוֹטֶה, רָשָׁע, וְגַס רוּחַ.

7. Rabbi Yichmaël son fils dit : « Celui qui s'abstient de prononcer un jugement s'affranchit de l'hostilité, du vol et du faux serment ; mais celui qui se gonfle d'orgueil en délivrant un enseignement est stupide, impie et grossier. »

Suite aux paroles de Rabbi Yossé dans la michna *précédente, celle-ci cite son fils aîné, Rabbi Yichmaël.*

Rabbi Yichmaël[P] **son fils** [le fils de Rabbi Yossé] **dit : « Celui qui s'abstient de prononcer un jugement**[E] [celui qui fuit la fonction de juge, voire, dans un

ÉCLAIRAGES

[E]Voit sa personne méprisée par les créatures
Non seulement n'aura-t-il pas sa part dans le Monde futur (voir la *michna* 11 de ce chapitre), mais aussi ne méritera-t-il aucun honneur dans ce monde d'ici-bas.

[E]Celui qui s'abstient de prononcer un jugement
Certains commentateurs considèrent que cette *michna* s'adresse à un juge refusant de remplir sa fonction dès lors que les parties en présence ne sont

PERSONNAGES

discernement. Évitant toute forme d'extrémisme, il se montrait modéré dans ses opinions qu'il exposait avec une grande logique. Aussi bien, pour justifier que la loi puisse être tranchée selon son opinion, le Talmud mentionne en plusieurs endroits (voir par exemple traité *'Érouvin* 14b) que « la logique est avec lui », en d'autres termes, c'est bien lui qui possède les bons arguments.

Son élève, Rabbi Yéhouda *hanassi*, le rédacteur de la Michna, lui portait à la fois un grand respect et une grande affection, voyant en lui l'éminence de la génération en Torah et en sainteté ; il n'hésitait pas à effacer son avis personnel pour laisser la place à celui de son maître en affirmant : « L'Ancien a déjà statué » (traité *Chabbat* 51a).

Au-delà de son érudition en matière de *halakha*, Rabbi Yossé était connu comme un être pieux et juste, empreint de sainteté. Le Talmud (voir traité *Bérakhot* 3a) raconte qu'Élie le prophète se révélait à lui régulièrement. C'est enfin à lui qu'est attribuée la rédaction de l'ouvrage *Seder 'Olam*, traitant de la chronologie des événement bibliques et post-bibliques.

Les cinq fils de Rabbi Yossé (notamment le plus grand d'entre eux, Rabbi Yichmaël cité dans la prochaine *michna* de ce chapitre) reçurent chacun leur ordination rabbinique. Il s'exprima un jour en ces termes à leur propos : « J'ai planté cinq cèdres en Israël » (traité *Chabbat* 118b).

[P]Rabbi Yichmaël fils de Rabbi Yossé
Rabbi Yichmaël est l'aîné des cinq fils de Rabbi Yossé ainsi que son éminent disciple ; il appartient à la dernière génération des *Tannaïm*, les Sages de la

◂

sens plus large, celui qui refuse de s'adresser à un tribunal en cas de nécessité] **s'affranchit de l'hostilité** [de la part des créatures], **du vol** [suite à une erreur judiciaire] **et du faux serment**[E] [qui peut se produire lors des débats du procès] ; **mais** [d'un autre côté] **celui qui se gonfle d'orgueil en délivrant un enseignement**[E] [il s'agit d'une personne qui enseigne une *halakha*, une loi, en public de manière arrogante et en affichant une confiance excessive en soi ; partant, il a tendance à sous-estimer les sujets qu'il expose et à manquer de précision] **est stupide**[E] [car, finalement, personne n'a la connaissance infuse], **impie** [car son attitude augmente le risque qu'il se trompe et par là-même suscite de nombreux obstacles autant pour les autres que pour lui-même] **et grossier** [car il traite de domaines délicats et sensibles sans s'y atteler avec la considération qu'ils méritent]. »

ÉCLAIRAGES

prêtes à aucun compromis. Ou encore, à l'inverse, il s'agirait d'une des parties souhaitant aboutir à un compromis dans le but d'éviter un verdict trop sévère (voir Rachi en particulier). Selon Rabbénou Yona et Barténora, la recommandation de la *michna* ne s'applique que dans le cas où il n'existe point d'autre juge en l'endroit : si, en revanche, se trouve un Sage plus apte à prononcer un jugement, mieux vaut lui laisser remplir la fonction.

[E]Faux serment

Certains donnent l'interprétation suivante : ce « faux serment » ne se rapporterait pas à un serment mensonger mais au cas où le juge exigerait des parties de prêter serment, alors que ce n'était point nécessaire (Rabbénou Yona, *Tiféret Israël*). Il se peut aussi qu'une partie en présence soit persuadée que les faits qu'elle rapporte soient l'entière vérité et par conséquent en témoigne sous serment, ce qui s'avère par la suite comme un mensonge, fût-il involontaire (Rachi). Enfin, il peut s'agir d'un cas où l'une des parties connaît parfaitement la vérité mais refuse de l'admettre, ce qui oblige alors de devoir inutilement prêter serment.

[E]Celui qui se gonfle d'orgueil en délivrant un enseignement

Ce trait de caractère se situe à l'opposé du début de la *michna* où est évoqué celui qui s'abstient de prononcer un jugement. L'orgueil d'un tel individu le pousse à prononcer un jugement ou à délivrer un enseignement avec la confiance absolue qu'il ne peut en aucun cas se tromper : rien ne peut alors l'arrêter et il ne craint d'aucune manière les dangers auxquels son attitude peut conduire dans ce monde d'ici-bas comme dans le monde de l'au-delà. D'aucuns ont rattaché ce comportement à un verset des Proverbes (26, 12) : « Vois-tu un homme qui se prend pour un sage, il y a plus à attendre d'un sot que de lui » ou encore (*ibid.*, 29, 20) : « Vois-tu un homme précipité dans ses paroles, le sot a plus d'avenir que lui. » En d'autres termes, un sot peut toujours se repentir et s'améliorer, alors qu'un homme qui se prend pour un sage et croit tout savoir n'a aucune chance de s'amender (voir Rabbénou Yona).

[E]Stupide

Sur un plan similaire, le Talmud (traité *Guittin* 43a) affirme : « Une personne ne peut réellement saisir les paroles de Torah que s'il y trébuche [il les interprète de manière erronée]. » C'est pourquoi, selon Rachi, quiconque se gonfle d'orgueil et se montre incapable de comprendre que ses instructions sont susceptibles d'être inexactes est considéré comme un être stupide.

PERSONNAGES

Michna, à l'époque de Rabbi Yéhouda *hanassi*. Il entretint avec ce dernier d'étroites relations d'amitié mêlées à un grand respect mutuel. L'on a pu dire à son propos qu'« il remplaça ses pères », c'est-à-dire qu'il possédait les mêmes qualités de sagesse (voir en particulier le traité *Chabbat* 51a). Les dialogues qu'il menait dans de nombreux domaines montrent en tout cas une vive intelligence. Le Talmud contient bon nombre de ses paroles de Torah et rapporte les actes montrant son caractère de juste.

MICHNA 8

ח. הוּא הָיָה אוֹמֵר: אַל תְּהִי דָן יְחִידִי, שֶׁאֵין דָּן יְחִידִי אֶלָּא אֶחָד. וְאַל תֹּאמַר: "קַבְּלוּ דַעְתִּי", שֶׁהֵן רַשָּׁאִין וְלֹא אַתָּה

8. Il avait coutume de dire : « Ne sois pas seul à juger, car il n'est de seul juge que Celui qui est Un ; et ne dis pas : "Rangez-vous à mon avis", car eux sont en droit, et non toi. »

Cette michna *rapporte d'autres conseils et avertissements concernant les juges au nom du même Rabbi Yichmaël.*

Il [Rabbi Yichmaël] **avait coutume de dire : « Ne sois pas seul à juger**[E] [un individu ne doit pas être le seul juge même dans les cas où cela est permis], **car il n'est de seul juge que Celui qui est Un** [ce privilège est uniquement réservé au Saint béni soit-Il et personne d'autre n'a le droit de s'accorder une telle autorité]; **et ne dis pas : "Rangez-vous à mon avis"**[E] [même lorsque tu es à la tête du tribunal composé de trois juges, n'impose pas ta propre opinion aux deux autres], **car eux sont en droit** [de l'accepter ou de la rejeter] **et non toi** [tu as beau être plus sage ou plus érudit que les autres juges, la Torah a fixé que c'est la majorité qui l'emporte]. »

ÉCLAIRAGES

[E]Ne sois pas seul à juger

Rabbi Yichmaël, fils de Rabbi Yossé, dans le droit fil de la *michna* précédente, prodigue d'autres conseils de prudence en matière de jugement. Certes, la *halakha* prévoit des cas (par exemple de litige financier) où un Sage considéré comme expert est autorisé à prononcer seul un jugement, voire lorsque les parties en présence l'acceptent en tant que seul juge (voir traité *Sanhédrin* 5a). Rabbi Yichmaël n'en pense pas moins qu'il est toujours préférable d'associer d'autres juges afin d'éviter toute erreur ou pour le moins d'en partager la responsabilité (Rabbénou Yona).

Et de toute façon, même s'il fallait qu'un être se retrouve à être le seul juge, il devrait toujours garder à l'esprit que Dieu demeure le seul à détenir l'exacte vérité. Une interprétation supplémentaire voit aussi dans cette *michna* un rappel au juge de ne jamais écouter qu'une seule des parties en litige (*Midrach Chmouel*).

[E]Et ne dis pas : "Rangez-vous à mon avis"

Ce conseil est valide quel que soit le nombre de juges qui siègent ensemble ; le plus grand d'entre eux n'est pas habilité à imposer son avis, chacun des autres juges ayant le devoir d'exprimer indépendamment son opinion (voir traité *Sanhédrin*, chapitre 4, *michna* 2).

Selon certains commentateurs, cette demande fait cependant suite à la précédente lorsqu'un juge, qui, selon la loi, aurait pu être seul mais décide, fort d'un pieux scrupule, d'aller au-delà et de se faire accompagner d'autres juges. Il serait alors tenté d'imposer son point de vue, compte tenu du caractère facultatif de leur présence (Rabbénou Yona, Barténora).

◄

MICHNA 9

ט. רַבִּי יוֹנָתָן אוֹמֵר: כָּל הַמְקַיֵּם אֶת הַתּוֹרָה מֵעֹנִי – סוֹפוֹ לְקַיְּמָהּ מֵעֹשֶׁר. וְכָל הַמְבַטֵּל אֶת הַתּוֹרָה מֵעֹשֶׁר – סוֹפוֹ לְבַטְּלָהּ מֵעֹנִי.

9. Rabbi Yonathane dit : « Celui qui accomplit la Torah dans la pauvreté finira par l'accomplir dans la richesse ; et celui qui néglige la Torah dans la richesse finira par négliger la Torah dans la pauvreté. »

Rabbi Yonathane[P] **dit : « Celui qui accomplit la Torah dans la pauvreté** [celui qui étudie et respecte la Torah malgré la précarité de sa situation économique] **finira par l'accomplir dans la richesse** [il finira par recevoir la bénédiction divine lui permettant d'étudier la Torah dans l'aisance, comme il se doit] **et celui qui néglige la Torah dans la richesse** [une personne riche devrait avoir tout le loisir de se plonger dans l'étude de la Torah et de l'observer ; néanmoins, malgré sa situation confortable, elle ne s'y consacre pas, aussi bien :] **finira par négliger la Torah dans la pauvreté**[P] [elle subira un châtiment divin la conduisant à tomber dans l'indigence et précisément, en raison de sa pauvreté, elle finira par délaisser la Torah]. »

ÉCLAIRAGES

[E]Celui qui accomplit la Torah dans la pauvreté

Au-delà de l'interprétation littérale que nous avons apportée précédemment (Rachi, Rambam), certains ont compris le terme pauvreté dans le sens de pauvreté de l'esprit. Ainsi la *michna* évoquerait ici le cas d'un individu manquant de connaissances mais qui s'efforce d'appliquer le peu qu'il ait pu apprendre. Dieu le récompensera en retour, et il finira par enrichir considérablement son savoir. Il en va de même lorsqu'il s'agit du contraire : quelqu'un doté d'une grande sagesse et d'une remarquable érudition mais qui délaisserait l'étude de la Torah finira par perdre ses connaissances (*Midrach Chmouel*).

Selon le commentaire de *Tiféret Israël*, il faudrait comprendre les termes en hébreu *mékayem* et *mévatel* (traduits plus haut par « accomplit » et « néglige ») comme s'appliquant à la mesure de soutien qu'il convient d'apporter à ceux qui étudient la Torah.

PERSONNAGES

[P]Rabbi Yonathane

Rabbi Yonathane (fils de Rabbi Yossef ou Rabbi Yossé) semble bien avoir été le disciple du Sage de la Michna, Rabbi Yichmaël, et le contemporain des élèves de Rabbi Akiva dont il a pu également recevoir l'enseignement. En dehors de cela, nous ne disposons guère d'informations sur sa vie et les événements qu'il a traversés. Certains passages du Talmud (par exemple traité *Sanhédrin* 66b) le voient exprimer une opinion différente de celle de son camarade d'étude Rabbi Yochia. Cependant, son opinion n'apparaît pratiquement pas dans la Michna qui se réfère essentiellement à Rabbi Akiva. En revanche, Rabbi Yonathane et Rabbi Yochia sont ceux qui diffusent l'enseignement de Rabbi Yichmaël dans le *Midrach Halakha*.

MICHNA 10

י. רַבִּי מֵאִיר אוֹמֵר: הֱוֵי מְמַעֵט בְּעֵסֶק, וַעֲסוֹק בַּתּוֹרָה. וֶהֱוֵי שְׁפַל רוּחַ בִּפְנֵי כָל אָדָם. וְאִם בָּטַלְתָּ מִן הַתּוֹרָה – יֶשׁ לְךָ בְּטֵלִים הַרְבֵּה כְּנֶגְדְּךָ, וְאִם עָמַלְתָּ בַּתּוֹרָה – יֶשׁ לוֹ שָׂכָר הַרְבֵּה לִיתֶּן לָךְ.

10. Rabbi Méïr dit : « Réduis la conduite de tes affaires et affaire-toi à la Torah ; et sois humble devant tout homme ; et si tu délaisses la Torah, de nombreuses occasions se présenteront toujours à toi qui te distrairont ; et si tu as beaucoup peiné dans la Torah, une grande rétribution t'est destinée. »

Rabbi Méïr[P] **dit : « Réduis la conduite de tes affaires** [diminue tes activités notamment liées à ton gagne-pain autant que possible] **et affaire-toi à la Torah** [à nous de consacrer beaucoup de temps à l'étude chaque fois que nous sommes disponibles. Il ne s'agit pas pour autant d'abandonner toute activité autre que l'étude de la Torah, et l'on peut mener ses affaires afin d'assurer ses besoins matériels, mais le reste de notre temps doit être réservé à la Torah] ; **et sois humble devant tout homme**[E] [abstiens-toi de te gonfler d'orgueil

ÉCLAIRAGES

[E]Et sois humble devant tout homme

Ce conseil qui surgit au milieu de la *michna* semble sorti de son contexte, à savoir le devoir de s'affairer à l'étude de la Torah. Certains ont cependant expliqué que cette exigence de modestie s'adresse plus particulièrement à ceux qui étudient la Torah ; en effet, ces derniers ne devraient pas hésiter à apprendre de quiconque est moins sage et moins érudit qu'eux-mêmes (Barténora). Ce devoir d'humilité envers chaque individu, fût-il des moindres, incombe même à ceux qui réussissent à se libérer de leurs occupations professionnelles pour se plonger dans l'étude de la Torah.

Abravanel, quant à lui, établit le lien suivant : les personnes qui ne sont pas humbles ne se montrent en même temps pas disposées à vivre à l'étroit et, par conséquent, multiplient leurs affaires pour vivre dans l'aisance. Aussi bien, réduire ses activités commerciales pour se consacrer à l'étude de la Torah exige de posséder la vertu de modestie…

PERSONNAGES

[P]Rabbi Méïr

Rabbi Méïr compte parmi les Sages les plus remarquables de la quatrième génération des *Tannaïm* (les Sages de la Michna). Originaire d'une famille de convertis (remontant aux empereurs romains), il vécut entre la révolte de Bar Kokhba et la rédaction finale de la Michna. Il exerça la profession de scribe. Disciple éminent de Rabbi Akiva, il étudia néanmoins chez Rabbi Yichmaël et servit, semble-t-il, d'émissaire entre les maisons d'études de ces deux Sages (voir traité *'Érouvin* 13*a*). Un de ses autres maîtres fut Élicha Ben Abouya, désigné comme « l'autre », après qu'il se fut écarté des voies de la Torah (voir *michna* 20 de ce chapitre) ; néanmoins, Rabbi Méïr continua de suivre certains de ses enseignements de manière sélective et critique, comme le Talmud l'atteste (traité *'Haguiga* 15b) : « Rabbi Méïr a trouvé une grenade, il mangea les graines à l'intérieur du fruit et jeta sa peau. » (en

auprès de ton entourage en demeurant toujours conscient de ta petitesse par rapport à tout autre individu, fût-il de moindre importance ; d'autre part] ; **et si tu délaisses la Torah** [pour différentes raisons, par exemple en pensant que tu disposeras ainsi de plus de temps pour t'occuper de tes affaires ou de toute autre activité], **de nombreuses occasions se présenteront toujours à toi qui te distrairont**[E] [différentes circonstances de la vie viendront te distraire, lesquelles te conduiront à renoncer non seulement à l'étude de la Torah mais aux occupations que tu avais privilégiées, si bien que tu ne gagneras finalement rien d'avoir mis la Torah de côté] ; **et si tu as beaucoup peiné dans la Torah,**

ÉCLAIRAGES

[E]De nombreuses occasions se présenteront toujours à toi qui te distrairont
Cette traduction sied à nombre de commentaires (Rachi, Rambam et autres), à savoir que bien des choses sont à même de déranger un individu dans son travail. Rabbi Né'hounia ben Hakana exprime une idée semblable dans la *michna* 5 du chapitre 3 : « Celui qui rejette le joug de la Torah, se voit imposé le joug de sa subsistance. » D'aucuns ont perçu, dans tout ce qui perturbe la personne dans ses activités commerciales, un châtiment imposé par Dieu par l'intermédiaire de multiples distractions, pour avoir délaissé l'étude de la Torah (Rabbénou Yona, Barténora).

Certains commentateurs comprennent ainsi la *michna* : la majorité des individus consacrent presque tout leur temps à leurs occupations professionnelles, leur ressembler ne conduit donc à aucune qualité particulière. Privilégier l'étude de la Torah, c'est, en revanche, se distinguer de la plupart des individus et faire partie d'une minorité remarquable (Meïri).

PERSONNAGES

d'autres termes, Rabbi Méïr savait extraire le contenu important d'un enseignement et se débarrasser de ce qui n'était point « comestible ».

Rabbi Méïr était doué d'une si grande intelligence que les Sages ne parvenaient pas à pénétrer la profondeur de sa pensée. Au sein du tribunal rabbinique d'Oucha, , on lui accorda la place de *'Hakham*, la troisième après son président (alors Rabbane Chim'one ben Gamliel) et le juge principal (*Av Beth Din*). C'est lui qui rédigea la première version de la Michna, reprise ensuite par son élève, Rabbi Yéhouda *hanassi*. De là s'ensuivit la règle générale : « *Stam michna : ké-Rabbi Méïr* » (traité *Sanhédrin* 86a), selon laquelle toute *michna* dont l'auteur n'est pas mentionné peut être attribuée à Rabbi Méïr.

Rabbi Méïr épousa Bérouria, la fille d'un des Sages de la Michna, Rabbi 'Hananya ben Téradyon (voir *michna* 2 du chapitre 3) ; cette dernière, connue comme l'une des femmes les plus érudites de toute l'histoire juive, débattait avec les Sages de problèmes de *halakha*.

Poursuivant la paix entre les gens et toujours prêt à renoncer à un quelconque honneur et à donner la faveur à autrui, il était aussi connu comme un faiseur de miracles, d'où son surnom Rabbi Méïr *Baal Haness*, maître des miracles. De même était-il un orateur prodigieux au point que certaines de ses paraboles reposant sur des animaux sont encore rappelées aujourd'hui et que le Talmud affirme que lorsque Rabbi Méïr mourut, disparurent avec lui les personnes capables de conter des paraboles » (Traité *Sota* chapitre 9, *michna* 15).

Le tombeau de Rabbi Méïr Baal Haness à Tibériade

une grande rétribution t'est destinée[E] [revenant sur le début de la *michna*, Rabbi Méïr affirme : Dieu fera en sorte que le peu que tu aurais pu éventuellement gagné si tu avais délaissé la Torah, pour te consacrer à tes affaires, sera largement compensé grâce au temps que tu as réservé à son étude].

MICHNA 11

י״א. רַבִּי אֱלִיעֶזֶר בֶּן יַעֲקֹב אוֹמֵר: הָעוֹשֶׂה מִצְוָה אַחַת - קוֹנֶה לוֹ פְּרַקְלִיט אֶחָד. וְהָעוֹבֵר עֲבֵירָה אַחַת - קוֹנֶה לוֹ קַטֵּיגוֹר אֶחָד. תְּשׁוּבָה וּמַעֲשִׂים טוֹבִים, כִּתְרִיס בִּפְנֵי הַפּוּרְעָנוּת. רַבִּי יוֹחָנָן הַסַּנְדְּלָר אוֹמֵר: כָּל כְּנֵסִיָּה שֶׁהִיא לְשֵׁם שָׁמַיִם - סוֹפָהּ לְהִתְקַיֵּם. וְשֶׁאֵינָהּ לְשֵׁם שָׁמַיִם - אֵין סוֹפָהּ לְהִתְקַיֵּם.

11. Rabbi Eliézer ben Yaakov dit : « Celui qui accomplit une *mitsva* s'acquiert un avocat de la défense et celui qui commet une transgression s'acquiert un avocat général d'accusation. La *téchouva* (le repentir) et les bonnes actions sont comme un bouclier contre les calamités. » Rabbi Yo'hanane *hassandélar* dit : « Toute assemblée fondée au nom du Ciel est appelée à se maintenir et celle qui n'est pas fondée au nom du Ciel ne se maintiendra pas. »

Cette michna *ainsi que les trois prochaines citent, à l'instar des précédentes, les paroles des disciples de Rabbi Akiva.*

Rabbi Eliézer ben Yaakov[P] **dit : « Celui qui accomplit une *mitsva*[E] s'acquiert un avocat de la défense** [chaque *mitsva* accomplie et le mérite qui en découle

ÉCLAIRAGES

[E]Et si tu as beaucoup peiné dans la Torah, une grande rétribution t'est destinée
D'aucuns lisent cette dernière phrase de la *michna* comme s'opposant à la précédente : si la punition divine pour ceux qui négligent la Torah se présente par l'intermédiaire de circonstances venant troubler leur travail, la récompense pour ceux qui s'y consacrent vient, elle, de la plus belle manière et directement de Dieu lui-même (Rabbénou Yona, Barténora).

Celui qui accomplit une *mitsva*
Certains ont précisé l'intention de cette *michna* : il nous est interdit de croire qu'un « équilibre » puisse s'instaurer entre l'accomplissement d'une *mitsva* et

PERSONNAGES

[P]Rabbi Eliézer ben Yaakov
Deux Sages de la Michna portent ce même nom de Rabbi Éliézer ben Yaakov. Le premier vécut apparemment à Jérusalem à l'époque du Deuxième Temple. Ce qui lui permit de rapporter un certain nombre de choses qu'il y a vues et entendues,

◂

jouent le rôle d'un avocat de la défense, le jour du jugement] **et celui qui commet une transgression s'acquiert un avocat général d'accusation** [le phénomène contraire à l'accomplissement d'une *mitsva*]. [L'on doit cependant garder dans notre esprit :] **La *téchouva* (le repentir) et les bonnes actions sont comme un bouclier**[C] **contre les calamités**[E] [afin qu'il ne nous arrive aucun mal]. » **Rabbi Yo'hanane *hassandélar*[P] (le « cordonnier ») dit : « Toute assemblée fondée au nom du Ciel est appelée à se maintenir** [tout

ÉCLAIRAGES

une transgression de sorte que la conjugaison des deux ne conduirait ni à une récompense, ni à une punition. De fait, chaque *mitsva* accomplie joue bien le rôle de défenseur et entraîne une récompense et, tout en même temps, chaque transgression équivaut à une accusation suivie d'un châtiment (Meïri).

La *téchouva* (le repentir) et les bonnes actions sont comme un bouclier contre les calamités
En d'autres termes, non seulement une *mitsva* a-t-elle un pouvoir de défense mais, après que l'homme a fauté et en a exprimé le regret, sa *téchouva* (son repentir) et les bonnes actions qui l'accompagnent

CONTEXTE

[C]*Tériss* (bouclier)
Ce mot *Tériss* vient du mot grec θυρεός (*Tiréoss*) correspondant à un grand bouclier. Un tel bouclier fut utilisé par les soldats romains sous le nom de *Scutum* en latin. De forme rectangulaire incurvée, il mesurait un mètre de hauteur et pesait environ dix kilos. Fabriqué à partir de plusieurs couches fines de laine, il était recouvert de cuir et possédait en son centre une saillie en métal. Grâce à sa taille, il permettait à des groupes de soldats de former un mur dépassant leurs têtes et c'est ainsi qu'ils pouvaient manœuvrer tout en se défendant.

Reproduction d'un scutum, bouclier romain

PERSONNAGES

comme dans le traité *Middot*, chapitre 2, *michna* 1. Le Talmud (*Yoma* 16a) va même jusqu'à lui attribuer la rédaction de ce dernier traité. L'on y mentionne également que « l'enseignement de Rabbi Éliézer ben Yaakov est clair tout en ne mesurant qu'un seul *kav* » (une faible quantité : entre 210 et 330 millilitres), ce qui signifie qu'il est précis et justifie que la *halakha* suive son opinion.

Rabbi Éliézer qui apparaît dans notre *michna* semble pourtant correspondre au deuxième Sage du même nom, ne serait-ce que parce qu'il comptait, comme Rabbi Yo'hanane *hassandélar*, parmi les élèves de Rabbi Akiva, qui se retrouvèrent en Galilée, à Oucha après la révolte de Bar Kokhba.

Il demeure cependant en général difficile de distinguer entre ces deux Sages et d'être à même d'identifier lequel des deux a délivré tel ou tel enseignement.

[P]Rabbi Yo'hanane *hassandélar*
Rabbi Yo'hanane *hassandélar* compte parmi les élèves de Rabbi Akiva ; lui-même témoigne avoir étudié auprès de lui de longues années (Talmud de Jérusalem, traité *'Haguiga* 3, 1). Au point qu'il alla jusqu'à la prison où Rabbi Akiva était détenu par les Romains afin d'entendre des lois de sa bouche, après avoir fait l'usage de nombreux stratagèmes pour le rencontrer (traité *Yévamot* 12, 5).

Le nom *hassandélar* semble signifier que son métier était de fabriquer des sandales ou qu'il était cordonnier. Selon Rabbi Tsvi Hirsch 'Hayout, ce nom de *hassandélar* rappellerait qu'il est né à

rassemblement de personnes qui s'inscrit dans un but de *kédoucha*, de sainteté, voit sa pérennité garantie] **et celle qui n'est pas fondée au nom du Ciel**[E] **ne se maintiendra pas** [dans le cas contraire, bien qu'*a priori* les motivations de leur réunion paraissent bonnes, des raisons d'y mettre un terme finiront par se présenter]. »

MICHNA 12

י״ב. רַבִּי אֶלְעָזָר בֶּן שַׁמּוּעַ אוֹמֵר: יְהִי כְבוֹד תַּלְמִידְךָ חָבִיב עָלֶיךָ כְּשֶׁלְּךָ, וּכְבוֹד חֲבֵרְךָ – כְּמוֹרָא רַבְּךָ, וּמוֹרָא

12. Rabbi Éléazar ben Chamou'a dit : « Que l'honneur de ton élève te soit aussi cher que le tien, l'honneur de ton camarade tout aussi précieux que la crainte de

ÉCLAIRAGES

constituent une protection contre toute infortune (Meïri). D'autres versions de cette *michna* remplacent le terme « *téchouva* » par « Torah » (Rachbam, *Tossefot Yom Tov*).

Toute assemblée fondée au nom du Ciel…
Le traité *Avot dé-Rabbi Nathan* (I, 40 et II, 44) donne comme exemple d'assemblée au nom du Ciel le rassemblement du peuple d'Israël au pied du mont Sinaï au moment de recevoir la Torah de Dieu, l'exemple contraire étant la génération de la Tour de Babel. Dans le premier cas, le peuple d'Israël est bien toujours vivant de nos jours, alors que, dans le deuxième, la génération de la Tour de Babel aura été entièrement dispersée sur la surface de la Terre.

Le terme en hébreu dans la *michna* « *Léchem Chamaïm* », que nous avons traduit littéralement « Au nom du Ciel », est riche de plusieurs interprétations. Certains considèrent que cela signifie « Au nom de la Torah et des bonnes actions » (Rabbénou Yona), d'autres y voient la recherche de la vérité, fût-ce même dans le domaine profane (Meïri, *Tiféret Israël*). D'aucuns ont dès lors posé la question : s'il en est ainsi, pourquoi la *michna* n'a-t-elle pas simplement dit « Au nom de la *mitsva* » ? Leur réponse est la suivante : il se peut fort bien que des gens se réunissent pour accomplir une *mitsva* mais que leur motivation essentielle ne repose que sur leur honneur et leur gloire personnels ; une telle réunion est dès lors vouée à disparaître (*Midrach Chmouel*).

PERSONNAGES

Alexandrie en Égypte (voir aussi le Talmud de Jérusalem *'Haguiga* 3, 1).

Après la révolte de Bar Kokhba, le centre de Torah en *Érets Israël* fut déplacé de Yavné à la Galilée.

Une anecdote édifiante montrant l'amour que Rabbi Yo'hanane *hassandélar* éprouvait à l'égard d'*Érets Israël* se trouve rapportée en ces termes dans le Midrach (*Sifri, Dévarim, Piska* 80) :

« Il arriva que Rabbi Éléazar ben Chamoua et Rabbi Yo'hanane *hassandélar*, décidèrent de se rendre à Nétsivin en Babylonie afin d'apprendre la Torah de la bouche de Rabbi Yéhouda ben Bétéra. Une fois arrivés à Sidon (en Phénicie), levant leurs yeux, ils se souvinrent d'*Érets Israël*, ils se mirent à pleurer et déchirèrent leurs vêtements. Ils lurent le verset (Deutéronome 19, 1) à propos du commandement d'hériter de la Terre d'Israël et de s'y établir, et ils s'exclamèrent : "La *mitsva* d'habiter en *Érets Israël* équivaut à toutes les autres *mitsvot*." C'est alors qu'ils revinrent sur leurs pas et retournèrent en Terre sainte. »

◂

רַבְּךָ - כְּמוֹרָא שָׁמַיִם.	**ton maître et la crainte de ton maître non moins exigeante que la crainte du Ciel. »**

Rabbi Éléazar ben Chamou'a dit[E P] **: « Que l'honneur de ton élève te soit aussi cher que le tien**[E] [tout maître doit faire preuve de respect envers son élève comme s'il était son égal], **l'honneur de ton camarade tout aussi précieux que la crainte de ton maître**[E] [l'honneur dû à un camarade, son égal, doit dépasser celui que l'on s'octroie soi-même ; notre comportement envers lui devrait ressembler à celui

ÉCLAIRAGES

[E]Rabbi Éléazar ben Chamou'a dit

Notre explication ci-dessus de la *michna* sous-entend, comme cela ressort de la plupart des commentaires (en particulier *Avot dé-Rabbi Nathan*), que l'honneur dû à son prochain devrait même dépasser les limites de ce que la loi exige *stricto sensu*. D'aucuns cependant considèrent qu'il ne s'agit pas ici d'aller au-delà de la norme : il nous faut néanmoins respecter chacun en fonction de son rang tout comme nous devons honorer quiconque est plus éminent que nous. Une telle attitude devrait ainsi s'imposer, qu'il s'agisse de son élève ou de son camarade (Rabbénou Yona, *Pirké Moché*).

[E]Que l'honneur de ton élève te soit aussi cher que le tien

Selon Rachi, il doit en être exactement ainsi : l'honneur véritable revenant au maître est à la mesure de celui qu'il octroie à ses élèves. Le traité *Avot dé-Rabbi Nathan* (27) y perçoit une allusion lorsque Moché s'adresse ainsi à son fervent disciple Yéhochoua (Exode 17, 9) : « Choisis *pour nous* des hommes (et va livrer bataille à Amalec) » ; en d'autres termes, Moché se plaçait sur un pied d'égalité avec son élève Yéhochoua.

Certaines versions introduisent une formulation différente : « Que l'honneur de ton élève te soit aussi cher que l'honneur dû à ton camarade. » C'est ainsi que notre *michna* pourrait apparaître comme une échelle s'élevant dans les degrés d'honneur qui s'imposent : l'honneur dû à son élève se compare à celui revenant à son camarade, celui de son camarade à celui de son maître, et celui de son maître à celui du Ciel.

[E]Que l'honneur de ton camarade te soit tout aussi précieux que la crainte de ton maître

L'on est en droit de se poser la question : qu'y a-t-il donc de commun entre l'honneur et la crainte ? Meïri résout ainsi le problème : il s'agit ici d'une obligation, la crainte due au maître autant que l'honneur dû à son élève procèdent d'un même devoir.

Autre raison justifiant que l'on assimile son camarade à un maître : inévitablement, deux amis s'enrichissent mutuellement d'un quelconque enseignement (Rabbi Mattityahou Hayitshari).

Le commentaire *Notser 'Hessed* note que les liens de camaraderie peuvent parfois aboutir à un excès de familiarité, ce qui risque finalement de conduire à leur terme ; d'où l'importance de préserver une certaine distance de respect mutuel.

PERSONNAGES

[P]Rabbi Éléazar ben Chamou'a

Rabbi Éléazar ben Chamou'a, parfois simplement désigné de son seul nom Rabbi Éléazar dans la Michna, figure parmi les éminents disciples de Rabbi Akiva. Aussi bien, lorsqu'il fallut comparer la génération de Rabbi Akiva à sa génération, c'est lui qui fut choisi comme représentant de la nouvelle génération (voir traité *'Érouvin* 53a).

Lui-même un *cohen*, il vécut jusqu'à un âge avancé (traité *Méguilla* 27b). Selon la tradition, il compte parmi les dix martyrs exécutés à mort par le pouvoir romain après la révolte de Bar Kokhba (*Midrach « Élé Ezkéra »*). Il fut aussi l'un des maîtres de Rabbi Yéhouda *hanassi* ; ce dernier rapporte des lois en son nom (voir par exemple *Tossefta Zéva'him* 2, 17) et témoigne d'un auditoire extrêmement dense à ses cours.

que nous montrons envers notre maître : non seulement faut-il l'honorer mais aussi avons-nous, dans une certaine mesure, le devoir de le craindre en évitant de lui causer quelque outrage ou quelque malheur que ce soit] **et la crainte de ton maître non moins exigeante que la crainte du Ciel**[E] [témoigner de la déférence à l'égard de son maître ne suffit pas, encore faut-il le faire avec le plus grand scrupule à l'instar de la crainte due au Ciel]. »

MICHNA 13

13. Rabbi Yéhouda dit : « Sois minutieux dans l'étude, car une erreur involontaire dans l'étude te sera considérée comme délibérée. » Rabbi Chim'one dit : « Il y a trois couronnes : la couronne de la Torah, la couronne de la prêtrise et la couronne de la royauté ; mais la couronne du bon renom les surpasse toutes. »

י"ג. רַבִּי יְהוּדָה אוֹמֵר: הֱוֵי זָהִיר בַּתַּלְמוּד, שֶׁשִּׁגְגַת תַּלְמוּד עוֹלָה זָדוֹן. רַבִּי שִׁמְעוֹן אוֹמֵר: שְׁלֹשָׁה כְתָרִים הֵם: כֶּתֶר תּוֹרָה, וְכֶתֶר כְּהוּנָּה, וְכֶתֶר מַלְכוּת. וְכֶתֶר שֵׁם טוֹב עוֹלֶה עַל גַּבֵּיהֶן.

Rabbi Yéhouda[P] **dit : « Sois minutieux dans l'étude**[E] [il nous faut être particulièrement prudent dans l'étude de la Torah, dans les conclusions que nous

ÉCLAIRAGES

[E]Et que la crainte de ton maître te soit non moins exigeante que la crainte du Ciel

Puisque notre maître nous enseigne la Torah, il en représente en quelque sorte la Source et poursuit la chaîne de transmission initiée au Sinaï. Nous devons donc profondément le respecter et le craindre à l'instar de notre même obligation envers Dieu. Rachi souligne que cette *michna* tire sa source d'un autre enseignement des Sages à propos du verset (Deutéronome 10, 20) : *Eth Hachem Élokekha tira*, « C'est l'Éternel, ton Dieu, que tu dois révérer ». Selon le Talmud (traité *Pessa'him* 22b), le terme *Eth* qui, en hébreu, introduit le complément d'objet direct, signifie qu'il faut aussi inclure dans cette même crainte celle revenant aux *talmidé 'hakhamim*, aux érudits en Torah, et, à plus forte raison, lorsqu'il s'agit de son propre maître.

[E]Sois minutieux dans l'étude

L'étude dont il est question ici exige de se concentrer et de savoir préciser les raisons qui se cachent derrière les lois (Rachi), jusqu'à en devenir un expert

PERSONNAGES

[P]Rabbi Yéhouda

Lorsque Rabbi Yéhouda apparaît sans autre qualificatif dans la Michna, il s'agit de Rabbi Yéhouda bar (fils de) Ilaï qui comptait parmi les élèves de Rabbi Akiva, bien qu'il reçût également son enseignement d'autres Sages, notamment Rabbi Tarfone, Rabbi Yichmaël et Rabbi Éléazar ben Azaria. Ilaï était lui-même un disciple de Rabbi Éliézer ben Hourkenos.

Il vécut jusqu'à un âge avancé mais il demeura

◂

en tirons et nous devons les garder proprement en mémoire] **car une erreur involontaire dans l'étude te sera considérée comme délibérée** [se tromper ou induire autrui en erreur à propos de ce que l'on a étudié compte comme un acte intentionnel et malveillant : l'étude la Torah exige en effet le plus grand scrupule, qu'elle soit à des fins personnelles ou dans un but d'enseignement et l'on n'a pas le droit de commettre d'erreurs].

Rabbi Chim'one dit : « Il y a trois couronnes[E] [trois vertus se trouvent chez différents individus au sein de la collectivité d'Israël] **: la couronne de la Torah** [l'importance accordée à un homme parce qu'il étudie la Torah], **la**

ÉCLAIRAGES

(Meïri). Ailleurs, dans un des traités du Talmud (*Bava Métsi'a* 33a-*b*), Rabbi Yéhouda déduit d'un verset (Isaïe 58, 1) : « Et expose à mon peuple son iniquité, à la maison de Jacob ses péchés. » que toute erreur involontaire commise par les *talmidé 'hakhamim*, les érudits en Torah, se transforme, en ce qui les concerne, en une erreur volontaire. D'où la nécessité de la plus grande prudence dans ce domaine.

De fait, cette *michna*, même si elle s'adresse à tout un chacun, est plus particulièrement dirigée vers les *talmidé 'hakhamim* et les enseignants afin qu'ils n'induisent pas en erreur leurs élèves : une transgression inconsciente de la part de ces derniers qui pourraient mal interpréter un certain enseignement serait assimilée à une faute délibérément commise par leur maître. Certaines versions (voir *Midrach Chmouel* citant le *Ritba*) vont même jusqu'à écrire, au lieu de *Chéguigat Talmoud* (une erreur involontaire dans *l'étude*), *Chéguigat Talmid* (une erreur involontaire chez *un élève*).

[E]Trois couronnes…

Selon, le Talmud (traité *Yoma* 72b), les trois couronnes rapportées dans notre *michna* font allusion à celles posées sur trois ustensiles du Temple de Jérusalem : la couronne sur l'autel d'encens représentant la prêtrise, celle sur la table des pains de proposition correspondant à la royauté et enfin celle, la plus imposante et la plus sacrée, sur l'Arche de l'Alliance située dans le Saint des Saints qui contient les Tables de la Loi, symbolisant la Torah.

La Torah détient aussi une place particulière en

PERSONNAGES

pauvre pendant la majeure partie de sa vie ; pourtant, son visage lumineux manifestait de la joie. À tel point que le Talmud (traité *Nédarim* 49b) affirme qu'il ressemblait à un riche. Rabbi Yéhouda considérait sous un angle positif le pouvoir romain en Terre sainte et c'est pourquoi ce dernier le nomma comme le porte-parole principal du peuple en tout endroit (traité *Chabbat* 33b), lui accordant ainsi un rôle privilégié par rapport aux autres Sages d'Israël.

Rabbi Yéhouda instruisait des lois dans la maison du *Nassi*, le président du *Sanhédrin* (voir traité *Ména'hot* 104b), si bien que dans la maison de Rabbi (Yéhouda *hanassi*), l'on suivait ses décisions. L'on rapporte que le *Midrach Halakha* (*Torat Cohanim*) associé à l'un des cinq livres de la Torah, le Lévitique, reposerait essentiellement sur son école de pensée.

Son fils, Rabbi Yossé bé-Rabbi Yéhouda, fut, lui aussi, un éminent érudit, lié d'amitié avec Rabbi Yéhouda *hanassi*.

Site de la tombe de Rabbi Yéhouda bar Ilaï sur la route de Safed

couronne de la prêtrise [la grandeur dont bénéficient les *cohanim*, les prêtres et leurs descendants, car ils appartiennent à une tribu ayant le privilège d'être des serviteurs de Dieu au Temple de Jérusalem] **et la couronne de la royauté** [la dignité octroyée aux descendants du roi David ou tout autre individu en Israël oint pour la royauté] **mais la couronne du bon renom les surpasse toutes**[E] [la notoriété d'une personne est une qualité qui ne s'acquiert pas en raison de la famille où elle est née mais qui émane de sa personnalité. Sans que l'importance des trois premières couronnes puisse être déniée, celle du bon renom les devance, car elle possède une valeur intrinsèque et ne dépend d'aucun facteur extérieur]**.** »

ÉCLAIRAGES

ce sens que chacun peut en disposer, quelle que soit sa situation familiale, et que c'est elle qui détermine le statut des prêtres et des rois.

La couronne d'or ornant l'autel d'encens

La couronne d'or ornant l'Arche de l'Alliance

[E]... mais la couronne du bon renom les surpasse toutes

La couronne du bon renom revient à des individus dont les actions envers autrui sont dignes de louanges. Leur entourage est impressionné par leurs actes de bonté, par leur intégrité et la manière dont ils sanctifient le Nom divin et la Torah (Meïri ; voir le traité *Yoma* 86a). Il ne s'agit cependant pas d'une quatrième couronne car il n'existe aucune obligation formelle d'honorer la personne qui la porte, contrairement au cas du Sage, du prêtre ou du roi. En fait, les trois couronnes se mesurent à l'aide de celle du bon renom. Si celui qui porte la couronne de la royauté, de la prêtrise ou de la Torah s'est acquis une bonne réputation, il en sera d'autant plus honoré et le contraire est vrai également (Barténora).

MICHNA 14

י״ד. רַבִּי נְהוֹרַאי אוֹמֵר: הֱוֵי גוֹלֶה לִמְקוֹם תּוֹרָה. וְאַל תֹּאמַר שֶׁהִיא תָּבוֹא אַחֲרֶיךָ, שֶׁחֲבֵירֶיךָ יְקַיְּמוּהָ בְיָדֶךָ, ״וְאֶל בִּינָתְךָ אַל תִּשָּׁעֵן״.

14. Rabbi Néhoraï dit : « Exile-toi en un lieu de Torah. Et ne dis pas que c'est la Torah qui te suivra, que ce sont tes camarades qui la maintiendront entre tes mains, et ne te fie pas à ton entendement. »

Rabbi Néhoraï[P] **dit : « Exile-toi en un lieu de Torah**[E] [lorsqu'une personne souhaite étudier la Torah afin de progresser, il lui faut se rendre dans un centre de Torah]. **Et ne dis pas** [en ton cœur] **que c'est la Torah qui te suivra** [en effet, certains pensent être suffisamment érudits pour que la Torah ou d'autres érudits viennent à eux sans qu'ils aient besoin de se déplacer vers un centre

ÉCLAIRAGES

[E]Exile-toi en un lieu de Torah

Ceci reste vrai autant pour des étudiants que pour des individus ayant déjà acquis une grande sagesse et une vaste connaissance, et même si cela signifie qu'ils doivent s'arracher de leur lieu de résidence pour rejoindre un endroit où règne la Torah (Meïri, Barténora).

Certains ont souligné que cette recommandation s'applique aussi à de jeunes étudiants qui habitent dans un centre de Torah. À cela plusieurs raisons : ses camarades d'enfance pourraient éventuellement le déranger dans sa concentration ; malgré les avantages à résider dans le foyer familial, le fait qu'un jeune se rende à l'extérieur pour étudier signifie plus clairement qu'il le fait à titre de choix personnel et non pas parce que ses parents sont là pour le surveiller. D'autre part, l'assistance de la famille risque de retarder la maturité de leur enfant et de freiner son indépendance à prendre soin de lui-même (*Tiféret Israël*).

Selon le commentaire *Notser 'Hessed,* cet exil est non moins utile pour les *tsaddikim*, les justes, comme l'attestent de nombreux récits dans lesquels ces *tsaddikim* ont pu accéder à la dimension ésotérique de la Torah en quittant leur endroit de prédilection.

PERSONNAGES

[P]Rabbi Néhoraï

Nombre d'opinions ont été formulées quant à l'identité de ce Sage de la Michna. C'est que d'autres Sages sont désignés par le même nom, parmi eux : Rabbi Éléazar ben Arakh, Rabbi Méïr (voir traités *Chabbat* 147b, *'Érouvin* 13b).

L'hypothèse la plus simple serait que Rabbi Néhoraï soit le véritable nom du Sage de notre *michna*. Il serait ainsi le contemporain des élèves de Rabbi Akiva et se trouve ainsi cité dans plusieurs endroits de la Michna, de la *Tossefta* et du Talmud. De même, en toute vraisemblance, il aurait étudié auprès de Rabbi Tarfone. Rabbi Néhoraï cite également des enseignements de Rabbi Yéhochoua qu'il aurait entendus de sa bouche. Selon la *Tossefta* (*Roch Hachana* 1, 16), il vécut à l'époque où le Sanhédrin siégeait à Oucha, soit donc à celle de Rabbane Chim'one ben Gamliel.

Le traité *Kiddouchin* (chapitre 4, *michna* 14) rapporte au nom de Rabbi Néhoraï : « Je suis prêt à mettre de côté tous les métiers du monde et à n'enseigner à mon fils que la Torah. Car l'étude de la Torah conduit à une part de récompense dans ce monde et à celle principale dans le Monde futur, ce qui n'est pas vrai des autres professions (qui ne procurent un salaire que dans ce monde). »

de Torah. En général, ce genre de pensées demeure à l'état de vœu pieux, et même un individu éminent est finalement à même de se retrouver seul là où il se trouve], [de même, lorsque tu te trouves dans un petit cercle d'amis, ne crois pas] **que ce sont tes camarades qui la maintiendront entre tes mains**[E] [un tel cercle restreint ne favorise aucun progrès en Torah, surtout si ses membres ne sont pas érudits en Torah], **et ne te fie pas à ton entendement**[E] [cette dernière recommandation (Proverbes 3, 5) découle des précédentes : personne ne peut se reposer sur sa seule intelligence en pensant que lui-même peut aboutir aux mêmes résultats que s'il fréquentait un centre de Torah]. »

MICHNA 15

ט"ו. רַבִּי יַנַּאי אוֹמֵר: אֵין בְּיָדֵינוּ לֹא מִשַּׁלְוַת הָרְשָׁעִים, וְאַף לֹא מִיִּסּוּרֵי הַצַּדִּיקִים. רַבִּי מַתְיָא בֶּן חָרָשׁ אוֹמֵר: הֱוֵי מַקְדִּים בִּשְׁלוֹם

15. Rabbi Yannaï dit : « Nous ne pouvons comprendre ni le bien-être des impies, ni les souffrances des justes. » Rabbi Matia ben 'Harach dit : « Sois le premier à saluer toute personne ; et place-toi à

ÉCLAIRAGES

[E]Que ce sont tes camarades qui la maintiendront entre tes mains

Le sens le plus simple est celui mentionné plus haut à savoir : « *Ne crois pas* que tes camarades maintiendront la Torah entre tes mains », en comptant par exemple que ces camarades exilés dans un lieu de Torah te transmettront ce qu'ils y ont appris lorsqu'ils te rencontreront dans l'endroit où tu es demeuré (Rachi, Rabbénou Yona).

Une autre lecture de la *michna* veut au contraire que cette phrase souligne l'avantage à s'exiler dans un lieu de Torah où il pourra rencontrer des condisciples lui permettant de se renforcer dans la Torah (Rachi, Rambam).

Le *Midrach Chmouel* tient cependant à préciser qu'il ne suffit pas de se rendre dans un centre de Torah, encore faut-il investir ses propres efforts dans l'étude.

[E]Et ne te fie pas à ton entendement

Cette recommandation semble constituer la suite logique des deux précédentes. Personne ne peut se passer ni de maîtres, ni de la compagnie d'autres Sages. Plus encore : l'on ne doit pas prétendre construire son monde intérieur uniquement à partir de sa propre intelligence. Quiconque étudie tout seul se met en danger, car la réflexion individuelle constitue un monde clos ; en l'absence de critiques émanant d'autrui, l'on risque de gâcher notre compréhension, de tirer de fausses conclusions, voire de s'égarer dans des domaines sans importance. La rencontre avec l'extérieur, la confrontation avec la réalité, avec la vie et avec d'autres Sages sont en mesure d'engendrer un flot de véritables connaissances qui n'existe pas chez un seul individu.

Dans le même ordre d'idées, Rachi souligne l'importance de ne pas hésiter, par paresse, à poser des questions à son maître, chaque fois que l'on a un doute de compréhension.

Le *Midrach Chmouel* adopte cependant un tout autre angle : l'on doit s'abstenir de compter sur sa seule intelligence, il faut avant tout prier Dieu afin qu'Il nous octroie la sagesse.

◄

כָּל אָדָם. וֶהֱוֵי זָנָב לָאֲרָיוֹת, וְאַל תְּהִי רֹאשׁ לַשּׁוּעָלִים.

la queue des lions plutôt qu'à la tête des renards. »

Cette michna *traite non plus de l'étude de la Torah mais de sujets concernant l'être humain dans le monde d'ici-bas.*

Rabbi Yannaï[P] **dit** [il soulève ici des questions que les êtres humains se posent au cours de leur vie sur terre]**: « Nous ne pouvons comprendre ni le bien-être des impies** [ces derniers ne souffrent d'aucun problème de conscience et il arrive même que leur vie soit emplie de succès]**, ni les souffrances des justes**[E] [eux au contraire procèdent sans cesse à des examens de conscience et trouvent en eux des imperfections ; leur vie est empreinte de difficultés car ils

ÉCLAIRAGES

[E]Nous ne pouvons comprendre ni le bien-être des impies, ni les souffrances des justes

À la différence des autres Sages dans ce traité, les paroles de Rabbi Yannaï n'ont pas trait à des conseils particuliers ; elles constituent en quelque sorte une description sensée de la réalité selon laquelle les êtres humains, pour la plupart, ne peuvent être catégorisés de manière univoque comme bons ou mauvais mais se situent plutôt entre les deux extrêmes. Rabbi Yannaï semble s'adresser ici au commun des mortels. Un commun des mortels qui vit dans son monde sans accomplissements remarquables et qui ne bénéficie pas d'un confort très élevé mais qui ne souffre pas non plus de malheurs excessifs. Somme toute, une vie faite de hauts et de bas, sans excès ni dans un sens, ni dans un autre. Selon Rabbi Yannaï, ce genre de vie entre dans la normalité : il n'y donc pas lieu d'aspirer de manière inconsidérée à un niveau de bien-être difficile à atteindre mais, d'un autre côté, l'on doit savoir être reconnaissant du fait que les infortunes qui sont notre lot n'excèdent pas notre capacité à les endurer.

Le problème soulevé ici se retrouve d'ailleurs dans beaucoup d'écrits : d'un côté, la réussite et le confort dont jouissent les impies, de l'autre les tragédies et les malheurs que subissent les justes et que seuls eux sont en mesure de supporter, sans pourtant s'effondrer. C'est ainsi que Rabbi Yannaï paraît dépeindre la condition humaine, sans doute de manière un peu froide et aride et sans même une once de protestation vis-à-vis de l'ordre du monde, alors que le prophète Jérémie (12, 1), lui, ose délicatement s'étonner : « Tu es trop équitable, ô Éternel, pour que je récrimine contre Toi. Cependant je voudrais Te parler justice : Pourquoi la voie des méchants est-elle prospère ? Pourquoi vivent-ils en sécurité, tous ces auteurs de perfidies ? »

Certes, en toute logique, les justes ne devraient pas souffrir et les impies ne devraient pas connaître le bien-être. Rabbi Yannaï, quant à lui, face à la question fondamentale soulevée par Jérémie et en de nombreux endroits des Écritures, tient à souligner que nous ne sommes pas en mesure d'expliquer cette marche du monde ; le secret en appartient à Dieu seul, dont les pensées et considérations dépassent de loin les nôtres (Rachi).

PERSONNAGES

[P]Rabbi Yannaï

Rabbi Yannaï, cité dans notre *michna*, est, selon toute vraisemblance, le même qui apparaît à maintes reprises dans le Talmud : disciple de Rabbi Yéhouda *hanassi* (« Rabbi »), il vécut lors de la période de transition entre les *Tannaïm*, les Sages de la Michna, et les *Amoraïm*, ceux de la Guemara. Il occupa une place centrale au sein de la génération des élèves de Rabbi Yéhouda *hanassi*, au point que le Talmud (traité *Méguilla* 32b) le nomme « Rabbi Yannaï le Grand ». Il fut entouré d'un cercle large d'élèves et sans doute était-il à la tête d'une *yéchiva* ; ses paroles de Torah sont rapportées, directement ou indirectement, dans nombre de passages du Talmud de Babylone et de celui de Jérusalem.

Sa fille épousa Yéhouda, le fils de Rabbi 'Hiya

aspirent toujours à emprunter le droit chemin]. » **Rabbi Matia ben 'Harach**[P] **dit** [les conseils de Rabbi Matia ben 'Harach touchent à la conduite appropriée d'un individu au sein de la société] **: « Sois le premier à saluer toute personne** [qu'elle figure parmi les gens des plus simples ou que ces derniers appartiennent à un moindre rang social : l'on pourrait penser a priori qu'il n'y a pas de raison particulière de les honorer et que ce serait plutôt à elles de le saluer en premier] **; et place-toi à la queue des lions plutôt qu'à la tête des renards**[E] [en d'autres termes, mieux vaut s'attacher à de grandes personnes réalisant des choses importantes, quitte à occuper un rôle peu élevé dans leur entourage, plutôt que de remplir un rôle de dirigeant dans un endroit médiocre et sans importance]. »

ÉCLAIRAGES

[E]Et situe-toi (place-toi) à la queue des lions plutôt qu'à la tête des renards

Certains commentateurs considèrent que ce conseil ne se limite pas au côté social et humain mais qu'il concerne aussi celui touchant à l'action : certains aspects secondaires de grandes réalisations revêtent une plus grande importance que des sujets essentiels liés à de moindres projets (Yaavets).

Selon Meïri, l'on doit toujours privilégier l'attachement à des personnes plus sages que nous-mêmes afin de tirer un enseignement de leurs actions ainsi qu'il est dit (Proverbes 13, 20) : « Frayer avec les sages, c'est devenir sage ; fréquenter les sots, c'est devenir mauvais. »

Par ailleurs, le *Midrach Chmouel* perçoit dans cette *michna* une allusion à deux approches dans l'étude : la première, celle du lion, qui possède une parfaite connaissance de la Torah, la deuxième, celle du renard qui, bien qu'ignare, se plaît à contester de manière fourbe sans que son attitude ne se fonde sur une quelconque connaissance de la vérité.

PERSONNAGES

auquel il vouait une très grande admiration et qui décéda à un jeune âge (traité *Kétoubot* 62b). Le plus célèbre parmi ses disciples fut un *Amora*, Rabbi Yo'hanane, qui finit par devenir le grand de sa génération et le guide d'Israël (Talmud de Jérusalem, traité *Kétoubot* 9, 5). De plus, Rabbi Yéhouda *Nessia* (le petit fils de Rabbi Yéhouda *hanassi*) comptait parmi ses disciples.

[P]Rabbi Matia ben 'Harach

Rabbi Matia ben 'Harach semble compter parmi les Sages de la Terre d'Israël et avoir été en relation avec ceux de *Kérem dé-Yavné*, en particulier avec Rabbi Yéhochoua et Rabbi Éliézer. On constate d'ailleurs qu'il leur adressa différentes questions en matière de *halakha*. Après un certain temps, il fixa sa résidence à Rome ; à ce propos, le Talmud précise que son érudition était telle qu'il convenait de se déplacer aussi loin afin de recevoir un enseignement de Torah de sa bouche. De nombreux Sages venaient lui rendre visite à Rome afin de traiter d'affaires de la collectivité d'Israël, et il se peut qu'il leur servît à la fois d'hôte et de traducteur.

L'on peut déduire de ses propos qu'il était impliqué dans la vie de la cité romaine et qu'il en connaissait même les dictons. Il est d'ailleurs vraisemblable que la recommandation de Rabbi Matia ben 'Harach dans notre *michna* (« Place-toi à la queue des lions plutôt qu'à la tête des renards ») vienne, de manière discrète et implicite, s'inscrire en faux contre ce que l'on a rapporté au nom de Jules César. Ce dernier, alors qu'il se trouvait dans un petit village de Gaule, aurait en effet déclaré qu'il préférait occuper le premier poste dans ce petit village plutôt que le second à Rome, dans la capitale de l'empire.

En dehors de notre *michna*, Rabbi Matia ben 'Harach se trouve mentionné dans le traité *Yoma* (86a).

MICHNA 16

ט״ז. רַבִּי יַעֲקֹב אוֹמֵר: הָעוֹלָם הַזֶּה דּוֹמֶה לִפְרוֹזְדוֹר בִּפְנֵי הָעוֹלָם הַבָּא; הַתְקֵן עַצְמְךָ בַּפְּרוֹזְדוֹר, כְּדֵי שֶׁתִּכָּנֵס לַטְּרַקְלִין.

16. Rabbi Yaakov dit : « Ce monde ressemble à une antichambre donnant sur le monde à venir ; prépare-toi dans l'antichambre, afin que tu puisses entrer dans le salon d'apparat. »

À l'instar de la michna *précédente, celle-ci évoque la condition de l'homme sur terre.*

Rabbi Yaakov[P] **dit : « Ce monde ressemble à une antichambre donnant sur le monde à venir**[E] [l'antichambre à laquelle notre monde est comparé représente le vestibule où l'on se trouve avant de pénétrer dans la maison. Les gens n'y sont que de passage, n'y restent que pour un court moment et doivent en même temps se tenir prêts à être appelés à tout instant. Il en va de même de notre monde d'ici-bas que l'on ne peut considérer comme le centre des aspirations humaines. Il ne s'agit de rien d'autre que de notre seule voie d'accès au monde à venir. Et la *michna* conclut en poursuivant l'analogie] ; **prépare-**

ÉCLAIRAGES

[E]Ce monde… le monde à venir

L'enseignement de Rabbi Yaakov concerne le rapport entre ces deux mondes. Selon une première explication, « ce monde (d'ici-bas) » aurait trait à celui matériel dans lequel nous vivons, tandis que « le monde à venir » abriterait les âmes après leur passage sur la terre. Une autre opinion considère que « ce monde » serait associé à l'ensemble de l'histoire de l'humanité et que « le monde à venir » correspondrait aux temps futurs après la résurrection des morts. Les différents commentaires de cette *michna* sont établis en fonction de ces deux opinions.

PERSONNAGES

[P]Rabbi Yaakov

Sachant que plusieurs Sages de la Michna portent le nom de Rabbi Yaakov, il paraît difficile de savoir précisément lequel d'entre eux se trouve cité ici. Cependant, un passage du Talmud (traité *Kiddouchin* 39b) permet peut-être de l'identifier comme le petit fils d'Élicha ben Abouya (désigné comme « l'autre », voir plus loin dans ce chapitre, *michna* 20) : « Rav Yossef dit : "Si seulement 'l'autre' avait interprété le verset (Deutéronome 5, 15) : 'Honore ton père et ta mère, comme te l'a prescrit l'Éternel, ton Dieu, *afin de prolonger tes jours et de vivre heureux sur la terre que l'Éternel, ton Dieu, te destine*' comme l'a interprété Rabbi Yaakov, le fils de sa fille, à savoir comme se référant au monde à venir, il n'aurait pas fauté". » C'est que Rabbi Yaakov, dans notre *michna* comme dans d'autres endroits, exprime une idée fondamentalement différente de celle de son grand-père quant aux rapports entre le monde d'ici-bas et le Monde futur.

Une autre possibilité serait que Rabbi Yaakov soit en fait Rabbi Yaakov ben Korchaï, l'un des maîtres de Rabbi Yéhouda *hanassi*.

toi dans l'antichambre[E]**, afin que tu puisses entrer dans le salon d'apparat**[E] [C] [l'on a en général l'habitude d'arranger nos vêtements et de parfaire notre apparence lorsque nous patientons dans le vestibule afin d'être dignes d'entrer dans le salon principal de la maison. Le même phénomène devrait se produire quant à notre manière de nous préparer dans ce monde afin de pénétrer dans le monde à venir comme il se doit]. »

MICHNA 17

י"ז. הוּא הָיָה אוֹמֵר: יָפָה שָׁעָה אַחַת בִּתְשׁוּבָה וּמַעֲשִׂים טוֹבִים בָּעוֹלָם הַזֶּה, מִכָּל חַיֵּי הָעוֹלָם הַבָּא. וְיָפָה שָׁעָה אַחַת שֶׁל קוֹרַת רוּחַ בָּעוֹלָם הַבָּא, מִכָּל חַיֵּי הָעוֹלָם הַזֶּה.

17. Il avait coutume de dire : « Mieux vaut une heure de *téchouva*, de repentir et de bonnes actions dans ce monde que toute la vie du monde à venir ; et mieux vaut une heure de félicité dans le monde à venir que toute la vie en ce monde. »

ÉCLAIRAGES

[E]Prépare-toi dans l'antichambre

Selon Yaavets, cette *michna* ne se limite pas à une vision du monde d'ici-bas comme un seul tremplin vers le monde à venir. L'homme a en effet la possibilité de changer ce monde en une sorte de « monde à venir » en se plongeant dans des occupations de nature spirituelle et, par là-même, en transformant ce monde en salle de réception principale.

Selon le commentaire du Rabbi de Loubavitch au traité *Avot*, il y a lieu de considérer la matérialité de ce monde par rapport au monde à venir au même titre que cette salle d'attente par rapport à la pièce principale de la maison. Le but ? Transformer le monde matériel dans lequel nous vivons, par le biais de la Torah et des *mitsvot*, en une résidence permanente pour la Présence divine.

[E]Afin que tu puisses entrer dans le salon d'apparat

La *michna* vient en fait souligner le rôle de « ce monde » : tout ce que nous y accomplissons a pour but de nous permettre l'entrée dans la « salle de réception ». Néanmoins, le droit d'y séjourner, après cette entrée, émanerait d'un acte de la bonté divine – ce que corrobore la prochaine *michna*, à savoir qu'une seule heure dans le monde à venir vaut mieux que toute notre vie dans le monde d'ici-bas, fût-elle riche en *téchouva* (en repentance et en aspiration de retour à Dieu) et en bonnes actions (*Midrach Chmouel*).

CONTEXTE

[C]Antichambre (*prozdor*) et salon d'apparat (*traklin*)

Le mot *prozdor* traduit ici par antichambre (en hébreu moderne, couloir) a pour origine un mot grec πρόθυρον (*proturon*) ce qui signifie se situant avant l'entrée, soit la pièce permettant l'accès au *traklin*, le salon de réception des invités. Ce dernier terme de *traklin* vient lui aussi du terme grec τρικλίνιον (*trikilinion*), au départ une salle à manger contenant trois divans mais dont le sens s'est élargi à une grande pièce réservée aux invités.

Cette michna *apporte d'autres paroles de Rabbi Yaakov à propos des rapports entre le monde d'ici-bas et le monde à venir.*

Il [Rabbi Yaakov, dans le droit fil de la *michna* précédente à propos des rapports entre notre monde d'ici-bas et le monde à venir] **avait coutume de dire** [malgré le caractère éphémère de ce monde et bien que la vie d'un être humain (au niveau du corps et de l'esprit) y soit brève, nous ne devons pas en négliger l'importance] **: « Mieux vaut une heure de repentir**[E] **et de bonnes actions dans ce monde**[E] [ce monde nous offre la possibilité de nous rapprocher véritablement de Dieu grâce au repentir et aux bonnes actions et à l'impact s'ensuivant sur notre âme] **que toute la vie du monde**[E] **à venir** [en revanche, une telle opportunité n'existe plus dans le monde à venir où nous devenons passifs, avec, comme seul bénéfice, la récompense de nos accomplissements durant notre vie sur terre. Par conséquent, l'occasion que nous donne ce monde de nous élever vers Dieu a plus de valeur que notre existence dans le monde à venir, où nous ne pouvons plus rien changer] **; et mieux vaut une heure de**

ÉCLAIRAGES

[E]Mieux vaut une heure de *téchouva*, de repentir et de bonnes actions dans ce monde...

À n'en pas douter, la *michna* porte en elle une contradiction surprenante. Beaucoup de commentateurs ont apporté une explication similaire à celle que nous avons mentionnée plus haut, à savoir que ce monde est le seul endroit où nous pouvons accomplir des *mitsvot*, chose impossible dans le monde à venir. Le *Tanya*, ouvrage de base de la philosophie *'Habad*, en donne l'éclaircissement suivant : la valeur spirituelle de l'accomplissement d'une *mitsva* dépasse de loin celle de l'exaltation qui lui est associée. Cependant, s'il est vrai que, dans le monde à venir, l'âme parvient à en jouir, ce monde d'ici-bas ne nous permet pas de la ressentir.

Selon Meïri par exemple, la *michna* ne cherche pourtant pas à indiquer que chaque moment où l'on effectue de bonnes actions vaut mieux que la vie du monde à venir mais plutôt qu'il existe certains instants décisifs où l'on peut atteindre un tel niveau de dépassement. C'est là le sens d'un passage du Talmud (traité *Avoda Zara* 17a) dans lequel Rabbi Yéhouda *hanassi* dit : « Il arrive qu'un individu puisse acquérir sa part dans le monde à venir en un seul instant. »

[E]*Téchouva*

Le *Midrach Chmouel* rapporte que le terme *téchouva* ici ne doit pas seulement être entendu dans le sens de « repentir » à propos des fautes commises mais qu'il signifie aussi le simple fait de s'abstenir de commettre une transgression : l'individu ne « revient-il pas en arrière » (en hébreu *chov*, la racine même du terme *téchouva*) et ne freine-t-il pas alors un certain attrait naturel vers la faute ?

[E]Et mieux vaut une heure de félicité (*korat roua'h*) dans le monde à venir que toute la vie en ce monde

C'est que, dans ce monde terrestre, le corps humain confine l'être qui l'habite à l'intérieur de frontières bien établies. Au-delà d'une certaine mesure, il devient en effet impossible de ressentir le moindre plaisir, en raison des limitations physiques des organes y contribuant. Il en va de même du domaine spirituel, car notre esprit se trouve lui aussi largement enfermé dans notre corps limité, ce qui l'empêche d'atteindre une béatitude infinie. De telles contraintes disparaissent dans le monde à venir, d'où l'idée exprimée par Rabbi Yaakov dans notre *michna* : le bonheur infini que l'on ressentira demeure sans comparaison avec celui que l'on peut atteindre dans ce monde, même si l'on devait y vivre heureux pendant de longs jours, car, somme toute, nous y sommes des êtres finis.

félicité[E] [de sérénité et d'exaltation] **dans le monde à venir que toute la vie en ce monde** [toutes les sources de plaisir (par définition limitées) que la vie d'ici-bas nous offre ne peuvent en aucun cas être comparées à celles illimitées du monde à venir]. »

MICHNA 18

18. Rabbi Chim'one ben Eléazar dit : « N'apaise pas ton prochain au moment où sa colère éclate et ne le console pas au moment où son défunt repose devant lui ; ne le questionne pas au moment où il formule son vœu et ne cherche pas à le voir au moment de sa déchéance. »

י״ח. רַבִּי שִׁמְעוֹן בֶּן אֶלְעָזָר אוֹמֵר: אַל תְּרַצֶּה אֶת חֲבֵירְךָ בִּשְׁעַת כַּעֲסוֹ, וְאַל תְּנַחֲמֶנּוּ בְּשָׁעָה שֶׁמֵּתוֹ מוּטָל לְפָנָיו, וְאַל תִּשְׁאַל לוֹ בִּשְׁעַת נִדְרוֹ, וְאַל תִּשְׁתַּדֵּל לִרְאוֹתוֹ בִּשְׁעַת קַלְקָלָתוֹ.

Cette michna *rapporte les conseils de Rabbi Chim'one ben Eléazar à propos de la meilleure manière de se conduire vis-à-vis de son prochain dans certaines situations.*

Rabbi Chim'one ben Eléazar[P] **dit**[E] **: « N'apaise pas ton prochain au moment où sa colère éclate** [lorsqu'une personne s'emporte, cela ne sert à

ÉCLAIRAGES

[E]Exaltation (*korat roua'h*)
Rachi note que l'expression *korat roua'h* rappelle celle de *nitkérara da'ato*, exprimant que l'esprit a atteint un état de repos et de sérénité après que l'on a accédé à ce que l'on recherchait (voir aussi *Tiféret Israël*).

[E]Rabbi Chim'one ben Eléazar dit :
Les trois conseils que Rabbi Chim'one ben Eléazar prodigue dans cette *michna* partagent un dénominateur commun et recèlent un grand principe : nous devons prendre en considération les sentiments de notre prochain au moment précis où il traverse une quelconque crise ; toute tentative de s'en mêler alors, fût-ce au travers de bonnes intentions, ne porte aucun fruit et parfois ne fait qu'empirer sa situation.

PERSONNAGES

[P]Rabbi Chim'one ben Eléazar
Rabbi Chim'one ben Eléazar appartient à la dernière génération des Sages de la Michna (les *Tannaïm*) et fut l'éminent disciple de Rabbi Méïr. Contemporain de Rabbi Yéhouda *hanassi*, il lui arriva d'être en désaccord avec lui, comme on le constate dans quelques passages. Le fait qu'il vécut à la fin de l'époque des *Tannaïm* explique qu'on le trouve cité dans les *Tossaftot, les baraïtot* ou le Talmud plutôt que dans la Michna. Nous ne savons pratiquement rien de sa vie, sinon qu'il vécut jusqu'à un âge très avancé, si bien que les premiers *Amoraïm* (les Sages de la Guemara) ont pu recevoir son enseignement de la Torah de manière directe ou indirecte.

rien de chercher à l'apaiser précisément à ce moment-là et cela serait faire preuve d'un manque d'intelligence. Parce qu'elle bout de colère, elle se trouve incapable de prêter attention à ce qu'on lui dit ; au contraire, les propos qu'on essayerait de lui tenir pourraient bien l'irriter encore plus] **et** [de même] **ne le console pas au moment où son défunt repose devant lui** [les paroles de consolation sont alors inefficaces, elles risquent au contraire d'aggraver la douleur de l'endeuillé qui souffre le plus à ce moment-là. Mieux vaut donc attendre plus tard, après l'enterrement, lorsqu'il commence à retrouver un certain calme] **; ne le questionne pas** [afin de lui donner une quelconque porte de sortie] **au moment où il formule son vœu**[E] [sachant qu'il se trouve alors d'ordinaire noyé dans ses émotions, tout problème que l'on pourrait soulever à propos de son vœu risquerait au contraire de le conduire à l'aggraver sans raison] **et ne cherche pas à le voir au moment de sa déchéance**[E] [chaque individu est à même de trébucher pour différentes raisons, qu'il ait pu commettre une quelconque transgression ou qu'il ait eu à faire face à des problèmes matériels. Il y a lieu, dans ce moment précis, de fermer les yeux, car le regard de l'autre vers celui qui a chuté ne ferait qu'augmenter sa peine et pourrait le conduire à s'enfoncer dans une déchéance encore plus profonde]**.** »

ÉCLAIRAGES

[E]Ne le questionne pas au moment où il formule son vœu

En général, les vœux qu'un individu peut être amené à formuler sont de différente nature : un engagement d'accomplir certaines actions supplémentaires ou de s'en abstenir, se priver de tel ou tel plaisir ou encore rompre ses liens avec une certaine personne. À ce moment, ses émotions sont à leur comble et ce vœu constitue pour lui une échappatoire. Exercer alors sur lui une quelconque pression serait alors inopportun. Il sera toujours possible plus tard de l'aider à se défaire de son vœu, selon les termes de la *halakha* (voir aussi traité *Nédarim*, chapitre 9), en lui faisant remarquer qu'il n'a peut-être pas pensé à toutes les conséquences de sa décision.

Selon une autre explication, mieux vaut ne pas lui demander de respecter son vœu immédiatement. Il est possible qu'il s'en regrette un peu plus tard et souhaite l'annuler selon la procédure halakhique et évite ainsi d'en payer le prix (Rachi).

[E]Et ne cherche pas à le voir au moment de sa déchéance

D'ordinaire, il semble naturel de rendre visite à un ami au moment où il chute. Cependant, l'avertissement donné ici consiste à préciser que l'on ne doit pas se précipiter et le contacter immédiatement. La crainte est que, pris dans le tourbillon de ses émotions, il puisse mal interpréter l'intervention aussi rapide de son ami : ce dernier ne se réjouirait-il pas de sa déchéance ? C'est pourquoi il vaut mieux attendre et laisser passer ces moments difficiles avant de venir lui proposer notre aide un peu plus tard (*Pirké Moché*).

MICHNA 19

י"ט. שְׁמוּאֵל הַקָּטָן אוֹמֵר: "בִּנְפֹל אוֹיִבְךָ אַל תִּשְׂמָח וּבִכָּשְׁלוֹ אַל יָגֵל לִבֶּךָ, פֶּן יִרְאֶה ה' וְרַע בְּעֵינָיו וְהֵשִׁיב מֵעָלָיו אַפּוֹ".

19. Chmouel *hakatane* dit : « Quand ton ennemi chute, ne te réjouis point ; lorsqu'il trébuche, que ton cœur n'exulte pas ! Que ton cœur ne soit pas allègre, de crainte que Dieu le constatant, la chose déplaise à Ses yeux et qu'Il détourne de lui Sa colère. »

La michna *précédente concluait avec la recommandation de Rabbi Chim'one ben Eléazar : éviter de voir son prochain au moment de sa déchéance. Dans cette nouvelle* michna *un autre Sage, plus ancien que lui, rapporte des propos de même nature.*

Chmouel *hakatane*[P] dit[E] [il avait coutume de revenir sur deux versets des Proverbes (24, 17-18)] : « **Quand ton ennemi chute, ne te réjouis point[E] ;**

ÉCLAIRAGES

[E]Chmouel *hakatane* dit
Les paroles de Chmouel rapportées dans notre *michna* ne sont autres que celles du roi Salomon dans le livre des Proverbes (24, 17-18). Certains ont expliqué qu'il les citait si fréquemment qu'elles ont fini par apparaître comme si elles lui étaient propres.

[E]Quand ton ennemi chute, ne te réjouis point
Beaucoup de commentateurs considèrent que le terme « ennemi » se rapporte à la haine personnelle entre deux individus. Néanmoins, il serait permis de se réjouir de la chute des impies et des ennemis d'Israël : voir Rachbats, le Maharal de Prague, le traité *Méguilla* (16a) ou encore un verset des Psaumes (58, 11) : « Le juste se réjouira quand il verra la vengeance [divine]... ». Précisons cependant que la joie du juste n'a de raison d'être que lorsque l'impie n'est pas son ennemi personnel. Si tel était le cas, l'on pourrait craindre que son attitude ne soit pas tout à fait pure et qu'elle ne soit pas motivée par la seule gloire de Dieu. Peut-être que seule sa haine envers son ennemi l'a conduit à le juger sévèrement et à penser qu'il mérite un tel châtiment (*Tiféret Israël*).

PERSONNAGES

[P]Chmouel *hakatane*
Chmouel *hakatane* compte parmi les Sages ayant vécu à l'époque du Deuxième Temple de Jérusalem dans ses derniers jours et à celle de *Kérem dé-Yavné*. Le Talmud de Jérusalem (traité *Sota* 9, 13) explique le nom de *hakatane* (littéralement, « le petit ») de deux manières : soit parce qu'il s'effaçait devant tout le monde, soit parce que son niveau se situait à peine en dessous de celui de Chmouel le prophète biblique. En fait, il fut le premier personnage connu à porter le nom de Chmouel depuis Chmouel le prophète ; l'on peut donc aussi supposer que l'épithète *hakatane* lui a été apposée pour distinguer entre les deux. L'on a dit à son propos que, si sa génération avait été méritante, il aurait pu lui aussi être prophète. En tout état de cause, avant de mourir, il prononça un certain nombre de prophéties qui se sont toutes réalisées (voir traité *Sanhédrin* 11a).

Peu de ses enseignements de Torah sont demeurées entre nos mains ; l'on sait cependant qu'il se

lorsqu'il trébuche, que ton cœur n'exulte pas ! Que ton cœur ne soit pas allègre [éprouver de la joie à propos de la souffrance d'autrui, fût-il son ennemi, dénote une tache au plan moral. Mais cela va au-delà de cela. Le fait que nous nous réjouissions de la chute des autres porte le message suivant : nous nous jugeons meilleurs qu'eux et, selon nous, c'est la raison pour laquelle nous « méritons » d'être témoins de leur effondrement], **de crainte que Dieu le constatant, la chose déplaise à Ses yeux et qu'Il détourne de lui Sa colère**[E] [dès lors, précisément à cause de ce genre de comparaison, Dieu est à même de prendre notre ennemi en pitié ; dans certains cas, ceux dont le cœur a exulté en voyant sa chute peuvent même être rendus coupables par le Saint béni-Soit-il jusqu'à ce qu'Il redirige Sa colère contre eux]. »

MICHNA 20

כ. אֱלִישָׁע בֶּן אֲבוּיָה אוֹמֵר: הַלּוֹמֵד יֶלֶד לְמַה הוּא דוֹמֶה? לִדְיוֹ כְתוּבָה עַל נְיָר חָדָשׁ. וְהַלּוֹמֵד זָקֵן לְמַה הוּא דוֹמֶה? לִדְיוֹ כְתוּבָה עַל נְיָר מָחוּק. רַבִּי יוֹסֵי בַּר יְהוּדָה אִישׁ כְּפַר הַבַּבְלִי אוֹמֵר: הַלּוֹמֵד מִן הַקְּטַנִּים לְמַה הוּא דוֹמֶה? לְאוֹכֵל עֲנָבִים קֵהוֹת

20. Élicha ben Abouya dit : « Celui qui étudie la Torah lorsqu'il est un enfant, à quoi peut-il être comparé ? À une encre écrite sur du papier vierge ; et celui qui étudie la Torah à un âge avancé, à quoi peut-il être comparé ? À de l'encre écrite sur un papier usagé. » Rabbi Yossé bar Yéhouda de Kfar HaBavli dit : « Celui qui

ÉCLAIRAGES

[E]Il détourne de lui Sa colère
Se réjouir de la chute de son ennemi ne fait qu'aggraver le châtiment de ce dernier, au-delà que ce qu'il mérite. C'est ce qui conduit Dieu à refréner Sa colère. Qui plus est, Dieu lui-même, si l'on peut s'exprimer ainsi, éprouve de la peine lorsqu'Il punit une créature. Lorsqu'un individu ne s'associe pas à cette peine de Dieu concernant la chute de son ennemi, mais qu'au contraire il s'en réjouit, il devra en rendre des comptes lors du jugement divin (Yaavets, *Tiféret Israël*, Barténora, commentaire de Malbim sur le verset des Proverbes). Le terme utilisé en hébreu (*véhéchiv* et non *véchav*) est d'ailleurs utilisé à bon escient pour bien notifier que Dieu ne fait pas qu'interrompre Sa colère mais qu'Il la redirige vers celui qui s'est réjoui (Rachi).

PERSONNAGES

montrait d'une très grande modestie et qu'il n'hésita pas à prendre sur lui la responsabilité de fautes commises par d'autres (voir traité *Sanhédrin*, *ibid.*).

C'est précisément lui que les Sages de Yavné choisirent pour rédiger la bénédiction supplémentaire (« *Birkat Haminim* ») dans la prière de la *'Amida*, qui comporte une malédiction envers les impies (voir traité *Bérakhot* 28b). La raison de ce choix ? Parce que l'on pouvait être sûr qu'aucun sentiment de haine ou de vengeance personnelles ne l'animait.

וְשׁוֹתֶה יַיִן מִגִּתּוֹ. וְהַלּוֹמֵד מִן הַזְּקֵנִים לְמַה הוּא דוֹמֶה? לְאוֹכֵל עֲנָבִים בְּשׁוּלוֹת וְשׁוֹתֶה יַיִן יָשָׁן. רַבִּי אוֹמֵר: אַל תִּסְתַּכֵּל בַּקַּנְקַן, אֶלָּא בְּמַה שֶׁיֵּשׁ בּוֹ; יֵשׁ קַנְקַן חָדָשׁ מָלֵא יָשָׁן, וְיָשָׁן שֶׁאֲפִילּוּ חָדָשׁ אֵין בּוֹ.

apprend la Torah de la bouche des jeunes, à quoi peut-il être comparé ? À celui qui mange des raisins qui ne sont pas mûrs, et qui boit du vin du pressoir. Mais celui qui apprend la Torah de la bouche des personnes âgées, à quoi peut-il être comparé ? À celui qui mange des raisins mûrs ou qui boit du vin vieux. » Rabbi dit : « Ne regarde pas la cruche mais ce qu'elle contient. Il existe des cruches neuves emplies de (vin) vieux, et de vieilles cruches qui ne renferment pas même du (vin) nouveau. »

Cette michna *reprend le thème de l'étude de la Torah : quelle est la différence entre celui qui étudie dès son plus jeune âge et celui qui n'entame l'étude qu'à un âge avancé ?*

Élicha ben Abouya[P] dit : « Celui qui étudie la Torah lorsqu'il est un enfant[E], à quoi peut-il être comparé ? À une encre[C] écrite sur du papier[C] vierge [dans

ÉCLAIRAGES

[E]Celui qui étudie la Torah lorsqu'il est un enfant

De nombreux commentaires rattachent l'idée de la *michna* à une question de mémoire : ce qu'on étudie, lorsqu'on est encore jeune, demeure gravé dans notre esprit, alors que l'on a tendance à oublier les choses que l'on apprend plus tard (voir en particulier Rachi, Rambam). D'autres précisent qu'il s'agit aussi d'une question d'acuité et de clarté dans l'intention (*Tiféret Israël*). Selon le *Midrach Chmouel*, il ne suffit pas d'étudier la Torah quand on est jeune, encore faut-il poursuivre et mûrir cette étude lorsqu'on prend de l'âge : c'est alors seulement que la comparaison avec de l'encre écrite sur du papier vierge prend toute sa valeur, car l'on a pu ainsi ordonner et approfondir ses connaissances.

PERSONNAGES

[P]Élicha ben Abouya

Élicha ben Abouya compte sans doute parmi les figures les plus tragiques de la génération des Sages de la Michna (voir aussi *Personnages du Talmud* paru aux éditions Albin-Michel du même auteur). Il est né à Jérusalem quelques années avant la destruction du Temple, au sein d'une famille riche mais qui, apparemment, était assimilée et éloignée de la Torah. Il se mit quant à lui à étudier sérieusement au point de devenir l'un des Sages les plus importants de son époque. Ce qui ne l'empêcha pas en parallèle de demeurer plongé dans la culture grecque environnante. Il compte parmi les quatre Sages (avec Rabbi Akiva, Ben Zoma et Ben Azaï, voir traité *'Haguiga* 14a-b) qui sont entrés au *pardess* (en d'autres termes, qui se sont plongés dans la dimension ésotérique de la Torah). Il semble d'ailleurs avoir été le compagnon d'études de Rabbi Akiva. Quelques temps plus tard, il s'enfonça dans une grave dépression due probablement à deux raisons simultanées : la première, suite à sa mésintelligence de la dimension ésotérique de la Torah et la deuxième, suite à la tragédie nationale qui affecta le peuple après la défaite de Bar Kokhba, à Bétar.

La conséquence fut qu'il sortit totalement du monde du judaïsme et alla même jusqu'à collaborer

ce cas, tout ce qui est écrit apparaît de manière claire et ne s'efface pas avec le temps. Il en va de même pour quelqu'un qui a étudié pendant son jeune âge, son cerveau n'est pas entaché par d'autres connaissances éventuellement incorrectes et possède une plus grande capacité à retenir les choses qu'il apprend. En revanche :] **et celui qui étudie la Torah à un âge avancé, à quoi peut-il être comparé ? À de l'encre écrite sur un papier usagé** [lorsque ce papier a déjà servi et que l'on a effacé ce qui y a été écrit, tout texte réécrit n'aura plus la même clarté et la même lisibilité. Ainsi, ce qu'on apprend à un âge avancé risque d'être déformé par les enseignements que l'on a reçus auparavant et, par-là même, pourrait manquer d'éclat]. »

CONTEXTE

[C]L'encre (*déyo*)

Le terme *déyo* désigne en fait toute substance servant à écrire, aussi loin que l'on puisse remonter dans l'époque biblique. Au temps de la Michna, le *déyo* était fait de suie ou de la poussière de charbon mélangée à de la résine d'arbre ou à de la colle afin que le pigment adhère à la surface d'écriture, c'est-à-dire le parchemin ou le papier. Ce *déyo* était conservé sous forme de pigment solide que l'on broyait et dissolvait dans de l'eau avant utilisation.

[C]Le papier (*néyar*)

Le terme en hébreu *néyar* (traduit ici par « papier ») correspond au support d'écriture qu'on utilisait dans l'antiquité. Apparu principalement en Égypte, un tel support était obtenu grâce à la transformation des tiges d'une plante africaine, appelée également papyrus (*Cyperus papyrus*), en une surface souple et lisse. Ces feuillets de papyrus peuvent avoir été également produits en Terre d'Israël. La tige du papyrus possédait une épaisseur de 5 cm et atteignait une hauteur de 4 m. Son intérieur était blanc et spongieux, et de longues bandes fines en étaient découpées. Ces bandes étaient étirées et collées ensemble à l'aide de la résine de la plante et d'un adhésif. Après séchage, on attachait une couche supplémentaire, créant une fine surface pour l'écriture. Puis, pour achever la tâche, on la lissait avec une pierre ronde. On se servait aussi de ce *néyar* (qui ressemblait déjà à du papier) afin d'emballer des aliments (*Tossefta Négaïm* 7, 3), de préparer des ustensiles voire des vêtements (traité *Kélim* 2, 2 et 5, 2).

Papyrus sans écriture

PERSONNAGES

avec les Romains afin d'opprimer tous ceux qui étudiaient la Torah. Les Sages d'Israël le rejetèrent au point de ne même plus prononcer son nom et de le désigner comme « l'autre ». À la fin de sa vie, il semble avoir repris l'étude de la Torah, au moins sur un plan intellectuel, alors que son élève Rabbi Méïr tentait encore de jouir de ses enseignements, malgré le caractère compliqué d'une telle situation. Rabbi Méïr était d'ailleurs le seul parmi les Sages d'Israël qui ne le tenait pas en abomination, et le supplia, à plusieurs reprises, de revenir, car il le sentait indécis et malheureux dans le nouveau monde qu'il s'était choisi (voir traité *'Haguiga* 15a, b).

Le fait que certaines paroles d'Élicha ben Abouya soient rappelées dans le traité *Avot* et ailleurs encore dénote la volonté de distinguer entre sa personnalité, le tournant tragique de sa vie et son propre enseignement (voir Rachbats). Ainsi, le traité *Avot dé-Rabbi Nathan* consacre un chapitre entier à ses dires allant dans le même sens que notre *michna*.

Rabbi Yossé bar Yéhouda de Kfar HaBavli[P] **dit** [à l'instar d'Élicha ben Abouya, Rabbi Yossé évoque le rapport entre jeunes et anciens mais sous un autre angle] : « **Celui qui apprend la Torah de la bouche des jeunes à quoi peut-il être comparé ? À celui qui mange des raisins qui ne sont pas mûrs** [et qui par conséquent n'ont pas encore le goût de raisins et sont pleins d'aigreur], **et qui boit du vin du pressoir**[E] [Rabbi Yossé propose une autre

ÉCLAIRAGES

[E]À celui qui mange des raisins qui ne sont pas mûrs, et qui boit du vin du pressoir

Les raisins qui ne sont pas mûrs provoquent le mal aux dents et rappellent le verset (Jérémie 31, 29) : « Tout homme qui mangera du verjus en aura, lui, les dents agacées. » L'idée de base consiste en la suivante : même si de jeunes personnes sont capables d'instruire, leur enseignement risque de manquer de maturité et ne bénéficie pas de la profondeur de pensée et de l'expérience des plus âgés.

Certains ont posé la question de savoir pourquoi la *michna* apporte ces deux analogies (des raisins acides et du vin bu directement du pressoir). Et de répondre qu'il y a là une allusion à deux domaines dans l'étude de la Torah : les préparations nécessaires à l'étude puis les conclusions qu'on en tire (Yaavets). Ou encore, l'étude du sens littéral et révélé à côté de celui, ésotérique (*Midrach Chmouel*).

Grappe de raisins non mûrs

Vin du pressoir

PERSONNAGES

[P]Rabbi Yossé bar (fils de) Yéhouda de Kfar HaBavli

Rabbi Yossé bar (fils de) Yéhouda de Kfar HaBavli porterait un tel nom afin de le distinguer de Rabbi Yossé ben (le fils de) Rabbi Yéhouda (lui-même le fils d'Ilaï). L'on ne sait pratiquement rien sur lui hormis son lieu d'origine, Kfar Bavli, un village en *Érets Israël* probablement habité par des Juifs venus de Babylonie, à l'époque de Hérode. Un autre Sage du même village, Rabbi Né'hounia ben Élinathan, se trouve mentionné dans le traité *'Édouyot* (chapitre 6, *michna* 2) et fut un contemporain de Rabbi Yéhochoua et de Rabbi Éliézer.

Kfar HaBavli

analogie, celle du vin que l'on boit immédiatement lorsqu'il est encore dans le pressoir et qui ne peut pas encore être considéré comme du vrai vin. De même en est-il de ce que l'on apprend de la bouche de jeunes. Bien qu'ils soient en mesure de transmettre des idées valables, elles ne résonnent pas aussi bien que lorsqu'elles sont énoncées par un individu plus âgé, fort de sa maturité et de son expérience]. **Mais celui qui apprend la Torah de la bouche des personnes âgées, à quoi peut-il être comparé ? À celui qui mange des raisins mûrs ou qui boit du vin vieux** [ces dernières personnes sont en effet en mesure de délivrer un enseignement plus complet et plus profond, reposant sur leur propre expérience de la vie, sur leur discernement et sur les connaissances supplémentaires qu'elles ont pu acquérir]. »

Rabbi dit [en se distançant des paroles d'Élicha ben Abouya et de celles de Rabbi Yossé] **: « Ne regarde pas la cruche** [en d'autres termes, ne prête pas attention à l'âge de celui qui prononce les paroles] **mais ce qu'elle contient**[E] [considère en premier lieu ce que ces paroles renferment, car on ne peut pas toujours établir un rapport entre l'âge d'une personne et ce qu'elle dit]. **Il existe des cruches neuves emplies de (vin) vieux** [une jeune personne peut parfaitement énoncer des paroles de valeur]**, et de vieilles cruches qui ne renferment pas même du (vin) nouveau** [en revanche, il arrive que des personnes âgées énoncent des mots sans importance, dépourvus de tout contenu. C'est que l'âge d'un individu ne constitue pas une garantie de sa sagesse]. »

ÉCLAIRAGES

[E]Rabbi dit : Ne regarde pas la cruche mais ce qu'elle contient
En vérité, l'opinion de Rabbi ne s'oppose pas vraiment à celle de Rabbi Yéhouda. Il s'agit plutôt de ne pas procéder à une généralisation excessive : des exceptions sont possibles où le contenu de la cruche peut très bien être différent de son aspect extérieur (*Tiféret Israël*). Selon Rachi, la *michna* ne se limiterait pas au domaine de l'étude mais évoquerait l'honneur dû à une personne : l'on ne peut se contenter d'honorer quelqu'un en raison de sa seule apparence, encore faut-il savoir quel « vin » se cache à l'intérieur…

Cruches dans la Grotte des lettres (désert de Judée) à l'époque de Bar Kokhba

MICHNA 21

כ"א. רַבִּי אֶלְעָזָר הַקַּפָּר אוֹמֵר:
הַקִּנְאָה, וְהַתַּאֲוָה, וְהַכָּבוֹד - מוֹצִיאִין
אֶת הָאָדָם מִן הָעוֹלָם

21. Rabbi Éléazar *hakappar* dit : « La jalousie, l'avidité et les honneurs excluent l'homme du monde. »

Rabbi Éléazar *hakappar*[P] dit : « La jalousie[E] [lorsque des individus se jalousent les uns les autres], **l'avidité** [liée à toutes sortes de désirs effrénés, que ce soit courir après l'argent, rechercher les plaisirs du corps, notamment s'adonner à la débauche sexuelle] **et** [poursuivre] **les honneurs[E] excluent**

ÉCLAIRAGES

[E]La jalousie, l'avidité et les honneurs

Certains commentateurs ont remarqué que ces trois mauvais penchants correspondraient à trois étapes dans la vie d'un être humain et de son évolution. Encore tout jeune enfant, la jalousie, l'envie de posséder tout ce qu'il voit chez les autres constitue sans doute l'une des points centraux et marquants de son comportement. Puis, en tant qu'adulte dans la force de l'âge, l'avidité envers toutes sortes de plaisirs devient le moteur principal de ses activités. Enfin, lorsque la vieillesse affaiblit son corps et son esprit, il ne lui reste plus qu'à courir après les honneurs.

[E]La jalousie

Rabbénou Yona distingue cependant entre la jalousie émanant de la haine ou de la méchanceté, qui, effectivement, exclut l'homme du monde et celle qui, au contraire, conduit à un bien, grâce à un progrès individuel s'ensuivant. C'est à ce propos que les Sages affirment que « la jalousie entre les scribes accroît la sagesse » (Traité *Bava Batra* 21a) : ce qui procède au départ d'un mauvais penchant peut finalement conduire à quelque chose de positif.

PERSONNAGES

[P]Rabbi Éléazar *hakappar*

Rabbi Éléazar *hakappar* vécut, semble-t-il, durant la période de transition entre les Sages de la Michna (les *Tannaïm*) et ceux de la Guemara (les *Amoraïm*). C'est pourquoi il se trouve aussi cité dans des textes ultérieurs à la Michna comme a *Tossefta*, les traités de Guemara ou le Midrach.

L'épithète de son nom, *hakappar*, ferait allusion à son métier, *kofer* dans l'hébreu de la Bible (en quelque sorte un enduiseur de poix), selon le verset (Genèse 6, 14) : « Fais-toi une arche de bois de *gôfèr*; tu distribueras cette arche en cellules, et tu l'enduiras, en dedans et en dehors, de poix (*kofer*) ».

Bien que ses paroles touchent essentiellement au domaine de la *aggada*, certaines autres concernent aussi la *halakha*, voire des traditions rapportées au nom de Sages des générations précédentes. En toute vraisemblance, il siégea tout d'abord à Lod avant de se rendre dans le plateau du Golan, où des vestiges de sa maison d'études ont été retrouvés. D'autre part, Rabbi Yéhochoua Ben Lévi, l'un des éminents *Amoraïm*, semble avoir été son élève.

Inscription : Ici est la maison d'études de Rabbi Éléazar *hakappar* (Hauteurs du Golan)

l'homme du monde [chacun de ces trois mauvais penchants est à même de conduire une personne à sa chute et à l'entraîner à la faute. Son comportement devient alors irrationnel, tandis qu'elle devient incapable de contrôler ses pensées, si absorbée qu'elle est par ses désirs insatiables. Jusqu'à ce qu'elle finisse par gâcher sa vie dans ce monde d'ici-bas et qu'elle perde le monde à venir]. »

MICHNA 22

כ"ב. הוּא הָיָה אוֹמֵר: הַיִּלּוֹדִים – לָמוּת, וְהַמֵּתִים – לְהֵחָיוֹת, וְהַחַיִּים – לִידּוֹן. לֵידַע לְהוֹדִיעַ וּלְהִוָּדַע שֶׁהוּא אֵל, הוּא הַיּוֹצֵר, הוּא הַבּוֹרֵא, הוּא הַמֵּבִין, הוּא הַדַּיָּן, הוּא עֵד, הוּא בַּעַל דִּין, וְהוּא עָתִיד לָדוּן. בָּרוּךְ הוּא, שֶׁאֵין לְפָנָיו לֹא עַוְלָה, וְלֹא שִׁכְחָה, וְלֹא מַשּׂוֹא פָנִים, וְלֹא מִקַּח שׁוֹחַד, שֶׁהַכֹּל שֶׁלּוֹ. וְדַע, שֶׁהַכֹּל לְפִי הַחֶשְׁבּוֹן. וְאַל יַבְטִיחֲךָ יִצְרְךָ שֶׁהַשְּׁאוֹל בֵּית מָנוֹס לָךְ, שֶׁעַל כָּרְחֲךָ אַתָּה נוֹצָר, וְעַל כָּרְחֲךָ אַתָּה נוֹלָד, וְעַל כָּרְחֲךָ אַתָּה חַי, וְעַל כָּרְחֲךָ אַתָּה מֵת, וְעַל כָּרְחֲךָ אַתָּה עָתִיד לִיתֵּן דִּין וְחֶשְׁבּוֹן לִפְנֵי מֶלֶךְ מַלְכֵי הַמְּלָכִים הַקָּדוֹשׁ בָּרוּךְ הוּא.

22. Il avait coutume de dire : « Ceux qui sont nés sont destinés à mourir et ceux qui sont morts sont destinés à revivre ; et les vivants sont destinés à être jugés, de sorte que l'on sache, que l'on fasse savoir et qu'il soit reconnu qu'Il est Dieu, qu'Il est Celui qui façonne, qu'Il est le Créateur, qu'Il est Celui qui discerne, qu'Il est le juge, qu'Il est le témoin, qu'Il est le plaignant, qu'Il est appelé à juger. Béni soit-Il, devant qui il n'y a ni iniquité, ni oubli, ni favoritisme, ni présents corrupteurs, car tout Lui appartient. Et sache que tout est pris en compte. Et ne laisse pas ton penchant te persuader que le *Chéol* sera pour toi un refuge, car contre ton gré tu as été créé, contre ton gré tu es né, contre ton gré tu vis et contre ton gré tu meurs, contre ton gré tu es appelé à rendre compte devant Celui qui est le Roi de tous les rois, le Saint béni soit-Il. »

Cette michna *rapporte d'autres paroles de Rabbi Éléazar* hakappar.

Il [Rabbi Éléazar *hakappar*] **avait coutume de dire : « Ceux qui sont nés sont** [inéluctablement] **destinés à mourir et ceux qui sont morts sont destinés à revivre**[E] [lors de la résurrection des morts, à la fin des temps] **et les vivants**

[ceux dans ce monde d'ici-bas comme ceux qui se lèveront à la fin des temps lors de la résurrection des morts] **sont destinés à être jugés** [selon leurs actes], **de sorte que l'on sache** [de manière la plus évidente], **que l'on fasse savoir** [aux autres] **et qu'il soit reconnu**[E] [le plus clairement possible] **qu'Il est Dieu, qu'Il est Celui qui façonne, qu'Il est le Créateur**[E] [de l'homme et de l'univers], **qu'Il est Celui qui discerne** [tout ce qui se trouve dans notre monde], **qu'Il est le juge, qu'Il est le témoin** [car Il possède une parfaite connaissance de toutes nos actions et de toutes nos pensées], **qu'Il est** [tout en même temps] **le plaignant**[E] [car Il a des exigences et des récriminations envers ceux qui doivent

ÉCLAIRAGES

[E]Ceux qui sont nés sont destinés à mourir et ceux qui sont morts sont destinés à revivre

Rabbi Éléazar *hakappar* souligne ici ce qu'est le cycle de la vie et de la mort dans tous ses aspects et nous devons en avoir conscience : nous mourrons un jour et lorsque nous revivrons, nous subirons un jugement, tel qu'un verset biblique (Daniel 12, 2) le souligne : « Beaucoup de ceux qui dorment dans la poussière du sol se réveilleront, les uns pour une vie éternelle, les autres pour être un objet d'ignominie et d'horreur éternelle. » Il y a là un message pour chaque individu, comme la fin de la *michna* l'atteste : la mort ne marque pas la fin de l'existence, elle n'est au contraire qu'une étape de ce processus cyclique. Par conséquent, nous n'avons pas le droit de nous défaire de notre rôle, ni d'ignorer notre responsabilité.

Partant de cette idée, certains en déduisent ce qui semble être un paradoxe : toute naissance d'un enfant devrait être un sujet d'inquiétude voire de tristesse et non de joie car l'on ne peut prédire la manière dont il se comportera à l'âge adulte et si, oui ou non, il succombera à son mauvais penchant. En revanche, lorsqu'un être humain quitte ce monde, riche des bonnes actions qu'il a accomplies et de la Torah qu'il a étudiée, l'on devrait s'en réjouir et non s'en attrister car il mérite alors d'entrer dans la vie du Monde futur.

[E]De sorte que l'on sache, que l'on fasse savoir et qu'il soit reconnu

Si certaines connaissances peuvent être aisément acquises par les uns par la force de la foi ou d'une vision correcte des choses, d'autres apparaissent comme plus complexes à étudier pour d'autres individus et demandent plus de temps avant qu'ils ne puissent s'en imprégner. Il en est de même ici : une partie des sujets que la *michna* évoque est immédiatement accessible à notre compréhension, une autre partie le sera plus tard et une dernière ne sera vraiment portée à notre connaissance que lors des temps futurs, lorsque Dieu Se révélera à l'ensemble de Ses créatures et que la vérité divine sera exposée aux yeux de tous (Rabbénou Yona).

Selon Rachbats, les trois expressions « que l'on sache », « que l'on fasse savoir » et « qu'il soit reconnu » sont à rapporter aux trois catégories mentionnées dans la *michna* : les vivants, les morts et ceux qui ressusciteront. Ou encore : au fait que l'Éternel est Dieu, qu'Il est le Créateur et enfin qu'Il est le Juge.

Une autre explication veut encore respectivement associer ces trois expressions au jugement que Dieu prononce : avons-nous nous-mêmes étudié la Torah ? L'avons-nous enseignée ? Et, de manière plus générale, avons-nous répandu la connaissance de Dieu ?

[E]Il est Dieu, Il est Celui qui façonne, Il est le Créateur

Selon Yaavets, « Il est Dieu » se révèle lors de la mort qui démontre que seul l'Éternel est Dieu, « Il est Celui qui façonne » correspond à la naissance naturelle d'un être humain et « Il est le Créateur » se rapporte à la résurrection des morts en raison de son caractère de création *ex nihilo*. Un autre commentaire (Meïri) propose une autre corrélation : « Il est Dieu » en tant que Dieu Tout-puissant, jaloux et vengeur, « Il est Celui qui façonne » sachant qu'Il renouvelle la Création quotidiennement, « Il est le Créateur » tout simplement parce qu'Il a créé le monde depuis le départ.

être jugés], **qu'Il est appelé à juger** [lors du jugement ultime qui aura lieu lors de la résurrection des morts]. **Béni soit-Il** [en tant que Juge du monde], **devant qui** [contrairement au cas de certains juges de chair et de sang] **il n'y a ni iniquité** [dans Son verdict], **ni oubli** [lorsque par exemple un juge humain ne prend pas en compte toutes les données], **ni favoritisme, ni présents corrupteurs**[E] [fussent ces présents être nos bonnes actions accomplies], **car tout Lui appartient** [il est impossible de biaiser Son jugement]. **Et sache que tout est pris en compte**[E] [de manière précise : chaque action, bonne ou mauvaise, est dûment considérée, et l'on ne peut fuir le jugement divin, car Dieu sait tout et prononce une justice parfaite]. **Et ne laisse pas ton penchant te persuader que le *Chéol* sera pour toi un refuge** [le décès ne constitue pas l'ultime étape de notre vie et l'on ne peut donc espérer que la mort représente la fin de nos malheurs et le moyen d'échapper à nos responsabilités], **car contre ton gré tu as été créé** [dans le ventre de ta mère sans que ce soit ta volonté ni que ce soit avec ton accord], **contre ton gré tu es né** [en venant au monde], **contre ton gré tu vis** [après ta naissance], **contre ton gré tu meurs, contre ton gré tu es appelé à rendre compte devant Celui qui est Roi de tous les rois, le Saint béni soit-Il** [ainsi, ce vaste parcours dans la vie d'un être humain ne résulte en rien de son propre choix mais lui est imposé par Dieu tout comme Son jugement dernier]. »

ÉCLAIRAGES

[E]Il est le plaignant

Chaque individu a le devoir de servir Dieu ; lorsqu'il ne se comporte pas comme il se doit, c'est alors Dieu Lui-même qui lui intente un procès. Dans ce cas, cependant, un tel procès sort de l'ordinaire : le juge, en l'occurrence Dieu, n'est pas parfaitement neutre à l'égard des deux parties, car c'est aussi Lui qui, tout en même temps, présente Sa plainte et Ses exigences envers l'accusé.

[E]Ni favoritisme, ni présents corrupteurs

Cette expression tire son origine du verset (Chroniques II 19, 7) : « Soyez circonspects dans vos actes, car l'Éternel, notre Dieu, n'admet ni iniquité, ni favoritisme, ni présents corrupteurs. » Le Rambam ainsi que le *Sifri* (Deutéronome 33, 6) précisent que Dieu ne se laisse pas « corrompre » par l'accomplissement des *mitsvot* qui ne peuvent effacer les fautes commises. Dieu établit une distinction entre, d'une part, la récompense pour le respect des *mitsvot* et d'autre part, le châtiment pour leur transgression, qui font chacun l'objet d'un compte séparé.

[E]Et sache que tout est pris en compte

En établissant son jugement, Dieu tient compte du fait que les êtres humains sont créés différents, le milieu et les circonstances dans lesquels ils vivent varient d'un cas à un autre et chacun est doté de son propre talent. Nous ne pouvons pas, quant à nous, nous précipiter dans notre jugement d'autrui. Ainsi, à propos de tel individu ayant, à nos yeux, commis une certaine transgression : n'aurait-il pas plutôt réussi à surmonter son mauvais penchant qui l'incitait à chuter dans une faute encore bien plus grave ? Dans le même ordre d'idées, un acte qui, à nos yeux, constitue une *mitsva* ne serait-il pas en fait qu'un acte de paresse, voire, pis encore, d'impiété car, assurément, son auteur serait capable de bien mieux que cela ? Or, seul Dieu est en mesure de distinguer la vérité qui se cache derrière le comportement de chaque individu et c'est ce qu'Il prend en compte au moment du jugement (Yaavets).

Chapitre 5

Ce chapitre 5 est en fait le dernier du traité Avot, *sachant que le chapitre 6 a été ajouté ultérieurement. Les paroles qui y figurent ne sont en général pas attribuées à des Sages en particulier et sont construites autour de nombres (une approche déjà connue dans la Bible, voir le livre des Proverbes, chapitre 30). Ces nombres sont mentionnés dans un ordre décroissant, à commencer par le chiffre dix dans les premières* michnayot. *Ce chapitre est, dès le début, consacré à la Création divine et à la Providence divine en faveur du peuple d'Israël, puis se rapporte au comportement de personnages soit à titre individuel, soit au titre de leur appartenance à une collectivité. Il se conclut sur l'étude de la Torah et sur la ferveur qu'elle exige.*

MICHNA 1

א. בַּעֲשָׂרָה מַאֲמָרוֹת נִבְרָא הָעוֹלָם. וּמַה תַּלְמוּד לוֹמַר? וַהֲלֹא בְּמַאֲמָר אֶחָד יָכוֹל לְהִבָּרְאוֹת! אֶלָּא לְהִפָּרַע מִן הָרְשָׁעִים, שֶׁמְּאַבְּדִין אֶת הָעוֹלָם שֶׁנִּבְרָא בַּעֲשָׂרָה מַאֲמָרוֹת, וְלִיתֵּן שָׂכָר טוֹב לַצַּדִּיקִים, שֶׁמְּקַיְּימִין אֶת הָעוֹלָם שֶׁנִּבְרָא בַּעֲשָׂרָה מַאֲמָרוֹת.

1. Le monde fut créé par Dix Paroles. Que cela vient-il nous enseigner ? N'aurait-il pu être créé par une seule parole ? En fait, c'est pour châtier les impies qui ruinent le monde créé par Dix Paroles et pour attribuer une bonne récompense aux justes qui maintiennent le monde créé par Dix Paroles.

Les premières michnayot *de ce chapitre traitent de sujets comprenant chacun dix points liés à la Création selon l'ordre chronologique de son histoire rapportée dans la Bible.*

Le monde fut créé à travers Dix Paroles[E] [il s'agit des Dix Paroles divines, par le biais desquelles Dieu créa le monde, telles qu'elles apparaissent dans le livre de la Genèse, par exemple (Genèse 1, 3) : « Dieu dit : que la lumière soit ! » ou encore (1, 6) : « Dieu dit : que le firmament soit ! », ce qui conduit la *michna* à poser la question à propos d'un tel détail :] **Que cela vient-il nous enseigner ? N'aurait-il pu être créé par une seule parole** [chacune des Dix Paroles présente un caractère global tout en contenant moult détails : ainsi, le verset (Genèse 1, 11) : « Dieu dit : "Que la terre produise des végétaux..." » englobe la création de toutes les plantes de la terre. L'on aurait très bien pu imaginer que Dieu eût pu créer le monde par une seule parole comme : « Que le monde soit ! » pouvant recouvrir l'ensemble de la Création] **? En fait, c'est pour châtier les impies qui ruinent le monde créé**[E] **par Dix Paroles**[E] **et pour attribuer une bonne récompense aux justes qui maintiennent le monde**

ECLAIRAGES

[E]Le monde fut créé à travers Dix Paroles

Ces Dix Paroles se rapportent d'une part aux neuf fois où il est écrit dans le livre de la Genèse (chapitre 1) : « Et Dieu dit. » Huit fois (versets 3 à 26) correspondent à : (1) « Que la lumière soit ! », (2) « Qu'un espace s'étende au milieu des eaux... [*et forme une barrière entre les unes et les autres. Dieu fit l'espace, opéra une séparation entre les eaux qui sont au-dessous et les eaux qui sont au-dessus, et cela demeura ainsi. Dieu nomma cet espace le Ciel.*] », (3) « Que les eaux répandues sous le ciel se réunissent sur un même point [*et que le sol apparaisse. Cela s'accomplit. Dieu nomma le sol: la Terre, et l'agglomération des eaux, il la nomma :les Mers.*] », (4) « Que la terre produise des végétaux... », (5) « Que des corps lumineux apparaissent dans l'espace des cieux... », (6) « Que les eaux fourmillent d'une multitude animée, vivante... », (7) « Que la terre produise des êtres animés selon leurs espèce...s », (8) « Faisons l'homme à notre image, à notre ressemblance ».

Plusieurs opinions ont été avancées quant à la neuvième parole (voir notamment *Avot dé-Rabbi Nathan* II, 36, *Midrach Béréchit Rabba* 17, *Pirké dé-Rabbi Éliézer* 3, *Tikkouné Zohar* 47) : « Dieu dit :"Or, je vous accorde tout herbage portant graine, sur toute la face de la terre." » (Genèse 1, 29) ou encore : « L'Éternel-Dieu dit :"Il n'est pas bon que l'homme soit isolé ; Je lui ferai une aide digne de lui. " » (Genèse 1, 18).

Quant à la dixième parole (voir traité *Roch Hachana* 32b) il s'agit en fait du premier verset du livre de la Genèse : « Au commencement, Dieu créa les cieux et la terre », bien qu'il ne soit pas précédé par « Dieu dit », comme toutes les autres neuf paroles. Cette dixième parole (en vérité la première) correspond à la Création dans son ensemble et dans sa forme à l'état brut, à l'instar du verset (Psaumes 33, 6) : « Par la parole de l'Éternel les cieux se sont formés, par le souffle de Sa bouche, toutes leurs multitudes. » Les neuf autres paroles ont ensuite permis la création d'entités distinctes et séparées.

[E]Pour châtier les impies qui ruinent le monde créé par Dix Paroles

Les Dix Paroles et les créations qui leur sont associées possèdent chacune leur propre importance. C'est pourquoi les impies qui ruinent le monde sont sévèrement châtiés alors que les justes qui le maintiennent reçoivent une récompense d'autant plus grande (Rabbénou Yona, Meïri). Selon le Rambam, chacune des paroles touche à un nouveau degré dans la Création, sachant que le plus élevé correspond à la création de l'homme. Aussi bien, les méfaits des impies portent atteinte au but de la Création alors que les justes la parachèvent.

[E]Qui ruinent le monde créé

L'expression « ruine le monde » se rapporterait aussi à l'âme des impies qu'ils dévastent par leurs mauvaises actions et cela serait équivalent à la perte d'un monde entier. Ou encore au fait que ces dernières font pencher la balance du monde du côté négatif, le conduisant ainsi à sa perte (Barténora).

◄

créé par Dix Paroles [néanmoins, la présentation des détails qu'exprime chacune des Dix Paroles vient souligner le concours de Dieu dans chaque partie de la Création et l'importance, non seulement de ne rien en détruire, mais au contraire de la parachever. Si bien que les impies qui agissent dans le sens opposé subissent un châtiment d'autant plus grave, alors que les justes se voient encore plus grandement récompensés de leurs bonnes actions].

MICHNA 2

ב. עֲשָׂרָה דוֹרוֹת מֵאָדָם עַד נֹחַ, לְהוֹדִיעַ כַּמָּה אֶרֶךְ אַפַּיִם לְפָנָיו, שֶׁכָּל הַדּוֹרוֹת הָיוּ מַכְעִיסִין וּבָאִין עַד שֶׁהֵבִיא עֲלֵיהֶם אֶת מֵי הַמַּבּוּל. עֲשָׂרָה דוֹרוֹת מִנֹּחַ עַד אַבְרָהָם. לְהוֹדִיעַ כַּמָּה אֶרֶךְ אַפַּיִם לְפָנָיו, שֶׁכָּל הַדּוֹרוֹת הָיוּ מַכְעִיסִין וּבָאִין עַד שֶׁבָּא אַבְרָהָם וְקִבֵּל עָלָיו שְׂכַר כֻּלָּם.

2. Dix générations séparent Adam de Noé afin de nous montrer combien Il est longanime, car toutes les générations, l'une après l'autre, provoquaient Sa colère jusqu'à ce qu'Il amenât sur elles les eaux du Déluge. Dix générations séparent Noé d'Abraham afin de nous montrer combien Il est longanime, car toutes les générations, l'une après l'autre, provoquaient Sa colère jusqu'à la venue d'Abraham notre patriarche qui recueillit la rétribution de tous.

La michna *précédente évoquait les Dix Paroles par lesquelles le monde fut créé et ce que cela signifiait pour l'être humain qui se vit ainsi* confier *le sort du monde : Dieu punit les impies qui contribuent à la perte du monde et rétribue les justes qui le maintiennent. Cette* michna *poursuit le thème du châtiment et de la récompense en rappelant le comportement des dix générations depuis Adam jusqu'à Noé, puis les dix suivantes depuis Noé jusqu'à Abraham.*

Dix générations[E] **séparent Adam de Noé** [ces dix générations sont mentionnées dans le chapitre 5 du livre de la Genèse sans trop de détails quant à leur

Eclairages

[E]**Dix générations…**

Les deux parties de la *michna* paraissent a priori semblables, sachant que la mention des dix générations a pour but de témoigner de la longanimité de Dieu attendant longtemps, avant de punir les impies à cause de leurs méfaits. D'un autre côté, ces deux parties s'opposent l'une à l'autre, montrant que la longanimité divine n'aboutit pas forcément au

propre histoire] **afin de nous montrer combien Il est longanime**[E] [et faire ainsi savoir que Dieu ne punit pas les hommes comme ils le mériteraient] **car toutes les générations l'une après l'autre, provoquaient Sa colère**[E] **jusqu'à ce qu'Il amenât sur elles les eaux du Déluge** [Dieu ne les châtia pas immédiatement après qu'elles eurent fauté, attendant que les hommes amendent leurs actions. Jusqu'au moment où le monde ne pouvait plus se maintenir à cause de leurs méfaits, et c'est alors seulement que Dieu amena le déluge]. **Dix générations séparent Noé d'Abraham**[E] [de même que précédemment, ces générations sont présentées d'un seul trait, sans qu'aucune n'ait de valeur

ÉCLAIRAGES

même résultat : que Noé eût été un juste ne suffit qu'à le sauver lui-même et sa famille de l'anéantissement, permettant alors un nouveau départ, une autre vie pour les habitants de la terre. Cependant ces derniers, au cours des générations qui suivirent, continuèrent de provoquer le courroux de Dieu. Abraham, quant à lui, grâce à ses qualités d'homme juste, permit un autre nouveau départ, non pas suite à la destruction du monde corrompu, mais par le biais de sa réparation. C'est pourquoi il mérita d'être rétribué pour avoir réussi à amender les fautes de toutes les générations précédentes (voir *Pirké Moché*).

[E]Combien Il est longanime

Certains commentateurs déduisent de là une réponse à la fameuse question (voir traité *Bérakhot* 7a) : comment est-il possible que certains impies ne souffrent pas et, au contraire, prospèrent ? C'est que la longanimité divine signifie la chose suivante : d'un côté, le Saint béni soit-Il ne punit pas immédiatement mais, d'un autre côté, le châtiment céleste finit toujours par arriver (Rabbénou Yona). Selon Yaavets, Dieu tarde à châtier les impies car il se peut qu'un être juste apparaisse parmi leurs descendants, comme Noé ou Abraham.

[E]Car toutes les générations, l'une après l'autre, provoquaient Sa colère

Bien que la Bible ne donne que peu de précisions sur les méfaits perpétrés par ces dix générations, l'on peut néanmoins déduire leur nature à partir de certains versets : le meurtre, en particulier celui de Caïn sur la personne de son frère Abel (voir chapitre 4 de la Genèse), l'idolâtrie (voir le verset 26 du même chapitre : « Alors on commença d'invoquer le nom de l'Éternel » et le commentaire de Rachi : « On donnait aux hommes et aux plantes des noms du Saint béni soit-Il, en leur rendant un culte idolâtre et en les désignant comme des dieux. »), et même la débauche sexuelle : « lorsque les hommes de Dieu se mêlaient aux filles de l'homme » (voir Genèse 6, 1-4). Et la Bible de conclure (6, 5-6) : « L'Éternel vit que les méfaits de l'homme se multipliaient sur la terre, et que le produit des pensées de son cœur était constamment mauvais ; et l'Éternel regretta d'avoir créé l'homme sur la terre. »

Les eaux du Déluge, collection de Philip Medhurst (Angleterre)

[E]Dix générations séparent Noé d'Abraham

En vérité, Noé ne fait pas partie de ces dix générations dont le compte débute à partir de son fils Chem. La *michna* s'est néanmoins exprimée ainsi par analogie avec les « dix générations séparant Adam de Noé » (*Tossefot Yom Tov*). Le Maharal de Prague explique cependant, dans une perspective ésotérique, la raison pour laquelle Noé apparaît deux fois : la première fois en tant que dixième génération après Adam, la deuxième fois où il s'agirait en fait des dix générations qui séparent Noé lui-même

en soi (voir Genèse 11, 10)] **afin de nous montrer combien Il est longanime, car toutes les générations, l'une après l'autre, provoquaient Sa colère jusqu'à la venue d'Abraham notre patriarche** [ici encore, Dieu attendit que les hommes corrigent leurs péchés. Surgit alors Abraham qui restaura la foi en Dieu] **qui recueillit la rétribution de tous**[E] [comme si, par là-même, il avait réparé l'impiété de toutes les générations qui l'avaient précédé].

MICHNA 3

3. C'est à dix épreuves qu'Abraham notre père fut soumis et il les surmonta toutes. Cela nous montre combien était grand l'amour d'Abraham notre père, que la paix soit sur lui.

ג. עֲשָׂרָה נִסְיוֹנוֹת נִתְנַסָּה אַבְרָהָם אָבִינוּ עָלָיו הַשָּׁלוֹם וְעָמַד בְּכוּלָּם, לְהוֹדִיעַ כַּמָּה חִבָּתוֹ שֶׁל אַבְרָהָם אָבִינוּ עָלָיו הַשָּׁלוֹם.

La deuxième michna *se concluait en mentionnant qu'Abraham avait recueilli la rétribution des dix générations l'ayant précédé. Notre* michna *décrit à présent la vertu d'Abraham ayant surmonté des épreuves au nombre de dix.*

ÉCLAIRAGES

de Téra'h, le père d'Abraham. Selon cette dernière interprétation, Abraham n'est pas individuellement compté parmi ces dix générations, car il se situe moralement bien au-dessus d'elles et doit donc en être distingué.

[E]Abraham recueillit la rétribution de tous
Selon Rabbénou Yona ou encore Barténora, les bonnes actions qu'Abraham a effectué représentent, placées toutes ensemble, celles qu'auraient dû accomplir dix générations réunies, et c'est pourquoi il mérita tout le bien qui aurait pu leur revenir. C'est ainsi que l'on peut comprendre ce passage du Talmud (traité *'Haguiga* 15a) : « Chaque individu se voit disposer de deux parts: l'une au jardin d'Éden, l'autre à la Géhenne. S'il est juste, il mérite de recevoir sa part au jardin d'Éden et celle de son prochain mécréant ; s'il se rend coupable d'être mécréant, il reçoit sa part à la Géhenne et celle de son prochain. »

La rétribution d'Abraham, d'après un autre commentaire, fut la révélation de Dieu dont il jouit, le fait que ses descendants aient été choisis par le Saint béni soit-il pour recevoir la Torah, les nombreux miracles en leur faveur et le mérite que certains eurent de devenir prophètes. Si les générations s'étaient bien comportées, elles auraient pu mériter des mêmes bienfaits. À défaut, seul Abraham en bénéficia (*Tiféret Israël*).

C'est à dix épreuves qu'Abraham notre père[E] **fut soumis**[E] **et il les surmonta toutes**[E] [ces dix épreuves sont mentionnées au travers des chapitres 12 à 24 de la Genèse, la plus célèbre d'entre elles étant la ligature de son fils Isaac (*Akédat Yits'hak*), lorsque Dieu demanda à Abraham de le sacrifier ; cette épreuve se trouve d'ailleurs rapportée en tant que telle dans le verset (Genèse 22, 1) : « Il arriva, après ces faits, que Dieu éprouva Abraham. » Malgré les nombreuses difficultés soulevées par toutes ces épreuves, Abraham se montra capable à chaque fois d'y faire face]. **Cela nous montre combien était grand l'amour**

ÉCLAIRAGES

[E]C'est à dix épreuves qu'Abraham notre père fut soumis
Plusieurs exégèses et commentaires midrachiques ont été avancés afin d'identifier ces dix épreuves que la Torah ne présente pas toujours de manière explicite. Sept d'entre elles font cependant l'unanimité des commentateurs : (1) l'ordre que Dieu donna à Abraham de quitter sa terre natale, (2) la famine qui sévissait dans le pays de Canaan et qui l'obligea à se rendre en Égypte, (3) l'enlèvement de son épouse Sarah par le Pharaon, (4) la guerre contre les cinq rois, (5) l'ordre divin de se circoncire à l'âge de 99 ans, (6) le renvoi d'Ismaël de son foyer et (7) la ligature de son fils Isaac. Quant aux trois autres, les avis demeurent partagés. Selon le *Pirké dé-Rabbi Éliézer* (chapitre 26), il s'agirait de l'annonce attristante que Dieu révéla à Abraham, lors de l'Alliance entre les morceaux, à savoir que sa descendance serait asservie pendant de nombreux siècles à un autre peuple, puis deux autres liées à deux *aggadot* (homélies rapportées dans la littérature rabbinique et non dans la Torah elle-même) ayant trait à la vie d'Abraham dans sa ville natale d'Our Kasdim : la première selon laquelle il fut menacé de mort par le pouvoir en place durant treize ans après sa naissance, la deuxième évoquant comment le roi Nemrod le fit jeter dans une fournaise. Le traité *Avot dé-Rabbi Nathan* mentionne le renvoi de sa servante Agar (mère de son fils Ismaël) à la place de la menace de mort à Our Kasdim. Rabbénou Yona cite le fait qu'il dut acheter le caveau de Makhpéla afin d'y enterrer son épouse Sarah, bien que Dieu lui eût promis de lui donner la terre de Canaan. Maïmonide préfère s'en tenir au texte précis de la Bible et énonce ainsi les trois autres épreuves : le moment où Abraham se résigna à épouser sa servante Agar afin qu'elle lui donne un enfant après qu'il eut craint que Sarah demeurerait stérile, l'enlèvement de Sarah par le roi Avimélekh et le renvoi d'Agar.

[E]Abraham notre père
Le qualificatif de « notre père » (qui ne figurait pas dans la *michna* précédente) apparaît précisément ici sans doute comme un message destiné à la descendance d'Abraham : à nous aussi de suivre son exemple et de surmonter nos épreuves afin de bénéficier de son mérite (*Midrach Chmouel*, voir aussi Rachi).

La ligature d'Isaac, fresque murale, synagogue de Dura-Europos, IIIe siècle de l'ère commune

[E]Et il les surmonta toutes
Cela signifie non seulement qu'il se plia à l'ordre de Dieu, mais aussi qu'il ne se posa aucune question, ni ne contesta sa validité malgré les difficultés que cet ordre engendrait, y compris au niveau de sa foi, par exemple lorsque Dieu lui demanda de sacrifier son propre fils Isaac (Rambam, Meïri). De ce point de vue, les Sages ont comparé l'attitude d'Abraham à celle de Job (tous deux considérés comme des *tsaddikim*, des êtres justes) devant les dures épreuves auxquelles ils furent pareillement soumis : Job exprima de nombreux griefs envers Dieu, alors qu'Abraham ne broncha pas et ne remit pas en question les attributs de Dieu (*Midrach Tan'houma, Vayichla'h* 8).

d'Abraham notre père[E]**, que la paix soit sur lui** [il s'agit de l'amour sans limite d'Abraham envers Dieu ; de surcroît, chaque épreuve, lorsqu'elle est surmontée, constitue une occasion d'élévation spirituelle dont bénéficia Abraham].

MICHNA 4

ד. עֲשָׂרָה נִסִּים נַעֲשׂוּ לַאֲבוֹתֵינוּ בְּמִצְרַיִם, וַעֲשָׂרָה עַל הַיָּם. עֶשֶׂר מַכּוֹת הֵבִיא הַקָּדוֹשׁ בָּרוּךְ הוּא עַל הַמִּצְרִיִּים בְּמִצְרַיִם, וַעֲשָׂרָה עַל הַיָּם. עֶשֶׂר נִסְיוֹנוֹת נִסּוּ אֲבוֹתֵינוּ אֶת הַמָּקוֹם בָּרוּךְ הוּא בַּמִּדְבָּר, שֶׁנֶּאֱמַר: "וַיְנַסּוּ אֹתִי זֶה עֶשֶׂר פְּעָמִים וְלֹא שָׁמְעוּ בְּקוֹלִי".

4. Dix miracles furent accomplis pour nos ancêtres en Égypte et dix sur la mer. Le Saint béni soit-Il envoya dix plaies sur les Égyptiens en Égypte, et dix sur la mer. Nos ancêtres éprouvèrent le Saint béni soit-Il à dix reprises dans le désert, car il est dit : « Ils M'ont éprouvé par dix fois déjà et n'ont pas obéi à Ma voix. »

Cette michna *rapporte des faits concernant les descendants d'Abraham au nombre de dix, notamment liés à la Sortie d'Égypte telle que mentionnée lors de l'Alliance entre les morceaux (Genèse, chapitre* 15*).*

Dix miracles furent accomplis pour nos ancêtres en Égypte[E] [dix miracles grâce auxquels les Hébreux furent épargnés des dix plaies et aussi d'éventuelles

ÉCLAIRAGES

[E]Cela nous montre combien était grand l'amour d'Abraham

Certains commentateurs associent cette grandeur de l'amour d'Abraham à l'égard de Dieu (tel que prouvé par les dix épreuves) au fait que sa descendance fut choisie par Dieu (voir le *Ma'hzor* de Vitry). D'autre part, l'amour qu'Abraham manifesta en surmontant ces épreuves était destiné à montrer au monde entier à quel point sa foi et sa crainte du Saint béni soit-Il étaient demeurées entières. Et par conséquent, un tel mérite d'Abraham, ainsi que l'amour réciproque de Dieu envers son serviteur Abraham, justifiaient que le monde créé en Dix Paroles fût maintenu (voir aussi le *Ma'hzor* de Vitry). D'autres commentateurs considèrent que le but des épreuves était d'indiquer à Abraham lui-même le niveau spirituel qu'il avait atteint, car, dès lors qu'il sut les surmonter, cela démontrait bien que son cœur était entier (*Midrach Chmouel*).

[E]Dix miracles furent accomplis pour nos ancêtres en Égypte

Comme nous l'avons mentionné, ces miracles résidaient essentiellement dans le fait que les dix plaies infligées en Égypte n'ont pas touché les Hébreux. De fait, la Torah mentionne ces miracles de manière explicite pour chacune des plaies à l'exception de celle de la vermine dont la tradition rapporte que les Hébreux en furent également épargnés.

Selon le traité de *Avot dé-Rabbi Nathan* (Version 1, 33), même si les Enfants d'Israël n'étaient pas aptes à bénéficier de tels miracles, c'est grâce au mérite

agressions des Égyptiens à ce moment, bien qu'ils vécussent parmi eux] **et dix sur la mer**[E] [pendant la traversée de la Mer rouge ; certains de ces miracles apparaissent de manière explicite dans le texte biblique, comme la colonne de feu qui sépara les Hébreux des Égyptiens les poursuivant ou l'ouverture de la mer ; d'autres résultent de l'exégèse de nos Sages (Exode, chapitre 14) montrant que de nombreux miracles se sont alors produits].

La michna rapporte ici les éléments parallèles aux dix miracles dont bénéficièrent les Enfants d'Israël.

Le Saint béni soit-Il envoya [de même] **dix plaies sur les Égyptiens en Égypte** [telles qu'elles sont décrites dans la Torah], **et dix sur la mer** [identifiées par les Sages à partir de l'exégèse des versets]. **Nos ancêtres éprouvèrent le Saint**

ÉCLAIRAGES

d'Abraham qui, comme le souligne la *michna* précédente, surmonta dix épreuves, que les enfants d'Israël ont pu bénéficier de ces dix miracles en Égypte.

[E]Dix plaies… sur la mer
Certaines de ces dix plaies apparaissent de manière explicite dans le Cantique de la mer Rouge (Exode 15, 1-10) : « Coursier et cavalier, Il les a lancés dans la mer », « Les chars de Pharaon et son armée, Il les a précipités dans la mer », « L'élite de ses combattants s'est noyée dans la mer », « L'abîme s'est fermé sur eux », « Au fond du gouffre, ils sont tombés comme une pierre ». En tout état de cause, le fait que les Égyptiens ont été frappés de nombreuses plaies est mentionné par allusion dans le verset (Samuel I 4, 7-8) : « Et les Philistins eurent peur, parce qu'ils disaient : "Dieu est venu dans le camp", et ils ajoutaient : "Malheur à nous ! Jamais auparavant pareille chose n'était arrivée. Malheur à nous ! Qui nous sauvera de la main de ces redoutables dieux ? Oui, ce sont ces mêmes dieux qui frappèrent les Égyptiens de tant de plaies dans le désert." » Bien que la *Haggada* de *Pessa'h* compte un plus grand nombre de plaies, elles sont néanmoins partagées en dix catégories (Rambam).

L'ouverture de la Mer rouge (Fresque murale à la synagogue de Dura-Europos)

La plaie de la grêle, Collection de Philip Medhurst (Angleterre)

[E]Nos ancêtres éprouvèrent le Saint béni soit-Il à dix reprises dans le désert
Ces dix épreuves comprennent autant les cas où les enfants d'Israël ont vraiment mis Dieu à l'épreuve que d'autres où ils provoquèrent Sa colère. Elles figurent ainsi dans le traité *Arakhin* (15a) : (1) Ils ne crurent pas que Dieu pouvait les sauver des Égyptiens les poursuivant jusqu'au rivage de la mer Rouge (Exode 14, 11), (2) Même après le miracle de l'ouverture de la mer, ils ne crurent toujours pas que Dieu les sauverait jusqu'à ce qu'ils virent les Égyptiens morts (voir Psaumes 106, 7), (3) Ils se plaignirent de l'amertume des eaux à Mara

◂

béni soit-Il à dix reprises dans le désert[E] [chaque plainte des Enfants d'Israël quant à leur situation dans le désert (voir Exode 17, 1-7, Deutéronome 6, 17, Psaumes 95, 9) fut saisie comme s'ils mettaient Dieu à l'épreuve : le Saint béni soit-Il les accompagne-t-Il vraiment et se soucie-t-Il de leur bien être ?], **car il est dit** [un verset des Nombres (14, 22) y fait directement référence] **: « Ils M'ont éprouvé par dix fois déjà et n'ont pas obéi à Ma voix. »**

MICHNA 5

ה. עֲשָׂרָה נִסִּים נַעֲשׂוּ לַאֲבוֹתֵינוּ בְּבֵית הַמִּקְדָּשׁ: לֹא הִפִּילָה אִשָּׁה מֵרֵיחַ בְּשַׂר הַקֹּדֶשׁ, וְלֹא הִסְרִיחַ בְּשַׂר הַקֹּדֶשׁ מֵעוֹלָם, וְלֹא נִרְאָה זְבוּב בְּבֵית הַמִּטְבָּחַיִם, וְלֹא אֵרַע קֶרִי לְכֹהֵן גָּדוֹל בְּיוֹם הַכִּפּוּרִים, וְלֹא כִבּוּ גְשָׁמִים אֵשׁ שֶׁל עֲצֵי הַמַּעֲרָכָה, וְלֹא נִצְּחָה הָרוּחַ אֶת עַמּוּד הֶעָשָׁן, וְלֹא נִמְצָא פְּסוּל בָּעֹמֶר וּבִשְׁתֵּי הַלֶּחֶם וּבְלֶחֶם הַפָּנִים, עוֹמְדִים צְפוּפִים וּמִשְׁתַּחֲוִים רְוָחִים, וְלֹא הִזִּיק נָחָשׁ וְעַקְרָב בִּירוּשָׁלַיִם מֵעוֹלָם, וְלֹא אָמַר אָדָם לַחֲבֵרוֹ צַר לִי הַמָּקוֹם שֶׁאָלִין בִּירוּשָׁלַיִם.

5. Dix miracles se produisirent pour nos ancêtres dans le *Beth Hamikdach* (le Temple de Jérusalem) : aucune femme n'avorta à cause de l'odeur de la viande des sacrifices ; la viande des sacrifices saints ne fut jamais putréfiée ; on n'aperçut jamais une mouche à l'endroit où la viande des sacrifices était préparée ; il ne survint jamais d'émission séminale involontaire au Grand-Prêtre le jour de Yom Kippour ; les pluies n'éteignirent jamais le feu qui consumait le bûcher de l'autel ; le vent ne dissipa jamais la colonne de fumée ; jamais on ne trouva motif d'invalider l'*omer*, ni les deux pains ni les pains de Proposition ; on s'y tenait debout à l'étroit mais on avait de l'espace pour se prosterner ; jamais aucun serpent ni scorpion ne nuisit à quiconque à Jérusalem ; et jamais personne ne dit à autrui : « Je suis trop à l'étroit pour loger cette nuit à Jérusalem. »

ÉCLAIRAGES

(Exode 15, 24) et (4) à Réfidim (*ibid.* 17, 2), (5) et (6) Par deux fois, ils enfreignirent l'ordre divin sur la manière de consommer la manne tombée du ciel (*ibid.* 16, 20 et 6, 26), (7) et (8) Par deux fois, ils se plaignirent de la nourriture, jusqu'à ce que Dieu leur envoyât des cailles (*ibid.* 16, 2, Nombres 11, 1), (9). Ils fabriquèrent le Veau d'or et l'adorèrent, (10) Les explorateurs médirent de la Terre d'Israël.

Certains commentateurs (traité *Avot dé-Rabbi Nathan*) proposent néanmoins un décompte différent, en y trouvant allusion dans les paroles de Moïse dans le livre du Deutéronome (1, 1 et 9, 22).

Après les dix miracles de la Sortie d'Égypte, cette michna *en présente dix autres qui, cette fois, se sont produits après l'entrée des Hébreux en Terre d'Israël et la construction du* Beth Hamikdach, *le Temple de Jérusalem.*

Dix miracles se produisirent pour nos ancêtres dans le *Beth Hamikdach*[E] [plus que des événements particuliers à un moment donné, il s'agit bien de miracles qui se produisaient de manière permanente pendant toute la période où le *Beth Hamikdach* était en place] ; **aucune femme n'avorta à cause de l'odeur de la viande des sacrifices[E]** [même si cette odeur, celle de la viande comme celle des sacrifices se consumant était certainement très forte] ; **la viande des sacrifices saints ne fut jamais putréfiée[E]** [la viande de ces sacrifices devait être consommée rapidement avant un ou deux jours. Lorsqu'on dépassait la durée impartie, cette viande devenait interdite à la consommation, mais elle pouvait néanmoins rester de côté sans que personne ne s'en occupât. Malgré cela, en aucun cas, elle ne parvint à un état de putréfaction] ; **on n'aperçut jamais une mouche à l'endroit où la viande des sacrifices était préparée** [quand bien même, normalement, de tels endroits où se concentrent viandes et sang attirent les mouches et provoquent un sentiment de dégoût] ; **il ne survint jamais d'émission séminale involontaire au Grand-Prêtre le jour de Yom Kippour[E]** [le jour de Kippour, l'ensemble du service rituel au *Beth Hamikdach*

ÉCLAIRAGES

[E]Dix miracles se produisirent pour nos ancêtres dans le *Beth Hamikdach*
Certains commentateurs ont souligné que les diverses vicissitudes dont notre monde souffre résultent de la faute de l'Arbre de la Connaissance commise par Adam et Ève. Cependant, à l'époque du Temple de Jérusalem et en raison de la Présence Divine qui y résidait, la réalité redevint celle qui régnait avant la faute (Yaavets). Selon le Talmud de Jérusalem (*Yoma* 1, 4), ces dix miracles ne se produisirent qu'à la période du Premier Temple de Jérusalem. Le commentaire *Tiféret Israël* remarque qu'il s'agit bien de miracles *en faveur* « de nos ancêtres », alors que d'autres miracles mentionnés ailleurs par les Sages avaient pour but de témoigner que la Présence Divine résidait en Israël. Le traité *Avot dé-Rabbi Nathan* (chapitre 35) mentionne quant à lui dix miracles ayant pris place au *Beth Hamikdach* lui-même et dix autres à Jérusalem.

[E]Aucune femme n'avorta à cause de l'odeur de la viande des sacrifices
Au-delà du sens simple évoqué plus haut à propos de l'intensité de l'odeur, il existe une autre explication plus répandue : la viande des sacrifices brûlés avait une odeur de viande grillée. Or ces viandes avaient valeur d'offrande sainte et étaient donc interdites à la consommation ; le miracle était qu'aucune femme enceinte n'éprouva l'envie d'en manger, ce qui, si elle n'avait pu la satisfaire, aurait pu la mettre en danger ainsi que son fœtus.

[E]La viande des sacrifices saints ne fut jamais putréfiée
En dehors du commentaire cité plus haut, certains ont souligné qu'à la différence des bouchers touchant la viande et dont les mains dégagent une odeur parfois insupportable, ce ne fut jamais le cas des *cohanim* (les prêtres du Temple) qui pourtant, eux aussi, avaient leurs mains en contact permanent avec la viande (Meïri).

[E]Il ne survint jamais d'émission séminale involontaire au Grand-prêtre le jour de Yom Kippour
Certains ont remarqué que le Grand-Prêtre a pu

est exclusivement effectué par le Grand-Prêtre. Si ce dernier devait être rendu invalide, en raison d'une quelconque impureté rituelle, cela aurait été perçu comme un mauvais signe tant pour lui que pour tout Israël ; or, de manière miraculeuse, par honneur pour le Temple de Jérusalem, il n'arriva jamais que le Grand-Prêtre fût victime d'une émission séminale involontaire et devînt par là-même impur] **; les pluies n'éteignirent jamais le feu qui consumait le bûcher de l'autel** [à savoir les bois qui étaient disposés sur l'autel pour alimenter le feu] **; le vent ne dissipa jamais la colonne de fumée**[E] [qui continuait de s'élever vers le ciel] **; jamais on ne trouva motif d'invalider l'*omer*** [offrande d'orge que l'on apportait au Temple le 16 Nissan (le lendemain du premier jour de la fête de *Pessa'h*) afin de permettre la nouvelle récolte (Lévitique 23, 10-14)] **; ni les deux pains** [que l'on apportait à la fête de *Chavou'ot* afin de permettre d'utiliser la nouvelle récolte pour les offrandes au Temple (*ibid.* 16-20)] **ni les pains de**

ÉCLAIRAGES

parfois devenir impur et fut donc invalidé, mais la raison n'en était point une pollution nocturne (voir traité *Yoma* 12b). C'est qu'une pollution nocturne présente un aspect condamnable alors qu'une impureté due par exemple au contact avec un animal rampant comporte un caractère plus innocent (Meïri, Rachbats). D'autre part, le service du jour de Kippour étant totalement entre les mains du Grand-Prêtre, son invalidation était de nature à provoquer un véritable bouleversement dans le déroulement des cérémonies du jour le plus saint de l'année. Tout était mis en place pour qu'un tel incident ne se produise pas ; en particulier, on l'empêchait de dormir toute la nuit, car il est interdit de compter sur un miracle (voir Talmud de Jérusalem, traité *Yoma* 1, 4). Cependant, après avoir constaté qu'aucun cas de pollution nocturne ne s'était jamais produit, nos Sages virent en cela un miracle. Le Psalmiste (Psaumes 127, 1) n'affirme-t-il pas : « Si l'Éternel ne garde pas une ville, c'est en vain que la sentinelle veille avec soin ! » (voir aussi Yaavets).

[E]Les pluies n'éteignirent jamais le feu du bûcher de l'autel… le vent ne dissipa jamais la colonne de fumée

L'autel en question se trouvait dans la cour des prêtres, les *cohanim*, à l'air libre et malgré la pluie qui, naturellement, tombait de temps à autre y compris sur le bûcher, miraculeusement, le feu ne s'éteignait jamais.

Autre miracle : le vent soufflait parfois sur cette colonne de fumée s'élevant du feu de l'autel mais ne parvenait pas à la déplacer. Le Talmud (Traité *Yoma* 21b) précise que même si cette colonne de fumée s'inclinait légèrement vers la droite ou la gauche selon la direction du vent, elle n'en poursuivait pas moins son ascension vers le ciel (un peu comme un palmier qui demeure toujours droit, même si le vent agite ses branches).

Le feu sur le bûcher de l'autel

La colonne de fumée

Proposition[E] [à savoir les douze pains tressés (*'hallot*) posés en permanence sur la table d'or à l'intérieur du *Heikhal*, la salle où se situait le Saint des Saints (Lévitique 24, 5-9)] **; on s'y tenait debout à l'étroit mais on avait de l'espace pour se prosterner**[E] [se prosterner au Temple signifiait s'aplatir littéralement sur le ventre, jambes et bras étendus ; malgré tout, l'espace permettant à chacun de se prosterner se libérait miraculeusement] **; jamais aucun serpent ni scorpion ne nuisit à quiconque à Jérusalem**[E] [les serpents venimeux et les scorpions qui se trouvaient en nombre à Jérusalem n'ont jamais constitué de danger pour quiconque] **; et jamais personne ne dit à autrui : « Je suis trop à l'étroit pour loger cette nuit à Jérusalem »** [C] [chacun trouvait où se loger, notamment au cours des trois fêtes de pèlerinage malgré l'immense foule qui se rendait à Jérusalem].

ÉCLAIRAGES

[E]Jamais on ne trouva motif d'invalider l'*omer*, ni les deux pains ni les pains de Proposition
Toutes ces offrandes revêtaient une grande importance pour l'ensemble d'Israël et bien que les cas d'invalidation fussent potentiellement nombreux, aucun ne s'est jamais produit. La valeur de ces offrandes revêtait un caractère symbolique et central pour le peuple dans son entier, notamment parce qu'en cas d'invalidation, l'on ne pouvait pas en apporter d'autres à leur place (voir Rachi en particulier).

Les pains de proposition

[E]On s'y tenait debout à l'étroit mais on avait de l'espace pour se prosterner
La foule de fidèles se rendant au *Beth Hamikdach* pouvait être immense. La densité de population était si grande que, selon *Avot dé-Rabbi Nathan* (35), « les créatures étaient incapables d'étendre leur doigt entre elles. » De même, rapporte-t-on (Meïri, Barténora), les fidèles se tenaient tellement serrés les uns contre les autres, qu'ils finissaient par se trouver surélevés en l'air. Au moment voulu, chacun disposait de l'espace nécessaire pour se prosterner totalement.

[E]Et jamais personne ne dit à autrui : « Je suis trop à l'étroit pour loger cette nuit à Jérusalem. »
Ceci était d'autant plus vrai à Pessa'h, en raison de l'offrande de l'agneau pascal qui, la première nuit, appelait la présence d'un nombre incalculable de fidèles se pressant à Jérusalem. Et ce à l'instar du verset (Isaïe 49, 20) : « Un jour, ces enfants que tu croyais perdus, tu les entendras dire : "Je suis à l'étroit en ces lieux, fais-moi place pour que je m'établisse." »

Si l'on veut bien s'arrêter sur la formulation de la *michna*, nous pouvons aussi en déduire que personne ne s'est jamais plaint des conditions de logement, bien que, d'ordinaire, les gens ne laissent pas facilement passer ce genre d'inconfort (*Pirké Moché*).

CONTEXTE

[C]Et jamais personne ne dit à autrui : « Je suis trop à l'étroit pour loger cette nuit à Jérusalem. »
Alyah la-réguel : tel est le terme qui désigne la montée à Jérusalem de nombreux pèlerins qui arrivaient dans la ville sainte en son Temple à l'occasion des trois fêtes de pèlerinage : *Pessa'h*, *Chavou'ot* et *Souccot*. Ces pèlerins venaient non seulement de différentes régions d'Israël mais aussi de contrées de la Diaspora, sous la tutelle de l'empire grec ou

MICHNA 6

ו. עֲשָׂרָה דְבָרִים נִבְרְאוּ בְּעֶרֶב שַׁבָּת בֵּין הַשְּׁמָשׁוֹת, וְאֵלּוּ הֵן: פִּי הָאָרֶץ, וּפִי הַבְּאֵר, וּפִי הָאָתוֹן, וְהַקֶּשֶׁת, וְהַמָּן, וְהַמַּטֶּה, וְהַשָּׁמִיר, וְהַכְּתָב, וְהַמִּכְתָּב, וְהַלּוּחוֹת. וְיֵשׁ אוֹמְרִים: אַף הַמַּזִּיקִין, וּקְבוּרָתוֹ שֶׁל מֹשֶׁה, וְאֵילוֹ שֶׁל אַבְרָהָם אָבִינוּ. וְיֵשׁ אוֹמְרִים: אַף צְבָת בִּצְבָת עֲשׂוּיָה.

6. Dix choses furent créées la veille du Chabbat au crépuscule. Ce sont : l'ouverture de la terre, l'ouverture du puits, la bouche de l'ânesse, l'arc-en-ciel, la manne, le bâton, le *chamir*, la forme des lettres, l'Écriture et les Tables de la Loi. Certains vont même jusqu'à mentionner : les *mazikine*, le tombeau de Moïse, et le bélier d'Abraham notre père. Et certains ajoutent encore : une paire de tenailles déjà forgées.

Suite aux dix miracles rapportés précédemment, cette michna *donne la liste de dix choses qui sortent de l'ordre naturel de la Création.*

Dix choses[E] **furent créées la veille du Chabbat au crépuscule**[E] [il s'agit de la fin du sixième jour de la Création, juste avant le début du premier Chabbat.

ÉCLAIRAGES

[E]Dix choses…

Le Talmud (traité *Pessa'him* 54b) rapporte lui aussi au travers d'une *baraïta* (l'un des enseignements de nos Sages qui n'ont pas été inclus dans la Michna) les dix choses qui ont été créées la veille du Chabbat de la Création au crépuscule, avec cependant quelques différences par rapport à notre *michna* : ainsi, à la place du bâton de Moïse est mentionnée la grotte dans laquelle Moïse s'est caché (Exode 33, 21-23 : « Dieu ajouta: "Il est une place près de Moi : tu te tiendras sur le rocher; puis, quand passera Ma gloire, Je te cacherai dans la cavité du roc et Je t'abriterai de Ma main jusqu'à ce que Je sois passé. Alors Je retirerai Ma main et tu Me verras par derrière ; mais Ma face ne peut être vue". »). De même figure la caverne d'Eliyahou, le prophète (Rois I 19, 9 : « Là, il entra dans une caverne où il passa la nuit. Et voici que la Voix divine s'adressa à lui, disant : "Que fais-tu là, Eliyahou ?" »). Certains ajoutent le feu et la mule, créés au même moment et, selon d'autres opinions, la verge d'Aaron fleurie d'amandes (Nombres 17, 23) et encore le vêtement d'Adam, le premier homme.

[E]… furent créées la veille du Chabbat au crépuscule.

Selon Meïri, ces dix choses possèdent un caractère fondamental en ce sens qu'elles sont indispensables au maintien du monde en général et de la nation juive en particulier. Le moment choisi pour leur création – juste avant l'entrée du Chabbat – porte un

CONTEXTE

de l'empire romain. Arrivant en groupes et formant des cortèges, ils ceignaient leur tête de couronnes de feuilles d'oliviers, alors que chants et musique accompagnaient leur marche.

C'était aussi une occasion d'apporter des offrandes au Temple et de payer la taxe annuelle d'un demi-sicle d'argent imposée par la Torah. Il est difficile d'évaluer le nombre de gens qui se rendaient

Ces dix choses possèdent un point en commun : elles contrastent avec l'ordre naturel de la Création, bien qu'en tout état de cause, elles en forment une partie intégrale. Aussi bien, les miracles qui leur sont associés n'ont pas modifié cet ordre naturel, mais constituent plutôt une révélation de ce qui aura existé depuis le commencement de la Création]. **Ce sont : l'ouverture de la terre** [un événement qui se produisit dans le désert, après la Sortie d'Égypte, lorsque Koré et sa faction qui contestaient l'autorité de Moïse furent engloutis dans la terre qui ouvrit son sein (voir Nombres, chapitre 16)], **l'ouverture du puits** [ce puits (voir Nombres 21, 16), désigné comme « le puits de Miriam », se déplaçait d'un endroit à l'autre, accompagnant les pérégrinations des Enfants d'Israël dans le désert], **la bouche de l'ânesse** [il s'agit de l'ânesse de Bilaam, prophète des nations, à qui fut octroyée la faculté de la parole (voir Nombres 22, 28 : « Alors Dieu ouvrit la bouche de l'ânesse, qui dit à Bilaam : "Que t'ai-je fait, pour que tu m'aies frappée ainsi à trois reprises ?" »), un phénomène exceptionnel créé tout spécialement à cet effet], **l'arc-en-ciel** [qui apparaît dans le ciel depuis « les eaux de Noé » et qui constitue le signe de l'alliance divine, selon laquelle Dieu n'enverra plus de déluge dans le monde (Genèse 9, 8-17)], **la manne** [la nourriture descendant miraculeusement du ciel en faveur des Enfants d'Israël pendant tout leur séjour dans le désert, après la Sortie

ÉCLAIRAGES

message : la Création ne serait pas parfaite sans elles. Le commentaire *Tiféret Israël* souligne cependant qu'en vérité la création de ces dix choses possède essentiellement un caractère de potentialité afin que leur existence puisse voir le jour au moment voulu. Aussi bien, Dieu ne dut plus apporter aucun renouveau à Sa Création, un fois qu'elle fut achevée, à l'instar des paroles de l'Ecclésiaste (1, 9) : « Ce qui a été, c'est ce qui sera ; ce qui s'est fait, c'est ce qui se fera : il n'y a rien de nouveau sous le soleil ! »

CONTEXTE

ainsi à Jérusalem, mais de toute évidence il s'agissait d'une énorme foule (notamment à *Pessa'h*). Tous se concentraient à l'intérieur de la ville de Jérusalem, logeant gratuitement dans différentes maisons d'accueil. L'idée suivante régnait : Jérusalem appartient à l'ensemble du peuple, même ceux qui y possèdent une maison ne peuvent être considérés comme propriétaires à part entière. L'on a ainsi retrouvé dans la Cité de David les « tablettes de Théodotos » témoignant que ce dernier avait construit auprès de sa synagogue une auberge avec plusieurs chambres, comprenant les installations d'eau nécessaires, en faveur des invités provenant de l'extérieur.

Tablettes de Théodotos

d'Égypte (Exode 16, 4)], **le bâton**[E] [celui de Moïse, par le biais duquel il opéra des prodiges devant Pharaon et frappa l'Égypte de nombreuses plaies (Exode 4, 17], **le *chamir***[E] [une pierre, voire un ver de terre créés spécialement dans le but de fendre des pierres précieuses particulièrement dures sans en ébrécher la moindre partie (traité *Sota* 48b)], **la forme des lettres** [telles qu'elles ont été « burinées par le doigt de Dieu » (Exode 31, 18)], **l'écrit** [il s'agirait de la lettre envoyée par Eliyahou le prophète au roi de Judée plusieurs années après son ascension céleste (Chroniques II 21, 12)] **et les Tables de la Loi**[E] [sur lesquelles étaient inscrites les Dix Paroles, et décrites comme « l'ouvrage de Dieu » (Exode 32, 16)]. **Certains vont jusqu'à mentionner : les *mazikine***[E] [des esprits malfaisants qui ne font cependant pas partie de l'ordre des six

ÉCLAIRAGES

[E]Le bâton

Bien que la plupart des commentaires, comme nous l'avons indiqué précédemment, considèrent qu'il s'agit du bâton de Moïse, certains autres l'interprètent comme la verge fleurie d'amandes d'Aaron, en écho à la liste figurant dans le traité *Pessa'him* (54b).

[E]Le *chamir*

Selon le traité *Sota* (chapitre 9, *michna* 12), le *chamir* a disparu après la destruction du Second Temple de Jérusalem. La *Tossefta* de ce même traité (15,1) précise à propos de cette créature spéciale qu'était le *chamir* : « Lorsque l'on posait le *chamir* sur des pierres, ou sur des poutres, il les ouvrait comme s'il s'agissait des deux tables d'une écritoire ; qui plus est, lorsqu'on le posait sur du fer, il le fendait de haut en bas, et rien ne pouvait lui résister. » Plus loin, ce même traité *Sota* (48b) mentionne que le roi Salomon s'en servit pour tailler les pierres du Temple ou, pour le moins, graver les mots inscrits sur les pierres du pectoral que portait le Grand-Prêtre.

[E]La forme des lettres (*kétav*), l'Écriture (*mikhtav*) et les Tables de la Loi (*Lou'hot*)

Le commentaire que nous avons rapporté plus haut interprète le terme « Écriture » comme la missive envoyée par le prophète Eliyahou au roi de Juda et donc sans aucun rapport avec les Tables de la Loi. Cependant, la majorité des autres commentaires établissent un lien entre les trois termes, notamment avec les premières Tables de la Loi (avant que Moïse ne les brisât, suite à la faute du Veau d'Or). En effet, la Torah souligne que ces premières Tables étaient « burinées par le doigt de Dieu » (Exode 31, 18). Un autre verset souligne : « Les tables étaient écrites sur leurs deux faces, d'un côté et de l'autre. Et ces tables étaient l'ouvrage de Dieu ; et ces caractères, gravés sur les tables, étaient des caractères divins. » (Exode 32, 15-16). Ainsi, le *kétav* serait bien la forme des lettres (comme nous l'avons traduit), tandis que *mikhtav* constituerait l'outil avec lequel les lettres ont été gravées sur les Tables de la loi : voir Rachi et le traité *Kélim* (chapitre 13, *michna* 2) qui, en accord avec cette dernière interprétation, épelle ce terme *makhtav* (sorte de stylet) et non *mikhtav*.

Selon une autre explication, *kétav* désignerait la Torah telle qu'elle est (notamment écrite en lettres de feu) devant le Saint béni soit-Il, alors que le terme *mikhtav* correspondrait à l'écriture des lettres sur les Tables (Rambam, Rabbénou Yona) : cette écriture avait valeur de miracle puisque les lettres pouvaient se lire des deux côtés et que certaines lettres ayant une partie vide au milieu (comme le *samekh* ס ou le *mém* final ם) se tenaient toutes seules en l'air de manière miraculeuse (Barténora, *Tiféret Israël*). Autre possibilité : le *kétav* serait le langage même, tandis que *mikhtav* correspondrait à la forme des lettres (Meïri).

[E]Les *mazikine*

Les *mazikine* sont encore appelés ailleurs *chédim* (Deutéronome 32, 17, Psaumes 106, 37, voir aussi le commentaire de Ramban dans le livre des Nombres 17, 7), traduits par le terme « démons ». Le Talmud rapporte une description plus détaillée de ces créatures et les présentent comme dotées d'une certaine intelligence, sans apparence physique, mais

jours de la Création, mais qui ont été créés et ajoutés juste avant le septième jour], **le tombeau de Moïse** [caché aux yeux de tous, ce tombeau, qui n'est pas une création humaine, revêt donc aussi une dimension extraordinaire (voir Deutéronome 34, 6 : « Il (Moïse) fut enseveli dans la vallée du pays de Moab qui fait face à Beth-Péor; mais nul n'a connu sa sépulture jusqu'à ce jour »)], **et le bélier d'Abraham notre père** [il s'agit du bélier qui apparut soudainement et qui fut sacrifié en lieu et place d'Isaac, le fils d'Abraham (Genèse 23, 13)]. **Et certains ajoutent encore : une paire de tenailles déjà forgées** [forger une paire de tenailles exige que l'on dispose d'une première paire qui pourra ainsi être reproduite. C'est en fait aussi le cas de tout outil qui demande d'avoir un outil de départ qui puisse être reproduit. Aussi bien, la première paire de tenailles a dû constituer l'un des objets créés dès la veille du Chabbat de la Création au crépuscule].

MICHNA 7

ז. שִׁבְעָה דְבָרִים בְּגוֹלֶם, וְשִׁבְעָה בְּחָכָם: חָכָם אֵינוֹ מְדַבֵּר בִּפְנֵי מִי שֶׁהוּא גָּדוֹל מִמֶּנּוּ בְּחָכְמָה וּבְמִנְיָן וְאֵינוֹ נִכְנָס לְתוֹךְ דִּבְרֵי חֲבֵירוֹ, וְאֵינוֹ נִבְהָל לְהָשִׁיב, שׁוֹאֵל כָּעִנְיָן וּמֵשִׁיב כַּהֲלָכָה, וְאוֹמֵר עַל רִאשׁוֹן רִאשׁוֹן וְעַל אַחֲרוֹן אַחֲרוֹן, וְעַל מַה שֶּׁלֹּא שָׁמַע אוֹמֵר "לֹא שָׁמַעְתִּי", וּמוֹדֶה עַל הָאֱמֶת. וְחִלּוּפֵיהֶן בְּגוֹלֶם.

7. Sept traits caractérisent le rustre et sept traits caractérisent le sage. Le sage ne prend pas la parole devant celui qui est plus grand que lui en sagesse et en âge ; il n'interrompt pas son interlocuteur ; il ne s'empresse pas de répondre ; il questionne à propos et répond judicieusement ; il évoque les premiers points abordés en premier et les derniers en dernier ; quant à ce dont il n'a pas eu connaissance, il dit : « Je n'ai pas entendu » ; il reconnaît la vérité. Ces sept traits aux antipodes caractérisent le rustre.

Après le chiffre 10 ayant fait l'objet des michnayot *précédentes, cette* michna *s'intéresse au chiffre 7.*

Sept traits caractérisent le rustre[E] [un individu sans éducation et non raffiné] **et** [à l'opposé] **sept traits caractérisent le sage. Le sage ne prend pas la parole devant celui qui est plus grand que lui en sagesse et en âge**[E] [il s'abstient d'intervenir en présence de ceux qui possèdent un meilleur discernement que lui dans certains domaines, soit de par leur sagesse, soit parce qu'ils sont plus âgés que lui] **; il n'interrompt pas son interlocuteur** [il laisse ce dernier exprimer son opinion jusqu'au bout et c'est seulement alors qu'il apporte ses remarques, pose ses questions ou présente ses objections] **; il ne s'empresse pas de répondre** [il prend son temps pour réfléchir et affermir sa pensée avant de répondre aux questions qu'on lui pose ou de rejeter les arguments qu'on lui présente] **; il questionne à propos** [il se réfère au sujet-même qui a été soulevé et ne dévie pas vers un autre] **et répond judicieusement**[E] [sa réponse

ÉCLAIRAGES

possédant néanmoins une certaine forme spirituelle. Selon le commentaire du *Tiféret Israël*, ils seraient parfois envoyés en mission afin de faire du mal dans le monde. De plus, ces *mazikine* posséderaient des traits se situant entre ceux d'êtres humains et ceux d'anges (*Pirké Moché*).

[E]Sept traits caractérisent le rustre (*golem*)

Le terme *golem* en hébreu – traduit ici par « rustre » – désigne aussi un objet à l'état brut et non travaillé (voir le traité *'Édouyot*, chapitre 3, *michna* 9) ; et même si cette personne qualifiée de *golem* a peut-être étudié, elle n'a cependant jamais atteint la dimension de sage pour l'une de ces deux raisons : soit parce qu'elle n'est jamais parvenue à un niveau suffisant de compréhension et qu'elle est incapable de raisonner logiquement et de manière indépendante (Rachi, Rabbénou Yona), soit parce que ses traits de caractère démontrent un manque de maturité (Meïri, *Tiféret Israël*). À moins que ces deux raisons coexistent chez le même individu (Rambam, Barténora).

[E]Le sage ne prend pas la parole *devant* celui qui est plus grand que lui en sagesse et en âge

Il existe une autre version de cette *michna* dans laquelle le terme *bifné* (traduit par « devant » ou « en présence de ») est remplacé par celui de *lifné*, soit « avant », ayant donc le sens de « préséance ». Dans ce cas, le sage, non point se tait devant qui est plus grand que lui, mais sait plutôt attendre son tour avant d'intervenir et d'exprimer son opinion. Selon certains, le sage s'abstient de parler en premier, non seulement parce qu'il respecte quiconque est plus grand que lui, mais parce qu'il souhaite acquérir la sagesse en lui étant tout ouïe (Rabbénou Yona). Le terme de la *michna*, *bé'hokhma oubéminyane*, traduit par « en sagesse et en âge », peut aussi se comprendre non seulement comme le fait que l'interlocuteur est plus âgé, mais aussi (*béminyane*, donc « en nombre ») parce qu'il est entouré d'un plus grand nombre d'élèves distingués (voir Rachi, Meïri).

[E]Il questionne à propos et répond judicieusement

Au-delà du sens obvie que nous avons précédemment mentionné, à savoir que le sage pose ses questions en rapport précis avec le sujet étudié (voir *Tossefta Sanhédrin* 7, 7-10), certains commentateurs soulignent l'avantage d'une telle attitude : le maître peut ainsi d'autant mieux affiner sa réponse (Barténora, traité *Chabbat* 3b).

Le traité *Avot dé-Rabbi Nathan* (chapitre 37) donne des exemples de personnages bibliques qui se sont comportés en accord ou non avec les traits du sage décrits dans notre *michna*. L'intervention de Réouven auprès de son père Jacob afin qu'il laisse partir son plus jeune fils Benjamin : « Fais mourir mes deux fils, si je ne te le ramène ! » (voir Genèse 42, 37) y est perçue comme inappropriée et opposée à ce que cette *michna* attend du sage. Jacob n'avait pas coutume de tuer des gens, et les paroles de Réouven sont donc hors de propos. Ainsi, « questionner à propos » signifie aussi poser des questions dotées de sens et de raison.

D'autre part, chaque domaine d'étude est associé à une méthode de raisonnement qui lui est propre ; selon le Rambam, le sage veille à interroger son maître en respectant scrupuleusement la méthode du sujet concerné sans jamais l'amalgamer avec les autres.

repose sur des éléments étayés] ; **il évoque les premiers points abordés en premier et les derniers en dernier**[E] [sa réponse respecte l'ordre des questions soulevées] ; **quant à ce dont il n'a pas eu connaissance, il dit : « Je n'ai pas entendu »** [dans le cas où il n'aurait pas reçu d'enseignement de ses maîtres à ce propos et, dans le cas où sa réponse viendrait de son propre chef, il prend soin de préciser à ses interlocuteurs qu'il s'agit de sa propre opinion] ; **il reconnaît la vérité** [lorsque son interlocuteur rejette sa réponse à l'aide d'arguments fondés, il sait admettre qu'ils ont du vrai et que son opinion pose problème ; il ne s'obstine pas à maintenir et à justifier son avis dès lors qu'il se trouve en face de la vérité]. **Ces sept traits aux antipodes caractérisent le rustre** [l'opposé de l'un d'entre eux, comme intervenir au beau milieu des paroles de son interlocuteur suffit à le qualifier de rustre, à plus forte raison lorsqu'il fait preuve de tous les traits inverses, il mérite alors le nom de rustre parfait].

MICHNA 8

ח. שִׁבְעָה מִינֵי פוּרְעָנֻיּוֹת בָּאִין לָעוֹלָם, עַל שִׁבְעָה גוּפֵי עֲבֵירָה: מִקְצָתָן מְעַשְּׂרִין וּמִקְצָתָן אֵינָן מְעַשְּׂרִין - רָעָב שֶׁל בַּצּוֹרֶת בָּאָה, מִקְצָתָן רְעֵבִים וּמִקְצָתָן שְׂבֵעִים. גָּמְרוּ שֶׁלֹּא לְעַשֵּׂר - רָעָב שֶׁל מְהוּמָה וְשֶׁל בַּצּוֹרֶת בָּאָה. וְשֶׁלֹּא לִיטּוֹל אֶת הַחַלָּה - רָעָב שֶׁל כְּלָיָה בָּאָה. דֶּבֶר בָּא לָעוֹלָם - עַל מִיתוֹת הָאֲמוּרוֹת

8. Sept sortes de calamités surviennent dans le monde à cause de sept formes de transgressions. Lorsque certains prélèvent la dîme et d'autres pas, une famine due à la sécheresse survient : certains endurent la faim, d'autres sont rassasiés. Si tous décident de ne pas prélever la dîme, une famine due à la sécheresse émaillée de troubles survient ; et s'ils décident également de ne pas prélever la *'halla* (prélèvement d'une partie de

ÉCLAIRAGES

[E]Il évoque les premiers points abordés en premier et les derniers en dernier;
Certains commentateurs ne voient pas forcément ici la nécessité de répondre dans l'ordre des questions posées. Mieux vaut parfois répondre dans un ordre logique et, par exemple, répondre d'abord à la deuxième question si cela permet de mieux comprendre celle relative à la première.

Plus généralement, le sage a la capacité d'ordonnancer son discours et choisir ses thèmes d'études de manière conséquente (*Midrach Chmouel*). De plus, il sait apprécier la différence entre les générations, reconnaissant en particulier la valeur de celles qui l'ont précédé jusqu'aux plus anciennes. C'est pourquoi il favorise les enseignements qui ont été transmis au fil des générations, et il prend soin de préciser ce qu'il n'a jamais entendu en ces simples termes : « Je n'ai pas entendu. »

בַּתּוֹרָה שֶׁלֹּא נִמְסְרוּ לְבֵית דִּין, וְעַל פֵּירוֹת שְׁבִיעִית. חֶרֶב בָּאָה לָעוֹלָם – עַל עִנּוּי הַדִּין, וְעַל עִוּוּת הַדִּין, וְעַל הַמּוֹרִים בַּתּוֹרָה שֶׁלֹּא כַּהֲלָכָה.

la pâte du pain), une famine destructrice survient. La peste survient dans le monde à cause des cas de peines de mort mentionnées dans la Torah qui n'ont pas été soumis au tribunal rabbinique et pour l'usage interdit des fruits de la *chémita* (l'année sabbatique). Le glaive survient dans le monde à cause des retards dans le cours de la justice, à cause du détournement de la justice et à cause de ceux qui enseignent la Torah de manière contraire à la *halakha* (la loi).

Cette michna*, comme la suivante, s'intéresse, elle aussi, au chiffre sept et décrit sept sortes de calamités qui s'abattent soit sur le monde, soit sur la collectivité, suite à ses transgressions. La première partie évoque les malheurs que provoque le non-respect des lois de* térouma *(offrandes) et de celles de la dîme, avant de passer à d'autres types de désastres.*

Sept sortes de calamités[E] surviennent dans le monde à cause de sept formes de transgressions [la liste de ces sept calamités engendrant un châtiment divin est partagée entre cette *michna* et la suivante et comprend : la famine suite à la sécheresse, la famine émaillée de troubles, la famine destructrice, la peste, le glaive de la guerre, les bêtes sauvages et l'exil. La *michna* poursuit en identifiant précisément les transgressions conduisant à chacun de ces malheurs]. **Lorsque certains prélèvent la dîme et d'autres pas** [en d'autres termes, les lois du prélèvement de la dîme (le *ma'asser*) ne sont pas unanimement respectées], **une famine due à la sécheresse survient :** [les pluies cessent de tomber, la récolte diminue considérablement et varie d'une région à l'autre] **certains endurent la faim, d'autres sont rassasiés** [dans le cas où les règles du *ma'asser* ne sont que partiellement observées, Dieu agit « mesure pour mesure » et ne châtie

ÉCLAIRAGES

[E]Sept sortes de calamités… à cause de sept formes de transgressions.
Selon Meïri, la *michna* nous enseigne avant tout que chaque calamité survient à la suite d'une transgression particulière, en accord avec le principe « mesure pour mesure » appliqué par Dieu. Aussi bien les malheurs que nous subissons constituent-ils un appel à la *téchouva*, au repentir. Le *Midrach Chmouel* précise par ailleurs que le terme en hébreu dans la *michna* : *pour'anout*, traduit par « calamité » se rapproche du terme « *péri'a* », utilisé pour signifier « acquittement de nos dettes » (voir aussi au chapitre 3, la michna 16).

que dans certaines régions]. **Si tous décident de ne pas prélever la dîme**[E]**, une famine due à la sécheresse associée à des troubles survient** [lorsque plus aucune personne ne respecte les lois de prélèvement de la dîme, la punition divine est globale, d'une part, comme conséquence de la sécheresse, et d'autre part, s'ensuit une telle crise économique qu'il devient dès lors difficile de se procurer le peu de nourriture existante]; **et s'ils décident également de ne pas prélever la *'halla*[E] (prélèvement d'une partie de la pâte du pain)** [s'abstenant ainsi d'offrir aux *cohanim* (les prêtres du Temple de Jérusalem) cette partie de la pâte qui leur est destinée selon la loi (voir Nombres 15, 19)], **une famine destructrice survient** [la famine atteint un tel état de gravité que les gens non seulement souffrent de la faim, mais finissent par en périr]. **La peste** [en soi, une épidémie mortelle] **survient dans le monde à cause des cas de peines de mort**[E] **qui n'ont pas été soumis au tribunal rabbinique** [cette épidémie mortelle intervient à titre de châtiment divin, sachant que les crimes qui auraient dû faire l'objet de la peine capitale n'ont pas été soumis à la juridiction du tribunal rabbinique terrestre] **et pour l'usage interdit**

ÉCLAIRAGES

[E]Lorsque certains prélèvent la dîme et d'autres pas… si tous décident de ne pas prélever la dîme

La dîme, prise ici dans son sens général, telle que rapportée par exemple dans la Torah (Nombres, chapitre 18) doit être prélevée sur la récolte et offerte aux *cohanim* (les prêtres au Temple de Jérusalem), aux *leviim* (les gardiens du Temple) ou également aux pauvres (voir la *michna* suivante). Nos Sages ont déduit des Écritures que la bénédiction et l'abondance que l'être humain peut mériter sont directement liées à l'observance de cette *mitsva*. Ainsi, le Talmud (traité *Ta'anit* 9a) remarque que le mot *ma'asser* (la dîme en hébreu) se rapproche de *'ocher* (la richesse) et conseille de « respecter la dîme afin de s'enrichir ». De même, un verset du prophète Malachie (3, 10) est explicite à ce propos : « Apportez toutes les dîmes dans le lieu du dépôt, pour qu'il y ait des provisions dans Ma maison, et attendez-Moi à cette épreuve, dit l'Éternel-Tsévaot : [vous verrez] si Je n'ouvre pas en votre faveur les cataractes du ciel, si Je ne répands pas sur vous la bénédiction au-delà de toute mesure. » À l'opposé donc, enfreindre les lois de la dîme conduit à la famine.

[E]Et s'ils décident également de ne pas prélever la *'halla*

À la différence des dîmes prélevées sur la récolte, la *'halla* correspond à une partie de la pâte apportée comme une offrande (*térouma*) aux *cohanim* comme l'indique la Torah (Nombres 15, 19-20) : « Lorsque vous mangerez du pain de la contrée, vous en prélèverez une *térouma* à Dieu. Comme prémices de votre pâte, vous prélèverez une *'halla* en *térouma*… » (voir aussi le traité talmudique *'Halla*).

La *michna* évoque, à Dieu ne plaise, le cas où plus aucune offrande n'est apportée (ni les dîmes, ni même la *'halla*) ; le châtiment qui intervient dès lors correspond à une famine totale et meurtrière.

[E]La peste survient dans le monde à cause des cas de peines de mort mentionnées dans la Torah

En dehors de l'interprétation mentionnée plus haut, certains considèrent qu'il s'agit plutôt de cas de transgressions conduisant au châtiment venant du Ciel, comme la peine de retranchement ou toute autre mort provoquée par la Providence divine (Rabbénou Yona). Autre possibilité : la *michna* évoquerait les quatre types de peines de mort confiées au Tribunal rabbinique, mais qui ne sont plus en vigueur aujourd'hui (Rachi).

des fruits de la *chémita* (l'année sabbatique) E [les fruits de cette année ne peuvent faire l'objet d'un commerce et doivent être mis à la disposition de tout le monde]. **Le glaive** [la guerre] **survient dans le monde à cause des retards dans le cours de la justice**E [tel est le cas lorsque les juges tardent trop à prononcer leur sentence, ce qui provoque une grande souffrance chez ceux qui attendent leur décision], **à cause du détournement de la justice** [lorsque les juges formulent une sentence contraire à la loi en la dénaturant] **et à cause de ceux qui enseignent la Torah de manière contraire à la *halakha* (la loi)** E [leurs conclusions en matière de *halakha* sont contraires à la vérité : ce qui est interdit devient permis et vice-versa].

ÉCLAIRAGES

EEt pour l'usage interdit des fruits de la *chémita* (l'année sabbatique)

La punition divine est si grave dans ce cas, car le non-respect des lois de la *chémita* a pour conséquence d'empêcher les pauvres de collecter leur dû en fruits ; de plus, lors de l'année sabbatique, il est interdit de travailler le sol et les dons provenant de la récolte qui reviennent habituellement aux pauvres les autres années ne sont plus requis. Ainsi, ces derniers souffrent finalement de la famine et se trouvent eux-mêmes en danger de mort (Meïri). Selon le *Tiféret Israël*, ceux qui n'abandonnent pas leurs fruits lors de la *chémita* (comme l'exige la loi demandant de renoncer à leur propriété cette année là) se voient dès lors « abandonnés » entre les mains de l'ange de la mort. Le commentaire *Avot dé-Rabbi Nathan* rapporte que la peste survient lorsque sont enfreintes les lois demandant de laisser aux pauvres une partie de la récolte (*péa*, « coin », soit la moisson inachevée laissée au bout du champ; *léket*, « la glanure », soit les épis de grain tombés de la main de la faucheuse; *chikh'ha*, soit les gerbes oubliées : Lévitique 19, 9, 23, 22, Deutéronome 24, 19).

ELe glaive [la guerre] survient dans le monde à cause des retards dans le cours de la justice

Ici aussi, le châtiment correspond « mesure pour mesure » à la faute : tout défaut de fonctionnement du système de justice provoque inévitablement de graves discordes entre les gens. Il en va ainsi, lorsque les jugements sont prononcés avec retard (provoquant le tourment chez ceux qui attendent fiévreusement la sentence du tribunal de justice), et lorsqu'ils sont de plus indécents et injustes. Le « glaive de la guerre » en est dès lors l'inévitable conséquence (Meïri).

EEt à cause de ceux qui enseignent la Torah de manière contraire à la *halakha* (la loi)

Enseigner la Torah de manière contraire à la *halakha* équivaut à détourner la justice. Or le Talmud (traité *Chabbat* 33a), qui va dans le même sens que cette *michna*, associe une telle déformation de la Torah, voire son abandon, au verset (Lévitique 26, 25) : « Je ferai surgir contre vous le glaive, vengeur des droits de l'Alliance [soit la Torah], et vous vous replierez dans vos villes. » Voir aussi le Midrach, *Vayikra Rabba* 35, 6 citant les versets (Lévitique 26, 3-6) : « Si vous vous conduisez selon Mes lois (...), Je ferai régner la paix dans ce pays, et nul n'y troublera votre repos. » Selon d'autres opinions, la *michna* se référerait ici aux « maîtres » enseignant la *halakha* bien qu'ils n'aient pas reçu formellement l'ordination rabbinique (Rachbats, traité *Sota* 22b).

MICHNA 9

ט. חַיָּה רָעָה בָּאָה לָעוֹלָם - עַל שְׁבוּעַת שָׁוְא, וְעַל חִלּוּל הַשֵּׁם. גָּלוּת בָּאָה לָעוֹלָם - עַל עוֹבְדֵי עֲבוֹדָה זָרָה, וְעַל גִּלּוּי עֲרָיוֹת, וְעַל שְׁפִיכַת דָּמִים, וְעַל הַשְׁמָטַת הָאָרֶץ. בְּאַרְבָּעָה פְּרָקִים הַדֶּבֶר מִתְרַבֶּה: בָּרְבִיעִית, וּבַשְּׁבִיעִית, וּבְמוֹצָאֵי שְׁבִיעִית, וּבְמוֹצָאֵי הֶחָג שֶׁבְּכָל שָׁנָה וְשָׁנָה. בָּרְבִיעִית - מִפְּנֵי מַעְשַׂר עָנִי שֶׁבַּשְּׁלִישִׁית. בַּשְּׁבִיעִית - מִפְּנֵי מַעְשַׂר עָנִי שֶׁבַּשִּׁשִּׁית. וּבְמוֹצָאֵי שְׁבִיעִית - מִפְּנֵי פֵּירוֹת שְׁבִיעִית. וּבְמוֹצָאֵי הֶחָג שֶׁבְּכָל שָׁנָה וְשָׁנָה - מִפְּנֵי גֶּזֶל מַתְּנוֹת עֲנִיִּים.

9. Les bêtes féroces apparaissent dans le monde lorsque les hommes parjurent et profanent le Nom de Dieu. L'exil survient dans le monde à cause de l'idolâtrie, des relations incestueuses et du meurtre, et pour le non-respect du repos de la terre lors de l'année de *chémita*. À quatre périodes la peste s'aggrave : la quatrième année [du cycle sabbatique], la septième année, à l'issue de la septième année et à l'issue de la fête annuelle (de *Souccot*). La quatrième année : lorsque n'a pas été prélevée la dîme destinée aux pauvres lors de la troisième ; la septième année : lorsque n'a pas été prélevée la dîme destinée aux pauvres pendant la sixième ; à l'issue de la septième année : pour le non-respect des lois relatives aux fruits de l'année de *chémita* ; à l'issue de la Fête annuelle (de *Souccot*) – à cause du vol des parts revenant aux indigents.

La première partie de la michna *constitue la suite de la précédente et énonce les deux autres calamités survenant en raison de certaines graves transgressions : les bêtes féroces et l'exil.*

Les bêtes féroces se manifestent dans le monde [de nombreuses bêtes féroces entrent alors dans des endroits habités, y causant des dommages et provoquant la mort de personnes] **lorsque les hommes parjurent**[E] [dès lors que des serments mensongers ont été prononcés ou que le Nom de Dieu a été évoqué en vain], **et profanent le Nom de Dieu. L'exil survient dans le monde à cause de l'idolâtrie,**

ÉCLAIRAGES

[E]**Les bêtes féroces se manifestent dans le monde lorsque les hommes parjurent**
Selon Meïri, ceux qui prononcent des serments mensongers en invoquant vainement le Nom de Dieu (ou qui le profanent) portent tout en même temps atteinte à l'honneur de l'être humain en tant que tel. Partant, ayant perdu leur image d'homme, ils se trouvent lâchés en proie aux bêtes féroces.

des relations incestueuses et du meurtre, et pour le non-respect du repos de la terre lors de l'année de *chémita*[E] [l'année sabbatique, la septième année].

Après l'énoncé précédent des sept calamités, cette deuxième partie de la michna reprend à présent l'une d'entre elles (la peste) et énonce quatre raisons conduisant à sa recrudescence.

À quatre périodes la peste s'aggrave[E] [« la peste » est à prendre ici dans le sens plus large de diverses épidémies mortelles à différentes périodes énoncées ci-après] : **la quatrième année** [du cycle sabbatique], **la septième année** [l'année sabbatique], **à l'issue de la septième année et à l'issue de la Fête annuelle (de *Souccot*). La quatrième année : lorsque n'a pas été prélevée la dîme destinée aux pauvres[E] lors de la troisième** [il s'agit du *ma'asser 'ani*, correspondant à un dixième de la récolte, après avoir effectué deux autres prélèvements : la *térouma* pour les *cohanim* et le *ma'asser richone* pour les *leviim*. Ce *ma'asser 'ani*, contrairement aux deux derniers, ne possède point un statut de sainteté et c'est pourquoi les gens ont tendance à le négliger]; **la**

ÉCLAIRAGES

[E]L'exil survient dans le monde à cause de l'idolâtrie, des relations incestueuses et du meurtre et du non-respect du repos de la terre lors de l'année de *chémita*

Ces transgressions sont de nature à éloigner la *Chékhina* (la Présence divine) de l'endroit où Elle se trouve, soit au sein du peuple d'Israël. De la même façon, les auteurs de ces fautes sont punis d'exil. En vérité, ce dernier châtiment apparaît de manière explicite dans la Torah (Lévitique 26, 33-35) : « Et vous, Je vous disperserai parmi les nations, et Je vous poursuivrai l'épée haute ; votre pays restera solitaire, vos villes resteront ruinées. Alors la terre acquittera la dette de ses chômages, tandis qu'elle restera désolée et que vous vivrez dans le pays de vos ennemis ; alors la terre chômera, et vous fera payer ses chômages. » Par ailleurs, le livre des Chroniques (II 36, 21) relate que le non-respect de la *chémita* provoqua l'exil du peuple d'Israël en Babylonie : « Afin que s'accomplît la parole de l'Éternel, annoncée par Jérémie : "Jusqu'à ce que la terre eût acquitté la dette de son chômage, dans toute cette période de désolation, elle chôma, pour remplir la période de soixante-dix ans." » Ici aussi, il s'agit bien de la règle « mesure pour mesure », lorsque les Enfants d'Israël ne se conduisent pas comme ils le devraient avec leur propre terre (voir Meïri).

[E]À quatre périodes la peste s'aggrave

Les châtiments qui sont indiqués par la suite sont tous la conséquence du vol des parts revenant aux indigents à des périodes particulières : la dîme devant être prélevée la troisième et la sixième années (*ma'asser 'ani*), les fruits de l'année sabbatique et tous les dons qui doivent leur être attribués. Une telle transgression est d'ailleurs, selon les Écritures (Proverbes 22, 22-23), passible de la peine capitale : « Ne dépouille pas le faible parce qu'il est sans défense ; n'écrase pas le pauvre à la Porte, car l'Éternel prend en mains leur cause et il dépouillera de la vie ceux qui les dépouillent. » (Voir aussi le traité *Péa* 5, 6).

Le Maharal de Prague souligne que la gravité du châtiment provient du fait que Dieu montre de la compassion envers les indigents et écoute plus particulièrement leur plainte (voir aussi Exode 22, 20-27).

[E]La dîme des pauvres, le *ma'asser 'ani*

Cette dîme correspondant à un dixième de la récolte, qui suit deux autres prélèvements, la *térouma* pour les *cohanim* et le *ma'asser richone* pour les *leviim*. Ce *ma'asser 'ani*, contrairement à ces deux derniers, ne possède point un statut de sainteté et il n'est pas non plus interdit de consommer de la récolte si ce prélèvement n'a pas été effectué : cela explique

septième année : lorsque n'a pas été prélevée la dîme destinée aux pauvres pendant la sixième [cette sixième année, à l'instar de la troisième, est celle où l'on doit procéder au *ma'asser 'ani*, la dîme destinée aux pauvres] **; à l'issue de la septième année : pour le non-respect (des lois relatives) aux fruits de l'année de *chémita*[E]** [en cette année, les fruits doivent être abandonnés au profit de tout le monde, notamment des pauvres] **; à l'issue de la Fête annuelle (de *Souccot*)** [E] **à cause du vol des parts** [de la moisson] **revenant aux indigents** [il existe en effet une autre obligation, lors de la moisson, celle de réserver aux pauvres les glanes, la gerbe tombée ou oubliée, et ce qui se trouve aux coins des champs ; il s'agit aussi du non-respect de la *mitsva* d'associer les pauvres à la joie de la fête].

ÉCLAIRAGES

pourquoi les gens ont tendance à le négliger et à ne pas l'observer.

[E]Pour le non-respect des lois relatives aux fruits de l'année de *chémita*

Bien que les fruits de la septième année dussent être abandonnés au profit de tous, riches comme pauvres, il n'en reste pas moins que la priorité doit être accordée à ces derniers qui n'ont pas d'argent pour procéder à des achats. De plus, en cette année de *chémita*, ils ne disposent même plus des dons habituels provenant du champ et qui les nourrissent d'ordinaire. Un verset de la Torah (Exode 23, 11) est d'ailleurs explicite à ce propos : « Mais la septième année, tu donneras du repos à la terre et en abandonneras les fruits, pour que les indigents de ton peuple en jouissent… »

[E]À l'issue de la Fête annuelle (de *Souccot*) – à cause du vol des parts revenant aux indigents

La Torah (Lévitique 19, 9-10) précise les parts revenant aux indigents en ces termes : « Quand vous moissonnerez la récolte de votre pays, tu laisseras la moisson inachevée au bout de ton champ, et tu ne ramasseras point la glanure de ta moisson. Tu ne grappilleras point dans ta vigne, et tu ne recueilleras point les grains épars de ta vigne. Abandonne-les au pauvre et à l'étranger : Je suis l'Éternel votre Dieu. » Le détail de ces lois figure dans le traité *Péa*.

Lorsque s'achève l'année agricole au moment où l'on rassemble les produits de la récolte dans les maisons, après la fête de *Souccot*, le châtiment divin est à même d'être prononcé au cas où les pauvres n'ont pas reçu leur dû.

D'autre part, une autre injonction existe dans la Torah (Deutéronome 16, 13-14) à propos de la joie : « Tu célébreras la fête de *Souccot* durant sept jours, quand tu rentreras les produits de ton aire et de ton pressoir ; et tu te réjouiras pendant la fête et avec toi, ton fils et ta fille, ton serviteur et ta servante, et le Lévite, l'étranger, l'orphelin, la veuve qui seront dans tes murs. » Ainsi, en dehors de la gerbe glanée, tombée ou oubliée, et des coins des champs qui revenaient aux pauvres, d'autres « cadeaux » devaient leur être réservés, ce qui leur permettait de célébrer la fête comme il se doit lors de la montée des pèlerins à Jérusalem. Souvent, les gens fêtaient entre eux dans un cercle privé et familial en négligeant de venir en aide aux indigents, ce qui est considéré comme non moins que du vol (voir aussi *Michné Tora, Hilkhot Yom Tov* 6, 18).

MICHNA 10

י. אַרְבַּע מִדּוֹת בָּאָדָם: הָאוֹמֵר "שֶׁלִּי שֶׁלִּי, וְשֶׁלְּךָ שֶׁלָּךְ" – זוֹ מִדָּה בֵּינוֹנִית. וְיֵשׁ אוֹמְרִים – זוֹ מִדַּת סְדוֹם. "שֶׁלִּי שֶׁלָּךְ, וְשֶׁלְּךָ שֶׁלִּי" – עַם הָאָרֶץ. "שֶׁלִּי שֶׁלָּךְ, וְשֶׁלְּךָ שֶׁלָּךְ" – חָסִיד. "שֶׁלִּי שֶׁלִּי, וְשֶׁלְּךָ שֶׁלִּי" – רָשָׁע.

10. Il existe quatre lignes de conduite chez les individus. Celui qui dit : « Ce qui est à moi est à moi et ce qui est à toi est à toi » : c'est l'attitude de l'individu moyen ; certains affirment que cette dernière attitude était celle des gens de Sodome. Celui qui dit : « Ce qui est à moi est à toi et ce qui est à toi est à moi » : c'est l'attitude du *'am haarets*. Celui qui dit : « Ce qui est à moi est à toi et ce qui est à toi est à toi » : c'est l'attitude de l'individu pieux. Celui qui dit : « Ce qui est à toi est à moi et ce qui est à moi est à moi » : c'est l'attitude de l'impie.

Toujours dans le cadre du chiffre 4, la michna *cite ici quatre attitudes de personnes en ce qui concerne leur rapport à la propriété.*

Il existe quatre lignes de conduite[C] **chez les individus** [quatre attitudes et traits de caractère quant au rapport aux biens personnels et à ceux qui appartiennent à autrui]. **Celui qui dit : « Ce qui est à moi est à moi et ce qui est à toi est à toi**[E] » [en d'autres termes, cet individu s'en tient à ce qu'il possède et

ÉCLAIRAGES

[E]Ce qui est à moi est à moi et ce qui est à toi est à toi
La *michna* rapporte deux avis quant à la manière de qualifier un individu qui adopte une telle attitude : soit un être moyen, c'est-à-dire suivant le comportement moyen de la plupart de gens, soit un être qui se conduit comme la population de Sodome. Certains commentateurs (voir Meïri) pensent que ces deux opinions ne se contredisent pas mais se complètent. Si quelqu'un s'abstient de partager son bien

CONTEXTE

[C]Il existe quatre lignes de conduite
Le terme en hébreu *midda* (au pluriel *Middot*) possède en effet le sens de ligne de conduite, d'attitude, de qualité, voire de traits de caractère d'un individu. En vérité, dans son sens original, il signifie « mesure » ou même « instrument de mesure » : d'une longueur, d'une surface, d'un volume ou de temps. Ici comme ailleurs, ce mot *midda* n'est cependant point sans rapport avec sa signification première, puisque la *michna* l'utilise pour « mesurer » le caractère et le comportement d'une personne.

◄

souhaite que son prochain en fasse de même, sans que jamais l'un n'ait affaire à l'autre] **: c'est l'attitude de l'individu moyen** [tel est là un comportement ordinaire chez la plupart des gens : « Je garde ce qui m'appartient et je ne souhaite ni te donner, ni recevoir quoi que ce soit de toi »] **; certains affirment que cette dernière attitude est celle des gens de Sodome**[E C] [certains considèrent qu'une telle attitude qui, a priori n'est ni bonne ni mauvaise, équivaut à celle, répugnante, ayant eu cours parmi les habitants de Sodome, que la Torah (Genèse 13, 13) décrit comme « pervers et pécheurs devant l'Éternel, à un haut degré ». En effet, les gens de Sodome glorifiaient le *statu quo*, en

ÉCLAIRAGES

parce qu'il lui en résulterait un manque personnel, il peut être considéré comme un individu « moyen ». En revanche, refuser la possibilité à autrui de jouir de nos biens, quoique cela ne nous cause aucun préjudice, s'apparente au comportement pécheur des habitants de Sodome.

Si l'individu en question est qualifié d'être moyen, c'est que penser « ce qui est à toi est à toi » témoigne d'une bonne attitude, alors que considérer que « ce qui est à moi est à moi » reflète une mauvaise qualité.

Pourquoi, selon la deuxième opinion, est-il néanmoins assimilé à un habitant de Sodome ? Sans doute parce que s'en tenir à « ce qui est à toi est à toi » signifie qu'il préfère ne rien recevoir de l'autre, de peur que ce dernier ne lui demande quelque chose en retour (*Midrach Chmouel*).

[E]Certains affirment que cette dernière attitude est celle des gens de Sodome…

La Torah évoque longuement l'odieuse attitude des habitants de Sodome lorsque les anges vinrent rendre visite à Loth avant de détruire la ville (voir Genèse 19, 9). Le prophète Ézéchiel (16, 49) souligne leur faute principale en ces termes : « Or, voici quel a été le crime de Sodome, ta sœur : l'orgueil d'être bien repue et d'avoir toutes ses aises s'est trouvé en elle et en ses filles, et elle n'a pas soutenu la main du pauvre et du nécessiteux. » En d'autres termes, malgré l'abondance dont ils disposaient, ils refusèrent d'en faire profiter tous ceux qui étaient dans le besoin.

Une telle attitude peut aussi très bien être celle d'un individu qui refuse de donner aux autres, quand bien même cela n'entraînerait chez lui aucun dommage (Meïri). Selon une autre explication, même dans le cas contraire où il pourrait nous en coûter, s'abstenir de partager avec autrui revient à annuler la *mitsva* d'amour du prochain et finalement à adopter le comportement des gens de Sodome (Barténora, *Tiféret Israël*).

Une tout autre interprétation évoque même les gens qui procèdent à des actes de bienfaisance ou de *tsédaka*, bien qu'au fond d'eux-mêmes, ils considèrent que leur agissement n'est en rien justifié. Et cette *michna* de poser la question : cette attitude peut-elle être qualifiée de « moyenne » ou ressemble-t-elle à celle de Sodome (Rabbénou Yona) ?

CONTEXTE

[C]L'attribut de Sodome

Notons que cet attribut de Sodome (*middat sdom*) correspond à un concept ayant cours dans le domaine de la *halakha*. En effet, dans certains cas (notamment en ce qui concerne les lois de voisinage, voir *Choul'han Aroukh Ora'h 'Haïm* 386, 9 ou *'Hochen Michpat* 153, 4 et 8) le tribunal rabbinique se voit donner la possibilité d'émettre un décret outrepassant cette ligne de conduite digne des habitants de Sodome : il détient alors le pouvoir de forcer un individu à renoncer à l'application stricte de ses droits lorsque rien ne lui en coûte et également en vertu du principe (Deutéronome 6, 18) : « Fais ce qui est juste et agréable aux yeux de Dieu », ou encore à l'instar d'un verset des Proverbes (3, 27) : « Ne refuse pas un bienfait à ceux qui y ont droit, alors qu'il est en ton pouvoir de l'accorder. »

veillant jalousement, et de manière absolue, à la propriété de chaque individu, sans jamais s'intéresser aux besoins de la population démunie]. **Celui qui dit : « Ce qui est à moi est à toi et ce qui est à toi est à moi** [ceci signifie qu'un tel individu souhaite, de manière générale, échanger ses biens, voire son sort, avec les autres] **: c'est l'attitude du *'am haarets*[E]** [dans ce cas, le terme *'am haarets* ne doit pas être compris comme indiquant une déficience intellectuelle ou une méconnaissance de la Torah, mais plutôt comme un défaut de caractère]. **Celui qui dit : « Ce qui est à moi est à toi et ce qui est à toi est à toi »** [un tel individu est prêt à donner ce qui lui appartient afin d'aider et de soutenir son prochain. De plus, il ne recherche rien en retour et refuse de recevoir quoi que ce soit des autres] **: c'est l'attitude de l'individu pieux** [c'est bien là l'essence du pieux, du *'hassid,* qui transcende la lettre de la loi, prêt à renoncer à ses droits en faveur de son prochain]. **Celui qui** [à l'opposé total du *'hassid*] **dit : « Ce qui est à toi est à moi et ce qui est à moi est à moi** [c'est-à-dire qu'il convoite sans cesse et cherche à obtenir et parfois même s'approprie les biens d'autrui, tout en pensant que personne n'a le droit ni de recevoir ce qui lui appartient, ni d'en profiter] **» : c'est l'attitude de l'impie** [en hébreu, un *rach'a*].

MICHNA 11

י״א. אַרְבַּע מִדּוֹת בַּדֵּעוֹת: נוֹחַ לִכְעוֹס וְנוֹחַ לִרְצוֹת – יָצָא הֶפְסֵדוֹ בִּשְׂכָרוֹ. קָשֶׁה לִכְעוֹס וְקָשֶׁה לִרְצוֹת – יָצָא שְׂכָרוֹ בְּהֶפְסֵדוֹ. קָשֶׁה לִכְעוֹס

11. Il existe quatre types de tempéraments. Celui qui s'irrite facilement et s'apaise facilement compense son défaut par sa vertu. Celui qui s'irrite difficilement et

ÉCLAIRAGES

[E]Ce qui est à moi est à toi et ce qui est à toi est à moi » : c'est l'attitude d'un *'am haarets*, du rustre

Le terme *'am haarets* est tantôt utilisé dans un sens négatif, tantôt dans un sens simple concernant un être des plus ordinaires.

Dans le sens négatif, cet *'am haarets* souhaite seulement échanger son lot et son sort avec les autres. Un tel individu est donc purement empreint de jalousie, envahi par le désir de s'enrichir (Rachi, *Midrach Chemouel*).

Cependant, le terme *'am haarets* peut comprendre aussi une dimension plus neutre, voire positive : l'individu en question est en effet prêt à faire jouir autrui de ses propres biens et s'attend à ce que, réciproquement, il puisse profiter de la propriété ; ainsi va la bonne marche du monde et ainsi assure-t-on la concorde entre les gens (voir Rabbénou Yona, Barténora et également Meïri qui cite une autre version de la *michna* selon laquelle il s'agirait de « l'attitude de tout un chacun »).

וְנוֹחַ לִרְצוֹת - חָסִיד. נוֹחַ לִכְעוֹס
וְקָשֶׁה לִרְצוֹת - רָשָׁע.

s'apaise difficilement perd le bénéfice de sa vertu à cause de son défaut. Celui qui s'irrite difficilement et s'apaise facilement est *'hassid*, pieux. Celui qui s'irrite facilement et s'apaise difficilement est *rach'a*, impie.

Cette michna *s'attache à décrire, cette fois, quatre traits de caractère humain et modes de comportement.*

Il existe quatre types de tempéraments [des caractères que l'on retrouve parmi les êtres humains] **: Celui qui s'irrite facilement et s'apaise facilement** [un individu aux émotions fortes et faciles à exciter, qui se met aussi vite en colère qu'il se calme ensuite] **compense son défaut par sa vertu** [ce qu'il perd à s'énerver aussi aisément se trouve corrigé par son aptitude à se calmer non moins rapidement. Bien qu'il parvienne à s'apaiser facilement, il ne passe pas moins d'une bonne partie de sa vie dans un état de colère]**. Celui qui s'irrite difficilement et s'apaise difficilement** [E] [un tel individu, de par lui-même, possède un tempérament plus modéré et plus réfléchi et, par conséquent, a plus de mal à se mettre en colère. D'un autre côté, précisément à cause d'un tel tempérament et de son obstination après s'être irrité, il éprouve des difficultés à changer son avis et même à se rasséréner] **perd le bénéfice de sa vertu à cause de son défaut** [sa qualité se trouve gâchée par son incapacité à calmer et à refréner ses colères, lorsqu'elles éclatent de temps à autre]. **Celui qui s'irrite difficilement et s'apaise facilement est *'hassid*, pieux**[E] [s'il lui arrive néanmoins de se mettre en colère, il sait aussi se calmer rapidement. La quintessence d'un tel individu ne se résume

ÉCLAIRAGES

[E]Celui qui s'irrite facilement et s'apaise facilement compense son défaut par sa vertu. Celui qui s'irrite difficilement et s'apaise difficilement perd le bénéfice de sa vertu à cause de son défaut.
Certaines versions (Rachbats, Meïri) écrivent à l'inverse : « Celui qui s'irrite facilement et s'apaise facilement perd le bénéfice de sa vertu à cause de son défaut. Celui qui s'irrite difficilement et s'apaise difficilement compense son défaut par sa vertu. » Incontestablement, chacun de ces deux tempéraments comporte un aspect positif et un autre négatif. Dès lors, tout est une question de rapport entre ces deux aspects.

[E]Celui qui s'irrite difficilement et s'apaise facilement est *'hassid*, pieux
Certains commentateurs ont souligné que la *michna* ne prétend pas ici que le *'hassid* ne s'emporte jamais. C'est qu'il existe bien des situations où la colère est nécessaire et possède un côté positif (Rachbats, Yaavets). D'autres cependant ont simplement noté qu'il est impossible pour un être humain de ne jamais se mettre en colère (*Tiféret Israël*).

pas à un simple trait de caractère, car en lui se cachent deux aspects opposés : d'un côté, une certaine pondération qui lui permet de ne s'irriter que rarement, et de l'autre, la capacité à réagir contre sa colère et à la brider rapidement. Un tel être sait se maîtriser et se corriger afin d'interrompre tout emportement qui monterait en lui, et c'est pourquoi la *michna* le décrit comme un *'hassid*[E], une personne pieuse]. **Celui qui s'irrite facilement et s'apaise difficilement est *rach'a*, impie** [là aussi, il ne s'agit pas tant d'un trait naturel de caractère alliant deux attitudes opposées, mais plutôt d'une conception selon laquelle la colère n'a rien de négatif ou de répréhensible qu'il y aurait lieu de contrôler ; c'est pourquoi il se trouve qualifié de *rach'a,* d'impie].

MICHNA 12

י"ב. אַרְבַּע מִדּוֹת בַּתַּלְמִידִים: מַהֵר לִשְׁמֹעַ וּמַהֵר לְאַבֵּד – יָצָא שְׂכָרוֹ בְּהֶפְסֵדוֹ. קָשֶׁה לִשְׁמֹעַ וְקָשֶׁה לְאַבֵּד – יָצָא הֶפְסֵדוֹ בִּשְׂכָרוֹ. מַהֵר לִשְׁמֹעַ וְקָשֶׁה לְאַבֵּד – חָכָם. קָשֶׁה לִשְׁמֹעַ וּמַהֵר לְאַבֵּד – זֶה חֵלֶק רָע.

12. Il existe quatre dispositions chez les élèves. Celui qui comprend rapidement et oublie rapidement perd le bénéfice de son aptitude à cause de son défaut. Celui qui comprend difficilement et oublie difficilement compense son défaut par son aptitude. Celui qui comprend rapidement et oublie difficilement est un sage. Celui qui comprend difficilement et oublie rapidement a tiré un mauvais lot.

Suivant le fil de la michna *précédente, celle-ci présente quatre sortes d'élèves, non pas en rapport avec leurs traits de caractère, mais eu égard à leurs dispositions intellectuelles.*

ÉCLAIRAGES

[E]*'Hassid... Rach'a*
Selon notre explication précédente, le *'hassid* (le pieux) et le *rach'a* affichent des comportements opposés pour une raison bien simple : non pas qu'il s'agisse chez eux d'une disposition innée, mais plutôt d'une vision des choses qui finit par façonner leur tempérament.

D'autres commentateurs n'excluent cependant pas qu'il puisse s'agir d'une disposition innée. Or, puisque la colère constitue l'un des facteurs principaux conduisant à la faute, il en résulte que celui qui ne s'irrite que très rarement se rapproche le plus du *'hassid*, et réciproquement celui qui s'emporte à tout vent s'apparente le plus au *rach'a* dans ses actes. Le Talmud (traité *Bérakhot* 29a) n'affirme-t-il pas au nom d'Elyiahou le prophète : « Si tu t'abstiens de te mettre en colère, tu ne fauteras point. » (voir Rachi, Meïri, *Tiféret Israël*).

Il y a quatre dispositions chez les élèves[E] [il s'agit des différentes capacités à apprendre et à retenir un quelconque sujet d'étude ; divisées en quatre catégories, elles varient d'un étudiant à l'autre]. **Celui qui comprend rapidement et oublie rapidement perd le bénéfice de son aptitude à cause de son défaut** [un tel individu parvient à « entendre » (*chomé'a* en hébreu, au sens d'entendement) rapidement : il saisit, il comprend, mais en revanche, sa mémoire lui fait défaut. Aussi bien, sa capacité à comprendre sur le champ se trouve gaspillée par sa promptitude à oublier ce qu'il a appris]. **Celui qui comprend difficilement et oublie difficilement compense son défaut par son aptitude** [cette personne consacre de nombreux efforts et exige beaucoup de temps avant de saisir ce qu'on lui enseigne. Cependant, ce qu'elle a compris demeurera longtemps gravé dans sa mémoire. En d'autres termes, sa lenteur à comprendre se trouve compensée par sa lenteur à oublier]. **Celui qui comprend rapidement et oublie difficilement est un sage**[E] [celui-là est gratifié de deux belles dispositions : vif à tout appréhender et doté d'une excellente mémoire, un tel être n'est cependant pas qualifié de « bon » mais de « sage », car le fait qu'il puisse à la fois comprendre rapidement, sans oublier facilement, est perçu comme un don du Ciel dont il a eu la chance d'être gratifié]. **Celui qui comprend difficilement et oublie rapidement est affligé d'un mauvais lot** [dans ce cas aussi, la *michna* ne porte pas un jugement de valeur. Celui qui, non seulement a du mal à comprendre, mais oublie aussi le peu qu'il a néanmoins réussi à saisir n'a tout simplement pas été gâté par le Ciel].

ÉCLAIRAGES

[E]Il y a quatre dispositions chez les élèves
Selon la plupart des commentaires, la *michna* énonce ici des dispositions innées plutôt que des bonnes ou mauvaises qualités qu'il n'est guère possible de modifier (Rambam, Barténora). Le commentaire *Beit Chmouel* souligne que la *michna* a néanmoins pour but d'encourager les gens appartenant à la dernière catégorie, ceux qui comprennent difficilement et oublient rapidement, afin qu'ils s'efforcent d'étudier ne serait-ce qu'un petit peu. Les sages quant à eux doivent mettre à profit leurs dispositions afin de s'investir toujours plus dans leur étude.

Ailleurs cependant, il est précisé que ces quatre dispositions sont entre les mains de chaque individu et sont influencées par ses actes, voire par sa négligence…

[E]Celui qui comprend rapidement et oublie difficilement est un sage
Comme nous l'avons souligné, la *michna* ne porte pas, dans ce cas, un jugement de valeur. Le sage, grâce à ses deux dispositions favorables en matière d'étude, a plutôt été bien nanti par le Ciel ; ce que corrobore d'ailleurs une autre version de la *michna* dans laquelle « celui qui comprend rapidement et oublie difficilement » n'est pas qualifié de sage mais comme quelqu'un de « gratifié d'un bon lot » (Meïri, *Mélékhet Chlomo*).

MICHNA 13

י"ג. אַרְבַּע מִדּוֹת בְּנוֹתְנֵי צְדָקָה: הָרוֹצֶה שֶׁיִּתֵּן וְלֹא יִתְּנוּ אֲחֵרִים – עֵינוֹ רָעָה בְּשֶׁל אֲחֵרִים. יִתְּנוּ אֲחֵרִים וְהוּא לֹא יִתֵּן – עֵינוֹ רָעָה בְּשֶׁלּוֹ. יִתֵּן וְיִתְּנוּ אֲחֵרִים – חָסִיד. לֹא יִתֵּן וְלֹא יִתְּנוּ אֲחֵרִים – רָשָׁע.

13. Il y a quatre attitudes parmi ceux qui donnent la *tsédaka* (la « charité »). Celui qui veut donner, mais qui souhaite que les autres ne donnent pas, il est envieux des autres. Celui qui souhaite que les autres donnent, mais ne veut pas donner lui-même est mesquin. Celui qui donne et encourage les autres à donner est un *'hassid*, un pieux. Celui qui ne donne pas et ne veut pas non plus que les autres donnent est un *rach'a*, un impie.

Cette michna *s'emploie, ici à nouveau, à décrire quatre types d'attitude vis-à-vis des dons caritatifs.*

Il y a quatre attitudes parmi ceux qui donnent la *tsédaka*[E]. Celui qui veut [lui-même] **donner, mais qui souhaite que les autres ne donnent pas, il est envieux des autres**[E] [un tel individu est prêt à donner de son argent, mais ne se réjouit nullement de voir d'autres l'imiter, car il souhaite être le seul à avoir le mérite de la *mitsva*]. **Celui qui souhaite que les autres donnent, mais ne**

ÉCLAIRAGES

[E]Il y a quatre attitudes parmi ceux qui donnent la *tsédaka*
Parmi ces quatre attitudes, la *michna* ne compte que deux catégories de gens qui sont prêts à donner de leur argent ; le commentaire de Barténora souligne qu'en vérité il s'agit d'attitudes vis-à vis de la *tsédaka* en général.

D'autres commentateurs précisent cependant que tous ceux mentionnés dans la *michna* offrent, bon gré mal gré, des dons caritatifs, la différence étant plutôt dans leur état d'esprit et dans le montant de leurs dons (Yaavets, *Tiféret Israël*).

[E]Celui qui veut donner, mais qui souhaite que les autres ne donnent pas, il est envieux des autres
Pareil individu cherche à être le seul à bénéficier d'un bon renom. Il sait aussi que la *mitsva* de *tsédaka* a pour conséquence d'enrichir celui qui l'accomplit ; aussi bien, souhaite-t-il devenir plus riche que les autres (Rachi, Meïri).

Selon un tout autre commentaire, cette personne, tout en étant disposée à donner de son argent, souhaite que les autres (notamment ses proches ou ses amis) ne gaspillent pas le leur (Barténora).

« Il est envieux des autres », littéralement : « il voit les autres d'un mauvais œil ». La *michna* évoquerait ici un homme ou une femme qui, après avoir donné aux pauvres, considère avoir suffisamment subvenu à leurs besoins ; par conséquent, il ne souhaite pas que d'autres encore viennent les soutenir, car il ou elle pensent que cela n'est plus nécessaire (Yaavets, *Tiféret Israël*).

veut pas donner lui-même est mesquin[E] [celui-là se montre d'accord sur le principe de donner, mais fait preuve d'une telle avarice qu'il n'est pas prêt à céder de son propre argent]. **Celui qui donne et encourage les autres à donner est un *'hassid*, un pieux** [cet être se déclare non seulement prêt à donner, mais montre aussi sa joie de voir d'autres prendre part à la *mitsva* , heureux de partager avec eux les mérites qui l'accompagnent. Une telle grandeur d'âme de sa part conduit la *michna* à louer sa piété en le qualifiant de *'hassid*]. **Celui qui** [en revanche] **ne donne pas et ne veut pas non plus que les autres donnent est un *rach'a*, un impie** [cette personne non seulement refuse de donner, mais entrave aussi le don d'autrui. Ainsi cumule-t-elle deux défauts : l'avarice et la jalousie quant aux bonnes actions des autres et des mérites qu'ils en retirent, et c'est pourquoi la *michna* le caractérise comme un *rach'a*, un impie].

MICHNA 14

14. Il y a quatre attitudes parmi ceux qui se rendent à la maison d'étude. Celui qui s'y rend, mais ne pratique pas est récompensé pour s'y être rendu. Celui qui pratique, mais ne s'y rend pas est récompensé pour sa pratique. Celui qui s'y rend et pratique est un *'hassid*, un pieux. Celui qui ne s'y rend pas et ne pratique pas est un *rach'a*, un impie.

י״ד. אַרְבַּע מִדּוֹת בְּהוֹלְכֵי לְבֵית הַמִּדְרָשׁ: הוֹלֵךְ וְאֵינוֹ עוֹשֶׂה - שְׂכַר הֲלִיכָה בְּיָדוֹ. עוֹשֶׂה וְאֵינוֹ הוֹלֵךְ - שְׂכַר מַעֲשֶׂה בְּיָדוֹ. הוֹלֵךְ וְעוֹשֶׂה - חָסִיד. לֹא הוֹלֵךְ וְלֹא עוֹשֶׂה - רָשָׁע.

S'appuyant à nouveau sur le chiffre quatre, la michna *décrit quatre attitudes vis-à-vis de l'étude de la Torah.*

ÉCLAIRAGES

[E]Celui qui souhaite que les autres donnent, mais ne veut pas donner lui-même est mesquin
Certains commentateurs remarquent que cette attitude est en fait moins grave que la précédente, car l'individu en question ne jalouse en rien les pauvres et souhaite qu'ils bénéficient de la *tsédaka* ; il n'envie même pas les bienfaiteurs et leurs mérites. Dès lors, son défaut principal se résume à son avarice et donc au mal qu'il a à se défaire de son argent (Rachi, *Tossefot Yom Tov*).

[E]Celui qui s'y rend, mais ne pratique pas

Il y a quatre attitudes [fondamentales] **parmi ceux qui se rendent à la maison d'étude. Celui qui s'y rend, mais ne pratique pas**[E] [cet individu fait l'effort de se rendre à la maison d'étude, voire y étudie même un tant soit peu, notamment des textes contenant des directives concrètes, mais il ne les met pas en pratique. S'il bénéficie du mérite d'être allé étudier, de toute évidence, le côté de l'action ne lui en fait pas moins défaut]. **Celui qui pratique, mais ne s'y rend pas est récompensé pour sa pratique** [lorsque les enseignements de la maison d'étude parviennent aux oreilles de ce dernier, il se comporte en accord avec eux. Cependant, il ne se rend pas d'ordinaire à la maison d'étude : s'il est récompensé pour ses actes, il ne bénéficie pas du mérite de l'étude]. **Celui qui s'y rend et pratique est un *'hassid,* un pieux**[E] [toute personne qui veut étudier la Torah, d'abord sur un plan abstrait, puis agit concrètement en accord avec les conclusions de son étude, atteint les sommets de piété et peut être qualifié de *'hassid*. En effet, cette personne réussit à intégrer en même temps la volonté d'approfondissement intellectuel et l'obéissance aux règles pratiques de la *halakha*]. **Celui qui ne s'y rend pas et ne pratique pas est un *rach'a,* un impie** [celui qui, à l'inverse du *'hassid,* refuse d'étudier et d'observer la *halakha,* même lorsqu'il est conscient de ce qu'il devrait accomplir, est considéré comme un *rach'a,* un impie].

ÉCLAIRAGES

Le terme « pratiquer » (*'ossé* en hébreu) se réfère à l'observance des *mitsvot*. La *michna* ne se rapporte cependant pas à un individu qui transgresserait tous les commandements de la Torah, car il serait dès lors qualifié de *rach'a*, d'impie. Il s'agirait plutôt de quelqu'un qui se concentre en tout premier lieu sur ses études et non pas forcément sur la pratique des *mitsvot* ; néanmoins, il saura observer toute *mitsva* qui se présente à lui. Aussi bien, il observe les commandements dont il a la stricte obligation, mais il n'interrompra pas son étude pour accomplir quelque acte de bienfaisance (Rabbénou Yona, Rachbats).

D'aucuns entendent néanmoins qu'une telle personne ne met pas en pratique les lois qu'elle a apprises, non pas par mesure de révolte, mais parce qu'elle ne parvient pas à maîtriser son mauvais penchant (*Tiféret Israël*).

Selon un autre commentaire, la *michna* évoquerait ici le cas de quelqu'un qui se rendrait à la maison d'étude seulement en quelque sorte pour y flâner, mais n'y étudierait pas vraiment, ou encore qui ne réussirait pas dans son étude, en raison de ses difficultés à comprendre et de sa propension à oublier ce qu'il a pu apprendre (Meïri, Barténora)

[E]Celui qui s'y rend et pratique est un *'hassid,* pieux

Certains ont interprété le terme, *ossé* (pratique) à l'instar de celui de *mé'assé* (conduire [les autres] à pratiquer). En d'autres termes, celui qui non seulement étudie, mais aide et encourage les autres à étudier mérite le qualificatif de *'hassid*.

C'est ainsi que pratiquer ou non signifierait, dans ce cas, inciter ou non les autres à venir étudier la Torah.

Selon une autre explication, la *michna* se réfère ici à un individu qui, au moment où il étudie, se trouve face à la possibilité d'accomplir un commandement et se trouve dès lors dans l'impossibilité d'à la fois étudier et pratiquer. Les cas qu'évoque la *michna* correspondent au choix effectué par cet individu (continuer à étudier ou accomplir la *mitsva*), sachant que s'il devait réussir à faire les deux à la fois, il pourrait être désigné comme *'hassid* (*Midrach Chmouel*).

MICHNA 15

ט"ו. אַרְבַּע מִדּוֹת בְּיוֹשְׁבִים לִפְנֵי חֲכָמִים: סְפוֹג, וּמַשְׁפֵּךְ, מְשַׁמֶּרֶת, וְנָפָה. סְפוֹג – שֶׁהוּא סוֹפֵג אֶת הַכֹּל. מַשְׁפֵּךְ – שֶׁמַּכְנִיס בְּזוֹ וּמוֹצִיא בְּזוֹ. מְשַׁמֶּרֶת – שֶׁמּוֹצִיאָה אֶת הַיַּיִן וְקוֹלֶטֶת אֶת הַשְּׁמָרִים. וְנָפָה – שֶׁמּוֹצִיאָה אֶת הַקֶּמַח וְקוֹלֶטֶת אֶת הַסּוֹלֶת.	**15. Il existe quatre dispositions parmi ceux qui s'assoient devant les Sages : l'éponge, l'entonnoir, la passoire et le tamis. L'éponge qui absorbe tout ; l'entonnoir qui laisse pénétrer par un côté et laisse échapper par l'autre ; la passoire qui laisse passer le vin et retient la lie ; le tamis qui laisse passer la farine et en retient la fleur.**

Cette michna *décrit à nouveau quatre qualités ou modes de conduite en ce qui concerne l'étude de la Torah.*

Il existe quatre dispositions parmi ceux qui s'assoient devant les Sages[E] [afin de suivre leurs enseignements ; ces quatre dispositions sont comparées à divers ustensiles de la maison] : **l'éponge**[C], **l'entonnoir, la passoire**[C] [qui filtre le vin]

ÉCLAIRAGES

[E]Il existe quatre dispositions parmi ceux qui s'assoient devant les Sages
La *michna* évoque ici davantage que diverses facultés personnelles à saisir un enseignement ou à en tirer des conclusions. Les différences entre les individus proviennent aussi de leur caractère et du fossé intellectuel les séparant, ce qui les conduit à étudier et à comprendre de manière particulière et inégale.

CONTEXTE

[C]L'éponge
Le terme **ספוג** (*séfog*) en hébreu tire son origine du grec σφόγγος (*sphongos*) qui a également donné le mot *spongia* en latin, puis éponge en français. La racine, constituée des trois lettres *samekh*, *pé*, *guimmel*, connote un sens d'absorption de liquide, mais plus généralement le fait de recevoir : ainsi en est-il de l'expression concernant une personne condamnée à 40 coups de bâton (voir par exemple la *michna* 1 du chapitre 5 dans le traité *'Houlin* : « Il subit – *sofeg* – 40 coups). Dans notre *michna*, il s'agit d'une éponge de bain naturelle, fabriquée à partir d'un squelette d'animal marin mou et souple (*Spongia officinalis*), après que le tissu vivant de l'animal, une fois décomposé, est rincé et le squelette est séché. Ce *séfog* a une texture semblable à de la laine, avec de nombreux trous d'aération, et c'est pourquoi il absorbe bien les liquides.

Éponge

et le tamis[E C]**. L'éponge** [c'est celui qui] **absorbe tout** [à l'instar d'une éponge qui absorbe tout liquide se trouvant sur son passage, cet étudiant enregistre et mémorise tout ce qu'il entend, sans faire la moindre distinction entre l'accessoire et l'essentiel] ; **l'entonnoir** [c'est celui qui] **laisse pénétrer par un côté et laisse échapper par l'autre** [cette deuxième disposition s'apparente à un entonnoir recevant un liquide d'un côté pour le déverser de l'autre : il s'agit pratiquement du contraire de la première, lorsque l'élève en question ingurgite

ÉCLAIRAGES

[E]L'éponge, l'entonnoir, la passoire et le tamis

Il existe d'autres interprétations outre celles que nous avons apportées dans le commentaire ci-dessus, à savoir que l'éponge symbolise l'élève qui mémorise tout, l'essentiel comme l'accessoire, l'entonnoir, celui qui oublie tout, la passoire, celui qui ne retient que des détails futiles et le tamis, l'étudiant idéal qui se souvient de l'essentiel et est capable de faire de l'ordre dans tout ce qu'il entend.

Selon ces autres interprétations, l'éponge évoquerait plutôt un étudiant qui ne comprend rien de par lui-même, jusqu'à ce qu'on lui pose des questions et qu'on le pousse dans ses retranchements. L'entonnoir rappellerait celui qui a la faculté d'apprendre et de s'exprimer ; se tournant immédiatement vers les autres pour leur enseigner ce qu'il a acquis. Il ne

Entonnoir romain (entre le Ier et IIIe siècle avant l'ère commune)

CONTEXTE

[C]La passoire

La passoire, en hébreu : משמרת (*méchaméret*) désigne l'ustensile servant à filtrer le vin. Un mot dont l'étymologie semble se rapprocher de שמרים (*chémarim*), soit la lie (Rachi, Rambam) car le but essentiel était de filtrer la lie avant de boire le vin. On versait le vin à filtrer sur le tissu d'un sac ou d'un vêtement tendu sur des chevilles au dessus de la passoire ou directement tendu sur la passoire elle-même.

Passoire

[C]Le tamis

Le tamis est un ustensile en maille, fabriqué à partir de caoutchouc, de branches de palmier ou d'autres matériaux. On l'utilise pour tamiser la farine et la farine de haute qualité après que les grains ont été moulus.

Tamis

certes toutes les paroles des Sages, sans aucune différenciation, mais s'empresse pareillement de tout oublier] ; **la passoire qui laisse passer le vin et retient la lie** [à l'instar de cet étudiant qui entend bien tout ce qu'enseignent les Sages et se trouve capable « d'enregistrer » leurs paroles ; néanmoins sa faculté de correctement trier les choses est sérieusement déficiente : il s'accroche à des détails sans importance (« la lie ») dans tout ce qu'il a écouté, y compris ceux qui peuvent lui être nuisibles. Et il oublie les enseignements les plus significatifs, que la *michna* compare au vin] ; **le tamis qui laisse passer la farine et en retient la fleur**[C] [cette dernière disposition appartient à ceux qui, non seulement se montrent parfaitement attentifs, mais savent aussi distinguer les éléments importants et riches de sens qu'il y a lieu de retenir, sans se perdre dans de futiles détails. Seuls ces derniers êtres de choix tirent donc un véritable bénéfice des paroles des Sages].

ÉCLAIRAGES

possède cependant pas la capacité d'aller en profondeur et de chercher plus loin. Quant à la passoire et au tamis, ils sont perçus à l'inverse de notre premier commentaire. Ainsi, la passoire représenterait celui qui sait extraire et enseigner « le bon vin » aux autres, tout en gardant en son cœur ou en éliminant ce qui est accessoire. Et le tamis symboliserait celui qui, avare de l'honneur dû aux Sages auprès desquels il a étudié, préfère garder pour lui le plus important de leur enseignement et ne partager avec les autres que des détails mineurs.

Une autre explication discerne au travers de ces quatre ustensiles différentes manières d'enseigner. Certains inculquent à leurs élèves tout ce qu'ils ont pu apprendre, telle une éponge qui peut essorer tout le liquide qu'elle a absorbé. D'autres livreront leur enseignement le plus lentement possible afin que les élèves éprouvant des difficultés puissent les suivre : de ce point de vue, ils ressemblent à un entonnoir en forme de cône renversé, large en haut et étroit en bas, afin que le liquide s'écoule goutte à goutte. La passoire qui filtre le vin symbolise les enseignants qui transmettent à leurs élèves que ce qu'ils souhaitent entendre: ne semblent-ils pas avoir peur de leurs enseigner des choses moins agréables, ce qui pourrait les conduire a abjurer leur foi ? Enfin, certains enseignants cachent l'essentiel à leurs étudiants, par exemple en se limitant au sens obvie d'un texte et en omettant la signification ésotérique, tout comme le tamis qui garde la partie la plus belle (voir *Midrach Chmouel*, *Tiféret Israël* et *Avot dé-Rabbi Nathan* 29).

CONTEXTE

[C]La fleur de farine (סולת)

Le terme « *soleth* – **סולת** » que nous avons traduit par « fleur de farine » correspond à la farine tamisée, peut-être aujourd'hui « la farine blanche », provenant de grains de blé moulus après les avoir filtrés et en avoir retiré le son. La farine simple d'où le son n'a pas été enlevé est « la farine complète ». On retrouve l'usage du terme *soleth* dans la Torah (Nombres 28, 5) et dans le traité *Ména'hot* consacré aux offrandes en faveur des prêtres du Temple de Jérusalem. Un sens différent et, de même, pertinent de nos jours, indique qu'il s'agit des grains plus épais qui apparaissent après la mouture des grains de blé se trouvant en leur centre (endosperme) ; ce sont ces grains plus épais qui restent dans le tamis, à la différence de la farine qui en traverse les petits trous (Dr. Tova Dickstein).

◄

MICHNA 16

ט"ז. כָּל אַהֲבָה שֶׁהִיא תְּלוּיָה בְּדָבָר, בָּטֵל דָּבָר – בְּטֵלָה אַהֲבָה. וְשֶׁאֵינָהּ תְּלוּיָה בְּדָבָר – אֵינָהּ בְּטֵלָה לְעוֹלָם. אֵיזוֹ הִיא אַהֲבָה הַתְּלוּיָה בְּדָבָר? זוֹ אַהֲבַת אַמְנוֹן וְתָמָר. וְשֶׁאֵינָהּ תְּלוּיָה בְּדָבָר? זוֹ אַהֲבַת דָּוִד וִיהוֹנָתָן.

16. Tout amour ou toute amitié qui dépendent de quelque facteur, lorsque ce facteur cesse d'exister, l'amour ou l'amitié s'éteignent. Mais un amour ou une amitié qui ne dépendent d'aucun facteur ne s'éteindront jamais. Quel est l'exemple d'un amour qui dépend d'un facteur ? C'est l'amour entre Amnon et Tamar. Et l'exemple d'une amitié qui ne dépend d'aucun autre facteur ? C'est l'amitié entre David et Jonathan.

Cette michna, *comme les suivantes, au lieu de présenter une classification en quatre catégories, se limite à deux: l'une positive, l'autre opposée et négative. Le premier cas, illustré par des exemples dans la Bible, concerne l'amour ou l'amitié.*

Tout amour ou toute amitié qui dépendent de quelque facteur[E] [dans ce cas, la relation ne se focalise pas sur l'être apparemment « aimé », mais par exemple, sur un intérêt financier ou un quelconque intérêt de tout autre portée], **lorsque ce facteur cesse d'exister** [dès lors que, pour une raison ou une autre, l'intérêt de la relation disparaît]**, l'amour ou l'amitié s'éteignent**[E] [tout en même temps]**. Mais un amour ou une amitié qui ne dépendent d'aucun**

ÉCLAIRAGES

[E]Tout amour ou toute amitié qui dépendent de quelque facteur ...

Diverses attitudes entre deux personnes laissent à penser à leur entourage qu'elles sont liées d'une amitié parfaite ou d'un amour parfait, alors qu'en vérité, aucun sentiment profond ne règne entre elles. Il ne s'agit en fait que d'un faux-semblant (qui va même jusqu'à leurrer les personnes en question) : la véritable motivation se résume en fait à soutirer de l'argent ou à gagner un quelconque honneur.

[E]...lorsque ce facteur cesse d'exister, l'amour ou l'amitié s'éteignent

Une autre version (voir Barténora) de cette *michna* se lit ainsi : « Tout amour qui repose sur un quelconque élément éphémère ne peut perdurer et finit par disparaître dès que cet élément (en général matériel) dont il dépend disparaît ; a contrario, un amour qui repose sur un élément permanent demeure, lui, à jamais. » L'on peut cependant lire de manière semblable la *michna* telle que nous l'avons présentée, l'amour impérissable est celui dirigé vers un sujet de caractère éternel et de vérité absolue, comme l'accomplissement de la volonté divine (Rambam, Barténora). De même, l'amour envers un membre de sa famille entre dans cette catégorie (*Tiféret Israël*).

◄

facteur [un tel amour ou une telle amitié, strictement désintéressés, et qui se concentrent exclusivement sur l'être aimé lui-même] **ne s'éteindront jamais** [car aucune raison ne peut les annuler]. **Quel est l'exemple d'un amour qui dépend d'un facteur ? C'est l'amour entre Amnon et Tamar**[E] [Amnon s'était épris d'amour pour Tamar, jusqu'à même en tomber malade. Néanmoins, cet amour était accompagné d'un extrême désir sexuel d'Amnon envers Tamar ; et dès qu'Amnon parvint à assouvir son appétit, son sentiment d'amour pour la femme objet de sa convoitise s'évanouit]. **Et l'exemple d'une amitié qui ne dépend d'aucun facteur ? C'est l'amitié entre David et Jonathan**[E] [la relation entre David et Jonathan n'avait pas pour objet d'obtenir un quelconque gain hormis l'amitié elle-même ; aucune circonstance extérieure ne vint l'entamer, tant lorsque David connut des déboires que lorsqu'il atteint le sommet de la gloire].

ÉCLAIRAGES

[E]L'amour entre Amnon et Tamar

L'histoire d'Amnon et Tamar se trouve rapportée dans la Bible (Samuel II, chapitre 13). Amnon tomba amoureux de sa demi-sœur (qu'il était en droit d'épouser d'après la *halakha*) au point d'en devenir souffrant. Son esprit ne se calma qu'après qu'il l'eut violée. Mais immédiatement après avoir assouvi son désir sexuel, son « amour » se transforma en véritable haine : « Ensuite Amnon conçut une très grande haine contre elle, et cette haine qu'il lui voua surpassait de beaucoup l'amour qu'il avait éprouvé. "Lève-toi, sors d'ici !" lui dit-il. Elle lui en fit des reproches : "Ce méfait de me renvoyer est plus grave encore que celui dont tu t'es rendu coupable" ; mais il ne voulut pas l'écouter. Il appela le jeune homme qui le servait et dit : "Qu'on me débarrasse de cette femme en la jetant dans la rue, et qu'on ferme la porte sur elle !" »

Selon une autre version de la *michna*, il faudrait lire « l'amour d'Amnon *envers* Tamar » et non l'amour entre Amnon *et* Tamar, car Tamar n'aimait pas Amnon (*Mélékhet Chlomo*).

[E]L'amitié de David et Jonathan

La Bible (Samuel I 18, 1) mentionne à propos de leur relation : « L'âme de Jonathan s'attacha à David, de sorte qu'il l'aima comme lui-même. » Aussi bien, ce verset exprime un amour essentiel, inconditionnel, qui plus est, contraire aux intérêts, puisqu'en optant pour David et pour sa réussite, Jonathan, fils et héritier du roi Saül, remettait en question la possibilité qu'il puisse lui-même devenir roi (pour preuve les paroles de Saül, voir Samuel I 20, 31 : « Non, tant que le fils de Yichaï [David] sera vivant sur la terre, ni toi ni ta royauté ne pourrez subsister ! »).

L'amitié entre David et Jonathan demeura intacte, même après la mort de Jonathan. Chose que l'on peut constater non seulement au travers du zèle dont David fit preuve à son égard, mais aussi du souci qu'il montra pour le bien-être de son fils (voir Samuel II, chapitre 9).

◄

MICHNA 17

17. Toute controverse qui a lieu au nom du Ciel perdurera ; et celle qui n'a pas lieu au nom du Ciel ne perdurera pas. Quelle est la controverse qui a lieu au nom du Ciel ? C'est la controverse entre Hillel et Chammaï. Et celle qui n'a pas lieu au nom du Ciel ? C'est la controverse entre Koré et toute sa faction.	י"ז. כָּל מַחֲלוֹקֶת שֶׁהִיא לְשֵׁם שָׁמַיִם – סוֹפָהּ לְהִתְקַיֵּם. וְשֶׁאֵינָהּ לְשֵׁם שָׁמַיִם – אֵין סוֹפָהּ לְהִתְקַיֵּם. אֵיזוֹ הִיא מַחֲלוֹקֶת שֶׁהִיא לְשֵׁם שָׁמַיִם? זוֹ מַחֲלוֹקֶת הִלֵּל וְשַׁמַּאי. וְשֶׁאֵינָהּ לְשֵׁם שָׁמַיִם? זוֹ מַחֲלוֹקֶת קֹרַח וְכָל עֲדָתוֹ.

Poursuivant la classification de deux types d'amour décrits précédemment, la michna *s'intéresse ici à deux sortes de controverses, illustrées là aussi par des exemples.*

Toute controverse qui a lieu au nom du Ciel [la *michna* évoque ici le cas de deux groupes d'individus débattant entre eux et recherchant sincèrement la vérité (« au nom du Ciel ») ; ils n'affichent cependant aucune haine, ni aucune jalousie et ne courent après aucune forme de gloire personnelle] **perdurera**[E] [même si l'un d'entre eux devait sortir perdant de la discussion] **; et celle qui n'a pas lieu au nom du Ciel** [à l'opposé, lorsque le groupe d'individus en question est mû par des motivations personnelles et autres qui se trouvent à l'origine de la dispute] **ne perdurera pas** [une telle entité, dont le point de départ se résume à des conflits personnels, finira par se défaire en tant que telle, soit parce que ses membres disparaîtront, soit parce qu'ils se sépareront et se disperseront]. **Quelle est la controverse qui a lieu au nom du Ciel ? C'est**

ÉCLAIRAGES

[E]Toute controverse qui a lieu au nom du Ciel perdurera

Notre commentaire ci-dessus applique le terme « controverse » à un groupe d'individus débattant avec un autre groupe exprimant une opinion différente à propos d'une certaine idée. Ainsi, à condition que ceux qui expriment un avis différent le fassent au nom du Ciel, leur position persistera au travers du temps (Meïri). D'autres voient plutôt ici le cas d'une assemblée dans laquelle diverses opinions sont débattues. Si toutes les parties discutent « au nom du Ciel », chacune clarifiera honnêtement sa position et une vérité commune finira par émerger ; et le sujet pour lequel elles s'étaient réunies perdurera. Dans le cas contraire, si l'une de ces parties se trouve motivée par des intérêts secondaires et personnels, son opinion disparaîtra (Barténora, *Tiféret Israël*).

Selon Rabbénou Yona cependant, c'est bien la controverse elle-même (pourvu qu'elle ait lieu au nom du Ciel) qui se poursuit à jamais alors que ses tenants continuent à maintenir leurs opinions de manière cohérente.

la controverse entre Hillel et Chammaï[E] [Hillel et Chammaï, ainsi que leurs élèves constituant l'école de Hillel et l'école de Chammaï, fournissent l'exemple phare de « controverse au nom du Ciel ». Même si l'une a pu l'emporter sur l'autre (par exemple lorsque, dans la plupart des cas, la loi est fixée suivant l'opinion de Hillel), les deux se sont maintenues et aucune n'a jamais disparu]. **Et celle qui n'a pas lieu au nom du Ciel ? C'est la controverse entre Koré et toute sa faction**[E] [Koré lui-même et l'assemblée de gens qu'il regroupa autour de lui afin de contester l'autorité de Moïse n'agit pas « au nom du Ciel », mais seulement pour des raisons de prestige personnel. Tous finirent par périr, certains lorsque la terre les engloutit, d'autres par le feu, alors que le reste fut dispersé dans toutes les directions (voir Nombres, chapitre 16)].

MICHNA 18

18. Tout celui qui rend la collectivité méritante ne tombera jamais dans la faute, mais tout celui qui entraîne la collectivité à fauter ne se verra jamais accorder la possibilité de se repentir. Moïse fut méritant et rendit la collectivité méritante, aussi le mérite de la collectivité est-il porté à son actif, car il est dit : « Il accom-

י"ח. כָּל הַמְזַכֶּה אֶת הָרַבִּים – אֵין
חֵטְא בָּא עַל יָדוֹ. וְכָל הַמַּחֲטִיא
אֶת הָרַבִּים – אֵין מַסְפִּיקִין בְּיָדוֹ
לַעֲשׂוֹת תְּשׁוּבָה. מֹשֶׁה זָכָה וְזִכָּה
אֶת הָרַבִּים – זְכוּת הָרַבִּים תָּלוּי בּוֹ,
שֶׁנֶּאֱמַר: "צִדְקַת ה' עָשָׂה וּמִשְׁפָּטָיו
עִם יִשְׂרָאֵל". יָרָבְעָם חָטָא וְהֶחֱטִיא

ÉCLAIRAGES

[E]La controverse entre Hillel et Chammaï
Le fait que Hillel et Chammaï se portaient un grand respect l'un envers l'autre atteste que leur controverse avait bien lieu « au nom du Ciel ». Ainsi, le Talmud rapporte quelques exemples où l'école de Hillel s'est inclinée devant l'opinion de celle de Chammaï (traités *Yévamot* 1, 4, *'Édouyot* 1, 12-14). Bien qu'en apparence, les avis de l'école de Chammaï n'aient pas été retenus, ils demeurent néanmoins inscrits dans la *michna* au profit de toutes les générations suivantes, en raison de leur importance (*Mélékhet Chlomo*, voir traité *'Édouyot* 1, 4-6). De fait, bien que la *halakha* ait été, en général, arrêtée selon l'avis de Hillel, les Sages continuent d'étudier et d'analyser le point de vue de Chammaï (*Midrach Chmouel*).

Un autre commentaire souligne que, lors des temps futurs, la *halakha* sera tranchée selon l'école de Chammaï (voir *Mikdach Mélekh, 'Hida Péta'h Einayim*), ce qui prouve bien que son opinion, fût-elle contraire à celle de Hillel, demeurera jusqu'alors (*Notser 'Hessed*).

[E]La controverse entre Koré et toute sa faction
Certains font remarquer que la *michna* évoque la controverse « entre Koré et toute sa faction » et non point « entre Koré et Moïse », car les intentions de Moïse lui-même étaient « au nom du Ciel » (*Lé'hem Yéhouda*). D'autre part, l'assemblée de Koré était elle-même divisée, chacun souhaitant pour lui-même la gloire et l'honneur personnel (*Mélékhet Chlomo*).

◂

אֶת הָרַבִּים – חֵטְא הָרַבִּים תָּלוּי בּוֹ, שֶׁנֶּאֱמַר: "עַל חַטֹּאות יָרָבְעָם (בן נבט) אֲשֶׁר חָטָא וַאֲשֶׁר הֶחֱטִיא אֶת יִשְׂרָאֵל".

plit la justice de Dieu et Ses ordonnances pour Israël. » Yérovoam ben Névat pécha et entraîna la collectivité à pécher, aussi le péché de la collectivité lui est-il imputé, car il est dit : « À cause des péchés que Yérovoam commit et qu'il fit commettre à Israël. »

La michna *présente ici aussi deux types d'attitudes contraires conduisant à des conséquences opposées l'une à l'autre. Deux exemples correspondant à chacune de ces attitudes nous sont ensuite fournis.*

Tout celui qui rend la collectivité méritante [au travers de ses actions ou de ses paroles] **ne tombera jamais dans la faute**[E] [l'aide du Ciel lui sera accordée de sorte qu'aucune de ses actions, même non intentionnelles, ne conduira les autres ou lui-même à fauter] **; mais** [d'un autre côté] **tout celui qui entraîne la collectivité à fauter ne se verra jamais accorder la possibilité de se repentir**[E] [non seulement est-il condamnable pour ses fautes qui le portent à mal agir, mais les conditions et les circonstances qui lui permettraient de se repentir

ÉCLAIRAGES

[E]Tout celui qui rend la collectivité méritante ne tombera jamais dans la faute

Le traité *Avot dé-Rabbi Nathan* (40) ainsi que *Tossefta Yoma* (4, 11) en donnent une raison : « Celui qui rend la collectivité méritante n'aura pas l'occasion de fauter afin d'éviter une situation où ses élèves hériteraient du Monde futur alors que lui, au contraire, descendrait au *Chéol*, ainsi qu'il est dit (Psaumes 16, 10) : "Car tu n'abandonneras pas mon âme au *Chéol*". » Selon cette dernière explication, la *michna* évoquerait plutôt l'absence de faute personnelle chez un tel individu. Certains considèrent cependant qu'il s'agit du cas où « celui qui rend la collectivité méritante » délivre involontairement un enseignement erroné, en conséquence de quoi, personne ne sera conduit à fauter (Yaavets, voir aussi le traité *Avoda Zara* 22b)

Le *Midrach Chmouel* propose, quant à lui, une explication plus naturelle ou rationnelle : un individu qui a rendu méritantes un grand nombre de personnes autour de lui se trouve inévitablement en bonne compagnie ; même s'il devait être tenté de fauter, il serait probablement freiné en pensant à la honte qu'il éprouverait face à tous ceux qu'il a encouragés à marcher et à agir dans la bonne voie.

[E]Tout celui qui entraîne la collectivité à fauter ne se verra jamais accorder la possibilité de se repentir

Le traité *Avot dé-Rabbi Nathan* (40) précise dans ce cas la raison suivante : « Celui qui entraîne la collectivité à fauter ne se voit pas offrir la possibilité de repentir afin d'éviter une situation où ses élèves descendraient au *Chéol*, alors que lui hériterait du Monde futur, ainsi qu'il est dit (Proverbes 28, 17) : "Un homme accablé sous le poids d'un meurtre arrive, dans sa fuite, au bord de la fosse." »

Le *Midrach Chmouel* donne là aussi une explication plus naturelle et rationnelle : un tel individu évolue dans l'entourage de ceux qu'il a conduits à la faute et qui feront vraisemblablement obstacle à sa *téchouva*.

Selon de nombreux commentaires, cette *michna* certes sous-entend que la porte du repentir demeure fermée devant celui qui entraîne les autres au péché et qu'aucune main du Ciel ne lui sera tendue

lui font alors défaut ; il demeure ainsi dans l'état de déchéance dans lequel il est tombé].

Moïse [lui-même] **fut méritant et rendit la collectivité méritante, aussi le mérite de la collectivité est-il porté à son actif** [c'est pourquoi même les bonnes actions qui ne sont pas vraiment de son lot, mais qui sont celles du peuple d'Israël, se trouvent portées à son crédit] **car il est dit** [Deutéronome 33, 21]**: « Il** [Moïse] **accomplit la justice de Dieu et Ses ordonnances pour Israël**[E] » [en d'autres termes, bien que Moïse eût reçu les préceptes de justice et les différents commandements de « la bouche de Dieu » afin de les transmettre à Israël, son propre nom leur est attaché]**. »** [À l'opposé] **Yérovoam ben Névat pécha et entraîna la collectivité à pécher**[E] [après s'être rebellé contre la royauté de David et avoir fondé le royaume d'Israël, il fit façonner deux veaux d'or et créa un culte idolâtre en incitant le peuple à les adorer (voir Rois I 12, 25-33)] **, aussi le péché de la collectivité lui est-il imputé** [bien que Yérovoam ne fût déjà plus en vie, il continua à porter la responsabilité des fautes commises par le peuple d'Israël] **car il est dit** [Rois I 15, 30] **: « À** cause des péchés que **Yérovoam commit et qu'il fit commettre à Israël. »**

ÉCLAIRAGES

afin de l'aider dans un retour possible. Cependant, s'il s'efforce vraiment de revenir et procède sincèrement à un véritable réveil intérieur, sa *téchouva* sera acceptée (voir *Tossefot Yom Tov*).

[E]Il [Moïse] accomplit la justice de Dieu et Ses ordonnances pour Israël

L'enseignement que tire la *michna* de ce verset n'est pas immédiat. Différentes interprétations ont été avancées. Selon *Tiféret Israël*, le terme « accomplit » doit être compris comme « enseigna » : le fait que les enfants d'Israël ont ensuite observé les préceptes que Moïse leur avait enseignés revient aussi à affirmer que Moïse lui aussi les a accomplis.

Le *Midrach Chmouel* considère que le terme « Ses ordonnances » s'appliquerait non pas à Dieu, mais à Moïse (dans ce cas « ses ordonnances »), de sorte qu'un lien direct est établi entre Moïse et Israël quant au respect de ces ordonnances.

[E]Yérovoam ben Névat pécha et entraîna la collectivité à pécher

Site de Tel Dan (identifié par certains chercheurs comme le lieu du culte de Yérovoam - Xe siècle avant l'ère commune)

◂

MICHNA 19

י"ט. כָּל מִי שֶׁיֵּשׁ בְּיָדוֹ שְׁלשָׁה דְּבָרִים הַלָּלוּ – מִתַּלְמִידָיו שֶׁל אַבְרָהָם אָבִינוּ. וּשְׁלשָׁה דְּבָרִים אֲחֵרִים – מִתַּלְמִידָיו שֶׁל בִּלְעָם הָרָשָׁע. עַיִן טוֹבָה, וְרוּחַ נְמוּכָה, וְנֶפֶשׁ שְׁפָלָה – מִתַּלְמִידָיו שֶׁל אַבְרָהָם אָבִינוּ. עַיִן רָעָה, וְרוּחַ גְּבוֹהָה, וְנֶפֶשׁ רְחָבָה – מִתַּלְמִידָיו שֶׁל בִּלְעָם הָרָשָׁע.

19. Quiconque incarne les trois qualités suivantes compte parmi les disciples d'Abraham notre patriarche et celui qui incarne les trois défauts opposés compte parmi les disciples de Bilaam l'impie. Les disciples d'Abraham notre père possèdent un œil bienveillant, un esprit humble et une âme modeste. Les disciples de Bilaam l'impie possèdent un œil malveillant, un esprit arrogant et une âme avide.

מַה בֵּין תַּלְמִידָיו שֶׁל אַבְרָהָם אָבִינוּ לְתַלְמִידָיו שֶׁל בִּלְעָם הָרָשָׁע? תַּלְמִידָיו שֶׁל אַבְרָהָם אָבִינוּ – אוֹכְלִין בָּעוֹלָם הַזֶּה וְנוֹחֲלִין בָּעוֹלָם הַבָּא, שֶׁנֶּאֱמַר: "לְהַנְחִיל אֹהֲבַי יֵשׁ, וְאֹצְרֹתֵיהֶם אֲמַלֵּא". אֲבָל תַּלְמִידָיו שֶׁל בִּלְעָם הָרָשָׁע – יוֹרְשִׁין גֵּיהִנֹּם וְיוֹרְדִין לִבְאֵר שַׁחַת, שֶׁנֶּאֱמַר: "וְאַתָּה אֱלֹהִים תּוֹרִדֵם לִבְאֵר שַׁחַת, אַנְשֵׁי דָמִים וּמִרְמָה לֹא יֶחֱצוּ יְמֵיהֶם. וַאֲנִי אֶבְטַח בָּךְ".

Quelle est la différence entre les disciples d'Abraham notre père et ceux de Bilaam l'impie ? Les disciples d'Abraham notre père jouissent du monde d'ici-bas et héritent du Monde futur, ainsi qu'il est dit : « Je donne à ceux qui M'aiment des biens en partage, et Je remplirai leurs trésors. » Quant aux disciples de Bilaam l'impie, ils héritent du *Guéhinom* et descendent dans la fosse de l'anéantissement, ainsi qu'il est dit : « Et c'est Toi aussi, ô Dieu, qui les feras descendre dans le gouffre de la perdition, les hommes sanguinaires et perfides ; ils n'atteindront pas la moitié de leurs jours. Quant à moi, je mets ma confiance en Toi. »

Les précédentes michnayot *traitaient des actions au nom du Ciel et de celles qui ne le sont point, de celles qui confèrent un mérite à l'ensemble et de celles qui entraînent à la faute. Cette* michna *poursuit le thème de deux héritages opposés, l'un positif et l'autre négatif.*

Quiconque incarne les trois qualités suivantes compte parmi les disciples d'Abraham notre patriarche [celui-là marche dans la bonne voie d'Abraham et se rattache à sa démarche spirituelle, fût-ce seulement en suivant son modèle de comportement], **celui qui** [au contraire] **incarne les trois défauts opposés compte parmi les disciples de Bilaam**[E] **l'impie.**

La michna va à présent préciser :

Les disciples d'Abraham notre père possèdent un œil bienveillant[E] [soit, un regard favorable envers ceux qui connaissent le succès et jouent un rôle prééminent ; ils n'affichent à leur égard aucune espèce de jalousie et ne cherchent en rien à leur faire obstruction], **un esprit humble** [caractérisant qui sait s'effacer devant autrui et qui ne court pas après les honneurs] **et** [de même] **une âme modeste** [avoir une âme modeste signifie savoir se satisfaire de peu en ce qui concerne les biens matériels]. **Les disciples de Bilaam l'impie possèdent un œil malveillant** [qui désigne ceux qui affichent de la haine envers les créatures et qui ne peuvent souffrir de voir les autres réussir dans leurs entreprises], **un**

ÉCLAIRAGES

[E]Compter parmi les disciples d'Abraham notre patriarche... parmi les disciples de Bilaam

L'on peut déceler un certain parallèle entre Abraham et Bilaam. Tout d'abord, au niveau des récits de la Bible les concernant (voir Genèse 22, 3 : « Abraham se leva de bonne heure, sangla son âne... » et Nombres 22, 21 : « Bilaam se leva le matin, sangla son ânesse... »). De plus, au plan factuel, tous deux provenaient d'Aram, et au plan personnel, tous deux étaient dotés d'un pouvoir prophétique ; étant des personnes privées, aucun n'avait néanmoins le titre de dirigeant d'une nation ou de prophète formellement chargé d'une mission confiée par Dieu. Nonobstant, l'analogie entre les deux personnages souligne d'autant mieux leurs caractères rigoureusement opposés : Abraham est un être entier quant à ses bonnes qualités, alors que Bilaam, en dépit de son pouvoir prophétique, est un homme foncièrement mauvais et impie.

Bien que la Bible ne décrive pas explicitement tous les traits de caractère d'Abraham et de Bilaam dépeints par notre *michna*, ils ressortent néanmoins de leurs paroles et de leur conduite. Leurs faits et actes dénotent en vérité deux types de personnalité fondamentalement différents quant à leur approche, leur conception et leur vision des choses.

Partant, les qualificatifs « disciples d'Abraham » et « disciples de Bilaam » s'adressent à tous ceux qui adoptent leurs voies, même s'ils agissent de leur propre fait et non par simple mimétisme (voir Méïri).

[E]Œil bienveillant... œil malveillant

Un œil bienveillant dénote le caractère d'un homme satisfait de son lot matériel et qui ne cherche pas à en avoir davantage. D'un autre côté, un tel individu se réjouira de voir les autres avoir de grandes possessions (voir Meïri, Yaavets, ainsi que la *michna* 9 du chapitre 2). Abraham témoigne d'une telle qualité cherchant toujours à venir en aide aux autres, comme il est possible de le déduire du verset (Genèse 14, 23) : « Et je jure que fût-ce un fil, fût-ce la courroie d'une sandale, je ne prendrai rien de ce qui est à toi. »

En revanche, Bilaam incarne ce défaut d'« œil malveillant », voulant ainsi soutirer un maximum d'argent lorsqu'il s'adresse à son mandataire Balak qui lui demande de maudire les enfants d'Israël (Nombres 22, 18 et 24, 13) : « Quand bien même Balak me donnerait de l'argent et de l'or plein son palais... ». Le Rambam considère d'ailleurs qu'avoir un « œil malveillant » signifie courir de manière effrénée après l'argent.

Le regard mal intentionné qu'il porte sur Israël dessine une autre indication de son œil malveillant, comme il est écrit (*ibid.* 24, 2) : « Bilaam leva les yeux et vit Israël », que Rachi interprète comme sa volonté « de les frapper du mauvais œil ». Enfin, devant son échec à répondre à la demande de Balak de maudire les enfants d'Israël, il ne put souffrir d'assister à leur succès ; c'est pourquoi il lui conseilla d'inciter ces derniers à la débauche avec les filles de Moab, afin de les humilier et d'entraîner leur chute.

◂

esprit arrogant[E] [qui caractérise ceux qui sont emplis d'orgueil et aspirent à de grands honneurs et aux plus grands accomplissements] **et une âme avide**[E] [avoir une âme avide signifie être animé d'une sensation de grandeur personnelle et aspirer sans cesse à acquérir des biens matériels d'une grande valeur].

Quelle est la différence entre les disciples d'Abraham notre père et ceux de Bilaam l'impie [quelle est la conséquence de la différence de comportement entre les disciples d'Abraham et de Bilaam] **? Les disciples d'Abraham notre père jouissent du monde d'ici-bas** [car leur trait de caractère leur permet de vivre de manière décente ; même s'ils n'atteignent pas toujours tout ce qu'ils auraient peut-être souhaité, leur absence de jalousie et d'aspirations matérielles, ainsi que leur modestie, leur permettent de jouir de leur existence dans ce monde d'ici-bas] **et héritent du Monde futur** [puisque leur comportement suit le droit chemin, ils méritent d'accéder au Monde futur]**, ainsi qu'il est dit** [dans un verset des Proverbes (8, 21) qui évoque tant le présent dans le monde d'ici-bas que l'avenir dans le Monde futur] **: « Je donne à ceux qui M'aiment des biens en partage, et Je remplirai leurs trésors**[E]**. » Quant aux disciples de Bilaam l'impie, ils héritent du *Guéhinom* et descendent dans**

ÉCLAIRAGES

[E]Esprit humble… esprit arrogant

La modestie d'Abraham se manifeste lorsqu'il se qualifie lui-même de « poussière et cendre » avant de présenter à Dieu son plaidoyer en faveur des habitants de Sodome (Genèse 18, 27).

A contrario, l'extrême orgueil de Bilaam apparaît lorsqu'il s'adresse ainsi aux officiers de Balak : « Retournez dans votre pays ; car l'Éternel n'a pas voulu me permettre de partir avec vous », exigeant de manière déguisée qu'on lui envoyât de plus hauts dignitaires et refusant de reconnaître qu'il était entièrement dépendant de Dieu (voir Rachi). Plus loin dans le texte (*ibid.* 24, 15-16), au moment de proférer son oracle il se présente lui-même en termes élogieux : « Parole de Bilaam, fils de Béor, parole de l'homme au lucide regard, de celui qui entend le verbe divin et connaît le secret du Très-Haut, qui perçoit la vision du Tout-Puissant, qui fléchit, mais dont l'œil reste ouvert. » En d'autres termes, il voit tout, il est capable de parler de tout, et les rois ont l'obligation de se plier à sa parole.

[E]Âme modeste… âme avide

L'âme modeste d'Abraham se manifestait en cela qu'il ne demandait rien pour lui-même ni des autres, ni même de Dieu (voir le *Ma'hzor* de Vitry). Selon d'autres commentaires, cela signifie qu'Abraham s'abstenait, à l'extrême, de toute concupiscence, au point qu'il n'aurait prêté attention à la beauté de Sarah qu'au moment d'arriver en Égypte et en raison de leur pudeur respective (voir Genèse 12, 11 et le commentaire de Rachi).

En revanche, Bilaam se noyait dans ses nombreux désirs non seulement financiers, mais aussi sexuels. C'est ce qui lui donna l'idée de conseiller à Balak d'envoyer les filles de Moab se prostituer devant les enfants d'Israël. Sans compter que, selon le Talmud (traité *Sanhédrin* 105a), il aurait même eu des relations sexuelles avec son ânesse (voir Rambam) !

Selon Rachi, être doté d'une âme modeste signifie que l'on est capable de s'impliquer avec les autres sans afficher la moindre condescendance. Une autre version de la *michna* évoque « une âme courte » au lieu d'« une âme avide », désignant un individu rongé d'impatience et communiquant de manière rude avec autrui.

[E]Je donne à ceux qui M'aiment des biens en partage, et Je remplirai leurs trésors

Ce verset des Proverbes comprend deux parties et c'est pourquoi les commentaires soulignent qu'elles concernent d'une part la part réservée aux *tsaddikim*

◂

la fosse de l'anéantissement [en raison de leur convoitise et de leur jalousie permanentes, ils ne trouvent aucune sérénité, même dans ce monde d'ici-bas. Après leur mort, leurs mauvaises actions conduisent leurs âmes vers un lieu où elles subissent leur châtiment jusqu'à leur retranchement et leur disparition complète], **ainsi qu'il est dit** [Psaumes 55, 24] : **« Et c'est Toi aussi, ô Dieu, qui les feras descendre dans le gouffre de la perdition** [après leur mort], **les hommes sanguinaires et perfides ; ils n'atteindront pas la moitié de leurs jours**[E] [ils disparaîtront au milieu de leurs meilleures années]. **Quant à moi, je mets ma confiance en Toi. »**

MICHNA 20

כ. יְהוּדָה בֶּן תֵּימָא אוֹמֵר: הֱוֵי עַז כַּנָּמֵר, וְקַל כַּנֶּשֶׁר, וְרָץ כַּצְּבִי, וְגִבּוֹר כָּאֲרִי, לַעֲשׂוֹת רְצוֹן אָבִיךָ שֶׁבַּשָּׁמָיִם.

20. Yéhouda ben Teima dit : « Sois audacieux comme un léopard, leste comme un vautour, véloce comme une gazelle et fort comme un lion pour accomplir la volonté de ton Père qui est aux Cieux ».

הוּא הָיָה אוֹמֵר: עַז פָּנִים לְגֵיהִנֹּם, וּבֹשֶׁת פָּנִים לְגַן עֵדֶן. יְהִי רָצוֹן מִלְּפָנֶיךָ ה׳ אֱלֹהֵינוּ שֶׁתִּבְנֶה עִירְךָ בִּמְהֵרָה

Il avait coutume de dire : « L'effronté est voué au *Guéhinom* et celui qui est réservé, au *Gan Éden*. Que ce soit Ta volonté, Éternel notre Dieu et Dieu de

ÉCLAIRAGES

dans le Monde futur qui contient les véritables biens : « Je donne à ceux qui M'aiment des biens en partage » et, d'autre part, le lot qui leur est attribué dans le monde d'ici-bas où ils bénéficieront de tous les bienfaits (« Je remplirai leurs trésors »). Mais ils n'en disposent pas entièrement, compte-tenu de leur caractère exempt de toute aspiration et de tout orgueil, ils savent se satisfaire de ce qu'ils possèdent. Selon un autre commentaire (*Pirké Moché*), le début du verset qui est au présent (« Je *donne* à ceux qui M'aiment…) concernerait le monde d'ici-bas, alors que la fin, au futur (« Je *remplirai* leurs trésors ») ferait, elle, allusion au Monde futur. Enfin, ce même verset, en évoquant « ceux qui M'aiment », s'adresse tout particulièrement aux disciples d'Abraham désigné par le prophète Isaïe (Isaïe 41, 8) comme « Abraham qui M'aimait ».

[E]**Les hommes sanguinaires et perfides n'atteindront pas la moitié de leurs jours**

Les commentateurs (voir Rachi, traité *Sanhédrin* 106b) appliquent ce verset à Bilaam et à tous les impies qui ont été tués avant d'avoir atteint l'âge de 35 ans, soit la moitié de l'âge moyen que peut escompter un être humain avant de mourir, à l'instar d'un verset des Psaumes (90, 10) : « La durée de notre vie est de soixante-dix ans, et, à la rigueur, de quatre-vingts ans. »

La Bible témoigne au contraire de la longévité d'Abraham : « Or Abraham était vieux, avancé dans la vie ; et l'Éternel avait béni Abraham en toutes choses » (Genèse 24, 1) et encore : « Abraham mourut, dans une heureuse vieillesse, âgé et satisfait. » (Genèse 25, 8).

בְּיָמֵינוּ, וְתֵן חֶלְקֵנוּ בְּתוֹרָתֶךָ.

nos ancêtres, que Ta ville soit reconstruite promptement, de nos jours, et accorde-nous notre part dans Ta Torah. »

La michna *compte d'abord quatre qualités que l'on trouve dans le règne animal et recommande d'adapter et d'utiliser chacune d'elles, dans un contexte approprié et au moment opportun, lorsqu'il s'agit d'accomplir la volonté de Dieu.*

Yéhouda ben Teima dit[E P] : « Sois audacieux [voire hardi] **comme un léopard**[E C] [bien qu'il ne compte pas parmi les grands prédateurs, il démontre néanmoins plus d'audace que les autres ; aussi bien, non pas seulement en raison de sa

ÉCLAIRAGES

[E]Yéhouda ben Teima dit
Notre *michna* se compose de deux parties qui, au cours des générations, ont constitué les pierres de fondation du monde juif. Tout d'abord, les paroles de Yéhouda ben Teima (« Sois audacieux comme le léopard... ») sont celles qui ouvrent un recueil important de lois juives (le *Arbaa Tourim* ou le *Tour* lui-même à la base du fameux Code de lois, le *Choul'han Aroukh* de Yossef Caro). Puis la conclusion de la *michna* (« Que ce soit Ta volonté ... que le Temple de Jérusalem soit reconstruit ») s'est transformée en une prière prononcée à la fin de la prière centrale de la *'Amida*, récitée trois fois par jour. Connue de tous, cette prière résume en quelques mots l'espoir millénaire d'Israël, demandant à Dieu qu'il soit exaucé au plus tôt.

[E]Sois audacieux comme un léopard
Le terme « audacieux » caractérisant le léopard sous-entend l'absence de peur et la faculté d'ignorer ceux qui se dressent sur son chemin. Dans le domaine du service de Dieu (comme la pratique

CONTEXTE

[C]Le léopard (*namer*)
Le léopard apparaît fréquemment en Terre d'Israël depuis les temps les plus reculés. L'on peut encore aujourd'hui voir quelques léopards dans les régions désertiques du pays. Les léopards se nourrissent d'animaux de petite et moyenne taille, comme les oiseaux, les lièvres, les cerfs ou les chèvres. Ceux qui vivent à proximité des zones résidentielles attaquent aussi les bovins et les moutons. Le terme *namer* dans la Bible et la littérature rabbinique peut également se référer au guépard (*Acinonyx jubatus*), dont l'apparence rappelle celle du léopard.

Audacieux comme le léopard (Léopard dans le désert de Judée)

PERSONNAGES

[P]Yéhouda ben Teima
Le nom de Rabbi Yéhouda ben Teima se trouve mentionné une seule fois dans la Michna et quelques fois seulement dans la *Tossefta* ou dans des *baraïtot*. Le Talmud (traité *'Haguiga* 14b) le désigne, ainsi que ses camarades d'études, comme « les maîtres de la Michna », tout en rapportant qu'à leur époque l'on comptait six ou sept cents ordres de la Michna (alors qu'on n'en dispose que de six aujourd'hui). Ce dont on peut déduire que Yéhouda ben Teima fait partie des tout premiers *Tannaïm*, les Sages de la Michna.

force physique, il parvient à prendre le dessus sur les animaux qui l'attaquent], **leste comme un vautour**[E C] [qui est capable de s'envoler vers les hauteurs du ciel et de se déplacer sans effort, d'un endroit à l'autre, à grande vitesse], **véloce comme une gazelle**[E C] [qui court particulièrement vite, tout en étant capable de surmonter différents obstacles] **et fort comme un lion**[E C] [qui est un animal

ÉCLAIRAGES

des *mitsvot* ou l'étude de la Torah), une telle qualité permet d'oser affirmer son judaïsme sans craindre ni les critiques, ni les moqueurs, fût-ce même en l'absence de tout soutien extérieur.

[E]Leste comme un vautour

Le vautour, grâce à son agilité, est capable d'atteindre facilement tout endroit. Dans le domaine du service de Dieu, une telle légèreté octroie la faculté de se détacher de l'endroit où l'on se trouve ou de passer à un autre sujet au moment voulu. Selon le *Tour*, il s'agit aussi de savoir rapidement fermer ses yeux devant tout ce qui est indésirable.

D'autres commentateurs de la *michna* y voient une recommandation à s'efforcer d'observer aisément les *mitsvot* (Rachi) ou encore de l'effort à revenir facilement sur des paroles de la Torah afin de s'élever pas à pas (Rachbats, Barténora).

[E]Véloce comme une gazelle

La gazelle se montre capable de courir à grande vitesse, tout en faisant fi de toutes les embûches. Dans le domaine du service de Dieu, il s'agit de la capacité d'empressement à agir dès que nécessaire et sans jamais remettre à plus tard.

CONTEXTE

[C]Le vautour (*nécher*)

Le vautour fauve (*Gyps fulvus*) est un oiseau de proie mentionné à plusieurs reprises dans la Bible. Le livre de Michée (1, 16) mentionne à son propos une courte touffe de poils blancs (*kara'hat*) qui pousse sur sa tête et dans son cou, comme un signe le caractérisant « oiseau ». Selon toute vraisemblance, le nom de *nécher* vient du terme *néchira*, associée à la perte de cheveux et en raison de sa calvitie apparente. Le vautour est seulement mentionné dans cette *michna*, on le trouve quelques fois dans les textes de la *Tossefta* et les *baraïtot*, et plusieurs fois dans les deux Talmuds (le Talmud de Babylone et le Talmud de Jérusalem). Dans la littérature rabbinique, *nécher* se rapporte occasionnellement à l'aigle, l'un des symboles du dieu grec Zeus ; l'aigle apparaît aussi comme l'emblème des légions romaines (en latin : *aquila*) et sert ainsi de surnom aux soldats romains.

En hébreu moderne, *nécher* désigne un aigle ; il demeure cependant clair que la *michna* se rapporte au vautour fauve et non pas à un aigle. La Bible décrit le *nécher* comme un oiseau chauve qui se nourrit de charognes. L'aigle, même le pygargue à tête blanche, n'est pas chauve, et c'est un oiseau de proie (R. Nathan Slifkin).

Leste comme un vautour

[C]La gazelle (*tsvi*)

La gazelle (*Gazella*) est un animal sauvage dont plusieurs espèces vivent en Terre d'Israël. À l'époque des Sages, il était courant de voir des gazelles à proximité de l'habitat humain et il était communément admis de les chasser. La gazelle possède une aptitude à courir particulièrement vite, ce qui lui permet de fuir rapidement lorsqu'elle perçoit un danger. La légèreté de ses jambes se trouve mentionnée dans la Bible et la littérature rabbinique, comme dans le verset (Samuel II 2, 18): « Assahel avait les jambes aussi légères que celles des gazelles dans la plaine. »

qui se bat et ne recule jamais] **pour accomplir la volonté de ton Père qui est aux Cieux** [l'utilisation de toutes ces qualités, notamment la première, doit se faire en toute mesure, en tenant compte du fait qu'elles ne sont pas toujours acceptées dans notre vie quotidienne et dans nos relations humaines, d'où la suite de la *michna*]. » **Il avait coutume de dire : « L'audacieux** [lorsqu'il se montre impertinent] **est voué au *Guéhinom*** [un châtiment qui lui revient, sachant qu'il n'accepte aucune autorité] **et celui qui est réservé** [à l'opposé, tout individu qui craint de commettre de mauvaises actions, se montre toujours prêt à regretter ses fautes éventuelles et à s'en repentir mérite d'accéder] **au *Gan Éden*.**

ÉCLAIRAGES

[E]Fort comme un lion

Le lion est un animal d'une grande force capable de se battre sans relâche contre ses ennemis. Dans notre service de Dieu, nous devons ainsi persévérer, lutter contre notre mauvais penchant et maîtriser toute entrave ou toute opposition (Rachbats, Barténora, voir aussi la *michna* 1 du chapitre 3). Il nous faut également accomplir les *mitsvot* avec toute notre vigueur (Rabbénou Yona). Enfin, le *Tour* y voit la recommandation de surmonter toute difficulté personnelle à se lever le matin et savoir « sauter de son lit » pour accomplir la volonté de Dieu.

CONTEXTE

Le Talmud apporte la preuve que le terme *tsvi* se rapporte à la gazelle et non au cerf : cet animal y est en effet décrit comme ayant des cornes qui ne sont pas ramifiées, alors que les bois du cerf le sont.

Les mots de *namer*, *nécher* et *tsvi* sont souvent identifiés à tort comme respectivement le tigre, l'aigle et le cerf. La raison en est simple : le léopard, le vautour et la gazelle n'existaient pas en Europe et par conséquent, les communautés juives y vivant les assimilèrent aux animaux qu'ils connaissaient (R. Nathan Slifkin).

Leste comme une gazelle

[C]Le lion (*ari*)

Le lion (*Panthera leo persica*) fut le prédateur le plus grand et le plus menaçant en Terre d'Israël lors des temps antiques. Le poids d'un lion mâle peut atteindre jusqu'à 250 kg. Les lions attaquent les troupeaux de bétail qui pâturent dans leurs environs. En général, ils n'attaquent pas les êtres humains, bien que l'on ait pu enregistrer des témoignages indiquant des cas d'agression et de mutilation en période de famine. Les lions ont disparu de la Terre d'Israël et de toute l'Europe à l'époque des Croisades. La forte impression suscitée par la taille, la force et le rugissement du lion expliquent que l'on s'en soit servi comme symbole dans différents contextes. C'est ainsi qu'on le voit figurer dans des mosaïques et des dessins muraux synagogaux.

Fort comme un lion

La fin de la michna, formulée comme une prière se présente comme une remarque liée à ce qui précède:

Que ce soit Ta volonté, Éternel notre Dieu et Dieu de nos ancêtres, que Ta ville [Jérusalem] **soit reconstruite**[E] [y compris son Temple, le *Beth Hamikdach*] **promptement, de nos jours, et accorde-nous notre part dans Ta Torah** [en d'autres termes, que notre sort et le cours de notre vie soient reliés à la Torah, afin que l'on puisse respecter Ta volonté sans effort supplémentaire particulier, dès lors que l'ensemble de notre vie sera dirigé dans une telle direction]. »

MICHNA 21

כ"א. הוּא הָיָה אוֹמֵר: בֶּן חָמֵשׁ שָׁנִים לְמִקְרָא, בֶּן עֶשֶׂר לְמִשְׁנָה, בֶּן שְׁלֹשׁ עֶשְׂרֵה לְמִצְוֹת, בֶּן חֲמֵשׁ עֶשְׂרֵה לְתַלְמוּד, בֶּן שְׁמוֹנֶה עֶשְׂרֵה לְחוּפָּה, בֶּן עֶשְׂרִים לִרְדּוֹף, בֶּן שְׁלֹשִׁים לְכֹחַ, בֶּן אַרְבָּעִים לְבִינָה, בֶּן חֲמִשִּׁים לְעֵצָה, בֶּן שִׁשִּׁים לְזִקְנָה, בֶּן שִׁבְעִים לְשֵׂיבָה, בֶּן שְׁמוֹנִים לִגְבוּרָה, בֶּן תִּשְׁעִים לָשׁוּחַ, בֶּן מֵאָה כְּאִילּוּ מֵת וְעָבַר וּבָטֵל מִן הָעוֹלָם.

21. Il avait coutume de dire : « À cinq ans, l'étude de l'Écriture ; à dix ans, celle de la Michna ; à treize ans, les ***mitsvot ;*** **à quinze ans, l'étude du Talmud ; à dix-huit ans, le dais nuptial ; à vingt ans, la poursuite ; à trente ans, la force ; à quarante ans, le discernement ; à cinquante ans, les conseils ; à soixante ans, l'âge avancé ; à soixante-dix ans, la vieillesse ; à quatre-vingt ans, la vigueur ; à quatre-vingt-dix ans, le fléchissement ; à cent ans, c'est comme si l'on était mort, disparu et hors de ce monde.**

ÉCLAIRAGES

[E]Que ce soit Ta volonté, Éternel notre Dieu… que Ta ville soit reconstruite

La reconstruction du Temple de Jérusalem, qu'entend cette prière à la fin de la *michna,* exprime et symbolise la renaissance spirituelle du peuple d'Israël et du *Tikkoun Ha'olam*, de la réparation du monde dans son entier. Mais il s'agit aussi d'éclairer les recommandations de la *michna* demandant d'adopter toute sorte de voies extrêmes afin de respecter la volonté de Dieu. C'est que, de la réalité de notre monde, transparaissent ses imperfections, tandis que le cours des choses ne va pas forcément toujours dans le bon sens. Lorsque le Temple sera reconstruit, la situation reviendra à la normale, et nous n'aurons plus besoin de déployer des efforts exceptionnels afin de nous plier à la volonté divine (voir *Tossefot* de Rabbi Akiva Iguer). De fait, la *michna* nous enseigne qu'il ne suffit pas de prier pour tels détails qui nous permettraient de nous parfaire individuellement, mais bien pour la perfection du tableau du monde dans son ensemble.

Cette michna, qui, elle aussi, repose sur des nombres, décrit les différents degrés et stades de la vie que traverse un être humain. Dans une grande mesure, elle tient compte de ce qui était en vigueur à l'époque de la Michna, sachant que certains changements ont pu néanmoins se produire de génération en génération.

Il [a priori : Yéhouda ben Teima] **avait coutume de dire**[E] **: « À cinq ans, l'étude de l'Écriture**[E] [à cet âge, l'enfant étudie la Torah écrite, soit le canon biblique comprenant le Pentateuque, les Prophètes et les Hagiographes. Cette étude de base, essentielle, exige un laps de temps de cinq ans après lequel l'élève est censé détenir une bonne connaissance de l'Écriture dans son ensemble, voire être capable d'en réciter une grande partie par cœur] **; à dix ans, celle de la Michna**[E] [dans cette deuxième phase dans la voie de l'étude de la Torah,

ÉCLAIRAGES

[E]Il avait coutume de dire
La version de la Michna dont nous disposons, y compris l'ordre dans lequel les *michnayot* apparaissent individuellement, indique, en toute apparence, qu'il s'agit de Yéhouda ben Teima cité dans la *michna* précédente. Il existe cependant d'autres versions où cette *michna* est la dernière du chapitre, voire certaines versions où ces paroles sont attribuées à Chmouel *hakatane* ou d'autres encore qui ne la mentionnent pas du tout (voir aussi Méïri et Rachbats).

Beaucoup de commentaires relient les différents âges mentionnés ici à des versets. L'essentiel de cette *michna* consiste néanmoins à décrire le cours de la vie en accord avec la nature du monde, et c'est ce à quoi nous nous sommes attachés.

[E]À cinq ans, l'étude de l'Écriture…
Selon certains commentateurs, l'enfant commence à apprendre les lettres de l'alphabet hébraïque dès l'âge de trois ans, si bien qu'à cinq ans, il se trouve déjà en mesure de lire un texte parfaitement. Il entre alors à l'école où il apprend les versets de la Bible (voir traité *Kétoubot* 50a). D'aucuns cependant comprennent la *michna* autrement : ce n'est qu'à l'âge de cinq ans que l'enfant commencerait l'apprentissage de la lecture (Meïri).

Certains ont d'ailleurs établi une analogie intéressante avec… les fruits de l'arbre qui, pendant les trois premières années, ne doivent pas être consommés (Lévitique 19, 23) : « Quand vous serez entrés dans la Terre promise et y aurez planté quelque arbre fruitier, vous en considérerez le fruit comme une excroissance : trois années durant, ce sera pour vous autant d'excroissances, il n'en sera point mangé. » Cependant, dès ces trois ans révolus : « Dans sa quatrième année, tous ses fruits seront consacrés à des réjouissances, en l'honneur de l'Éternel » (Lévitique 19, 24), le moment est venu pour l'enfant d'apprendre les lettres de l'alphabet. Enfin : « Et la cinquième année, vous pourrez jouir de ses fruits, de manière à en *augmenter* pour vous le produit », c'est aussi bien la période où l'enfant doit aller de l'avant et maîtriser la lecture.

Enfants étudiant la Torah au Maroc (Tiznit) en 1935

[E]À dix ans, celle de la Michna
Notre *michna* alloue un intervalle de cinq ans pour chacune des étapes consacrées à l'étude de l'Écriture, de la Michna et du Talmud. Selon Rachi et d'autres commentateurs, cet intervalle est déduit de la durée de cinq ans accordés aux *leviim* dans le désert afin de se préparer à leur service (voir traité *'Houlin* 24b).

l'enfant se voit enseigner les principes et les règles de la Torah orale tels qu'ils sont agencés dans la Michna]; **à treize ans,** [l'obligation de respecter] **les *mitsvot*** [cet âge de treize ans chez les garçons est considéré comme une transition vers l'âge adulte, marquant la différence entre un enfant et un homme ; c'est à ce moment de la puberté qu'apparaissent des changements physiques extérieurs, mais aussi que se fait jour une certaine maturité personnelle (et puisqu'en général l'adolescence chez les filles survient plus tôt, l'âge auquel elles sont astreintes aux *mitsvot* a été fixé à douze ans)] ; **à quinze ans, l'étude du Talmud** [en araméen, la *Guemara* qui signifie « étude » ; il s'agit de la phase suivante dans l'étude de la Torah. Si la Michna se focalise sur les principes et les lois, le Talmud appelle, quant à lui, à une réflexion et à un débat sur tout ce qui a été étudié précédemment. Jusqu'à présent, l'enfant a pu acquérir et mémoriser les bases ; fort de son âge de quinze ans, il lui faut maintenant se plonger dans l'univers intellectuel du Talmud : trouver les sources, comparer les différentes opinions et saisir les conclusions de tous les débats] ; **à dix-huit ans, le dais nuptial** [en hébreu, la *'houpa* ; en d'autres termes, dix-huit ans est perçu comme l'âge d'une maturité spirituelle et physique suffisante pour pouvoir se marier] ; **à vingt ans, la poursuite**[E] [c'est à partir de là que l'homme commence à « courir » afin d'assurer un gagne-pain lui permettant de se nourrir ainsi que sa famille. Cela suppose qu'une ou deux années après le mariage, le couple n'ait pas encore de charge économique bien définie et que les parents et la famille leur apportent un soutien matériel] ; **à trente ans, la force** [cet âge apparaît comme celui où la force physique et, dans une grande mesure, la maturité spirituelle atteignent une certaine perfection] ; **à quarante ans, le discernement** [au cours de toutes les années qui ont précédé, l'homme

ÉCLAIRAGES

De même est-il possible de dresser un parallèle entre « à trente ans, la force » et le fait que les *leviim* commençaient à l'âge de trente ans (Nombres 4, 3), leur service dans le désert comme démonter le *michkan* (le Tabernacle), en transporter ses parties, puis l'ériger à nouveau.

[E]À vingt ans, la poursuite

Ce terme de « poursuite » a soulevé un certain nombre de difficultés d'interprétation. Hormis celle que nous avons citée précédemment, à savoir la course après un gagne-pain (Barténora), différentes autres explications ont été proposées. Ainsi, si à l'âge de vingt ans, l'homme ne s'est pas encore marié, il doit à présent rechercher activement sa moitié (Meïri). Ailleurs, l'on a pu comprendre que c'est l'âge où l'on s'engage à l'armée afin de « poursuivre » l'ennemi (Nombres chapitre 1, voir *Mélékhet Chlomo*). D'aucuns ont souligné que c'est l'âge à partir duquel l'on devient passible du châtiment céleste (Rachbats sur la base du verset Nombres 32, 11, voir aussi Rachi). De même doit-on alors s'employer activement à l'étude de la Torah et au respect des *mitsvot* (Rachbats), ce qui demeure vrai, même après qu'on a acquis un métier pour sa subsistance.

En vérité, toutes ces interprétations sont toutes valides et sont liées l'une à l'autre, car l'âge de vingt ans marque l'indépendance de la personne qui, dès lors, doit s'efforcer d'agir dans tous ces domaines à la fois (*Merkevet HaMichna*).

a accumulé une expérience de la vie, tant comme chef de famille qu'individu qui travaille et étudie ; l'âge de quarante ans est donc considéré comme celui où l'on commence à comprendre en profondeur la réalité et à posséder un sens critique suffisant afin de l'appréhender à sa juste mesure] **; à cinquante ans, les conseils** [un homme peut certes avancer en âge au fil des années qui s'écoulent, mais il est davantage en mesure de progresser grâce à une vie intérieure de plus en plus profonde ; si tel est le cas, une fois cinquante ans passés, il devient non seulement capable de comprendre la réalité pour lui-même, mais il acquiert désormais l'aptitude à donner des conseils aux autres] **; à soixante ans, l'âge avancé**[E] [le terme *zikna*, en hébreu, semble plutôt désigner ici la sagesse et s'appliquer à un individu qui occupe le poste d'un des guides de la société. À soixante ans, l'on fait déjà partie des « Anciens de la communauté », non pas tant en raison de l'âge que l'on a atteint, mais plutôt grâce au statut et aux qualités que l'on a pu se forger au cours des ans] **; à soixante-dix ans, la vieillesse** [le terme *séva* traduit ici par « vieillesse », s'il fait allusion au blanchissement des cheveux, se rapporte aussi à l'honneur dû à une personne pour le simple fait qu'elle a traversé un cours entier de vie – honneur qu'elle mérite – même si elle n'est pas particulièrement sage ou n'a pas connu de succès particuliers] **; à quatre-vingt ans, la vigueur** [certains êtres demeurent actifs à cet âge-là, on les voit continuer à travailler et à fonctionner : affichant alors une certaine mesure de vigueur, non seulement au plan physique, mais aussi au niveau d'une force d'esprit : ils refusent, malgré leur âge avancé, d'abandonner l'action] **; à quatre-vingt-dix ans, le fléchissement**[E] [il leur devient dès lors impossible de se renouveler, de créer ou d'avoir la maîtrise de grandes actions. Au plan physique, leur corps se courbe, mais dans un sens autre, c'est comme s'ils s'inclinaient pour laisser place à la génération suivante] **; à cent ans, c'est comme si l'on était mort, disparu et hors de ce monde** [après qu'un individu

ÉCLAIRAGES

[E]À soixante ans, l'âge avancé (« *zikna* »)
Notre commentaire rapporté plus haut souligne avant tout la nécessité d'honorer un individu qui a atteint l'âge de soixante ans en raison de sa sagesse ; il s'appuie, d'une part, sur un verset biblique (Lévitique 19, 32 : « Lève-toi à l'aspect d'une tête blanche, et honore la personne du vieillard »), ainsi que sur un jeu de mots de nos Sages (traité *Kiddouchin* 32b) autour du terme *zaken* (vieux) s'apparentant à « *zé chékana… 'hokhma*, soit « celui qui a acquis… la sagesse ». Une autre version de la *michna* se lit même : « À soixante ans, la sagesse. »

[E]À quatre-vingt-dix ans, le fléchissement
Le terme *choa'h* utilisé par la *michna* qui évoque le fait de se voûter rappellerait aussi celui de *chou'ha*, ayant le sens de fosse et évoquant la cavité de la tombe qui attend bientôt quiconque atteint l'âge de quatre-vingt-dix ans (Rachi). L'on peut aussi y voir un rapprochement avec le mot *si'ha* signifiant « discussion », car à cet âge-là, la seule force qui demeure est celle de parler (*Merkevet HaMichna*) ; mieux vaut donc alors réserver ses paroles à celles de Torah et de prière, alors que l'heure de la mort approche (Rabbénou Yona, Rachbats).

a pu vivre tant d'années, il arrive parfois qu'il lui soit désormais impossible de participer activement à tout ce qui vit autour de lui. Sur un autre plan, un être qui atteint un âge aussi avancé finit par détacher toutes ses pensées et ses actes du monde d'ici-bas pour se consacrer à tout ce qui touche aux mondes spirituels. Pour toutes ces raisons, la *michna* affirme qu'un tel être, tout vivant qu'il soit, n'appartient déjà plus à ce monde].

MICHNA 22

כ״ב. בֶּן בַּג בַּג אוֹמֵר: הֲפוֹךְ בָּהּ וַהֲפוֹךְ בָּהּ, דְּכוֹלָּא בָהּ. וּבָהּ תֶּחֱזֵי, וְסִיב וּבְלֵה בָהּ, וּמִינַּהּ לָא תָזוּעַ, שֶׁאֵין לְךָ מִדָּה טוֹבָה הֵימֶנָּה.

22. Ben Bag Bag dit : « Tourne-la et retourne-la car tout s'y trouve ; vois en elle, vieillis et grandis en elle et ne t'en défais pas, car il n'existe point de plus grande vertu qu'elle. »

Cette michna *abonde en paroles d'éloge à l'égard de la Torah et de son étude.*

Ben Bag Bag[P] **dit : « Tourne-la et retourne-la** [consacre-toi à l'étude la Torah sous tous ses aspects et ne cesse d'y revenir], **tout s'y trouve**[E] [la

ÉCLAIRAGES

[E]Tourne-la et retourne-la car tout s'y trouve
L'on ne peut se contenter de saisir les paroles de la Torah de façon simple, il y a lieu d'approfondir inlassablement notre compréhension afin d'y découvrir à chaque fois de nouvelles facettes.

Un verset des Proverbes (4, 8) à propos de la sagesse illustre bien la même idée : « Exalte-la, et elle t'élèvera; elle te vaudra de l'honneur, si tu t'attaches à elle. » Autrement dit, lorsqu'on lui prête de plus en plus de considération, l'on en vient à ne plus jamais la quitter et à s'y consacrer sans cesse, en la retournant dans tous les sens (voir le traité *Nazir* 3a).

Le *Midrach Chmouel* apporte une interprétation légèrement différente. Celui qui étudie la Torah doit d'abord « la tourner » : c'est-à-dire soulever toutes les questions et difficultés qui se présentent,

PERSONNAGES

[P]Ben Bag Bag
Le nom de Ben Bag Bag figure une seule fois dans la Michna, mais apparaît quelques fois dans la *Tossefta* et dans des *baraïtot*. Dans le traité *Kiddouchin* (10b), l'on trouve le nom de Rabbi Yo'hanane Ben Bag Bag qui débat avec Rabbi Yéhouda Ben Bétéra de Nétsivim ; ces deux personnages vivaient donc à l'époque des Sages de Yavné. Il se peut donc que Ben Bag Bag soit ce Rabbi Yo'hanane Ben Bag Bag faisant partie des *Tannaïm* (les Sages ayant rédigé la *Michna*, voir *Séder Eliyahou Zouta* 17).

D'autre part, le traité de *Avot dé-Rabbi Nathan* (première version 1, 12) rapporte le même dicton (« Tourne-la et retourne-la... ») prononcé par Hillel Hazaken, ce qui laisse à penser que Ben Bag Bag aurait éventuellement compté parmi ses élèves.

◄

Torah constitue la clé des réponses aux questions importantes qui se posent dans notre vie. Pourvu qu'on veuille bien l'étudier sous tous ses différents aspects et effectuer une recherche en profondeur, l'on peut y découvrir absolument tout] ; **vois en elle** [tu pourras voir en elle tout ce sur quoi il y a lieu de s'attarder et y découvrir les bonnes voies à contempler], **vieillis et grandis en elle** [en d'autres termes, consacre – toi à la Torah pendant toute ta vie, même lorsque tu parviendras à un âge avancé, l'étude de la Torah n'est réservée à aucun moment plus qu'un autre de l'existence] **et ne t'en défais pas**[E] [littéralement ne bouge pas de là, il n'y a aucune raison de se disperser dans d'autres sphères], **car il n'existe point de plus grande vertu qu'elle**[E] [aucune autre voie ne peut se mesurer à celle de l'étude de la Torah. À n'en pas douter, il existe bien d'autres domaines d'occupation, mais celui de la Torah les dépasse tous]. »

ÉCLAIRAGES

puis « la retourner », jusqu'à ce qu'il parvienne à une réponse. C'est ainsi qu'il finira par résoudre ses problèmes : le Talmud de Jérusalem (*Roch Hachana* 3, 5) n'affirme-t-il pas que les paroles de Torah peuvent apparaître « pauvres » dans un certain endroit et « riches » dans un autre ?

Le manuscrit de Kaufman indique une version légèrement différente : « Tourne la et retourne-la, car tout ce qu'elle contient est en toi et tout ce qu'il y a en toi est en elle ».

[E]Vois en elle, vieillis et grandis en elle et ne t'en défais pas

Cela signifie que nous devons constamment prendre la Torah en considération et l'analyser, en écho au début de la *michna* et qu'il nous faut y reconnaître la vérité « car tout s'y trouve ». Dans une première version de cette *michna*, l'expression *ouva té'hézé* (« vois en elle ») est remplacée par *ouva téhévé*, ce qui signifie : « sois toujours en elle » (voir le *Maharal* de Prague et *Tossefot Yom Tov*).

Selon le commentaire de *Tiféret Israël*, cette *michna* ferait ici écho à la précédente. « Tourne la et retourne-la » s'applique en fait à tous les âges. Cela est vrai entre vingt et quarante ans, même lorsque nous sommes pris par nos occupations professionnelles, en vue de notre gagne-pain. « Vois en elle » entre quarante et cinquante ans, alors que tu es doté de discernement et apte à donner des conseils, à toi de te servir de tes talents, pour mieux comprendre les paroles de Torah. Puis, entre soixante et quatre-vingts ans, « vieillis et grandis en elle » malgré tes cheveux qui blanchissent et ton affaiblissement physique, « et ne t'en défais pas » même après quatre-vingts ans, il te faut continuer à étudier la Torah, jusqu'à ta mort et même après dans le Monde futur.

[E]Car il n'existe point de plus grande vertu qu'elle

En d'autres mots, la Torah représente la meilleure voie à suivre dans la vie et il n'est nul besoin d'aller chercher ailleurs. Il est intéressant de noter que le terme *midda* que nous avons traduit par « vertu » signifie aussi « mesure ». Comme pour nous indiquer que la Torah de vérité constitue l'instrument de mesure le plus exact afin de jauger nos actes dans tout domaine (*Pirké Moché*).

Il est aussi possible de prendre le terme *midda*, dans son sens de mesure de longueur, la *michna* viendrait dès lors nous enseigner que la Torah est infinie (Rabbi Yits'hak ben Chlomo Ha-Israéli).

MICHNA 23

כ"ג. בֶּן הֵא הֵא אוֹמֵר: לְפוּם צַעֲרָא אַגְרָא.

23. Ben Hé Hé dit : « La rétribution est à la mesure de la peine. »

Ben Hé Hé[P] **dit : « La rétribution est à la mesure de la peine**[E] [le mot peine évoque ici l'effort investi et l'éventuelle douleur qui l'accompagne. La rétribution dont il est question est celle que Dieu attribue dans le monde futur. Cette

ÉCLAIRAGES

[E]La rétribution est à la mesure de la peine…
Comme nous l'avons indiqué, selon le sens simple de cette *michna*, il s'agit ici avant tout de récompense céleste [1], et donc, les critères d'attribution diffèrent de ceux en vigueur dans notre monde d'ici-bas. Dans notre monde en effet, le salaire d'une personne repose sur les résultats obtenus dans son travail, sur de nombreux autres facteurs liés à ses talents, voire sur d'autres circonstances, si ce n'est même une certaine part de chance. Selon les critères du Ciel, seul compterait donc l'effort investi. Néanmoins, certains commentateurs ont noté (en accord avec la première *michna* du chapitre 2) que la récompense liée à l'accomplissement d'une *mitsva* serait double : d'une part, la grande rétribution apportée par la *mitsva* elle-même et, d'autre part, celle en rapport direct avec l'effort investi (voir le Maharal de Prague).

D'autre commentateurs lisent cette *michna* dans le contexte de l'étude proprement dite :

PERSONNAGES

[P]Ben Hé Hé
Le nom de Ben Hé Hé ne figure pratiquement que dans notre *michna*. Il apparaît néanmoins ailleurs sous une forme légèrement différente, « Bar » Hé Hé, lorsque ce dernier discute avec Hillel (traité *'Haguiga* 9b). Tout comme pour Ben Bag Bag, dans le traité *Avot dé-Rabbi Nathan* (première version 1, 12), Hillel cite le même dicton que celui de notre *michna*. Ce qui laisse supposer qu'il serait de la même époque ou qu'il l'aurait cité plus tard.

Selon une certaine tradition (*Tossefot 'Haguiga*, 9b), le nom de Ben Hé Hé (soit le fils des deux lettres *Hé*) indiquerait qu'il serait le fils de convertis, une manière d'exprimer qu'il serait le fils d'Abraham et de Sarah, qui se sont vus tous les deux ajouter la lettre *Hé* à leur nom.

(Il en serait de même pour Ben Bag Bag, soit fils des lettres *Beth* et *Guimel*, qui, ajoutées en valeur numérique, conduisent au chiffre cinq comme la lettre *Hé*).

---

1. Note du traducteur : Il nous paraît intéressant de rapporter ici une discussion qui se déroula un jour entre le Rav Adin Éven-Israël (Steinsaltz) et le Rabbi de Loubavitch. Au début des années 90, le Rabbi de Loubavitch lui avait envoyé spontanément un télégramme contenant uniquement les mots de notre *michna* : « La rétribution est à la mesure de la peine. » Quelques temps plus tard, lorsque Rav Adin rendit visite au Rabbi, ce dernier l'interrogea en ces termes : « Avez-vous donc accompli ma demande concernant "La rétribution est à la mesure de la peine" ? ». Rav Adin répondit qu'il espérait qu'elle s'accomplirait plus encore, ce à quoi le Rabbi répliqua : « C'est à vous de l'accomplir, car c'est à vous que revient la rétribution : du point de vue de Dieu, la rétribution est déjà prête ! » Rav Adin s'étonna alors : « La rétribution serait-elle aussi accordée dans ce monde d'ici-bas ? Peut-être… ». Et le Rabbi s'empressa alors de préciser : « Non pas "peut-être", mais certainement ! »

◂

récompense n'est pas proportionnelle aux résultats atteints dans le domaine de l'étude ou sur un plan spirituel, mais elle est purement fonction de l'effort produit par l'individu]. »

ÉCLAIRAGES

seule une personne qui s'investit de toutes ses forces dans son étude de la Torah, tout en étant imprégnée de la crainte de Dieu, parvient à des résultats satisfaisants et à graver efficacement dans sa mémoire ce qu'elle a appris ; de là, survient la bénédiction (Rambam, *Tiféret Israël*).

Selon Meïri, le terme *igra* traduit ici par « rétribution » devrait plutôt être compris comme « fruit ».

Chapitre 6

Comment un individu peut-il « acquérir » la Torah et quelle est la récompense accordée à qui y parvient ? Tel est le thème central de ce chapitre. C'est pourquoi certains commentateurs le désignent comme « le chapitre d'acquisition de la Torah ». Certaines michnayot *dans ce chapitre sont ici dues aux dernières générations des* Tannaïm, *d'autres à la génération ayant suivi la conclusion de la Michna.*

En vérité, ce chapitre ne fait pas formellement partie du traité Avot *et se présente comme un ajout aux cinq premiers. Cette addition d'un sixième chapitre est sans doute liée à la coutume selon laquelle on lit un chapitre du traité* Avot *pendant chacun des six* Chabbatot *qui séparent la fête de* Pessa'h *et celle de* Chavouot, *ce qui constitue en quelque sorte une préparation au Don de la Torah qui y est célébré.*

שָׁנוּ חֲכָמִים בִּלְשׁוֹן הַמִּשְׁנָה, בָּרוּךְ שֶׁבָּחַר בָּהֶם וּבְמִשְׁנָתָם.

Les Sages ont enseigné dans le langage de la Michna. Béni soit Celui qui les a distingués, eux et leurs enseignements.

L'introduction de ce chapitre a pour but d'en expliquer l'essence.

Les Sages ont enseigné [au travers de leçons qui touchent à l'essence de la Torah] **dans le langage** [et dans le style] **de la Michna** [même si leurs paroles n'en font pas formellement partie]. [Des louanges sont ainsi ajoutées :] **Béni soit Celui qui les a distingués, eux et leurs enseignements**[E].

ÉCLAIRAGES

[E]Béni soit Celui qui les a distingués, eux et leurs enseignements
La louange incluse dans cette introduction s'adresserait, selon certains commentateurs, aux Sages cités dans ce sixième chapitre. Bien que ce dernier ne fasse pas partie de la Michna rédigée par Rabbi Yéhouda *hanassi*, son langage est écrit selon l'hébreu de la Michna et se trouve en parfaite harmonie avec son style (*Midrach Shmouel*). D'autres considèrent cependant que cette louange concerne tous les

MICHNA 1

א. רַבִּי מֵאִיר אוֹמֵר: כָּל הָעוֹסֵק בַּתּוֹרָה לִשְׁמָהּ – זוֹכֶה לִדְבָרִים הַרְבֵּה. וְלֹא עוֹד, אֶלָּא שֶׁכָּל הָעוֹלָם כֻּלּוֹ כְּדַי הוּא לוֹ. נִקְרָא: רֵיעַ, אָהוּב, אוֹהֵב אֶת הַמָּקוֹם, אוֹהֵב אֶת הַבְּרִיּוֹת, מְשַׂמֵּחַ אֶת הַמָּקוֹם, מְשַׂמֵּחַ אֶת הַבְּרִיּוֹת. וּמַלְבַּשְׁתּוֹ עֲנָוָה וְיִרְאָה, וּמַכְשַׁרְתּוֹ לִהְיוֹת צַדִּיק וְחָסִיד וְיָשָׁר וְנֶאֱמָן, וּמְרַחַקְתּוֹ מִן הַחֵטְא, וּמְקָרַבְתּוֹ לִידֵי זְכוּת, וְנֶהֱנִין מִמֶּנּוּ עֵצָה וְתוּשִׁיָּה בִּינָה וּגְבוּרָה, שֶׁנֶּאֱמַר "לִי עֵצָה וְתוּשִׁיָּה אֲנִי בִינָה לִי גְבוּרָה". וְנוֹתֶנֶת לוֹ מַלְכוּת וּמֶמְשָׁלָה וְחִקּוּר דִּין, וּמְגַלִּין לוֹ רָזֵי תוֹרָה, וְנַעֲשֶׂה כְּמַעְיָן הַמִּתְגַּבֵּר וּכְנָהָר שֶׁאֵינוֹ פוֹסֵק, וֶהֱוֵי צָנוּעַ וְאֶרֶךְ רוּחַ, וּמוֹחֵל עַל עֶלְבּוֹנוֹ, וּמְגַדַּלְתּוֹ וּמְרוֹמַמְתּוֹ עַל כָּל הַמַּעֲשִׂים.

1. Rabbi Méïr dit : « Celui qui se consacre à l'étude de la Torah de façon désintéressée acquiert de nombreux mérites ; plus que cela, le monde entier ne vaut que pour lui. Il est qualifié d'ami, de bien-aimé, d'aimant Dieu, d'aimant les créatures, d'être réjouissant Dieu et réjouissant les créatures. Elle le revêt d'humilité, de crainte et le rend à même d'être juste, pieux, droit, fidèle. Elle l'éloigne du péché et le rapproche du mérite. On jouit de ses conseils et de sa sagacité, de son intelligence et de sa vigueur, comme il est dit : « À moi les conseils, gage de succès ; je suis l'intelligence et la force est mon attribut. » Elle lui procure la souveraineté, la maîtrise, un jugement éclairé ; des secrets de la Torah lui sont révélés et il devient semblable à une source impétueuse et à une rivière intarissable. Il devient humble, longanime, et pardonne lorsqu'on l'offense. Elle le grandit et l'élève au-dessus de toute chose.

Cette première michna *décrit en détail la liste des mérites de quiconque s'adonne à l'étude de la Torah.*

Rabbi Méïr dit : « Celui qui se consacre à l'étude de la Torah de façon désintéressée acquiert de nombreux mérites [Rabbi Méïr présente la liste de tous les mérites qu'octroie l'étude de la Torah, lorsque cette étude n'a d'autre objet que le contenu lui-même de la Torah et n'est entachée d'aucune motivation ou volonté étrangère] **; plus que cela, le monde entier ne vaut que pour lui** [cette dernière expression se retrouve souvent dans la littérature talmudique ; elle signifie que le monde trouve parfois sa « raison d'être » grâce à une seule personne juste et plus particulièrement, ici, à un individu qui étudie la Torah]. **Il est qualifié d'ami, de bien-aimé** [compagnon de Dieu qui lui montre Son amour], **d'aimant Dieu, d'aimant les créatures** [l'influence que la Torah exerce sur lui le conduit à aimer Dieu et les créatures ; le terme de *briot* en hébreu traduit par « créatures » désigne en fait tous les êtres en général, peut-être même ceux qui se situent au plus bas de l'échelle, afin de souligner que cet amour ne dépend pas de leurs qualités], **d'être réjouissant Dieu et réjouissant les créatures** [la joie qu'il provoque est suscitée tant par ses actes que par sa propre sagesse]. **Elle le revêt d'humilité, de crainte** [la Torah enrichit sa personnalité de vertus élevées comme l'humilité et la crainte] **et le rend à même d'être juste, pieux** [le terme juste ou *tsaddik* en hébreu qualifie celui qui, grâce à l'étude de la Torah, se comporte en parfait accord avec la *halakha* ; mieux encore, le pieux ou le *'hassid* agit au-delà de la loi en accomplissant des bonnes actions dont il n'a pas l'obligation formelle], **droit**[E], **fidèle**[E] [que ce soit envers autrui ou dans sa manière d'envisager la sagesse] **Elle l'éloigne du péché et** [d'un autre côté :] **le rapproche du mérite. On jouit de ses conseils et de sa sagacité, de son intelligence et de sa vigueur, comme il est dit** [Proverbes 8, 14] : « À moi [comme si la Torah parlait à la première personne] **les conseils, gage de succès** [en réponse aux questions qu'on lui soumet] ; **je suis l'intelligence et la force est mon attribut**[E]. » **Elle**

ÉCLAIRAGES

Tannaïm, les Sages de la Michna en général, et c'est pourquoi ce chapitre utilise le langage de la Michna afin de souligner l'importance de la Torah et de ceux qui l'étudient (*Tiféret Israël, Pirké Moché*).

[E]Juste, pieux, droit

La définition que nous avons rapportée ci-dessus quant au « juste » (*tsaddik*) et au « pieux » (*'hassid*, qualificatif qui, à l'époque de la Michna, n'était réservé qu'à quelques êtres d'exception) est en accord avec le commentaire de Rachi et de celui de Rabbénou Nessim au traité *Mo'ed Katan* (18a).

Certains ont souligné que la *michna* utilise les deux termes de juste (*tsaddik*) et de pieux (*'hassid*), car il peut exister des situations anormales où un *'hassid* n'est pas un *tsaddik* mais un « *'hassid* sot » (voir traité *Sota* 21b), si, par exemple, voyant une femme mariée se noyer, il s'abstiendrait de venir à son secours afin de ne pas la regarder… Aussi bien, celui qui se consacre à l'étude de la Torah de façon désintéressée possède toutes les qualités à la fois de juste, pieux et droit : sa piété se trouve en parfait accord avec la loi et il se comporte avec rectitude (*Midrach Shmouel*).

D'aucuns ont établi la distinction suivante : le qualificatif de « juste » concerne les rapports à Dieu, celui de « pieux », les relations humaines, et celui de « droit », l'attitude envers sa propre personne (*Tiféret Israël*).

Le terme « droit » (*yachar*) a parfois été expliqué comme désignant une personne qui parle et émet des raisonnements de manière directe et sans ambiguïté.

[E]Fidèle

Certains ont interprété ce terme comme témoignant de la constance d'un individu dans ses qualités de juste et de pieux (*Tiféret Israël*), alors que d'autres considèrent que la *michna* évoque ici avant tout la loyauté et la dévotion « dans la maison de Dieu » (*Midrach Shmouel*, voir aussi Nombres 12, 7 à propos de Moché).

[E]À moi les conseils, gage de succès ; je suis l'intelligence, et la force est mon attribut

Selon *Tiféret Israël*, ce verset cité par la *michna* décrit une personne capable d'énoncer et d'expliquer les choses clairement, et dont les conseils sont sollicités et suivis. Ces mêmes conseils pratiques et corrects conduisent alors celui qui les écoute

lui procure la souveraineté, la maîtrise [la Torah accorde un certain statut à chacun qui l'étudie selon son niveau et peut le conduire à des fonctions de guide ou de dirigeant], **un jugement éclairé** [la Torah permet d'acquérir la capacité d'analyser et de comprendre les problèmes qui se présentent devant un individu plongé dans son étude, jusqu'à ce qu'il parvienne à en saisir les véritables tenants et aboutissants et à prononcer un jugement éclairé] ; **des secrets de la Torah lui sont révélés** [l'aide du Ciel qu'il reçoit lui permet non seulement de saisir la sagesse de la Torah dans son sens simple mais aussi d'appréhender les secrets profonds enfouis dans le texte] ; **et il devient semblable à une source impétueuse et à une rivière intarissable**[E] [il finit par ressembler à cette source dont les eaux coulent à grands flots sans jamais diminuer et à ce fleuve dont le cours ne s'arrête jamais ; en d'autres termes, ses facultés de création se renouvellent sans cesse et évoluent constamment]. **Il devient humble, longanime, et pardonne lorsqu'on l'offense** ; [et somme toute] **elle le grandit et l'élève au-dessus de toute chose**[E] [la Torah le hisse à un degré qui dépasse tout ce qu'il y a dans ce monde].

ÉCLAIRAGES

à la réussite. L'intelligence dont il est question ici signifie que l'on jouit de la sagesse intellectuelle de cette personne sur un plan plus abstrait. Quant à la force, il s'agit de la faculté à surmonter tous les obstacles qui se présentent dans le service de Dieu.

Une autre interprétation veut que les « conseils » (*étsa*) concerneraient le monde d'ici-bas, le succès (*touchia*) se rapporterait aux aspects éternels de la Torah, l'intelligence (*bina*) serait celle des sciences de la nature en général ; la force consisterait en la capacité d'établir la justice et les efforts à délivrer les gens opprimés de leur oppresseur.

[E]Semblable à une source impétueuse et à une rivière intarissable

Les eaux d'une source sont en général douces mais relativement peu abondantes. Le contraire est vrai pour un fleuve dont les eaux sont en général troubles tout en étant volumineuses. Selon cette double analogie, ce qui émane d'un individu qui se consacre à la Torah de façon désintéressée devrait être à la fois « doux » et « abondant » (*Tiféret Israël*).

Selon une autre version de la *michna*, il faudrait lire : « une source qui ne s'interrompt pas et une rivière impétueuse », ce qui évoquerait une personne dont la sagesse demeure constante comme cette source mais tout en même temps capable de se renouveler comme une rivière impétueuse (*Midrach Shmouel*).

Une rivière intarissable : La rivière du Jourdain

[E]Elle le grandit et l'élève au-dessus de toute chose

Ainsi, selon la *michna*, un individu qui se consacre à la Torah de façon désintéressée est perçu comme un être intègre dans tous les aspects de sa personnalité : dans sa relation au Saint béni soit-Il, dans sa connaissance et sa compréhension de la Torah aussi bien que dans ses rapports avec autrui et dans sa capacité à donner aux autres et à les influencer. Malgré toutes ces qualités, il agit en toute discrétion et en toute modestie. C'est

MICHNA 2

ב. אָמַר רַבִּי יְהוֹשֻׁעַ בֶּן לֵוִי: בְּכָל יוֹם וָיוֹם בַּת קוֹל יוֹצֵאת מֵהַר חוֹרֵב, וּמַכְרֶזֶת וְאוֹמֶרֶת: "אוֹי לָהֶם לַבְּרִיּוֹת מֵעֶלְבּוֹנָהּ שֶׁל תּוֹרָה". שֶׁכָּל מִי שֶׁאֵינוֹ עוֹסֵק בַּתּוֹרָה נִקְרָא 'נָזוּף', שֶׁנֶּאֱמַר: "נֶזֶם זָהָב בְּאַף חֲזִיר אִשָּׁה יָפָה וְסָרַת טָעַם"..

2. Rabbi Yéhochoua ben Lévi dit : « Chaque jour, une Voix céleste issue du mont 'Horev clame : "Malheur aux créatures qui font affront à la Torah !" Car quiconque ne se consacre pas à l'étude de la Torah est appelé "blâmé", comme il est dit : "Un anneau d'or au groin d'un porc, telle est une femme belle, mais insipide".

וְאוֹמֵר: "וְהַלֻּחֹת מַעֲשֵׂה אֱלֹהִים הֵמָּה וְהַמִּכְתָּב מִכְתַּב אֱלֹהִים הוּא חָרוּת עַל הַלֻּחֹת", אַל תִּקְרָא "חָרוּת" אֶלָּא 'חֵירוּת', שֶׁאֵין לְךָ בֶּן חוֹרִין אֶלָּא מִי שֶׁעוֹסֵק בְּתַלְמוּד תּוֹרָה. וְכָל מִי שֶׁעוֹסֵק בְּתַלְמוּד תּוֹרָה – הֲרֵי זֶה מִתְעַלֶּה, שֶׁנֶּאֱמַר: "וּמִמַּתָּנָה נַחֲלִיאֵל וּמִנַּחֲלִיאֵל בָּמוֹת"

Et il est écrit : "Et les Tables de la Loi étaient l'ouvrage de Dieu et l'écriture était l'écriture de Dieu gravée (*'harout*) sur les Tables". Ne lis pas *'harout* ("gravée"), mais *'hérout* ("liberté"), car il n'est d'homme libre que celui qui se consacre à l'étude de la Torah. Et tout celui qui se consacre à l'étude de la Torah s'élève, comme il est dit : "De Matana à Na'haliel et de Na'haliel à Bamot". »

Alors que la michna *précédente vantait les mérites de celui qui étudie la Torah de façon désintéressée, celle-ci se rapporte, au contraire, à tout individu qui négligerait la Torah.*

Rabbi Yéhochoua ben Lévi[P] **dit : « Chaque jour, une Voix céleste** [spirituelle et dissimulée] **issue du mont 'Horev**[E] [le mont Sinaï où Dieu a donné la Torah au peuple d'Israël] **clame : "Malheur aux créatures qui font affront à la Torah**[E]

ÉCLAIRAGES

pourquoi un homme qui atteint un tel niveau n'est, tout simplement, nul autre qu'un grand homme dont l'importance dépasse tous les autres et toute autre chose.

[E]Chaque jour, une Voix céleste issue du mont 'Horev

Une Voix céleste : en hébreu *Bat Kol*, littéralement « la fille de la voix » afin de souligner qu'elle demeure

PERSONNAGES

[P]Rabbi Yéhochoua ben Lévi

Amora (Sage du Talmud) de la première génération vivant en Terre d'Israël, Rabbi Yéhochoua ben Lévi apparaît de nombreuses fois dans le Talmud comme dans le Midrach. Ses maîtres furent Bar Kapara, Rabbi Éléazar *hakappar* et Bar Pada. Il exerça les fonctions

!" [l'affront le plus grave résidant dans le fait même de négliger la Torah et de ne pas se consacrer à son étude] **Car quiconque ne se consacre pas à l'étude de la Torah est appelé "blâmé"** [*nazouf*], **comme il est dit** [Proverbes 11, 22] : **"Un anneau d'or au groin** [*nézem zahav béaf*] **d'un porc, telle est une femme belle, mais insipide**[E] [le terme *nézem zahav béaf* fait allusion à celui, plus haut, de *nazouf* : ne pas utiliser la sagesse à bon escient et dans un but approprié rappelle en effet cet anneau d'or dont on n'a pas trouvé mieux que de l'accrocher au nez d'un porc…]**"**.

ÉCLAIRAGES

un écho de la puissante Voix divine elle-même qui se fit entendre lors de la révélation sinaïtique du Don de la Torah (traité *Sanhédrin* 11a et *Tossefta*). Et bien que le Don de la Torah ait constitué un événement unique, il n'en demeure pas moins que cette puissante Voix divine ne s'est jamais interrompue (voir Deutéronome 5, 19 et le traité *Sanhédrin* 17a). Certains aspects perdurent à jamais, au point qu'une Voix céleste continue de s'y faire entendre et de « parler Torah » (*Tiféret Israël*).

Selon le Baal Chem Tov, même si d'ordinaire les créatures ne parviennent pas à entendre cette Voix, elle n'en agirait pas moins dans notre monde et inspirerait, dans le cœur d'hommes ou de femmes, des pensées de *téchouva*, soit de repentir et de retour à Dieu (*Baal Chem Tov al Ha-Torah* : *Bé'houkotaï* 7-8).

[E]Malheur aux créatures qui font affront à la Torah

Selon Rachi, il s'agit de gens qui ne se consacrent pas à la Torah comme il convient et de façon désintéressée. Certains commentateurs précisent que, selon cette *michna*, toutes les qualités citées dans la *michna* précédente ne sont pas forcément le lot de quiconque étudie la Torah, encore doit-il s'y adonner de manière appropriée. À défaut, il se trouve alors « blâmé » et perd beaucoup de ce qu'il aurait pu acquérir (*Tiféret Israël*, traité *Bérakhot* 5a).

Le commentaire de *Pirké Moché* affirme que cet affront provient d'un sage négligeant dans son étude de la Torah et qui, dès lors, est incapable de répondre aux questions qu'on lui pose.

[E]Quiconque ne se consacre pas à l'étude de la Torah est appelé "blâmé", comme il est dit : "Un anneau d'or au groin d'un porc, telle est une femme belle, mais insipide".

Le sens obvie de ce verset est le suivant : quelqu'un recevant un beau cadeau alors qu'il n'en est pas digne ressemble à une femme, fût-elle des plus belles, sotte et sans aucune personnalité, un peu comme un porc qui porte en son groin un anneau d'or qu'on lui a donné et qui l'utilise pour fouiller dans les ordures.

PERSONNAGES

de chef de communauté dans la ville de Lod et servit aussi en tant que représentant du peuple auprès des autorités romaines.

Il est considéré comme un très grand érudit et se trouve souvent cité par les Sages de la génération qui le suivit. Bien de ses paroles concernent l'importance de l'étude de la Torah ainsi que la louange des bonnes vertus. Il traita abondamment de la *Aggada* et ce sont ses dires qui concluent la toute dernière *michna* parmi les six ordres de la Michna (voir traité *'Oktsin* 3, 12).

De nombreux récits talmudiques illustrent son caractère d'être juste et saint, au point qu'on le considère comme l'un des plus grands *tsaddikim* de toutes les générations. Entre autres, on le voit ne pas hésiter à se ranger parmi de dangereux malades et étudier la Torah, malgré le risque qu'il encourait (traité *Kétoubot* 77b).

Connu aussi comme un faiseur de miracles, il rencontrait souvent Eliyahou *hanavi* qui se révélait à lui. Il compte parmi les individus sur lesquels l'Ange de la mort n'eut pas d'emprise au point qu'il entra vivant au Gan Éden (traité *Kétoubot ibid.*)

Rabbi Yéhochoua ben Lévi ajoute une autre louange à la Torah en soulignant combien il importe de s'y attacher.

Et il est écrit [Exode 32, 16] **: "Et les Tables de la Loi étaient l'ouvrage de Dieu et l'écriture était l'écriture de Dieu gravée (*'harout*) sur les Tables". Ne lis pas *'harout* ("gravée"), mais** [décèle ici une allusion à] ***'hérout* ("liberté")** [c'est que cette écriture, soit encore la Torah, confère la liberté à l'individu qui s'y consacre]**, car il n'est d'homme libre que celui qui se consacre à l'étude de la Torah**[E] [étudier la Torah permet de s'affranchir des idées, des caprices ou des desiderata ayant cours dans notre entourage]**. Et tout celui qui se consacre à l'étude de la Torah s'élève, comme il est dit** [Nombres 21, 19] **: « De Matana à Na'haliel et de Na'haliel à Bamot**[E] [ce verset qui dans son sens simple décrit les pérégrinations d'Israël dans le désert, s'explique ainsi de manière allégorique : la Torah qui est une *matana* (un cadeau) « coule »,

ÉCLAIRAGES

De même en va-t-il d'un individu qui délaisse la Torah comparée à de l'or car cela revient à la porter au plus bas (traité *Kala Rabbati* 5, 3). Ou encore : cela rappelle une personne douée de grandes facultés intellectuelles qui lui ont été offertes afin qu'elle se consacre à l'étude de la Torah et qui, en lieu et place, les utilise à des futilités (*Tiféret Israël*).

[E]Il n'est d'homme libre que celui qui se consacre à l'étude de la Torah

Selon Rachi, l'homme libre en question est en fait un homme honoré par son entourage qui se met à son service et qui s'en soucie (voir chapitre 3, *michna* 5 et traité *'Érouvin* 54b). D'aucuns précisent que le terme *Ben 'Horin* (traduit ici par « homme libre ») rappellerait plutôt le mot *'horei* dans un verset de Jérémie (27, 20) mentionnant « tous les grands (*'horei*) de Juda et de Jérusalem ». Ce dernier commentaire permet sans doute de mieux comprendre la suite de la *michna* affirmant que « tout celui qui se consacre à l'étude de la Torah s'élève » (Yaavets).

Certains expliquent que l'intellect d'une personne ressemble un peu aux Tables : lorsqu'elle étudie la Torah, c'est comme si elle en gravait l'écriture dans son cerveau. Cette dernière activité est alors bien celle qui lui octroie la liberté, la délivrant de toute avidité et de tout besoin matériel (*Tiféret Israël*) ou la soustrayant à toute influence que pourrait exercer sur elle le monde d'ici-bas : son lot est dès lors essentiellement spirituel et rien ne peut l'affecter ou le lui enlever (*Pirké Moché*).

[E]De Matana à Na'haliel et de Na'haliel à Bamot

Ce verset appartient au « Cantique du puits » que les enfants d'Israël entonnèrent vers la fin de leur itinéraire dans le désert après la Sortie d'Égypte (Nombres 21, 17-19). Y sont décrites les différentes étapes traversées par ce puits d'eau miraculeux qui les accompagna tout au long de leurs pérégrinations (voir *Tossefta Soucca* 3, 11-12).

Cependant, les Sages ont joué sur les mots de ce verset, le transformant en allégorie venant conforter notre *michna*, ainsi que l'indique le Talmud (voir traité *'Érouvin* 54a) : « Rava dit : Si une personne se rend humble à l'instar de cette région sauvage, accessible à tout le monde, la Torah lui sera offerte en cadeau (*matana*). Une fois qu'elle lui aura été offerte en cadeau, il en héritera (*né'halo*) et Dieu (*El*) en fera son héritage comme il est dit "De Matana à [*el* en hébreu] Na'haliel". Et dès lors que Dieu en a fait son héritage, l'homme est appelé à s'élever comme il est dit : "Et de Na'haliel à Bamot" [*Bamot* signifiant hauteurs]. »

Le traité *Kala Rabbati* (5, 3) propose une autre interprétation : la récompense (en écho à *matana*, cadeau) ne peut être accordée qu'à un individu qui n'interrompt jamais son étude de la Torah, tel un fleuve (*na'hal*) qui coule à flots et ne s'arrête jamais.

s'étend à l'instar d'un *na'hal* (un fleuve) et celui qui l'étudie se hausse jusqu'aux *bamot,* soit vers des hauteurs d'une suprême importance]."

MICHNA 3

ג. הַלּוֹמֵד מֵחֲבֵירוֹ פֶּרֶק אֶחָד, אוֹ הֲלָכָה אַחַת, אוֹ פָּסוּק אֶחָד, אוֹ דִּבּוּר אֶחָד, אוֹ אֲפִילוּ אוֹת אַחַת - צָרִיךְ לִנְהוֹג בּוֹ כָּבוֹד. שֶׁכֵּן מָצִינוּ בְּדָוִד מֶלֶךְ יִשְׂרָאֵל, שֶׁלֹּא לָמַד מֵאֲחִיתוֹפֶל אֶלָּא שְׁנֵי דְבָרִים בִּלְבָד, קְרָאוֹ רַבּוֹ אַלּוּפוֹ וּמְיוּדָּעוֹ, שֶׁנֶּאֱמַר: "וְאַתָּה אֱנוֹשׁ כְּעֶרְכִּי אַלּוּפִי וּמְיֻדָּעִי". וַהֲלֹא דְּבָרִים קַל וָחוֹמֶר: וּמַה דָּוִד מֶלֶךְ יִשְׂרָאֵל, שֶׁלֹּא לָמַד מֵאֲחִיתוֹפֶל אֶלָּא שְׁנֵי דְבָרִים בִּלְבָד - קְרָאוֹ רַבּוֹ אַלּוּפוֹ וּמְיוּדָּעוֹ; הַלּוֹמֵד מֵחֲבֵירוֹ פֶּרֶק אֶחָד, אוֹ הֲלָכָה אַחַת, אוֹ פָּסוּק אֶחָד, אוֹ דִּבּוּר אֶחָד, אֲפִילוּ אוֹת אַחַת - עַל אַחַת כַּמָּה וְכַמָּה שֶׁצָּרִיךְ לִנְהוֹג בּוֹ כָּבוֹד! וְאֵין כָּבוֹד אֶלָּא תוֹרָה, שֶׁנֶּאֱמַר: "כָּבוֹד חֲכָמִים יִנְחָלוּ". "וּתְמִימִים יִנְחֲלוּ טוֹב" - וְאֵין טוֹב אֶלָּא תוֹרָה, שֶׁנֶּאֱמַר: "כִּי לֶקַח טוֹב נָתַתִּי לָכֶם תּוֹרָתִי אַל תַּעֲזֹבוּ".

3. Celui qui apprend de son prochain un seul chapitre, une seule loi, un seul verset, une seule parole ou même une seule lettre, se doit de l'honorer. Ainsi avons-nous observé que David, roi d'Israël, qui avait appris seulement deux choses d'A'hitofel, l'a appelé son maître, son guide et son confident, car il est dit : « Mais c'est toi, un homme en tout mon pareil, mon guide et mon confident ». N'en va-t-il pas *a fortiori* ? Car si David, roi d'Israël, qui avait appris seulement deux choses d'A'hitofel, l'a appelé son maître, son guide et son confident, celui qui apprend de son prochain ne serait-ce qu'un seul chapitre, une seule loi, un seul verset, une seule parole ou même une seule lettre, doit, à plus forte raison, lui témoigner de l'honneur. Et il n'est d'honneur qu'au titre de la Torah, car il est dit : « L'honneur sera l'héritage des Sages… » et « le bonheur sera le lot des êtres intègres. » Et il n'est de bien que la Torah, car il est écrit : « Car c'est un enseignement de valeur que Je vous ai donné : Ma Torah, ne la délaissez pas ! »

Selon la fin de la michna *précédente, celui qui étudie la Torah s'élève et mérite d'être honoré, car la Torah en elle-même est honneur ; aussi bien, cette nouvelle* michna *insiste-t-elle sur le respect dû à celui qui s'y consacre.*

Celui qui apprend de son prochain un seul chapitre [de la Michna], **une seule loi, un seul verset, une seule parole** [ou une expression] **ou même une seule lettre**[E] [de la Torah], **se doit de l'honorer** [non seulement à titre de gratitude, mais aussi parce qu'il faut montrer des marques d'honneur à quiconque nous enseigne la Torah : n'est-elle pas considérée comme un cadeau précieux ?]. **Ainsi avons-nous observé que David, roi d'Israël, qui avait appris seulement deux choses d'A'hitofel** [A'hitofel était ministre et conseiller de David et lui avait enseigné seulement deux points de *halakha* et malgré cela David lui montrait du respect], **l'a appelé son maître, son guide et son confident, car il est dit** [pour preuve, ce verset des Psaumes (55, 14) dans lequel David évoque certaines personnes qui l'ont trahi et combattu, parmi elles A'hitofel] **: « Mais c'est toi, un homme en tout mon pareil, mon guide et mon confident ». N'en va-t-il pas *a fortioiri*[E] ? Car si David, roi d'Israël** [en plus de sa propre valeur personnelle], **qui avait appris seulement deux choses d'A'hitofel,**[E] **l'a appelé son maître, son guide et son confident**[E]**, celui qui apprend de**

ÉCLAIRAGES

[E]Celui qui apprend de son prochain...même une seule lettre
L'on est en droit de se poser la question : en quoi le fait d'apprendre une seule lettre de son prochain justifie-il un tel honneur ? C'est que parfois l'on doit préciser l'orthographe d'un certain mot (voir par exemple le traité *Chabbat* 77b à propos du choix entre la lettre *aleph* ou *'ayin*). L'importance d'une lettre peut même avoir des répercussions en termes de *halakha*, comme cela apparaît souvent dans la littérature rabbinique.

Ailleurs, l'on explique que marquer du respect à celui qui nous enseigne même une seule lettre est avant tout une question d'habitude à prendre afin, *a fortiori*, d'honorer les maîtres en général qui nous prodiguent un enseignement complet de la Torah (*Midrach Shmouel*).

[E]David, roi d'Israël, qui avait appris seulement deux choses d'A'hitofel
Le verset des Psaumes (55, 14) cité dans la *michna* en tant qu'appui à son enseignement évoque l'épisode où David dut s'enfuir de Jérusalem suite à la rébellion menée par son propre fils Avchalom, auquel son ami A'hitofel s'était joint. On y découvre les liens étroits qui régnaient entre A'hitofel et David qui le désigne comme son maître, son guide et son confident et le verset suivant précise qu'« ils échangeaient ensemble de douces confidences, et qu'ils se rendaient dans la maison de Dieu, en compagnie d'une foule extasiée ». Ce dernier verset ferait en fait allusion aux deux lois que David apprit de la bouche d'A'hitofel : d'une part, l'on ne doit pas étudier la Torah seul mais avec au moins un camarade (« ils échangeaient ensemble ») et d'autre part, il y a lieu de se rendre en groupe (« en compagnie d'une foule extasiée ») à la synagogue (traité *Kala Rabati* 5, 4).

[E]David... l'a appelé son maître, son guide et son confident
Notons que le verset des Psaumes (55, 14) : « Mais c'est toi, un homme en tout mon pareil, mon guide et mon confident », apporté comme preuve à la *michna*, ne contient néanmoins pas le terme « maître ». Selon le commentaire de *Pirké Moché*, les mots « guide et confident » eux-mêmes permettent de comprendre que David considérait A'hitofel comme son maître.

Le Maharal de Prague s'arrête sur le fait que David désigne A'hitofel comme « un homme en tout son pareil ». En d'autres termes, tout comme A'hitofel doit honorer David en tant que roi, de même, David doit-il respecter A'hitofel qu'il considère comme son maître.

[E]N'en va-t-il pas *a fortiori* ?
Ce raisonnement *a fortiori*, dans son sens le plus

son prochain [lorsque ce dernier relève d'un rang équivalent] **ne serait-ce qu'un seul chapitre, une seule loi, un seul verset, une seule parole ou même une seule lettre, doit, à plus forte raison, lui marquer de l'honneur.** [Et la *michna* de justifier pourquoi un tel honneur est dû :] **Et il n'est d'honneur qu'au titre de la Torah**[E] [qui se confond avec le plus grand des honneurs], **car il est dit** [Proverbes 3, 35] **: « L'honneur sera l'héritage des Sages... »** [par conséquent tout être versé dans la Torah mérite le plus grand honneur et le plus grand respect] **et** [de plus, hormis cet honneur, il a également droit au bonheur comme l'atteste un verset des Proverbes (28, 10)] **« le bonheur sera le lot des êtres intègres**[E] **». Et il n'est de bien que la Torah** [en vérité, la source du bonheur], **car il est écrit** [*ibid.* 4, 2] **: « Car c'est un enseignement de valeur que Je vous ai donné : Ma Torah, ne la délaissez pas ! »**

MICHNA 4

ד. כָּךְ הִיא דַּרְכָּהּ שֶׁל תּוֹרָה: פַּת בְּמֶלַח תֹּאכַל, וּמַיִם בִּמְשׂוּרָה

4. Telle est la voie de la Torah : de pain avec du sel tu te nourriras, de l'eau avec

ÉCLAIRAGES

immédiat, provient du fait que David, malgré sa stature royale et son érudition en Torah, n'hésita pas à honorer un individu de moindre rang.

Certains commentateurs remarquent cependant que David, roi d'Israël, personnage juste et saint à la fois, n'a pas hésité à appeler A'hitofel son maître, son guide et son confident, bien qu'il se fût révélé comme un impie : *a fortiori* donc, devrait-on marquer d'honneurs un homme de son rang (Rachi, Yaavets).

Le Baal Chem Tov propose une autre façon de comprendre ce raisonnement *a fortiori* : les paroles de Torah prononcées par un impie comme A'hitofel ne fructifient pas et ne se développent pas non plus, demeurant à l'état de « deux paroles seulement ». En revanche, si l'on apprend d'un individu digne et décent des paroles de Torah qui, dès lors, fructifient et se développent, à plus forte raison devrions-nous l'honorer (*Baal Chem Tov Al Ha-Torah, Vaét'hanane* 61).

[E]Et il n'est d'honneur qu'au titre de la Torah

Ceci signifie que seule la Torah confère à celui qui l'étudie un véritable honneur (*Tiféret Israël*). Rachi souligne que la *michna* concerne non pas n'importe quel enseignement mais uniquement celui lié à la Torah.

Une autre version de la *michna* se lit ainsi : « Et il n'est d'honneur que celui dû aux Sages. » Ainsi, l'intention de la *michna* serait d'un côté, de recommander de respecter même un simple individu qui nous aurait enseigné une seule parole de Torah mais, d'un autre côté, d'honorer tous les Sages et érudits de la Torah, quand bien même n'aurions-nous rien appris d'eux (*Midrach Shmouel*).

[E]Le bonheur sera le lot des êtres intègres

Cette promesse de la *michna* envers ceux qui étudient ou enseignent la Torah, vient, de prime abord, s'ajouter à l'honneur qui leur est dû, tel que nous l'avons traduit.

D'autres commentateurs (*Tiféret Israël*) comprennent au contraire que ce passage de la *michna* est la continuation du précédent : c'est en raison à la fois de l'honneur et du bien dont bénéficie celui qui étudie la Torah que ce dernier doit respecter la personne qui lui a livré un enseignement.

◂

תִּשְׁתֶּה, וְעַל הָאָרֶץ תִּישַׁן, וְחַיֵּי צַעַר תִּחְיֶה, וּבַתּוֹרָה אַתָּה עָמֵל. אִם אַתָּה עֹשֶׂה כֵּן – "אַשְׁרֶיךָ וְטוֹב לָךְ", "אַשְׁרֶיךָ" – בָּעוֹלָם הַזֶּה, "וְטוֹב לָךְ" – לָעוֹלָם הַבָּא.

parcimonie tu boiras, sur le sol tu dormiras, une existence de tourment tu vivras, et dans la Torah tu te dépenseras. Dès lors que tu agiras ainsi, « tu seras bienheureux et tu acquerras le bonheur ». « Tu seras bienheureux » : dans ce monde d'ici-bas ; « tu acquerras le bonheur » : dans le Monde futur.

אַל תְּבַקֵּשׁ גְּדוּלָּה לְעַצְמְךָ, וְאַל תַּחְמוֹד כָּבוֹד. יוֹתֵר מִלִּמּוּדְךָ עֲשֵׂה. וְאַל תִּתְאַוֶּה לְשׁוּלְחָנָם שֶׁל מְלָכִים, שֶׁשּׁוּלְחָנְךָ גָּדוֹל מִשּׁוּלְחָנָם, וְכִתְרְךָ גָּדוֹל מִכִּתְרָם, וְנֶאֱמָן הוּא בַּעַל מְלַאכְתְּךָ שֶׁיְּשַׁלֵּם לְךָ שְׂכַר פְּעוּלָּתֶךָ.

Ne recherche pas la grandeur pour toi-même et ne convoite pas les honneurs ; plus que tu n'as étudié, agis et n'aspire pas à la table des rois, car ta table est plus grande que la leur et ta couronne plus grande que la leur ; et fiable est ton Employeur qui te rétribuera pour ton travail.

Les michnayot *précédentes ont décrit l'honneur et le bonheur qu'apporte l'étude de la Torah ; celle qui suit précise cependant qu'aucun confort ni aucune rétribution ne sont promis dans le monde d'ici-bas : l'étude de la Torah et le rapport que l'on y établit se suffisent à eux-mêmes.*

Telle est la voie de la Torah[E] [la manière dont quelqu'un parvient à élever sa personne par le biais de l'étude de la Torah est souvent associée à des difficultés matérielles] **: de pain avec du sel tu te nourriras** [à l'instar de personnes extrêmement indigentes qui n'ont rien d'autre à ajouter à leur morceau de

ÉCLAIRAGES

[E]**Telle est la voie de la Torah…**
Selon le *Hone 'Achir*, il faudrait aussi comprendre « la voie de la Torah » elle-même, dans son sens immédiat, à savoir que le Don de la Torah eut lieu dans le désert où, a priori, l'on ne trouve ni pain ni eau.

D'autres commentateurs comme Rachi soulignent que la *michna* ne vient pas prôner une vie de misère mais qu'elle souligne plutôt que, même lorsque l'on vit dans des conditions matérielles difficiles, nous avons néanmoins le devoir d'étudier la Torah (voir aussi la promesse de la *michna* 9 du chapitre 4 : « Celui qui observe la Torah dans la pauvreté finira par l'observer dans la richesse… »). Le commentaire *Tiféret Israël* souligne à ce propos que la *michna* évoque en fait les débuts de celui qui se consacre à la Torah mais qui, avec le temps, finira par avoir le mérite de s'enrichir.

Certains considèrent que la *michna* s'adresse aux riches dotés de moyens leur permettant de vivre une vie des plus larges et aisées. Ils devraient cependant ne pas s'habituer à une telle aisance et trouver le temps nécessaire pour étudier la Torah, quitte à mettre de côté leur confort.

pain qu'un peu de sel], **de l'eau avec parcimonie tu boiras**[E] [même la quantité d'eau est limitée au strict nécessaire exigé par le corps], **sur le sol tu dormiras** [et non dans un lit douillet], **une existence de tourment** [en raison de ces conditions déficientes ne donnant la place à aucune espèce de confort] **tu vivras** [tu devras te contenter du strict minimum], **et dans la Torah tu te dépenseras**[E] [nonobstant toutes ces difficultés matérielles, tu n'hésiteras pas à placer tous tes efforts dans l'étude de la Torah]. **Dès lors que tu agiras ainsi, « tu seras bienheureux et tu acquerras le bonheur »** [selon un verset des Psaumes (128, 2) commenté ci-après]. **« Tu seras bienheureux » : dans le monde d'ici-bas** [malgré toute ta peine, malgré la précarité des conditions de ton existence et l'absence de toute jouissance matérielle, le fait-même que tu puisses étudier la Torah constitue en soi une source de bonheur, car ta vie se trouve emplie de sens ; de plus, la simplicité dans laquelle tu vis te dispense de tous les soucis que connaissent ceux qui possèdent de nombreux biens] **; et « tu acquerras le bonheur » : dans le Monde futur** [dans lequel, à n'en pas douter, grande sera ta récompense grâce à tes efforts pour étudier la Torah].

[Bien que la Torah puisse t'apporter honneur et grandeur] **ne recherche pas la grandeur pour toi-même**[E E] [soit toute fonction élevée et liée à un

ÉCLAIRAGES

[E]De l'eau avec parcimonie tu boiras

Certains ont remarqué que ressort ici un double conseil : d'une part, se contenter de boire de l'eau et non du vin ou d'autres boissons et, d'autre part, boire avec mesure. Cette expression est d'ailleurs empruntée à un verset du prophète Ézéchiel (4, 11) : « Et tu boiras de l'eau à la mesure... ». Le Talmud (traité *Bava Batra* 89b) indique que « à la mesure » correspondrait à un trente-sixième de l'unité de volume « *log* », soit environ 10 cl.

[E]Et dans la Torah tu te dépenseras

L'accent est mis ici non pas sur la connaissance de la Torah mais sur les efforts déployés dans l'étude, chacun selon ses capacités et ses propres moyens : ce sont les efforts qui déterminent la récompense accordée à un individu (Yaavets, voir aussi la *michna* 23 du chapitre 5). Selon le *Midrach Shmouel*, il ne suffit pas de vivre une vie de misère pour mériter la Torah, encore faut-il s'y plonger et s'y investir.

[E]Dès lors que tu agiras ainsi, tu seras bienheureux... ne recherche pas la grandeur pour toi-même

Certains perçoivent ce passage comme la suite de la *michna* précédente qui promet honneur et bonheur à ceux qui se consacrent à l'étude de la Torah. Comme s'il fallait souligner que même une personne matériellement dénuée de presque tout dans sa vie peut rencontrer le bonheur par le simple fait qu'elle étudie la Torah. C'est pourquoi les Sages ne doivent pas rechercher la gloire et le bien-être matériel : la Torah elle-même constitue l'essentiel du bonheur et de l'honneur (*Pirké Moché*).

[E]Ne recherche pas la grandeur pour toi-même

La *michna* précise ici « pour toi-même » dans une intention bien particulière : s'il arrive qu'un sage puisse exiger d'être honoré comme il convient, il ne doit cependant pas en être glorifié à ses propres yeux : c'est qu'un tel honneur revient avant tout à la Torah elle-même et au Saint béni soit-Il (*Yaavets, Hone 'Achir*).

D'un autre point de vue, cela signifie que l'accent ne doit pas être mis sur son honneur personnel, mieux vaut plutôt se soucier et agir pour l'honneur de son prochain (*Midrach Shmouel*).

quelconque pouvoir important] **et ne convoite pas les honneurs**[E] [bien que les Sages méritent d'être honorés, tu ne dois ni vouloir ni rechercher la gloire] ; **plus que tu n'as étudié, agis**[E] [va au-delà de tes habitudes, efforce-toi d'étudier toujours et encore plus] **et n'aspire pas à la table des rois**[E] [malgré la richesse, la grandeur et la gloire qui s'y trouvent]**, car ta table est plus grande que la leur** [sache qu'étudier la Torah est bien plus important] **et ta couronne** [celle que la Torah accorde] **plus grande que la leur ; et** [en ce qui concerne les grands « comptes » :] **fiable est ton Employeur qui te rétribuera pour ton travail** [comme la *michna* 16 du chapitre 2 le souligne, l'on peut se fier au Saint béni soit-Il pour qu'Il octroie Sa récompense, si ce n'est dans ce monde d'ici-bas, en tout cas, dans le Monde futur].

ÉCLAIRAGES

[E]Ne convoite pas les honneurs

Certaines versions de cette *michna* n'incluent pas le terme « agis » de la phrase suivante, de sorte qu'il faudrait lire non pas : « Ne convoite pas les honneurs ; plus que tu n'as étudié, *agis*... » mais, « Ne convoite pas les honneurs plus que tu n'as étudié. » En d'autres termes, même si un individu devait être respecté en raison de son niveau de connaissances en Torah, il lui faut néanmoins être vigilant : l'honneur qu'on lui accorde ne doit jamais dépasser celui qu'on lui doit pour son niveau d'érudition.

Le Maharal de Prague propose quant à lui une autre ponctuation de la *michna* tout en conservant le terme « agis » : « Ne convoite pas les honneurs plus que tu as étudié, agis [soit : consacre-toi à l'étude de la Torah] plutôt que d'aspirer à la table des rois. »

[E]Plus que tu n'as étudié (*limoudkha*), agis

Le terme *limoud* possède un double sens, celui d'étudier et aussi celui d'être accoutumé. Aussi bien, la *michna* nous recommande de vaincre nos propres habitudes et d'étudier encore davantage que ce que l'on a pu acquérir, fût-ce par d'autres plus sages que nous.

Rachi voit dans ce conseil un encouragement à multiplier les bonnes actions pour ne pas perdre ce que l'on a appris, à l'instar de la *michna* 9 du chapitre 3, au nom de Rabbi 'Hanina ben Dossa : « Celui dont les [bonnes] actions excèdent sa sagesse, sa sagesse se maintient. »

D'autres commentateurs considèrent à partir de là qu'en cas de connaissances insuffisantes ou de doute, mieux vaut toujours aller dans le sens de la plus grande rigueur (*Midrach Shmouel*, Maharal de Prague).

[E]Car ta table est plus grande que la table des rois

Selon le commentaire de *Pirké Moché*, l'explication en est la suivante : d'après le début de la *michna*, un individu qui se consacre entièrement à la Torah se contente d'un minimum de nourriture, et tout ce que l'on lui apporte à manger le satisfait ; en revanche, les rois qui s'assoient à une table regorgeant de mets et de boissons ne se sentent toujours qu'à moitié rassasiés, aspirant à manger et à boire toujours plus.

MICHNA 5

ה. גְּדוֹלָה תּוֹרָה יוֹתֵר מִן הַכְּהֻנָּה וּמִן הַמַּלְכוּת, שֶׁהַמַּלְכוּת נִקְנֵית בִּשְׁלֹשִׁים מַעֲלוֹת, וְהַכְּהֻנָּה בְּעֶשְׂרִים וְאַרְבַּע, וְהַתּוֹרָה נִקְנֵית בְּאַרְבָּעִים וּשְׁמֹנָה דְּבָרִים: בְּתַלְמוּד, בִּשְׁמִיעַת הָאֹזֶן, בַּעֲרִיכַת שְׂפָתַיִם, בְּבִינַת הַלֵּב, בְּשִׂכְלוּת הַלֵּב, בְּאֵימָה, בְּיִרְאָה, בַּעֲנָוָה, בְּשִׂמְחָה, בְּשִׁמּוּשׁ חֲכָמִים, בְּדִקְדּוּק חֲבֵרִים, וּבְפִלְפּוּל הַתַּלְמִידִים, בְּיִשּׁוּב, בְּמִקְרָא, בְּמִשְׁנָה, בְּמִעוּט שֵׁינָה, בְּמִעוּט שִׂיחָה, בְּמִעוּט תַּעֲנוּג, בְּמִעוּט שְׂחוֹק, בְּמִעוּט דֶּרֶךְ אֶרֶץ, בְּאֶרֶךְ אַפַּיִם, בְּלֵב טוֹב, בֶּאֱמוּנַת חֲכָמִים, וּבְקַבָּלַת הַיִּסּוּרִין.

5. La Torah surpasse la prêtrise et la royauté, car la royauté est acquise par trente qualités et la prêtrise par vingt-quatre, tandis que la Torah s'acquiert par quarante-huit qualités. Ce sont : l'étude, l'écoute attentive, une énonciation claire, l'entendement du cœur, l'intelligence du cœur, la crainte, la révérence, l'humilité, la joie, le service des Sages, l'étude méticuleuse avec des condisciples, la discussion aiguisée avec les élèves, la pondération, la Bible, la Michna, peu de sommeil, l'économie des conversations, la minimisation des plaisirs, la minimisation de la frivolité, la modération des usages mondains, la longanimité, le bon cœur, la confiance dans les Sages, l'acceptation des souffrances.

Cette michna *et la suivante constituent sans doute l'essentiel du chapitre 6 nommé d'ailleurs* Kinyane Torah*, soit « l'acquisition de la Torah ». On y décrit justement la manière dont on peut acquérir la Torah : la préparation requise, l'effort et l'action, le mode de vie et d'étude, les qualités et les traits d'âme qu'un individu doit forger en lui-même, ce dont il doit s'abstenir et s'éloigner, afin qu'il ait le mérite d'ouvrir son cœur et son esprit à la Torah. D'un autre côté, ces mêmes traits sont autant de qualités spirituelles et personnelles qu'un homme s'approprie tout en étudiant la Torah.*

À titre d'introduction, la michna *procède à une comparaison entre la couronne de la Torah, sa vertu et son importance et deux autres couronnes, celles de la prêtrise et de la royauté, qui, elles aussi, sont sujettes à des mitsvot particulières et sont riches de qualités non moins particulières ; la manière de les mériter et de les acquérir leur demeure propre. Ces trois couronnes avaient déjà été évoquées dans la* michna *13 du chapitre 3.*

La Torah surpasse la prêtrise et la royauté [bien que celles-ci accordent bien des privilèges, c'est cependant la Torah qui l'emporte]**, car la royauté est acquise par trente qualités** [ces trente qualités correspondent aux divers privilèges, droits ou pouvoirs dont un roi en Israël bénéficie] **et la prêtrise par vingt-quatre**[E] [il s'agit des vingt-quatre cadeaux qui sont attribués aux *cohanim* par la communauté d'Israël (voir *Tossefta 'Halla* 2, 7)]**, tandis que la Torah s'acquiert par quarante-huit qualités**[E] [en revanche, la Torah ne s'acquiert pas « automatiquement » mais au contraire grâce à l'effort que l'on déploie dans son étude]**:**

> *La* michna *traite en premier lieu des qualités exigées de celui qui étudie la Torah :*

1. L'étude[E] [la Torah ne peut être acquise par aucune autre voie que celle de se consacrer à son étude et sa compréhension]. **2. L'écoute attentive** [l'on doit se préparer à écouter les paroles de Torah et à savoir établir la

ÉCLAIRAGES

[E]La royauté est acquise par trente qualités et la prêtrise par vingt-quatre

Selon certains, les différents privilèges accordés au roi sont énumérés dans le livre de Samuel (I 8, 11-17) introduits par cette phrase : « Voici comment procédera le roi que vous voulez avoir… ». D'autres considèrent qu'un complément à cette liste est rapporté dans le Talmud, au deuxième chapitre du traité *Sanhédrin* (voir Rachi ainsi que le *Ma'hzor* de Vitry).

Le traité *Kala Rabbati* (8, 17) rapporte de son côté d'autre détails quant aux privilèges du roi pour beaucoup tirés des descriptions de la richesse royale dans l'un des livres de la Bible, l'Ecclésiaste (2, 4) comme : « l'argent, l'or, les femmes, les serviteurs, les servantes… les trésors précieux des rois, les provinces, les princes, les princesses, les plaisirs… les armes, les troupes, les épices, etc. », puis encore « la justice, la bonté et la *tsédaka* ».

Quant à la prêtrise, hormis les vingt-quatre cadeaux précédemment mentionnés, certains commentateurs considèrent que cette *michna* évoque ici les vingt-quatre commandements spécialement réservés aux *cohanim* (*Ma'hzor* de Vitry).

Notons que le roi autant que le prêtre sont gratifiés de ces qualités et avantages, non pas parce qu'ils les ont acquis mais simplement en raison de leur propre rang.

[E]La Torah s'acquiert par quarante-huit qualités

Il existe plusieurs versions de cette liste des quarante-huit qualités, d'aucunes incluent « la pureté » et « la diminution des affaires » ou ne comptent pas certaines comme « aimer les actes caritatifs ». Ailleurs également, une qualité que nous avons présentée comme unique est divisée en deux : « s'éloigner des honneurs et ne pas courir après les honneurs » ou, à l'inverse, « qui le guide vers la vérité, qui lui inspire la paix » est indiquée comme une seule et même vertu et non pas deux (voir la *michna* suivante).

[E]L'étude

Nombre de commentateurs ont ici perçu la recommandation d'étudier auprès d'un maître et non pas tout seul, en raison du risque de se méprendre sur le sens du texte. Le *Midrach Shmouel* apporte cependant d'autres explications : il s'agirait plutôt du profond désir et de la curiosité d'étudier, car quiconque en est animé voudra étudier toujours plus ; ou encore de la nécessité d'approfondir les choses et de soulever des questions afin d'assurer la meilleure compréhension. L'on pourrait aussi y voir, à l'extrême, une exigence d'exclusivité, en d'autres termes, l'on devrait uniquement se consacrer à l'étude et à rien d'autre.

distinction entre les éléments importants à garder en mémoire et ce qui le sont moins]. **3. Une énonciation claire**[E] [soit une facilité d'élocution aussi bien lorsque l'on pose une question que lorsque l'on formule une réponse]. **4. L'entendement du cœur** [la faculté de saisir le fond des choses sans se contenter d'une compréhension superficielle]. **5. L'intelligence du cœur**[E] [la capacité d'intellectualiser les choses entendues et de les distinguer]. **6. La crainte** [dans le sens d'une crainte intellectuelle qui survient lorsque l'on prend conscience de la profondeur et de l'infinité du fossé qui nous sépare de la sagesse et de l'intellection]. **7. La révérence**[E] [l'étude de la Torah doit être accompagnée d'un sentiment de sérieux en raison de son importance et de sa grandeur ; elle appelle donc à la fois à la crainte et au respect, dû tant à la Torah elle-même qu'à celui qui l'enseigne]. **8. L'humilité** [une disposition d'esprit selon laquelle un individu reconnaît que toutes ses qualités n'émanent pas de sa propre personne, mais sont un véritable cadeau de Dieu : c'est seulement à partir d'une telle attitude de totale humilité qu'il pourra véritablement recevoir les paroles de la Torah]. **9. La joie** [car la Torah s'acquiert vraiment dans le cœur d'une personne lorsqu'elle étudie dans la joie et lorsque son cœur s'y ouvre largement].

La michna *aborde à présent les voies recommandées pour étudier et acquérir la Torah.*

ÉCLAIRAGES

[E]Une énonciation claire

Le terme utilisé par la *michna*, *arikhat séfatayim*, dont la traduction littérale pourrait être « l'élaboration des lèvres » est en effet le plus souvent interprété comme la facilité d'élocution.

Cependant, selon Rachi et d'autres commentateurs, ce terme *arikhat séfatayim* conduit à l'instruction suivante : toute personne qui étudie se doit de prononcer les mots du texte et ne peut se contenter d'une lecture mentale, à l'instar d'un verset des Proverbes (4, 22) : « Car elles sont un gage de vie pour ceux qui les trouvent », sachant que le terme en hébreu *motséhem* traduit ici par « les trouvent » pourrait se comprendre : « les font sortir ». Ainsi les paroles de la Torah de vie devraient-elles effectivement « sortir de notre bouche ».

[E]L'entendement du cœur, l'intelligence du cœur

En dehors de l'explication rapportée précédemment, le commentaire de *Tiféret Israël* entend l'expression « intelligence du cœur » comme l'appréhension de la dimension ésotérique de la Torah ; il n'est pas possible de vraiment comprendre et éclairer cette dernière dimension, l'on ne peut guère plus que la sillonner et en acquérir quelque notion.

Selon certaines versions, l'expression « intelligence du cœur » est remplacée par « l'intention du cœur » (*Midrach Shmouel, Yaavets*).

[E]La crainte (*eima*), la révérence (*yirah*)

La crainte comme la révérence, tant au niveau intellectuel qu'émotionnel, doivent se retrouver dans notre relation avec notre maître comme dans notre rapport à la Torah. D'autres commentaires associent le sentiment de « *eima* » à l'attitude de déférence vis-à-vis du maître et celui de « *yirah* » à la crainte révérencielle du Ciel (*Midrach Shmouel, Tiféret Israël*).

◄

10. Le service des Sages [il ne suffit pas d'écouter les paroles des Sages, il n'est pas moins utile de les fréquenter et de les servir ; c'est en contemplant leurs actes que l'on apprend de manière concrète la *halakha*]. **11. L'étude méticuleuse avec des condisciples** [il est en effet important d'étudier avec au moins un camarade afin de se plonger ensemble dans le texte de la Torah et d'en débattre jusqu'à l'infime nuance]. **12. La discussion aiguisée avec les élèves**[E] [le fameux *pilpoul*, que ce soit en tant qu'enseignant ou en tant qu'élève, qui consiste à discuter de tous les raisonnements possibles et à soulever toutes sortes de questions de manière pointilleuse]. **13. La pondération**[E] [dans le sens de la stabilité et du calme d'esprit].

Les deux points suivants concernent les bases de la connaissance, le contenu principal de l'étude permettant d'acquérir la Torah.

14. La Bible [l'étude de l'ensemble des vingt-quatre livres du canon biblique (*mikra* en hébreu) permet non seulement d'en posséder la connaissance mais aussi de maîtriser tous les domaines qu'englobe la Torah écrite]. **15. La Michna** [la Torah orale, car il importe de savoir revenir à plusieurs reprises sur les paroles des Sages consignées dans des textes dont la formulation a été déterminée et agréée].

À partir d'ici, la michna *décrit le mode de vie que devrait adopter celui qui étudie la Torah : principalement réduire ce qui touche aux affaires*

ÉCLAIRAGES

[E]Le service des Sages, l'étude méticuleuse avec des camarades, la discussion aiguisée avec les élèves

Ces trois qualités illustrent ce que chacun peut apprendre de ses maîtres, de ses camarades et de ses élèves, en écho à la *michna* 12 du chapitre 4 : « Que l'honneur de ton élève te soit aussi cher que le tien, l'honneur de ton camarade tout aussi précieux que la crainte de ton maître et la crainte de ton maître non moins exigeante que la crainte du Ciel. »

La tradition de se mettre au service des Sages remonte d'ailleurs à Josué, l'éminent disciple de Moïse, qui le servit pendant quarante ans avant de lui succéder (Exode 33, 11, Nombres 33, 28).

À noter que le traité *Tana Dévé Élyahou Zouta* (17) utilise le terme *dibouk 'haverim*, soit l'attachement aux camarades, au lieu de *dikdouk 'haverim*, soit l'étude méticuleuse avec des condisciples, selon la version que nous avons citée.

[E]La pondération (*yichouv*)

Dans son sens immédiat, la *michna* recommande d'étudier la Torah en quelque sorte à tête reposée et en toute conscience.

Ce terme de *yichouv* (qui peut désigner aussi le peuplement ou une localité, voire le monde en général) conduit à un autre commentaire : il s'agit aussi de posséder une compréhension pratique de la marche du monde ainsi que d'avoir une bonne connaissance des différents domaines de la science (*Tiféret Israël*).

Une autre explication relie le terme *yichouv* avec celui de *yéchiva* ; la *michna* préciserait ici que l'on ne peut étudier dans importe quel endroit mais qu'il y a plutôt lieu de se rendre dans une maison d'étude, une *yéchiva*, fréquentée par des Sages.

de ce monde d'ici-bas en évitant de s'y perdre ; c'est ainsi que l'on pourra libérer son cœur et son esprit à la Torah et à son assimilation.

16. Peu de sommeil [car il faut pouvoir consacrer un maximum de temps à l'étude la Torah]. **17. L'économie des conversations**[E] [afin de ne pas gaspiller son temps à des discussions futiles, sans intérêt et qui détournent l'esprit de la Torah]. **18. La minimisation des plaisirs** [il s'agit ici de ne pas rechercher les plaisirs du monde d'ici-bas, ni de s'y plonger car ils risquent de s'emparer de la personne et de l'asservir]. **19. La minimisation de la frivolité** [y compris toutes sortes de galéjades et de jeux amusants]. **20. La modération des usages mondains**[E] [en hébreu, dans le texte de la *michna* : *« dérekh érets »*, un euphémisme pudique et détourné afin de recommander la réduction des rapports conjugaux].

La michna *passe maintenant aux qualités nécessaires à la perfection de son âme, afin que la Torah pénètre dans le cœur de celui qui l'étudie et souhaite vraiment l'acquérir.*

21. La longanimité [la patience et la capacité à pardonner sans jamais s'irriter]. **22. Le bon cœur** [une façon de se comporter dans l'existence en recherchant avant tout le bien qui s'y trouve avec la volonté de pratiquer de bonnes actions]. **23. La confiance dans les Sages** [en accordant la confiance à leurs opinions et en acceptant leur autorité ; porter le doute à leur encontre ne permettrait pas de pleinement recevoir leur enseignement]. **24. L'acceptation des souffrances**[E]

ÉCLAIRAGES

[E]L'économie des conversations

Selon Rachi, il s'agit ici de s'abstenir au possible de toute conversation futile ou frivole. D'autres considèrent plutôt que l'on devrait s'abstenir de multiplier les conversations relevant du domaine profane (Rabbi Mattityahou Hayitshari). Certains enfin vont jusqu'à affirmer que la recommandation de la *michna* s'appliquerait même aux conversations liées à la Torah : ne déduit-on pas certaines lois en remarquant que la Torah a retiré ou, *a contrario*, a ajouté une seule lettre, justement parce que le texte de la Torah s'efforce souvent de demeurer concis (*Midrach Shmouel*) ?

[E]La modération des usages mondains (*dérekh érets*)

Le terme *dérekh érets* ici traduit par « usages mondains » et commenté plus haut comme désignant pudiquement les rapports conjugaux (dont la multiplication pourrait entraver l'étude de la Torah) suscite cependant d'autres interprétations.

Rachi, par exemple, considère qu'il s'agit de ne pas passer trop de temps au marché, tandis que, selon le *Midrach Shmouel*, il faut comprendre *dérekh érets* dans le sens courant de la politesse : à vouloir être excessivement poli, au cas où quelqu'un viendrait nous proposer d'interrompre notre étude de la Torah et de l'accompagner quelque part, nous risquerions de ne jamais oser refuser et par là-même, notre étude s'en trouverait affectée.

[E]L'acceptation des souffrances

Tout individu devrait normalement considérer que les souffrances qui s'abattent sur lui sont justifiées et ne devrait donc pas remettre en question les voies

◄

[si des souffrances s'abattent sur un individu, il se doit, d'une part, d'accepter avec amour le verdict du Ciel sans émettre de protestation et d'autre part, il lui faut faire en sorte qu'elles ne perturbent pas son étude de la Torah].

MICHNA 6

ו. הַמַּכִּיר אֶת מְקוֹמוֹ, וְהַשָּׂמֵחַ בְּחֶלְקוֹ, וְהָעוֹשֶׂה סְיָג לִדְבָרָיו, וְאֵינוֹ מַחֲזִיק טוֹבָה לְעַצְמוֹ, אָהוּב, אוֹהֵב אֶת הַמָּקוֹם, אוֹהֵב אֶת הַבְּרִיּוֹת, אוֹהֵב אֶת הַצְּדָקוֹת, אוֹהֵב אֶת הַמֵּישָׁרִים, אוֹהֵב אֶת הַתּוֹכָחוֹת, מִתְרַחֵק מִן הַכָּבוֹד, וְלֹא מֵגִיס לִבּוֹ בְּתַלְמוּדוֹ, וְאֵינוֹ שָׂמֵחַ בְּהוֹרָאָה, נוֹשֵׂא בְעוֹל עִם חֲבֵרוֹ, מַכְרִיעוֹ לְכַף זְכוּת, מַעֲמִידוֹ עַל הָאֱמֶת, מַעֲמִידוֹ עַל הַשָּׁלוֹם, מִתְיַשֵּׁב לִבּוֹ בְּתַלְמוּדוֹ, שׁוֹאֵל וּמֵשִׁיב, שׁוֹמֵעַ וּמוֹסִיף, הַלּוֹמֵד עַל מְנָת לְלַמֵּד, וְהַלּוֹמֵד עַל מְנָת לַעֲשׂוֹת, הַמַּחְכִּים אֶת רַבּוֹ, וְהַמְכַוֵּן אֶת שְׁמוּעָתוֹ, וְהָאוֹמֵר דָּבָר בְּשֵׁם אוֹמְרוֹ. הָא לָמַדְתָּ שֶׁכָּל הָאוֹמֵר דָּבָר בְּשֵׁם אוֹמְרוֹ מֵבִיא גְּאוּלָּה לָעוֹלָם, שֶׁנֶּאֱמַר: "וַתֹּאמֶר אֶסְתֵּר לַמֶּלֶךְ בְּשֵׁם מָרְדֳּכָי".

6. Celui qui connaît sa place, qui est satisfait de son sort, qui mesure ses propos, qui ne s'enorgueillit pas, qui est aimé, qui aime l'Omniprésent, qui aime les créatures, qui aime les voies de la *tsédaka*, qui aime les voies de la rectitude, qui aime les remontrances, qui s'éloigne des honneurs, qui ne tire pas fierté de son érudition, qui ne se réjouit pas de statuer des lois, qui partage le fardeau de son prochain, qui le juge favorablement, qui le guide vers la vérité, qui lui inspire la paix, qui place son cœur à l'unisson avec son étude, qui questionne et répond, qui écoute et complète, qui étudie dans le but d'enseigner, qui étudie dans le but d'agir, qui contribue à la sagesse de son maître, qui demeure précis en rapportant ce qu'il entend, qui rapporte chaque parole au nom de son auteur. Tu apprends ainsi que celui qui rapporte une parole au nom de son auteur amène la délivrance dans le monde, comme il est dit : « Esther dit au roi, au nom de Mordékhaï. »

ÉCLAIRAGES

de Dieu (*Hone 'Achir, Tiféret Israël*). D'autre part, ces souffrances ne devraient pas le déranger dans son étude de la Torah et le conduire à l'interrompre ; par ailleurs, une telle vertu offre un écho à la précédente *michna* qui prône les voies de la Torah au travers de l'abstinence : « Telle est la voie de la Torah : de pain avec du sel tu te nourriras… » (*Midrach Shmouel*).

◂

La michna *prend la suite de la précédente en décrivant les vingt-quatre autres qualités permettant d'acquérir la Torah. Autant de qualités qui s'acquièrent également par le biais de l'étude la Torah.*

25. Celui qui connaît sa place[E] [il prend exactement conscience de son niveau d'étude, de son rang moral et spirituel de sorte qu'il ne s'égare pas dans des domaines qui le dépassent, sans pourtant s'abaisser en-deçà de la place qui lui convient]. **26. Qui est satisfait de son sort** [content de ce qu'il possède, il ne se laisse pas emporter par des désirs envers ce qui ne lui appartient pas]. **27. Qui mesure ses propos**[E] [il s'exprime prudemment en pondérant bien ses paroles et il évite de dire tout ce qui lui passe par la tête afin de ne tomber ni dans l'interdit ni dans le superflu]. **28. Qui ne s'enorgueillit pas** [même s'il a beaucoup étudié et accompli, il ne se considère pas pour autant comme une personne particulièrement importante ou honorable mais simplement comme quelqu'un qui ne fait que remplir son devoir. De même ne pense-t-il pas avoir atteint un tel niveau qu'il puisse à présent interrompre son étude]. **29. Qui est aimé** [il ne détourne pas son entourage et s'efforce même d'être aimé des autres]. **30. Qui aime l'Omniprésent** [soit le Saint béni soit-Il]. **31. Qui aime les créatures** [tous les hommes et toute la Création]. **32. Qui aime les voies de la *tsédaka*** [il accomplit et soutient des actes de bienfaisance et de bonté]. **33. Qui aime les voies de la rectitude** [il agit de manière droite, sans supercherie ni sournoiserie, aussi bien dans ses relations avec son entourage social que

ÉCLAIRAGES

[E]Celui qui connaît sa place

Certains ont compris le terme de « place » dans son sens immédiat : l'on ne doit pas s'asseoir à une place réservée à un plus grand érudit que soi (Rabbi Mattityahou Hayitshari). Ou encore qu'il est important d'arriver au plus tôt dans la maison d'études afin d'occuper sa place (*Ma'hzor* de Vitry).

Sur un autre plan, la *michna* recommanderait à chacun d'avoir conscience de sa petitesse et de veiller à ne pas se considérer à un niveau plus élevé qu'il ne l'est réellement (*Tiféret Israël*). Nous devons par ailleurs nous souvenir que notre place n'est pas vraiment dans le monde d'ici-bas, ce qui devrait nous aider à maîtriser notre mauvais penchant et à nous consacrer à l'étude de la Torah (*Midrach Shmouel*).

[E]Celui qui mesure ses propos

Au sens littéral, il s'agit de mettre « une barrière » à ses paroles et partant, de montrer le plus grand scrupule à l'égard de soi-même afin de ne pas trébucher dans la faute (*Tiféret Israël*).

D'aucuns considèrent qu'il y a lieu d'appliquer cette « barrière » lorsqu'on délivre un enseignement aux autres, en d'autres termes mieux vaut-il adopter l'approche la plus rigoureuse possible afin qu'ils ne tombent pas dans la transgression (*Pirké Moché*).

La vertu que préconise ici la *michna* consiste aussi en la nécessité de présenter ses propos et son raisonnement de la manière la plus claire possible afin de n'y laisser aucune ombre (Rachi).

Enfin, selon une autre interprétation (*Midrach Shmouel*), la *michna* propose ici de savoir se taire quand il n'y a pas besoin de parler. Ou encore de ne pas se risquer à entrer dans le domaine ésotérique de la Torah au risque de s'en trouver gravement affecté, à l'instar de trois parmi les quatre Sages du Talmud entrés au *pardess*, c'est-à-dire qu'ils s'étaient engagés dans la dimension « secrète » de la Torah (*Tossefta 'Haguiga* 2, 3).

dans son rapport à l'étude]. 34. **Qui aime les remontrances** [il aime et accepte de bon cœur la critique afin d'en tirer leçon]. 35. **Qui s'éloigne des honneurs** [non seulement ne recherche-t-il pas les honneurs, mais encore fuit-il toute marque d'honneur qui lui serait adressée]. 36. **Qui ne tire pas fierté de son érudition**[E] [il ne se montre ni arrogant ni hautain à propos des enseignements de Torah qu'il approfondit, en dépit de l'étendue de son étude et de sa réussite]. 37. **Qui ne se réjouit pas de rendre des décisions juridiques** [il ne s'empresse pas de guider les autres et de leur fixer la *halakha,* sauf lorsqu'il s'en sent obligé et que c'est là son devoir ; et même alors, il le fera avec prudence, conscient des doutes et des différents aspects derrière chaque problème. Toute exaltation dans ce cas risquerait bien d'être accompagnée d'un sentiment d'arrogance et de domination]. 38. **Qui partage le fardeau de son prochain**[E] [s'il se trouve aux côtés d'un être en difficulté, il ressent sa souffrance et lui vient en aide comme si le fardeau pesait sur ses propres épaules, sans jamais fuir ses responsabilités]. 39. **Qui le juge favorablement** [il porte un regard toujours indulgent sur un acte quelconque de son prochain, puisse-t-il être interprété de manière négative]. 40. **Qui le guide vers la vérité**[E] [il indique à son prochain toute erreur qu'il risque de commettre afin de ne pas le laisser dans le faux]. 41. **Qui lui inspire la paix** [il aide son prochain à éviter toute dispute et si cela devait néanmoins se produire, il l'aiderait à apaiser les querelles avec autrui].

ÉCLAIRAGES

[E]Celui qui ne tire pas fierté de son érudition
La formulation du texte en hébreu (« *méguiss libo* ») peut avoir trait à deux défauts humains : d'une part, l'orgueil (littéralement, « la grossièreté du cœur ») et d'autre part, un comportement avec autrui par trop familier et sans aucune retenue (voir le traité *Yévamot*, chapitre 4, *michna* 10).

Certains en ont déduit que l'on ne doit pas se comporter comme quelqu'un qui possède une connaissance parfaite de la Torah et se permet de fixer la *halakha* sans réfléchir : l'on se doit au contraire d'être méticuleux vis-à-vis de toute question et de tout vérifier (Rabbi Mattityahou Hayitshari).

[E]Celui qui partage le fardeau de son prochain
Selon l'explication répandue, notre devoir consiste à aider notre prochain lorsqu'il subit un quelconque malheur, que notre soutien soit d'ordre physique, financier ou psychologique (*Tiféret Israël*).

D'aucuns relient cette vertu à celle nommée juste après (« juger favorablement ») : même lorsque notre prochain est entaché de mauvaises qualités, l'on se doit de tolérer sa conduite, ainsi que ses défauts, et de le juger favorablement en considérant qu'il demeure animé de bonnes intentions (*Midrach Shmouel*).

[E]Celui qui le guide vers la vérité, qui lui inspire la paix
Au moment où l'on se trouve plongé dans l'étude et que l'on tire des conclusions en termes de *halakha*, il faut savoir déterminer la stricte vérité. Cependant, lorsqu'il s'agit de trancher au moment du jugement, il faut pareillement s'efforcer d'adopter, dans toute la mesure du possible, une position conduisant à la paix, fût-ce par le biais de compromis (Rachi). N'est-ce point là l'un des messages de la *michna* 18 du chapitre 1 : « Le monde subsiste par trois vertus : la justice, la vérité et la paix ; car il est dit : "Que la vérité et le jugement de paix soient administrés dans vos portes". » ?

La michna *se tourne à présent vers la conduite à adopter lorsqu'on étudie la Torah.*

42. Qui place son cœur à l'unisson avec son étude [il s'efforce d'intégrer en lui ce qu'il étudie sans provoquer de conflits en son for intérieur ; d'un autre côté, en se plongeant dans la sagesse de la Torah, il devrait acquérir une certaine modération et mieux parvenir à prendre en compte les différents aspects qui se cachent dans tout sujet]. **43. Qui questionne** [chaque fois que cela se révèle nécessaire, il n'hésite pas à poser de bonnes questions afin d'éclairer le sujet] **et répond**[E] [lorsqu'on l'interroge, il ne s'abstient pas de fournir une réponse], **qui écoute** [ses maîtres et les autres] **et** [sur cette base] **complète** [les choses qu'il a entendues en les enrichissant de son propre chef]. **44. Qui étudie dans le but d'enseigner** [dès le départ de son étude, il n'a nulle intention d'en faire une affaire privée et il se prépare à partager avec autrui la sagesse qu'il aura acquise, ce qui d'ailleurs influe sur sa manière-même d'étudier]. **45. Qui étudie dans le but d'agir** [il ne cantonne pas son étude au seul domaine abstrait mais a bien l'intention de l'appliquer au travers d'actes concrets]. **46. Qui contribue à la sagesse de son maître** [les questions qu'il pose à son maître permettent à ce dernier de se renouveler et d'accroître sa sagesse]. **47. Qui demeure précis en rapportant ce qu'il entend**[E] [il cherche à intégrer, de manière systématique et en toute harmonie, à la fois ce qu'il a étudié et ce qu'il a entendu ; et il veille d'autre part à ce que ses

ÉCLAIRAGES

[E]Celui qui questionne et répond

Mieux vaut ne pas se limiter à répondre dès la première question et d'abord entendre l'ensemble des autres questions qui nous sont posées : c'est là l'assurance que la réponse fournie conviendra le mieux (Rachi).

Un autre commentaire veut que cette vertu concerne avant tout le maître qui se doit de savoir quelles sont les questions susceptibles d'éveiller la curiosité de ses élèves et quelle est la meilleure manière de répondre à celles qu'ils lui poseront. D'autre part, lorsque l'on entre en débat avec son camarade, il faut d'abord traiter des arguments qu'il présente et les remettre en question avant de proposer sa propre opinion : telle était d'ailleurs l'attitude de la maison d'Hillel qui indiquait d'abord l'avis de la maison de Chammaï avec lequel il se trouvait pourtant en désaccord (voir traité *Érouvin* 13b).

[E]Celui qui contribue à la sagesse de son maître, qui demeure précis en rapportant ce qu'il entend

L'expression *ma'hkim eth rabo* (traduite ici par « qui contribue à la sagesse de son maître ») pourrait aussi se comprendre comme « celui qui considère son maître comme un *'Hakham*, comme un Sage ». Ainsi, cette vertu concernerait plutôt quiconque a lui-même atteint un haut niveau d'érudition : même si l'un des enseignements de son maître devait lui sembler surprenant, il ne peut se contenter de le repousser en pensant que son maître a commis un oubli ou qu'il méconnaît le sujet. À lui de se souvenir que son maître demeure un grand érudit et que profondes sont ses pensées ; par conséquent, il se doit d'approfondir les paroles de son maître et de saisir ses intentions. De même, au cas où son maître viendrait à enseigner deux lois en apparence contradictoires, il ne pourra pas aussi facilement les rejeter et il devra s'efforcer de comprendre la façon spécifique dont chacune peut être appliquée (voir *Tiféret Israël*).

◂

paroles demeurent fidèles à la tradition et à la *halakha*]. **48. Qui rapporte chaque parole au nom de son auteur** [en répétant des dires quelconques ou un certain enseignement, il veille toujours à nommer la personne qui en est à l'origine sans jamais s'en attribuer le mérite]. **Tu apprends ainsi que celui qui rapporte une parole au nom de son auteur amène la délivrance dans le monde** [quant à la dernière vertu, outre l'intégrité d'esprit qu'elle représente, elle est de nature à provoquer le salut], **comme il est dit** [Esther (2, 22)] **: « Esther dit au roi, au nom de Mordékhaï** [lorsqu'elle mentionna au roi A'hachvéroch que Mordékhaï avait déjoué un complot contre lui. Le roi rendit alors à Mordékhaï de grands honneurs, événement à partir duquel se déroula toute l'histoire de Pourim, jusqu'à la délivrance du peuple juif menacé d'extermination]. »

MICHNA 7

ז. גְּדוֹלָה תּוֹרָה שֶׁהִיא נוֹתֶנֶת חַיִּים לְעוֹשֶׂיהָ, בָּעוֹלָם הַזֶּה וּבָעוֹלָם הַבָּא. שֶׁנֶּאֱמַר: "כִּי חַיִּים הֵם לְמֹצְאֵיהֶם וּלְכָל בְּשָׂרוֹ מַרְפֵּא". וְאוֹמֵר: "רִפְאוּת תְּהִי לְשָׁרֶּךָ וְשִׁקּוּי לְעַצְמוֹתֶיךָ". וְאוֹמֵר: "עֵץ חַיִּים הִיא לַמַּחֲזִיקִים בָּהּ וְתֹמְכֶיהָ מְאֻשָּׁר". וְאוֹמֵר: "כִּי לִוְיַת חֵן הֵם לְרֹאשֶׁךָ וַעֲנָקִים לְגַרְגְּרֹתֶיךָ". וְאוֹמֵר: "תִּתֵּן לְרֹאשְׁךָ לִוְיַת חֵן עֲטֶרֶת תִּפְאֶרֶת תְּמַגְּנֶךָּ". וְאוֹמֵר: "כִּי בִי יִרְבּוּ יָמֶיךָ וְיוֹסִיפוּ לְךָ שְׁנוֹת חַיִּים". וְאוֹמֵר: "אֹרֶךְ יָמִים בִּימִינָהּ בִּשְׂמֹאולָהּ עֹשֶׁר וְכָבוֹד". וְאוֹמֵר: "כִּי אֹרֶךְ יָמִים וּשְׁנוֹת חַיִּים וְשָׁלוֹם יוֹסִיפוּ לָךְ". וְאוֹמֵר: "דְּרָכֶיהָ דַרְכֵי נֹעַם וְכָל נְתִיבוֹתֶיהָ שָׁלוֹם".

7. Grande est la Torah, car elle procure la vie à ceux qui l'observent, en ce monde d'ici-bas et dans le Monde futur, car il est écrit : « Elles sont la vie pour celui qui les découvre et une guérison pour toute sa chair » ; et il est dit : « Ce sera le remède pour ton organisme et un élixir pour tes os » ; et il est dit : « Elle est un arbre de vie pour ceux qui la respectent et ceux qui la soutiennent gagnent le bonheur » ; et il est dit : « Car elles sont un gracieux diadème sur ta tête et un collier à ton cou » ; et il est dit : « Elle posera sur ta tête un gracieux diadème et t'octroiera une couronne de magnificence » ; et il est dit : « Car c'est par moi que se multiplieront tes jours et que te seront ajoutées des années de vie » ; et il est dit : « À sa droite est la longévité, à sa gauche, la richesse et l'honneur » ; et il est dit : « Car la longévité, des années de vie et la paix te seront ajoutées » ; et il est dit : « Ses voies sont des voies pleines de délices, et tous ses sentiers conduisent à la paix. »

Cette michna *porte toute entière la louange de la Torah, en s'appuyant sur des versets tirés du livre des Proverbes de la Bible*

Grande est la Torah, car elle procure la vie à ceux qui l'observent, en ce monde d'ici-bas et dans le Monde futur[E]**, car il est dit** [Proverbes 4, 22] **: « Elles sont la vie pour celui qui les découvre et une guérison pour toute sa chair »** [les paroles de Torah constituent « la vie pour celui qui les découvre », expression associée au Monde futur, et « une guérison pour toute sa chair », allusion au monde d'ici-bas] **; et il est dit** [*ibid.* 3, 8] **: « Ce sera le remède pour ton organisme** [littéralement : « ton nombril », une allusion au point de départ de la vie et donc à tout le corps] **et un élixir pour tes os**[E] [la Torah renforce l'ensemble du corps de ceux qui l'embrassent] **» ; et il est dit** [*ibid.* 3, 18] **: « Elle** [la Torah] **est un arbre de vie pour ceux qui la respectent**[E] **et ceux qui la soutiennent gagnent le bonheur** [elle octroie la vie à ceux qui l'adoptent et l'observent et assure le bonheur aux individus qui apportent leur aide à ceux qui l'étudient] **» ; et il est dit** [*ibid.* 1, 26] **: « Car elles sont un gracieux diadème sur ta tête et un collier à ton cou**[E] [les paroles de Torah accordent

ÉCLAIRAGES

[E]Grande est la Torah, car elle procure la vie à ceux qui l'observent en ce monde d'ici-bas et dans le Monde futur

Cette *michna* apparaît comme une introduction à la suivante où se trouvent décrites les nombreuses vertus seyantes aux *tsaddikim*, aux justes, comme la richesse, la vigueur et l'honneur. Certes, ces dernières vertus peuvent aussi s'acquérir par d'autres moyens ; cependant, la vie à la fois dans le Monde futur et dans le monde d'ici-bas ne se mérite que par le biais de la Torah : c'est en cela que « Grande est la Torah » (*Tiféret Israël*).

On a pu remarquer que le terme « observent » vient souligner que l'affirmation de la *michna* selon laquelle la Torah donne la vie s'applique précisément à celui qui respecte les préceptes de la Torah et non à celui qui l'étudie sans les observer.

[E]Une guérison pour toute sa chair… Ce sera le remède pour ton organisme et un élixir pour tes os

Il y a ici une gradation : « une guérison pour toute sa chair… » concerne les blessures externes, « le remède pour ton organisme (*litt.* : ton nombril) » se rapporte aux organes internes, tandis qu'« un élixir pour tes os » a pour but de soigner une faiblesse physique généralisée dans tout le corps (*Tiféret Israël*).

Une autre interprétation veut que la Torah protège les os du corps dans la tombe (Rachi).

[E]Elle est un arbre de vie pour ceux qui la respectent

La vie dont il est question ici n'est autre que la vie éternelle accordée aux *tsaddikim* qui, selon les Sages (Talmud de Jérusalem, traité *Bérakhot* 2, 3), « même après leur mort, continuent d'être appelés vivants ». En effet, l'expression « arbre de vie » rappelle l'arbre de vie qui se trouvait au jardin d'Éden ; Dieu, avant d'en expulser Adam et Ève, avait alors dit (Genèse 3, 22) : « Voici l'homme devenu comme l'un de nous, en ce qu'il connaît le bien et le mal. Et maintenant, il pourrait étendre sa main et cueillir aussi du fruit de l'arbre de vie ; s'il devait en manger, il vivrait à jamais. »

[E]Car elles sont un gracieux diadème sur ta tête et un collier à ton cou

Ceux qui étudient la Torah méritent la vie dans le Monde futur et « ce gracieux diadème » placé sur leur tête rappelle un passage du Talmud (traité *Bérakhot* 17a) mentionnant la récompense accordée aux *tsaddikim* « qui y siègent avec leurs couronnes sur leur tête » (*Pirké Moché*).

◄

la beauté aussi bien que la gloire à ceux qui s'y consacrent] » ; **et il est dit** [de manière semblable, *ibid.* 4, 9] : « **Elle posera sur ta tête un gracieux diadème** [tout être doté de sagesse affiche aussi une certaine grâce même s'il n'est pas forcément beau ...] **et t'octroiera une couronne de magnificence** [ce qui peut aussi se traduire comme « une couronne de magnificence te protégera »] » ; **et il est dit** [*ibid.* 9, 11] : « **Car c'est par moi que se multiplieront tes jours et que te seront ajoutées des années de vie** [la Torah favorise la longévité pour ceux qui l'étudient] » ; **et il est dit** [*ibid.* 3, 16] : « **À sa droite est la longévité** [la droite symbolise le côté puissant et octroie ce qui est considéré comme un don de Dieu au-delà du pouvoir d'un individu : une longue vie], **à sa gauche la richesse et l'honneur** [associés au côté gauche, ce qui se rapporte au monde d'ici-bas] » ; **et il est dit** [*ibid.* 3, 2] : « **Car la longévité, des années de vie et la paix te seront ajoutées** » [une manière de résumer tous les bienfaits cités précédemment et réservés à ceux qui observent et étudient la Torah] ; **et il est dit** [*ibid.* 3, 17] : « **Ses voies sont des voies pleines de délices, et tous ses sentiers conduisent à la paix** [ces voies et ces sentiers illustrent en quelque sorte les principes sur lesquels se fondent la Torah]. »

MICHNA 8

ח. רַבִּי שִׁמְעוֹן בֶּן יְהוּדָה מִשּׁוּם רַבִּי שִׁמְעוֹן בֶּן יוֹחַאי אוֹמֵר: הַנּוֹי, וְהַכֹּחַ, וְהָעוֹשֶׁר, וְהַכָּבוֹד, וְהַחָכְמָה, וְהַזִּקְנָה, וְהַשֵּׂיבָה, וְהַבָּנִים – נָאֶה לַצַּדִּיקִים וְנָאֶה לָעוֹלָם, שֶׁנֶּאֱמַר: "עֲטֶרֶת תִּפְאֶרֶת שֵׂיבָה בְּדֶרֶךְ צְדָקָה תִּמָּצֵא". וְאוֹמֵר: "תִּפְאֶרֶת בַּחוּרִים כֹּחָם וַהֲדַר זְקֵנִים שֵׂיבָה". וְאוֹמֵר: "עֲטֶרֶת חֲכָמִים עָשְׁרָם". וְאוֹמֵר: "עֲטֶרֶת זְקֵנִים בְּנֵי בָנִים וְתִפְאֶרֶת בָּנִים אֲבוֹתָם". וְאוֹמֵר: "וְחָפְרָה הַלְּבָנָה וּבוֹשָׁה הַחַמָּה, כִּי מָלַךְ ה' צְבָאוֹת בְּהַר צִיּוֹן וּבִירוּשָׁלַיִם וְנֶגֶד זְקֵנָיו כָּבוֹד". רַבִּי שִׁמְעוֹן בֶּן מְנַסְיָא אוֹמֵר: אֵלּוּ שֶׁבַע מִדּוֹת

8. Rabbi Chim'one ben Yéhouda dit, au nom de Rabbi Chim'one ben Yo'haï : « La beauté, la force, la richesse, l'honneur, la sagesse, l'âge avancé, les cheveux grisonnants et les enfants siéent aux justes et siéent au monde, car il est dit : "L'âge avancé constitue un diadème de splendeur, c'est sur le chemin de la rectitude qu'elle se rencontre" ; et il est dit : "La splendeur des jeunes est leur vigueur, la splendeur des anciens se reconnaît dans leur âge avancé" ; et il est dit : "Le diadème des Sages est leur richesse" ; et il est dit : "Le diadème des anciens, ce sont les petits-enfants et la splendeur des enfants, ce sont leurs parents" ; et il est dit : "Et la lune sera disgraciée, le soleil

שֶׁמָּנוּ חֲכָמִים לַצַּדִּיקִים - כּוּלָּם נִתְקַיְּמוּ בְּרַבִּי וּבָנָיו.

couvert de honte, car le Dieu des légions régnera alors sur la montagne de Sion et à Jérusalem, et Ses anciens seront gratifiés d'honneur". » Rabbi Chim'one ben Ménassia disait : « Ces sept qualités que les Sages ont attribuées aux *tsaddikim* s'incarnaient toutes en Rabbi et ses enfants. »

Cette michna *décrit les mérites supplémentaires dont sont gratifiés ceux qui se consacrent à la Torah.*

Rabbi Chim'one ben Yéhouda[P] **dit, au nom de Rabbi Chim'one ben Yo'haï : « La beauté, la force, la richesse, l'honneur, la sagesse**[E]**, l'âge avancé, les cheveux grisonnants** [qui l'accompagnent]**, et les enfants siéent aux justes** [car toutes ces vertus se retrouvent en eux] **et** [également] **siéent au monde**[E] [lorsque les *tsaddikim* sont gratifiés de toutes ces qualités, c'est aussi le monde entier qui en bénéficie]**,**

La michna *y apporte à présent des preuves tirées de différents versets.*

ÉCLAIRAGES

[E]« La beauté, la force, la richesse... siéent aux justes et siéent au monde »
L'on est en droit de s'interroger : en quoi ces bienfaits profitent non seulement aux *tsaddikim* mais aussi au monde ? La réponse repose sur le fait que, par exemple, la force ou la richesse peuvent être dirigées vers le mal ou vers le bien (comme l'accomplissement de *mitsvot*) et il vaut mieux donc qu'elles échoient aux justes plutôt qu'à des individus mal intentionnés (*Tiféret Israël, Midrach Chmouel*).

D'autre part, ces mêmes vertus s'avèrent a priori superficielles et éphémères. Or les *tsaddikim* sont, eux, en mesure de leur donner un sens et de les utiliser de telle manière qu'elles peuvent servir une finalité éternelle (Yaavets).

[E]La sagesse
La sagesse dont il est question ne serait pas la seule sagesse de la Torah : cette dernière, en effet, ne sied pas seulement aux *tsaddikim*, elle est leur occupation principale. Il s'agirait donc plutôt de la sagesse du cœur, de la sagacité, voire de la connaissance des sciences profanes afin que « rien ne fasse défaut aux *tsaddikim* » (Yaavets).

PERSONNAGES

[P]Rabbi Chim'one ben Yéhouda
Rabbi Chim'one ben Yéhouda, originaire d'Acre et l'un des Sages de Galilée appartenant à la cinquième génération des *Tannaïm*, fut l'un des éminents disciples de Rabbi Chim'one Bar Yo'haï. Il fut aussi un contemporain de Rabbi Yéhouda *hanassi*, quoiqu'apparemment plus âgé. On le retrouve quelques fois dans la Michna et des dizaines de fois dans la *Tossefta*. Pratiquement dans chaque cas, il cite les enseignements de son maître, Rabbi Chim'one Bar Yo'haï.

car il est dit [Proverbes 16, 31]**: "Les cheveux grisonnants constituent un diadème de splendeur, c'est sur le chemin de la rectitude qu'on les rencontre**[E] [les cheveux grisonnants se révèlent une parure pour ceux qui y parviennent et mènent une vie de droiture]" **; et il est dit** [*ibid.* 20, 29] **: "La splendeur des jeunes est leur vigueur, la splendeur des anciens se reconnaît dans les cheveux grisonnants** [la vigueur tout comme la splendeur constituent des qualités que l'on rencontre chez un être humain, chacune en son temps, mais la véritable splendeur est le lot des personnes âgées]" **; et il est dit** [*ibid.* 14, 24] **: "Le diadème des Sages est leur richesse** [et cette dernière leur sied]" **; et il est dit** [*ibid.* 17, 6] **: "Le diadème des anciens, ce sont les petits-enfants** [d'un côté, les petits-enfants inspirent une certaine sécurité et procurent de la tranquillité d'esprit aux grands-parents : ne sont-ils pas une preuve de la continuité des générations ?] **et** [d'un autre côté] **la splendeur des enfants, ce sont leurs parents** [lorsque les parents sont des gens de vertu, leurs enfants peuvent en tirer une certaine gloire. Ainsi, trouve-t-on une réciprocité : les enfants tirent une fierté de leurs parents et les grands-parents de leurs petits-enfants ainsi que de leurs actions]" **; et il est dit** [Isaïe 24, 23, un autre verset qui souligne l'honneur accordé aux Sages] **: "Et la lune sera disgraciée, le soleil couvert de honte, car le Dieu des légions régnera** [seul] **alors sur la montagne de Sion et à Jérusalem, et Ses anciens** [Ses sages empreints de la sagesse divine] **seront gratifiés d'honneur". » Rabbi Chim'one ben Ménassia**[P] **disait : « Ces**

ÉCLAIRAGES

[E]Les cheveux grisonnants constituent un diadème de splendeur, c'est sur le chemin de la rectitude qu'on les rencontre

Il semble, selon Rachi, que ce verset soit à l'origine de tout ce qui suit dans la *michna*. Les versets cités ensuite en seraient dès lors l'explication. Ainsi, le diadème, la splendeur et l'âge avancé se conjuguent avec la voie de la justice, soit celle des justes. Et le « diadème » s'identifie avec la richesse comme il est dit : « Le diadème des Sages est leur richesse. » Quant à la splendeur (*tiféret*), en plus du sens habituel de beauté, elle se trouve aussi associée aux enfants et à la vigueur, comme l'on peut en déduire des versets cités plus loin : « Le diadème des anciens, ce sont les petits-enfants et la splendeur des enfants, ce sont leurs parents » et « La splendeur des jeunes est leur vigueur. » Quant à l'honneur et la vieillesse, on les retrouve dans le dernier verset mentionné dans la *michna* : « Ses anciens seront gratifiés d'honneur » (Rachi).

Selon d'autres commentaires (*Tiféret Israël*, Rabbi Mattityahou Hayitshari), nul besoin est de prouver que la beauté, la force, la richesse, l'honneur et la sagesse siéent aux *tsaddikim*. Les versets cités sont plutôt là pour ce qui nécessite une preuve. Ainsi, « Les cheveux grisonnants constituent un diadème de splendeur » nous enseigne que la vieillesse et le grand âge représentent une vertu, puis « Le diadème des anciens, ce sont les petits-enfants » souligne que les enfants sont la couronne de l'homme.

PERSONNAGES

[P]Rabbi Chim'one ben Ménassia

Rabbi Chim'one ben Ménassia, comme Rabbi Chim'one ben Yéhouda, fut un contemporain de Rabbi Yéhouda *hanassi*. Lui et son camarade d'études Rabbi Yossi ben Méchoulam étaient surnommés la « sainte assemblée », car ils avaient pour usage de

sept vertus[E] [précédemment énumérées dans notre *michna*] **que les Sages ont attribuées aux *tsaddikim* s'incarnaient toutes en Rabbi** [Rabbi Yéhouda *hanassi*] **et ses fils** [qui lui ont succédé]**. »**

MICHNA 9

ט. אָמַר רַבִּי יוֹסֵי בֶּן קִיסְמָא: פַּעַם
אַחַת הָיִיתִי מְהַלֵּךְ בַּדֶּרֶךְ, וּפָגַע
בִּי אָדָם אֶחָד, וְנָתַן לִי שָׁלוֹם,
וְהֶחֱזַרְתִּי לוֹ שָׁלוֹם. אָמַר לִי: רַבִּי,
מֵאֵיזֶה מָקוֹם אַתָּה? אָמַרְתִּי
לוֹ: מֵעִיר גְּדוֹלָה שֶׁל חֲכָמִים
וְשֶׁל סוֹפְרִים אֲנִי. אָמַר לִי: רַבִּי,
רְצוֹנְךָ שֶׁתָּדוּר עִמָּנוּ בִּמְקוֹמֵנוּ,
וַאֲנִי אֶתֵּן לְךָ אֶלֶף אֲלָפִים דִּינְרֵי
זָהָב וַאֲבָנִים טוֹבוֹת וּמַרְגָּלִיּוֹת?
אָמַרְתִּי לוֹ: בְּנִי, אִם אַתָּה נוֹתֵן

9. Rabbi Yossé ben Kisma dit : « Un jour, tandis que je me trouvais en chemin, un homme, venu à ma rencontre, me salua, et je lui rendis son salut. Il me dit : "Rabbi, de quel endroit es-tu ?" Je lui dis : "Je viens d'une grande ville de sages et de scribes." Il me dit : "Rabbi, voudrais-tu venir t'établir parmi nous, dans notre lieu de résidence et je te donnerai des milliers de pièces d'or, des pierres précieuses et des perles." Je lui dis : "Mon fils, même si tu me donnais tout l'argent, tout l'or, toutes les pierres précieuses et toutes les perles du monde,

ÉCLAIRAGES

[E] Ces sept qualités

En vérité, la *michna* compte, a priori, huit qualités. Certains considèrent que la sagesse et l'âge avancé se confondent en une seule qualité, car la longévité permet d'acquérir la sagesse (*Notser 'Hessed*). Autrement, l'on pourrait aussi dire que ce sont l'âge avancé et les cheveux grisonnants qui sont réunis et comptés comme une seule qualité (Maharal de Prague).

PERSONNAGES

partager leur journée ainsi : un tiers pour l'étude de la Torah, un tiers pour la prière et un tiers pour leur travail. Ou encore, parce qu'ils se plongeaient dans l'étude de la Torah pendant tout l'hiver, réservant l'été à leur travail (*Kohélet Rabba* 9, 1). On le trouve mentionné une fois de plus dans la Michna (traité *'Haguiga* chapitre 1, *michna* 7) et d'autres fois dans la *Tossefta* et le Talmud. Selon d'antiques témoignages, sa tombe se trouverait entre Gouch 'Halav et Safed.

La tombe de Rabbi Chim'one ben Ménassia entre Gouch 'Halav et Safed

וּמַרְגָּלִיּוֹת שֶׁבָּעוֹלָם, אֵינִי דָּר אֶלָּא בִּמְקוֹם תּוֹרָה. לְפִי שֶׁבִּשְׁעַת פְּטִירָתוֹ שֶׁל אָדָם, אֵין מְלַוִּין לוֹ לְאָדָם לֹא כֶּסֶף וְלֹא זָהָב, וְלֹא אֲבָנִים טוֹבוֹת וּמַרְגָּלִיּוֹת, אֶלָּא תּוֹרָה וּמַעֲשִׂים טוֹבִים בִּלְבַד, שֶׁנֶּאֱמַר: "בְּהִתְהַלֶּכְךָ תַּנְחֶה אֹתָךְ, בְּשָׁכְבְּךָ תִּשְׁמֹר עָלֶיךָ, וַהֲקִיצוֹתָ הִיא תְשִׂיחֶךָ"; "בְּהִתְהַלֶּכְךָ תַּנְחֶה אֹתָךְ" – בָּעוֹלָם הַזֶּה, "בְּשָׁכְבְּךָ תִּשְׁמֹר עָלֶיךָ" – בַּקֶּבֶר, "וַהֲקִיצוֹתָ הִיא תְשִׂיחֶךָ" – לָעוֹלָם הַבָּא. וְכֵן כָּתוּב בְּסֵפֶר תְּהִלִּים עַל יְדֵי דָוִד מֶלֶךְ יִשְׂרָאֵל: "טוֹב לִי תוֹרַת פִּיךָ מֵאַלְפֵי זָהָב וָכָסֶף". וְאוֹמֵר: "לִי הַכֶּסֶף וְלִי הַזָּהָב נְאֻם ה' צְבָאוֹת". לִי כָּל כֶּסֶף וְזָהָב וַאֲבָנִים טוֹבוֹת	**je n'habiterais pas ailleurs que dans un lieu de Torah. En effet, au moment où un homme meurt, il n'est accompagné ni de son or, ni de son argent, ni de ses perles, ni de ses pierres précieuses ; seules la Torah et ses bonnes actions l'accompagnent, ainsi qu'il est dit : 'Qu'elles te guident dans tes marches, veillent sur ton repos et te soient un sujet d'entretien à ton réveil'. 'Qu'elles te guident dans tes marches', soit dans ce monde d'ici-bas. 'Qu'elles veillent sur ton repos', soit dans la tombe, et 'qu'elles te soient un sujet d'entretien à ton réveil', soit dans le Monde futur. De même le Psalmiste a-t-il écrit : 'Plus précieux est pour moi l'enseignement de ta bouche que des monceaux de pièces d'or et d'argent.' Et il est dit : 'A Moi appartient l'argent, à Moi l'or, dit le Dieu des légions'". »**

En écho aux michnayot *précédentes, cette* michna *rapporte une anecdote illustrant le bonheur que procure la Torah et qui surpasse tous les autres pouvant exister dans ce monde d'ici-bas.*

Rabbi Yossé ben Kisma[P] **dit : « Un jour, tandis que je me trouvais en chemin, un homme, venu à ma rencontre, me salua** [comme cela est d'usage lorsqu'un homme rencontre une personne plus éminente que lui-même]**, et je lui rendis son salut. Il me dit : "Rabbi, de quel endroit es-tu ?" Je lui dis : "Je viens d'une grande ville de sages et de scribes** [qui étudient la Torah et

PERSONNAGES

[P]**Rabbi Yossé ben Kisma**

Rabbi Yossé ben Kisma est l'un des Sages de Yavné, et appartient à la troisième génération des *Tannaïm*, les Sages de la Michna. Il se trouve mentionné dans le Talmud un certain nombre de fois, notamment à propos de récits haggadiques le concernant. L'on raconte en particulier qu'il avait un pouvoir singulier de prédire l'avenir.

À l'époque de la révolte de Bar Kokhba, il manifesta une attitude des plus modérées : selon lui, il n'y avait pas lieu de se rebeller contre le pouvoir romain, avec qui il entretenait apparemment des rapports étroits. De nombreux dignitaires romains l'accompagnèrent d'ailleurs à sa dernière demeure (traité *Avoda Zara* 18a).

L'on sait enfin qu'il eut un fils figurant parmi les Sages, du nom de Rabbi Yo'hanane.

l'enseignent aux enfants, en d'autres termes une ville où la Torah a largement sa place]." **Il me dit : "Rabbi, voudrais-tu venir t'établir parmi nous, dans notre lieu de résidence**[E] [dans notre ville, où tu seras notre guide], **et je te donnerai des milliers de pièces d'or, des pierres précieuses et des perles." Je lui dis : "Mon fils, même si tu me donnais tout l'argent, tout l'or, toutes les pierres précieuses et toutes les perles du monde, je n'habiterais pas ailleurs que dans un endroit de Torah** [c'est-à-dire où se trouvent des Sages érudits en Torah, ce qui n'est pas le cas de ta ville]. **En effet, au moment où un homme meurt, il n'est accompagné ni de son or, ni de son argent, ni de ses perles, ni de ses pierres précieuses** [ce sont là des biens matériels appartenant au monde d'ici-bas qu'un mort ne peut emporter avec lui] ; **seules la Torah et ses bonnes actions l'accompagnent** [en revanche, sa *néchama*, son âme, est en mesure de prendre avec elle ses acquis spirituels lorsqu'elle arrive au Monde futur], **ainsi qu'il est dit** [Proverbes 6, 22] : **'Qu'elles te guident dans tes marches, veillent sur ton repos et te soient un sujet d'entretien à ton réveil.'** [Ce dernier verset est ainsi expliqué :] **'Qu'elles te guident dans tes marches', soit** [tout au long de ta vie] **dans ce monde d'ici-bas. 'Qu'elles veillent sur ton repos', soit** [lorsque tu reposeras] **dans la tombe, et 'qu'elles te soient un sujet d'entretien à ton réveil** [lors de la résurrection des morts]**', soit dans le Monde futur. De même, le Psalmiste a-t-il écrit** [Psaume 119,

ÉCLAIRAGES

[E]Rabbi, voudrais-tu venir t'établir parmi nous, dans notre lieu de résidence

Cette *michna* qui, suite aux précédentes affirmant que la richesse et les honneurs siéent aux *tsaddikim*, vient néanmoins nous apporter un autre enseignement : nous ne devons pas les rechercher et la priorité demeure d'habiter dans un lieu de Torah.

Cet homme qui rencontra Rabbi Yossé ben Kisma en chemin s'étonna en lui-même : comment est-ce possible qu'un personnage aussi grand doive prendre la peine de se déplacer sur les routes afin d'assurer son gagne-pain ? Son poste de rabbin ne serait-il pas respecté à ce point ? Rabbi Yossé ben Kisma lui répondit qu'il habitait dans une ville de sages et de scribes n'étant pas assez riches pour subvenir à ses besoins. C'est alors que l'homme lui proposa d'accepter le poste de guide spirituel dans sa ville qui, elle, serait en mesure de le rémunérer généreusement selon sa volonté. Rabbi Yossé ben Kisma refusa cependant en rétorquant qu'il n'avait en rien un tel besoin et que le plus important pour lui était d'habiter dans une ville où la Torah occupait la place principale (*Tiféret Israël*).

L'on est en droit de s'interroger : comment donc Rabbi Yossé ben Kisma comprit-il que ce quidam rencontré en chemin ne venait pas d'un endroit de Torah ? Il se peut que, tout en marchant, Rabbi Yossé fût plongé dans une profonde réflexion concernant un sujet de Torah et qu'il ne prêtât pas attention à son entourage, une attitude répandue chez les Sages. L'homme, visiblement, n'était pas habitué à rencontrer de tels Sages et fut étonné de son comportement ; Rabbi Yossé en déduisit que cet homme n'habitait pas dans une ville de Sages (*Pirké Moché*).

Ou encore, plus simplement : le fait-même que l'homme en question se soit accroché à la seule apparence de Rabbi Yossé, vêtu des habits d'ordinaire portés par les Sages, et qu'il se précipita pour lui proposer un énorme salaire, démontre sa naïveté et atteste qu'il ne venait pas d'un endroit de Torah.

◄

22] : **‘Plus précieux est pour moi l’enseignement de ta bouche que des monceaux de pièces d’or**[C] **et d’argent** [la Torah revêt une importance bien plus grande que toute autre chose au monde]**.’ Et il est dit** [‘Haggaï 2, 8] **: ‘A Moi appartient l’argent, à Moi l’or, dit le Dieu des légions**[E]**’** [*in fine*, l’argent et l’or sont la propriété de Dieu ; si telle est Sa volonté d’octroyer (voire de retirer) une grande fortune à tel individu, Il est en mesure de le faire en tout endroit où il habite]**.** »

MICHNA 10

י. חֲמִשָּׁה קִנְיָנִים קָנָה הַקָּדוֹשׁ בָּרוּךְ הוּא בְּעוֹלָמוֹ, וְאֵלּוּ הֵן: תּוֹרָה קִנְיָן אֶחָד, שָׁמַיִם וָאָרֶץ קִנְיָן אֶחָד, אַבְרָהָם קִנְיָן אֶחָד, יִשְׂרָאֵל קִנְיָן אֶחָד, בֵּית הַמִּקְדָּשׁ קִנְיָן אֶחָד, תּוֹרָה מִנַּיִן? דִּכְתִיב:

10. Le Saint béni soit-Il a acquis cinq possessions dans Son univers. Ce sont : la Torah, une possession ; les cieux et la terre, une possession ; Abraham, une possession ; Israël, une possession ; le *Beth Hamikdach*, une possession. La Torah : d’où le sait-on ? Car il est écrit :

ÉCLAIRAGES

[E]À Moi appartient l’argent, à Moi l’or, dit le Dieu des légions
L’or et de l’argent n’ont d’autre but que d’être utilisés pour la louange et la gloire de Dieu et non pas pour une quelconque fin en soi (Rachi).

L’on souligne par ailleurs (traité *Kala Rabbati* 5, 9) que ce verset serait relié à l’affirmation de la *michna* précédente : « Au moment où un homme meurt, il n’est accompagné ni de son or, ni de son argent… ». C’est que l’homme, après sa mort, ne possède plus aucun droit de propriété sur ses biens ; ses actes de *tsédaka* n’ont de valeur que lorsqu’il les accomplit de son vivant.

CONTEXTE

[C]Pièces d’or : À droite, une pièce d’or romaine datant de l’an 41 avant l’ère commune.

"ה׳ קָנָנִי רֵאשִׁית דַּרְכּוֹ קֶדֶם מִפְעָלָיו מֵאָז". שָׁמַיִם וָאָרֶץ קִנְיָן אֶחָד מִנַּיִן? דִּכְתִיב: "כֹּה אָמַר ה׳ הַשָּׁמַיִם כִּסְאִי וְהָאָרֶץ הֲדֹם רַגְלָי, אֵי זֶה בַיִת אֲשֶׁר תִּבְנוּ לִי וְאֵי זֶה מָקוֹם מְנוּחָתִי". וְאוֹמֵר: "מָה רַבּוּ מַעֲשֶׂיךָ ה׳ כֻּלָּם בְּחָכְמָה עָשִׂיתָ מָלְאָה הָאָרֶץ קִנְיָנֶךָ". אַבְרָהָם קִנְיָן אֶחָד מִנַּיִן? דִּכְתִיב: "וַיְבָרְכֵהוּ וַיֹּאמַר בָּרוּךְ אַבְרָם לְאֵל עֶלְיוֹן קֹנֵה שָׁמַיִם וָאָרֶץ". יִשְׂרָאֵל קִנְיָן אֶחָד מִנַּיִן? דִּכְתִיב: "עַד יַעֲבֹר עַמְּךָ ה׳ עַד יַעֲבֹר עַם זוּ קָנִיתָ". וְאוֹמֵר: "לִקְדוֹשִׁים אֲשֶׁר בָּאָרֶץ הֵמָּה וְאַדִּירֵי כָּל חֶפְצִי בָם". בֵּית הַמִּקְדָּשׁ קִנְיָן אֶחָד מִנַּיִן? דִּכְתִיב: "מָכוֹן לְשִׁבְתְּךָ פָּעַלְתָּ ה׳ מִקְּדָשׁ ה׳ כּוֹנְנוּ יָדֶיךָ". וְאוֹמֵר: "וַיְבִיאֵם אֶל גְּבוּל קָדְשׁוֹ הַר זֶה קָנְתָה יְמִינוֹ".

« L'Éternel m'a acquise au début de Son parcours, antérieurement à Ses œuvres, dès l'origine de la Création. » Les cieux et la terre, d'où le sait-on ? Car il est écrit : « Ainsi a parlé l'Éternel : "Les cieux sont Mon trône et la terre est Mon marche-pied. Quelle demeure pourriez-vous Me bâtir et quel serait l'endroit de Mon repos ?" » Et il est dit : « Que Tes œuvres sont foisonnantes, ô Éternel ! Tu les as toutes réalisées avec sagesse ; la terre est remplie de Tes possessions. » Abraham, d'où le sait-on ? Car il est écrit : « Et Il le bénit en disant : "Béni soit Abram par le Dieu suprême, possesseur des cieux et de la terre." » Israël, d'où le sait-on ? Car il est écrit : « Jusqu'à ce qu'il ait traversé, Ton peuple, ô Éternel, jusqu'à ce qu'il ait traversé, ce peuple que Tu as acquis. » Et il est dit : « Aux saints qui sont sur la terre et aux nobles (cœurs), à eux va toute Mon aspiration. » Le *Beth Hamikdach*, d'où le sait-on ? Car il est écrit : « La demeure que Tu as forgée pour Ta résidence, ô Dieu, le sanctuaire, Dieu, que Tes mains ont édifié. » Et il est dit : « Et Il les amena aux confins de Sa sainteté, ce Mont que Sa droite avait acquis. »

Cette avant-dernière michna *du chapitre 6 consacré à la louange de la Torah présente la liste de cinq possessions du Saint béni soit-Il, toutes importantes, la première étant précisément la Torah.*

Le Saint béni soit-Il a acquis cinq possessions dans Son univers [bien que l'univers entier ait été créé par Dieu et bien que tout Lui y appartienne, les cinq possessions (*kyniane* en hébreu) citées par la *michna* occupent une place toute particulière auprès de Lui]. **Ce sont : la Torah, une possession** [qui vient en tête de la liste] ; **les cieux et la terre, une possession ; Abraham** [le

◂

premier de nos trois patriarches], **une possession**[E] ; [le peuple d'] **Israël, une possession ; le *Beth Hamikdach*** [le Temple de Jérusalem], **une possession**[E].

La michna *cite à présent des versets de la Bible qui viennent appuyer une telle affirmation.*

La Torah : d'où le sait-on ? Car il est écrit [Proverbes 8, 22] **: « L'Éternel m'a acquise au début de Son parcours, antérieurement à Ses œuvres, dès l'origine de la Création. » Les cieux et la terre, d'où le sait-on ? Car il est écrit** [Isaïe 66, 1] **: « Ainsi a parlé l'Éternel : "Les cieux sont Mon trône et la terre est Mon marchepied. Quelle demeure pourriez-vous Me bâtir et quel serait l'endroit de Mon repos ?"** [les cieux et la terre sont donc le siège de Dieu] **». Et il est dit** [Psaumes 104, 25, indiquant leur caractère de possession divine] **: « Que Tes œuvres sont foisonnantes, ô Éternel ! Tu les as toutes réalisées avec sagesse ; la terre est remplie de Tes possessions. » Abraham, d'où le sait-on ? Car il est écrit** [Genèse 14, 19] **: « Et Il le bénit en disant : "Béni soit Abram par le Dieu suprême, possesseur des cieux et de la terre**[E] [Abraham, béni de Dieu, est en même temps considéré comme Sa possession]**." »** [Le peuple d'] **Israël, d'où le**

ÉCLAIRAGES

[E]**Cinq possessions (*kynianim*) … une possession (*kyniane*)**

Ces cinq possessions sont des plus chères et des plus significatives auprès de Dieu. Bien qu'elles soient toutes dépendantes l'une de l'autre, il n'en demeure pas moins que chacune possède sa propre importance, ce que sous-entend la *michna* en répétant « une possession » à chaque fois (*Tiféret Israël*, *Midrach Chmouel*).

Il existe d'autres versions quant à ces possessions de Dieu. Le Talmud (traité *Pessa'him* 87b, tel que le rapporte le *Ma'hzor* de Vitry) n'en compte que quatre et omet Abraham. « Le Dieu suprême, possesseur des cieux et de la terre » cité dans la bénédiction d'Abraham, y est dès lors plutôt considéré comme la preuve que les cieux et la terre sont la possession de Dieu (voir aussi *Mékhilta Chémot* 15, 16). Dans la version du Talmud que présente Rachi, n'apparaissent que trois possessions : la Torah, les cieux et la terre, et le peuple d'Israël. Enfin, dans le commentaire de *Sifri* (*Dévarim* 32, 6), il s'agirait des trois suivantes : La Torah, le peuple d'Israël et le *Beth Hamikdach*.

[E]**Béni soit Abram par le Dieu suprême, possesseur des cieux et de la terre**

Le qualificatif « possesseur des cieux et de la terre » peut sembler superflu et il aurait a priori suffi de mentionner que la bénédiction d'Abraham était accordée par le Dieu suprême. L'on en déduit que non seulement Abraham est cher auprès de Dieu au même titre que les cieux et la terre mais aussi que, tout comme ces derniers, il constitue une possession de Dieu (*Tiféret Israël*).

Une autre interprétation (*Mah'zor* de Vitry) conclut que la qualité d'Abraham en tant que possession de Dieu peut s'apprendre du verset : « Telles sont les origines du ciel et de la terre, lorsqu'ils furent créés ». En hébreu, l'expression « lorsqu'ils furent créés » se lit « *béhibaram* », ce qui donne aussi, par un ingénieux jeu d'inversion de lettres : « *Bé-Abraham* » (voir *Midrach Béréchit Rabba* 12, 9).

[E]**Le *Beth Hamikdach* (le Temple de Jérusalem), une possession…**

Que le *Beth Hamikdach* soit une possession de Dieu se déduit facilement du verset cité dans la *michna* : « … ce Mont que Sa droite avait *acquis* ».

sait-on ? Car il est écrit [Exode 15, 16] **: « Jusqu'à ce qu'il ait traversé** [la mer des Joncs], **Ton peuple, ô Éternel, jusqu'à ce qu'il ait traversé, ce peuple que Tu as acquis. » Et il est dit : « Aux saints qui sont sur la terre et aux nobles (cœurs), à eux va toute Mon aspiration** [le peuple d'Israël est non seulement la possession de Dieu mais il est aussi désiré par Lui]. **» Le *Beth Hamikdach*, d'où le sait-on ? Car il est écrit** [Exode 16, 17] **: « La demeure que Tu as forgée pour Ta résidence, ô Dieu, le sanctuaire, Dieu, que Tes mains ont édifié. » Et il est dit** [Psaumes 78, 54] **: « Et Il les amena aux confins de Sa sainteté, ce Mont que Sa droite avait acquis** [Le Mont de Dieu qu'Il créa, pour ainsi dire, de Sa main droite est aussi Sa possession particulière]. **»**

MICHNA 11

י"א. כָּל מַה שֶּׁבָּרָא הַקָּדוֹשׁ בָּרוּךְ הוּא בְּעוֹלָמוֹ – לֹא בְרָאוֹ אֶלָּא לִכְבוֹדוֹ, שֶׁנֶּאֱמַר: "כֹּל הַנִּקְרָא בִשְׁמִי וְלִכְבוֹדִי בְּרָאתִיו יְצַרְתִּיו אַף עֲשִׂיתִיו". וְאוֹמֵר: "ה' יִמְלֹךְ לְעֹלָם וָעֶד".

11. Tout ce que le Saint béni soit-Il a créé dans Son univers, Il ne l'a créé que pour Sa gloire, car il est dit : « Tout ce qui porte Mon Nom, c'est pour Ma gloire que Je l'ai créé, que Je l'ai formé et aussi que Je l'ai fait. » Et il est dit : « L'Éternel régnera à tout jamais. »

ÉCLAIRAGES

Cependant, il est aussi possible d'en conclure que le *Beth Hamikdach*, créé pour ainsi dire avec les « deux mains » de Dieu (« le sanctuaire, Dieu, que *Tes mains* ont édifié ») revêt une importance plus grande que les cieux et la terre, créés eux à l'aide d'une seule « main ». C'est pourquoi le *Beth Hamikdach* est considéré *a fortiori* comme une possession de Dieu. Et d'autre part, même après sa destruction, le Mont du Temple, qui seul subsiste, demeure Sa possession (voir traité *Kétoubot 5a*, *Midrach Chmouel* et *Tiféret Israël*).

Le traité *Kala Rabbati* (5, 10) présente quant à lui une sorte de synthèse réunissant les cinq possessions : « Lors des Temps futurs, tout comme les cieux et la terre se renouvelleront, le peuple d'Israël aussi se renouvellera. Par quel mérite ? Celui d'Abraham et celui de la Torah. Où donc ? Au *Beth Hamikdach*. »

De manière semblable, le commentaire du *Mékhilta* (*Chémot* 15, 16) déclare : « Que le peuple d'Israël qui est appelé *kyniane* (Sa possession), vienne sur sa terre appelée *kyniane* et construise le *Beth Hamikdach* appelé *kyniane* grâce au mérite de la Torah appelée *kyniane.* »

Le Mont « acquis par Sa main droite », le Mont du Temple aujourd'hui

Suite à la michna *précédente qui traitait des possessions particulières du Saint béni soit-Il, cette dernière* michna *du chapitre 6 est consacrée à l'ensemble de la Création, qui, elle aussi, témoigne de la gloire divine.*

Tout ce que le Saint béni soit-Il a créé dans Son univers, Il ne l'a créé que pour Sa gloire[E] [cette *michna* évoque à présent l'ensemble de la Création afin d'en préciser le but : exalter le Créateur afin que le monde soit le lieu de Sa gloire], **car il est dit** [Isaïe 43, 7] : « **Tout ce qui porte Mon Nom, c'est pour Ma gloire que Je l'ai créé, que Je l'ai formé et aussi que Je l'ai fait** [ce but de la Création, à savoir exalter le Saint béni soit-Il, demeure valable en permanence, tout au long des générations]. » **Et** [afin de bien souligner ce caractère éternel de la gloire de Dieu] **il est dit** [Exode 16, 18] : « **Dieu régnera**[E] **à tout jamais.** »

Cette michna *qui conclut ce chapitre et donc l'ensemble des* Pirké Avot *souligne notre devoir d'investir toutes nos pensées et toutes nos actions vers un but primordial : la gloire de Dieu.*

ÉCLAIRAGES

[E]Tout ce qui porte Mon Nom, c'est pour Ma gloire

Ce verset possède un caractère très particulier dans le contexte de notre *michna*. Il constitue en effet l'une des sources les plus éclatantes témoignant de l'existence, dans un ordre descendant, des quatre mondes rapportés dans l'enseignement ésotérique de la Torah et compris dans l'ensemble de la Création, spirituelle comme matérielle : le monde de l'émanation (*'olam haatsilout*) auquel fait allusion « Tout ce qui porte Mon Nom », en quelque sorte l'endroit où la gloire divine est la plus manifeste, puis le monde de la création (*'olam habria, « bérativ »* : « Je l'ai créé ») et le monde de la formation (*'olam hayétsira, « yéstartiv »* : « Je l'ai formé ») et enfin le monde de l'action (*'olam ha'assiya, « véaf assitiv »* : « et aussi, Je l'ai fait »). À propos de ce dernier monde de l'action, contrairement aux trois mondes spirituels qui l'ont précédé, le terme « aussi » dans ce verset répond positivement à la question qui pourrait se poser : « Ce monde le plus bas dans l'échelle de la Création contribue-t-il lui aussi à la gloire de Dieu alors que tout semble prouver le contraire ? » Le dernier verset rapporté dans notre *michna* l'atteste : « Dieu régnera à tout jamais. » (*Midrach Chmouel*).

Par ailleurs, le terme « aussi » apporte un autre enseignement : le caractère merveilleux et précisément défini des créatures dans ce monde d'ici-bas, jusque dans leurs infimes détails et leurs plus petites nuances montre que toute l'existence est dirigée vers ce but primordial qu'est la gloire de Dieu et que rien n'a été créé en vain (*Tiféret Israël*).

[E]Dieu régnera...

Ce verset apparaît comme une promesse pour les Temps futurs, à savoir que même si ce n'est apparemment pas le cas aujourd'hui, viendra le jour où toutes les créatures serviront Dieu (*Midrach Chmouel, Tiféret Israël*).

Le Rabbi de Loubavitch affirme cependant qu'étudier la Torah, observer les *mitsvot* et diriger tous nos actes « au nom du Ciel » témoignent aussi du règne de Dieu au présent.

Après la lecture des *Pirké Avot*

רַבִּי חֲנַנְיָא בֶּן עֲקַשְׁיָא אוֹמֵר, רָצָה הַקָּדוֹשׁ בָּרוּךְ הוּא לְזַכּוֹת אֶת יִשְׂרָאֵל, לְפִיכָךְ הִרְבָּה לָהֶם תּוֹרָה וּמִצְוֹת, שֶׁנֶּאֱמַר ה׳ חָפֵץ לְמַעַן צִדְקוֹ יַגְדִּיל תּוֹרָה וְיַאְדִּיר:

Rabbi 'Hanania ben 'Akachia dit : « Le Saint, béni soit-Il, voulut gratifier Israël de mérites. C'est pourquoi Il leur donna la Torah et les *mitsvot* en abondance comme il est dit : "L'Éternel a voulu répandre Sa justice, Il a donc agrandi la Torah et l'a glorifiée." »

Bien que cette michna *fasse partie du traité* Makot*, l'usage est de la réciter lorsqu'on achève la lecture des* Pirké Avot *(voire de chacun de ses chapitres). D'une part, elle exprime la louange des* mitsvot *et d'autre part, il est d'usage de la lire après des paroles de Torah homilétiques, ce qui permet de réciter le* « Kaddich al Israël vé'al rabbanan » *(désigné comme le* « Kaddich *des Rabbins* »*).*

Rabbi 'Hanania ben 'Akachia[P] dit : « Le Saint béni soit-Il, voulut gratifier Israël de mérites[E]. C'est pourquoi Il leur donna la Torah et les *mitsvot* en abondance [l'existence de multiples *mitsvot* offre la possibilité d'en accomplir

ÉCLAIRAGES

[E]Gratifier Israël de mérites

Ces paroles de Rabbi 'Hanania suscitent la question suivante : de même qu'un Juif se voit offert un plus grand éventail de mérites grâce à un nombre important de *mitsvot*, le risque d'en enfreindre n'est-il pas, dès lors, d'autant plus grand et par là même n'a-t-il pas plus de chances de courir à sa perte ?

Selon Rambam, dans son commentaire de cette *michna* rapporté dans le traité *Makot* (3, 17), l'accomplissement d'une seule *mitsva* de manière parfaite assure l'entrée au Monde futur ; par conséquent, la multiplication des *mitsvot* augmente les chances de pouvoir respecter convenablement au moins une *mitsva*.

Rabbi Yéhouda ben Nathan (le « Ribane »), quant à lui, apporte l'explication suivante (traité *Makot* 23b) : il existe en effet de nombreuses *mitsvot* que l'on respecterait même si l'on n'en recevait pas l'ordre divin, comme s'abstenir de boire du sang ou de manger toutes sortes d'insectes et de rampants répugnants. Malgré cela, dès lors qu'une telle consommation fait partie d'un interdit devenu un commandement de la Torah, Dieu accorde un mérite à ceux qui l'observent.

PERSONNAGES

[P]Rabbi 'Hanania ben 'Akachia

Rabbi 'Hanania ben 'Akachia ne se trouve mentionné qu'une seule fois dans la Michna et quelques fois uniquement dans la *Tossefta*. C'est sans doute la raison pour laquelle l'on ne sait pratiquement rien ni sur sa vie ni sur ses actions. Il semble cependant appartenir à la dernière génération des *Tannaïm*, les Sages de la Michna, bien qu'il soit difficile de le situer précisément dans le temps.

◂

au moins un certain nombre et par conséquent de créer un lien avec le Saint béni soit-Il : l'objectif des *mitsvot* n'est-il pas justement de se rapprocher de Dieu ? Aussi bien doit-on percevoir la Torah et les *mitsvot* comme un cadeau offert par Dieu et non pas comme un fardeau], **comme il est dit** [Isaïe 42, 21] **: "Dieu a voulu répandre Sa justice, Il a donc agrandi la Torah et l'a glorifiée"** [ce qui s'interprète ainsi : Dieu a agrandi la Torah en faveur de la justice, soit en raison de Sa volonté de répandre justice et bonté pour le peuple d'Israël]. »

ÉCLAIRAGES

Le Maharal de Prague (*Tiféret Israël*, chapitre 5) adopte une autre perspective et considère que l'existence même d'un ordre divin et la disposition des membres de la collectivité d'Israël à le respecter constituent, par eux-mêmes, un mérite qui leur revient.

Ces différents commentaires rappellent, semble-t-il, un débat sur la question fondamentale des *mitsvot*, à propos de laquelle se sont opposés Rech Lakich et Rabbi Yo'hanane (voir traité *Sanhédrin* 11a). Selon Rech Lakich, une personne qui aurait négligé une seule *mitsva* serait déjà passible de la Géhenne, car il considère que la plénitude de l'âme ne peut être atteinte que si l'on respecte l'ensemble des *mitsvot*. A contrario, Rabbi Yo'hanane pense qu'un homme qui respecte ne serait-ce qu'une seule *mitsva* mérite la vie dans le Monde futur, car chaque *mitsva* possède une valeur intrinsèque. Ainsi les commentaires de Ribane et du Maharal se rapprocheraient plutôt de l'opinion de Rech Lakich qui perçoit les *mitsvot* comme un seul et même ensemble alors que l'explication de Ramban s'apparenterait à l'avis de Rabbi Yo'hanane qui permettait de souligner l'avantage de respecter convenablement une seule *mitsva*.

Index des personnages

À propos de l'auteur

Le Rav Adin Even-Israël Steinsaltz de mémoire bénie, compte parmi les plus grands maîtres et penseurs juifs de notre génération. Né à Jérusalem en 1937, où il a vécu et accompli son œuvre, il nous a quittés le 7 août 2020 (17 Ména'hem-Av 5780).

Son érudition hors pair couvrant la Bible, le Talmud, la Kabbale mais aussi le domaine de la culture et de la science, ses initiatives en matière d'éducation et ses talents pédagogiques, lui ont permis d'exercer une profonde influence sur la vie de millions de Juifs et de non-Juifs à travers le monde.

Il eut aussi l'occasion de rencontrer de nombreuses personnalités de tout bord : chefs d'État, leaders religieux, professeurs d'université, artistes et savants autant que des simples gens et des enfants en âge scolaire ; tous éprouvaient un immense privilège à se trouver en sa présence et à profiter de ses enseignements. Au fil des ans, il a tissé également une relation toute proche et particulière avec le Rabbi de Loubavitch.

Il aura été tout à la fois un éducateur, un commentateur de la Torah, du Talmud et de la pensée 'hassidique, un philosophe, un critique de société et un auteur prolifique.

Parmi tous ses prodigieux accomplissements, le plus célèbre est sans doute sa traduction et son commentaire monumental du Talmud achevé en 2010 après quarante-cinq ans de labeur ininterrompu. Une œuvre qui a permis d'ouvrir les portes du Talmud à un large public, assoiffé de connaissances. Le « Talmud Steinsaltz » existe aujourd'hui en plusieurs langues, notamment en français, et occupe une place centrale dans les bibliothèques juives ou les instituts académiques. Poursuivant son œuvre, il a publié un commentaire magistral de la Bible, de la Michna, du Code de Lois de Maïmonide ainsi que du Tanya, ouvrage de base de la philosophie *'Habad*.

En plus de tout cela, le Rav Adin Even-Israël Steinsaltz a écrit une soixantaine de livres ainsi que des centaines d'articles recouvrant de nombreux domaines de la connaissance juive et reflétant une étonnante culture générale.

Nombre de ces livres ont été traduits dans de nombreuses langues, en anglais, en russe, en espagnol, en portugais, en italien et, bien entendu, en français.

Au fil des ans, lui qui se considérait avant tout comme un éducateur a créé de nombreuses institutions éducatives en Israël, mais aussi, dès 1989, en Russie. Il a d'ailleurs visité et enrichi de nombreuses communautés juives à travers le monde, fort de sa devise *Let my people know*, « Laisse mon peuple savoir ».

Son travail éducatif a été reconnu au travers de maints prix et honneurs qui lui ont été décernés en Israël et dans plusieurs autres pays. Citons seulement le Prix Israël en 1988, la Médaille du Président de l'État d'Israël en 2014, et en France, la Médaille de la Ville de Paris en 1994.

Aujourd'hui, outre sa propre famille, tous ceux qui ont honoré le Rav Adin Éven-Israël et ont bénéficié de son enseignement s'efforcent de perpétuer son message. Suivant la trace de la véritable révolution culturelle et spirituelle qu'il a initiée, ses disciples, par milliers, s'emploient à poursuivre son rêve et à élargir encore son œuvre : c'est ainsi que d'innombrables publications et d'incessantes initiatives dans le domaine de l'éducation juive continuent de voir le jour, grâce à l'appui du Centre Steinsaltz à Jérusalem.

Ouvrages de l'auteur parus en français

La Rose aux treize pétales, Éditions Albin Michel (1989, en poche 2002)
Introduction au Talmud, Éditions Albin Michel (1996)
Hommes et Femmes de la Bible, Éditions Albin Michel (1990)
Téchouva, Éditions Biblieurope (2008)
Personnages du Talmud, Éditions Bibliophane (2000) et Albin Michel (2015)
Laisse mon peuple savoir, Éditions Bibliophane (2002)
Mots Simples, Éditions Bibliophane (2004) et Avant-Propos – Matanel (2011)
Introduction à l'esprit des fêtes juives, Éditions Albin Michel (2011)
Néchama, Écoute ton âme, Éditions Avant-Propos – Matanel (2013)
Mon maître, le Rabbi, Éditions du Cerf (2015)
Laisse mon peuple apprendre, Éditions du Cerf (2018)
Commentaire du rouleau d'Esther, Biblieurope (2020)
Soulever les Cieux, Biblieurope (2020)
Contes de sagesse de Rabbi Nahman de Braslav, Éditions Albin Michel (2014)
Le Chandelier d'or, Éditions Verdier (1988)
L'Homme debout, Éditions Albin Michel (1999)
L'alphabet sacré, Éditions Fayard (2012)
L'avenir du peuple juif, Éditions Albin Michel (2008)
TALMUD STEINSALTZ, traités traduits et commentés en français, Biblieurope